| 财经类院校研究生精品教材

Theory and Policy of National Economic Management
国民经济管理理论和政策

蒋选 主编

赵丽芬 张铁刚 严成樑 副主编

北京大学出版社
PEKING UNIVERSITY PRESS

图书在版编目(CIP)数据

国民经济管理理论和政策 / 蒋选主编. —北京:北京大学出版社,2020.11
财经类院校研究生精品教材
ISBN 978-7-301-31779-2

Ⅰ.①国… Ⅱ.①蒋… Ⅲ.①国民经济—经济理论—研究生—教材②国民经济—经济政策—研究生—教材 Ⅳ.①F20

中国版本图书馆 CIP 数据核字(2020)第 203176 号

书　　　名	国民经济管理理论和政策 GUOMIN JINGJI GUANLI LILUN HE ZHENGCE
著作责任者	蒋　选　主编
责 任 编 辑	兰　慧
标 准 书 号	ISBN 978-7-301-31779-2
出 版 发 行	北京大学出版社
地　　　址	北京市海淀区成府路 205 号　100871
网　　　址	http://www.pup.cn
微信公众号	北京大学经管书苑(pupembook)
电 子 信 箱	em@pup.cn
电　　　话	邮购部 010-62752015　发行部 010-62750672　编辑部 010-62752926
印 刷 者	北京飞达印刷有限责任公司
经 销 者	新华书店
	787 毫米×1092 毫米　16 开本　22 印张　488 千字 2020 年 11 月第 1 版　2020 年 11 月第 1 次印刷
定　　　价	58.00 元

未经许可,不得以任何方式复制或抄袭本书之部分或全部内容。
版权所有,侵权必究
举报电话:010-62752024　电子信箱:fd@pup.pku.edu.cn
图书如有印装质量问题,请与出版部联系,电话:010-62756370

编委会

主　　任：马海涛

委　　员：（按姓氏笔画排序）

尹　飞　白彦锋　冯秀军　刘双舟　刘志东　陈斌开

李　涛　李建军　李晓林　李国武　吴　溪　张晓涛

林　嵩　林光彬　姜　玲　姚东旻　贾尚晖

丛书主编：马海涛

副 主 编：张学勇　肖　鹏

总　序

改革开放四十年来,尤其是党的十八大以来,中国经济社会发展取得了举世瞩目的成就,党和国家事业发生了历史性的变革,中国人民向着决胜全面建成小康社会,实现中华民族伟大复兴的宏伟目标奋勇前进。党的十九大报告指出,"建设教育强国是中华民族伟大复兴的基础工程,必须把教育事业放在优先位置",要"加快一流大学和一流学科建设,实现高等教育内涵式发展"。

实现高等教育内涵式发展,研究生教育是不可或缺的重要部分。2013年,教育部、国家发展改革委、财政部联合发布《关于深化研究生教育改革的意见》,明确提出研究生教育的根本任务是"立德树人",要以"服务需求、提高质量"为主线,以"分类推进培养模式改革、统筹构建质量保障体系"为着力点,更加突出"服务经济社会发展""创新精神和实践能力培养""科教结合和产学结合"及"对外开放",为研究生教育改革指明了方向。

深化研究生教育改革,要重视发挥课程教学在研究生培养中的作用,而高水平教材建设是开展高水平课程教学的基础。2014年,教育部发布《关于改进和加强研究生课程建设的意见》;2016年,中共中央办公厅、国务院办公厅发布《关于加强和改进新形势下大中小学教材建设的意见》;2017年,国务院成立国家教材委员会,进一步明确了教材建设是事关未来的战略工程、基础工程的重要地位。

中央财经大学历来重视教材建设,加强研究生教材建设是中央财经大学研究生教育改革的重要内容之一。2009年,中央财经大学开始实施《研究生培养机制综合改革方案》,提出加强研究生教材体系建设的改革目标,后组织了多批次研究生教材建设工作,逐步形成了以研究生精品教材系列、专业学位研究生教学案例集系列、博士生专业前沿文献导读系列为代表的具有中央财经大学特色的研究生教材体系。

呈现在读者面前的财经类院校研究生精品教材由多部研究生教材组成,涉及经济学、管理学、法学等多个学科门类,所对应的课程均为中央财经大学各专业研究生培养方案中的核心课程,均由教学经验丰富的一线教师组织编写。编者中既有"国家级教学名师"等称号的获得者,也不乏在专业领域造诣颇深的中青年学者。本系列丛书以"立足中国,放眼世界"的眼光和格局,本着扎根中国大地办大学的教育理念,致力于打造一批具有中国特色,具有较强思想性、科学性、系统性和时代性,适用于高等院校尤其是财经类院校研究生教学的专业教材,力求在各个专业领域内产生一定的影响力。

本系列丛书的出版得到了"中央高校建设世界一流大学(学科)和特色发展引导专项资金"的支持。我们希望本系列丛书的出版能够为相关课程的教学提供基本的教学方案和参考资料,能够启发研究生对专业知识的学习和对现实问题的思考,提高研究生运用理论知识解决现实问题的能力,进而将其培养成为具有良好职业素养、掌握前沿理论、具备国际视野的高层次拔尖创新人才。

编写本系列丛书,我们虽力求完善,但难免存在这样或那样的不足,恳请广大同行和读者批评指正。

财经类院校研究生精品教材编委会
2018 年 8 月于北京

目 录

导　论 …………………………………………………………………… 001

第一章　经济增长转型与动力转换 ………………………………… 009
  第一节　经济增长转型的意义 ……………………………………… 009
  第二节　经济增长的动力：从古典到统一增长理论 ……………… 015
  第三节　中国经济增长动力机制转换 ……………………………… 021

第二章　资源错配与经济增长 ……………………………………… 045
  第一节　相关文献介绍 ……………………………………………… 045
  第二节　资源错配经典理论介绍 …………………………………… 048
  第三节　我国资源错配现状分析 …………………………………… 052
  第四节　资源配置优化对我国经济增长的贡献测度 ……………… 054
  第五节　资源配置优化对我国区域经济差距的影响 ……………… 057

第三章　技术创新与全要素生产率（TFP）………………………… 065
  第一节　技术创新与TFP的概念 …………………………………… 065
  第二节　技术创新与TFP测度的理论演变 ………………………… 068
  第三节　技术创新与TFP的测度方法 ……………………………… 075
  第四节　技术创新与TFP的影响因素 ……………………………… 088
  第五节　技术创新与TFP对国民经济的影响 ……………………… 092

第四章　投资与宏观经济及产能过剩 ……………………………… 104
  第一节　投资的基本理论 …………………………………………… 105
  第二节　投资与国民经济：经典理论 ……………………………… 117
  第三节　投资与中国经济 …………………………………………… 121
  第四节　投资与产能过剩 …………………………………………… 134

第五章　居民消费及其影响因素 ……… 153
第一节　居民消费理论的演进与发展 ……… 153
第二节　消费对经济增长的作用及其对中国经济的启示 ……… 161
第三节　消费供求状态 ……… 166
第四节　影响居民消费和储蓄的主要因素 ……… 168
第五节　提高居民消费的量和质 ……… 174

第六章　中国进出口结构演变与对外贸易模式转型 ……… 183
第一节　对外贸易演变和进出口贸易模式 ……… 183
第二节　现有的进出口模式对中国经济的影响 ……… 196
第三节　中国对外贸易模式的升级和转型 ……… 202

第七章　通货膨胀与货币政策 ……… 216
第一节　货币与货币制度 ……… 216
第二节　货币政策效果与通货膨胀 ……… 220
第三节　利率与利率市场化 ……… 223
第四节　货币政策的有效性与传导机制 ……… 226
第五节　货币政策规则 ……… 231
第六节　货币与金融危机 ……… 235

第八章　财政政策与政府资产负债表 ……… 239
第一节　财政政策的基本含义和内容 ……… 239
第二节　宏观经济理论中的财政政策 ……… 248
第三节　政府收支存量：公共资产负债表的视角 ……… 252
第四节　财政政策与宏观调控 ……… 257

第九章　收入分配的理论与实践 ……… 264
第一节　收入分配的基本问题 ……… 265
第二节　初次分配、再分配与公共政策 ……… 268
第三节　经济增长与收入分配 ……… 272
第四节　收入差距与分配不公 ……… 275
第五节　中国特色社会主义收入分配的理论与实践 ……… 277

第十章　失业与就业政策 ……… 284
第一节　失业的定义与类型 ……… 284
第二节　失业理论 ……… 288

第三节　转型期中国的就业与失业问题 ··· 299
　　第四节　治理失业与扩大就业 ··· 312

第十一章　产业结构与产业政策 ··· 318
　　第一节　产业结构理论的主要内容及其发展 ································· 318
　　第二节　中国产业结构变动情况及其优化升级路径 ························ 323
　　第三节　产业政策构成及中国产业政策的演进轨迹 ························ 329

导　论

一、范畴辨析和基本特征

国民经济管理是国民经济学应用于实践的主要内容，而人们常说的宏观经济调控是国民经济管理的重要职能。

从理论抽象角度，在国民经济学语境中，国民经济管理、宏观经济管理、宏观经济调控依次是包含关系。国民经济管理是政府对国民经济系统运行的规划、决策、组织、调节、规范和监督。显然这是一个范围广、有层次、功能多的系统性范畴。宏观经济管理是国民经济管理中对经济运行中总量性均衡问题和影响全局的结构性问题进行的管理。宏观经济调控则侧重于对经济总量均衡的调节。"宏观经济管理有的属于宏观调控措施的落实，有的则是政府管理职能机构正常进行的管理行为。""有别于宏观管理的常态化，宏观调控则并非常态化行为，它主要针对当下经济社会发展中出现的宏观问题，这些宏观问题可能是以前的老问题，也可能是当下出现的新问题。"（王志刚，2016）

本教材的内容侧重于我国现阶段宏观经济运行中的重大总量均衡问题，也包括重大结构性问题，同时还涉及微观层面问题。虽然采用"宏观经济调控"或"宏观经济管理"范畴或许更合适（这也是下面内容涉及的主要领域），但是总有涵盖不全的遗憾，所以本教材采用了最为宽泛的"国民经济管理"范畴，尽管没有也无意涵盖国民经济管理所涉及的所有领域。

我国国民经济管理是在特定经济制度和体制下发展演化而来的，有其显著的基本特征。

首先，我国基本经济制度从计划经济改革为社会主义市场经济，国民经济管理相应地也从以国民经济有计划按比例发展为目的，以指令性计划为依据，直接的（行政）手段为主，转变为以市场机制为基础，以稳定协调发展为目的，以指导性发展规划为依据，间接的（经济、法律）手段为主。

其次，我国国民经济管理是随着改革开放的进程进行渐进式体制改革的过程。开始松动的计划经济体制、计划经济与商品经济相结合、有计划的商品经济、社会主义市场经济初步框架的形成以及之后的不断深化改革，无不体现在国民经济管理的范围、领域、目标、手段等的渐进变化上。

再次,国民经济管理主要是通过宏观经济政策体系和微观经济规制进行的。在渐进式改革进程的不同阶段,宏观经济政策和微观经济规制既受以往体制惯性的影响,也随着体制改革新的突破和进展以及国内外经济形势的变化,在种类、工具、调节对象、调节力度等方面不断调整和完善。同时,借鉴了世界上市场经济比较成熟国家的经验,吸收了宏观经济学、微观经济学的基本理论和一些流派的经济理论。然而从根本上说,我国宏观经济政策体系和微观经济规制主要是为解决不同阶段经济运行中实际发生的问题、突出的矛盾而"相机抉择",逐步形成和完善的,具有显著的求实、实用特征。

最后,基于上述原因,我国国民经济管理的演变是曲折的,也是丰富的。其中有值得归纳总结的经过多次实践检验,可以成形、巩固、完善的,可以常态化、机制化的规律性经验,也有错判、失误、无效的教训。当然,由于经济运行和内外经济形势的复杂性,有很多国民经济管理的举措利弊并存,得失兼有,有的还需要较长时间的检验才能判断这种利弊得失。关键在于,对于已经出现的失误和造成的不良后果,我们有没有及时纠错的机制。从改革开放四十多年的实践历程看,我国国民经济管理已经具有一定的自我纠错的功能。这种功能主要来自党中央、国务院的判断和决策,来自企业、居民等市场主体的反馈和诉求,来自政府各监督机构、社会团体、社会舆论的监督和制约。

二、改革开放以来我国国民经济管理的基本经验

改革开放四十多年来,随着体制改革进程和经济形势的变化,我国国民经济管理(包括宏观经济管理、宏观经济调控)积累了丰富的经验,形成了具有中国特色的国民经济管理体系。作者根据相关研究文献,择其要点,至少有以下几个方面:

第一,不拘泥于西方的传统,大大拓展了国民经济管理的内涵与外延,形成了具有中国特色的宏观调控体系。对于经济的周期性波动,市场经济成熟国家的宏观调控通过扩张和紧缩的总量政策,应对需求不足和通货膨胀。中国的宏观调控除两种基本功能外,面临更为特殊的经济背景,成功地应对了各种复杂的经济状况。从目标、政策措施、调控手段、调控力度、调控时机等多方面,初步建立起一个较为完善的宏观调控体系(庞明川,2009)。例如,将宏观调控目标扩展为稳增长、促改革、调结构、惠民生、防风险,统筹各类长期目标和短期目标(刘元春,2018)。再如,中国特色的宏观调控体系包括市场化改革、供给管理、需求管理三大类政策,宏观调控体系更为完整,理论基础更为全面、扎实,政策组合也更为丰富,可以应对多目标调控(刘伟和苏剑,2018)。

第二,不断创新宏观调控思路和方式,保持宏观政策的连续性和稳定性。先后创新实施区间调控(2013)、定向调控(2014)、相机调控,适时适度预调微调。从"区间调控"到"定向调控"再到"相机调控"的灵活运用,集中体现了党中央、国务院在创新和完善宏观调控方式上的新探索新实践,促进了经济持续健康发展,避免了大起大落(徐绍史,2017)。

第三,把加强和改善宏观调控与深化经济体制改革结合起来。完善社会主义市场经济体制,解决经济社会发展中尚存的深层次问题,形成有利于转变经济增长方式、促进全

面协调可持续发展的机制,消除宏观调控的基础性、体制性和机制性障碍。宏观经济政策的绩效,不仅与对宏观经济形势的判断和对宏观调控政策的选择相关,而且与经济体制的状况密切相关。只有抓住宏观调控暴露体制弊端创造的深化体制改革的有利时机,加大改革的力度,我们才能够在取得改革成果的同时,完善宏观调控体系(欧阳日辉,2009)。

第四,持续制定发展战略和规划,保持发展目标的连续性。战略规划在整个经济管理中处于最重要的位置。未来低碳经济、可持续发展、创新等很多方面,都需要从中长期规划的角度来实现(张晓晶,2015)。

针对发展中的各种结构性问题,我国国民经济管理及宏观调控有许多结构性管理内容,产业政策、贸易政策、汇率管理、资本管理等结构性管理在我国已经持续很多年。主流经济学教科书中,这些结构性管理都被看作对市场的扭曲,发展中国家不知道怎样纠正被市场经济搞坏的东西。现在即使是发达国家也认为应该实行这种结构性管理(张晓晶,2015)。

三、新时代国民经济管理的新课题

中共十九大提出"中国特色社会主义进入了新时代,这是我国发展新的历史方位""我们要在继续推动发展的基础上,着力解决好发展不平衡不充分问题,大力提升发展质量和效益,更好满足人民在经济、政治、文化、社会、生态等方面日益增长的需要……"。对于国民经济管理、宏观经济管理来说,工作的重心是继续推动我国经济增长动能和方式转换,将需求管理和供给管理结合起来,实现稳定和持续的总量平衡,着重调节各类结构性失衡,防范系统性风险。对于宏观调控来说,在新的历史起点上持续创新和完善主要有四个方面:一是发挥国家规划的战略导向作用,二是健全宏观调控政策体系,三是完善宏观经济政策协调机制,四是注重引导市场行为和社会预期。除继续制定和实施发展战略规划之外,这些都是新时代国民经济管理及宏观经济管理的新课题。

第一,进一步健全和完善宏观调控体系。《国民经济和社会发展第十三个五年规划纲要》提出:按照总量调节和定向施策并举、坚持短期和中长期结合、坚持国内和国际统筹、坚持改革和发展协调的要求,完善宏观调控,强调要"完善以财政政策、货币政策为主,产业政策、区域政策、投资政策、消费政策、价格政策协调配合的政策体系"。2016年12月的中央经济工作会议明确提出要"创新和完善宏观调控",供给侧结构性改革的一些内容也成为宏观调控体系的构成部分。党的十九大报告进一步提出,"创新和完善宏观调控,发挥国家发展规划的战略导向作用,健全财政、货币、产业、区域等经济政策协调机制"。2019年国务院向全国人大做的《政府工作报告》中,把就业政策纳入政策体系,与财政政策、货币政策并列,从而把充分就业目标置于前所未有的高度。

第二,国民经济管理的功能定位应更加聚焦于遵循市场化、法治化原则。行政性、计划性调控应该有节奏地逐渐退出。宏观政策从服务于宏观稳定、经济发展、体制改革逐渐向主要注重管理周期、熨平波动转变;在调整产业结构方面的作用应逐渐淡出,产业政策应逐渐定位于市场失灵领域(杜秦川,2018)。对于长期比较有效、有一定规律、需要常态化的国民经济管理手段,通过立法、司法、执法形成法治体系。

第三,在已经形成的区间管理、定向管理基础上,更加重视和运用预期管理。在改革背景下预期引导和预期管理并不完全等同于货币政策调控中的预期引导和预期管理,政策操作范式上需增强机制化、透明化等,以改善预期引导和预期管理来降低与消除不确定性(杜秦川,2018)。

第四,在已经形成的国民经济管理和宏观调控目标体系基础上,继续创新指标体系。创新性地选择和运用一些关键指标,作为判断经济形势走势和制定宏观经济政策的重要依据。首先,选择用电量、货运量、中长期贷款等作为评价实体经济增长态势的指标,作为宏观总量指标的重要补充。其次,高度重视收入、就业和物价等指标,作为宏观调控"底线目标"确定的主要考量因素。最后,精选一些结构指标和效率指标,作为评价经济发展质量和可持续性的重要指标(马建堂等,2015)。

第五,在信息化网络化大数据条件下,"用数据说话、用数据决策、用数据管理、用数据创新"是对传统管理的颠覆性革新,也给国家治理方式带来根本性变革,尤其在宏观经济调控领域,数据驱动的"精准治理体系"将逐渐成为现实(魏颖,2016)。政府要探索利用大数据,提高对宏观经济的分析能力和预测能力。国务院相关部门采取多种方式开发社会上数量巨大、来源广泛、形式多样的大数据,并与政府信息整合,构建大数据经济分析模型,对国民经济各领域的运行状况及时监测,提高了宏观调控的精准性和有效性(马建堂等,2015)。

第六,完善国际宏观政策协调机制,妥善应对大国政策的溢出回荡效应。加快形成、完善、提升国际宏观经济政策协调的机制。重点关注汇率、资本流动、货物与劳务的贸易、国际收支、利率等,密切跟踪国际经济金融形势和主要经济体宏观经济政策变化,及时评估分析其对我国宏观经济和政策实施的影响,主动加强与主要经济体的政策协调和沟通,更加积极地参与多双边国际经济合作,推动国际宏观经济治理结构改革(张晓晶,2015)。妥善应对大国政策的溢出回荡效应。我国作为全球第二大经济体,供给侧结构性改革在对本国经济产生重大影响的同时,必将产生溢出效应,政策溢出效应反过来又会影响我国经济(回荡效应)(杜秦川,2018)。

四、本教材的基本逻辑和主要内容

无论是在我国经济体制市场化的改革开放进程中,还是在经济发展的工业化、城市化进程中,国民经济管理(包括宏观经济管理、宏观经济调控)所面临的主要理论和现实问题基本是不变的,是符合国民经济运行基本逻辑的。

本教材围绕国民经济管理中的主要理论和政策,按照"经济增长—三大需求—四大政策"的逻辑框架确定内容,安排章序。

第一,"发展是硬道理"。推进供给侧结构性改革是我国今后一个时期发展和改革的重心。因此,我们从与经济增长相关的几个问题入手,着重讨论通过动力转换实现经济增长转型,通过资源配置效率促进经济增长,通过技术创新提高全要素生产率(Total Factor Productivity,TFP),体现了供给侧结构性改革的核心内容。

经济增长转型与增长动力转换是我国新时期发展的核心问题。本教材重点讨论了增长动力机制转换的历史、我国经济增长动力机制转换及内在动力、增长动力转换的条件和措施(第一章)。资源配置是从结构及效率角度影响经济增长的。资源配置的市场化是体制改革的方向,也是市场经济的基础。在这个问题中,本教材重点讨论了市场化改革减少资源错配的理论、市场化改革减少资源错配的现实经验(第二章)。技术创新通过TFP推动经济增长,已经成为我国经济增长方式转变的关键。在这个问题中,本教材重点讨论了技术创新与TFP对国民经济的影响、技术创新和TFP的国际比较,以及技术创新与TFP的案例(第三章)。

第二,我国经济增长的需求拉动作用也在发生深刻的变化。投资仍然是经济增长和社会发展的关键性因素;从需求拉动的意义上,消费需求对经济增长的贡献已经超过投资;在世界自由贸易和多边主义遇到干扰的情况下,对外贸易对我国经济增长的拉动作用在减弱,存在的不确定性因素增多,我国进出口面临结构调整和模式转换的重大挑战。

投资是可以形成供给能力的需求,本教材重点讨论了政策性负担、产能过剩与僵尸企业、产业转型升级等问题(第四章)。消费(本教材主要讨论居民消费)是最大的内需,本教材重点讨论了如何判断消费供求状态、影响居民消费(储蓄)的主要因素、互联网发展对中国居民消费的影响等问题(第五章)。进出口贸易是开放经济总供求的重要因素,本教材重点讨论了现有的进出口模式对中国经济的影响、中国进出口结构升级与转型等问题(第六章)。

第三,无论是传统的需求管理,还是在新常态下的供给侧管理,都需要宏观经济政策体系。我国多年来不断深化社会主义市场经济体制改革、保持经济持续稳定发展,形成了具有中国特色的货币政策、财政政策、就业政策、产业政策等宏观经济政策体系。收入分配既是经济增长的结果(决定需求),也构成经济增长的初始条件(影响供给);既受财政分配的直接影响,也受市场机制的影响。

货币政策和财政政策是政府总量调节的主要政策,侧重于总需求,也影响总供给和部分结构性问题。货币政策方面,本教材重点讨论了利率与利率市场化、货币政策的有效性与传导机制、货币政策规则、金融危机、宏观审慎监管与货币政策等问题(第七章)。财政政策方面,本教材重点从政府资产负债表的视角进行讨论,也包括对政府非税收入、地方政府债务等问题进行探讨,以及基于实地调研的经验分析财政政策与宏观调控中的一系列问题(第八章)。收入分配既是对经济增长成果的分配(切"蛋糕"),也直接影响未来经济增长的动力(做大"蛋糕")。在此问题上,本教材重点讨论了二者的关系、收入分配差距和分配不公、初次收入分配、收入再分配与收入分配政策等(第九章)。劳动是经济增长的基本要素,就业是民生之本。在失业与就业政策问题上,本教材重点讨论了新常态下中国的就业与失业(特别是结构性失业)问题、科技进步(人工智能技术为代表)对就业的影响、继续完善劳动力市场机制、调整就业政策、提供就业服务等(第十章)。

产业结构的调整、升级是我国经济发展的主线,在产业结构和产业政策方面,本教材重点讨论了现有产业结构理论的缺陷及其改进、目前产业结构的特征及存在的问题、产业政策的改进与完善等(第十一章)。

本教材将这些问题既置于改革开放和经济发展的历史进程中进行考察,更置于"新常态"阶段的现实中进行讨论。在阐述和分析基本理论的基础上,各章都密切联系现阶段的突出问题、前沿性问题进行重点分析。

五、本教材的特色

虽然研究生的专业课程学习需要比较多的参考资料,包括教材、论文、专著、研究报告等,不一定需要指定的教材,但是,编写一本国民经济学及其他应用经济学专业的硕士研究生(本科高年级学生也可以参考)在专业课程学习中可以参考使用的教材,仍然是必要的。本教材就是出于这样的考虑,由中央财经大学经济学院十多位教师共同策划编写。国民经济管理涉及国民经济中广泛而重大的理论和实践问题,参与编写的教师都是在这些问题上有多年研究基础,了解其发展历史和问题前沿,具有一定独到见解的优秀中青年学者。各位教师在统一的逻辑框架下,经过集体商议,发挥自己的比较优势,分工合作,集思广益,形成了这样一本既有基本理论和知识,又有学术性强的前沿性问题讨论的研究生专业教材。

研究生教育是在本科层次之上的专业教育形式。研究生教育的特点决定了研究生教材的如下基本特征(孙益等,2018):

第一,有研究的性质。把科学研究引入教学过程是研究生教育区别于其他层次教育最为显著的特点。研究生的教材与本科生的教材相比,要更加强调科学观点、科学态度与科学方法,更具启发性质。

第二,反映专业领域最新的科研进展。与本科生教材的基础性与全面性相比,研究生教材应该更深入、更专业地探索某一学科的知识,应该突出特定学科或领域国内外最新研究成果、研究热点、新技术新方法等前沿内容。

第三,理论性与应用性有机结合。研究生教材应不仅能够让学习者具备科研意识与科研方法,还能够培养学生的自我学习能力、独立处理问题的能力和创新精神,让学生能够将理论更好地运用到实践中去。

本教材的编写充分考虑到了上述基本特征。为了适应国民经济学以及经济学类专业研究生的学习,本教材的各章大体包括几个层次:

1. 相关理论基础——基本范畴、基本原理、基础知识;
2. 共识度较高的重要问题;
3. 共识度较低的重要问题的讨论;
4. 新近和前沿问题的讨论;
5. 扩展和交叉(与相关专题的关联提示)问题。

各章还根据内容的需要,穿插若干专题,列出核心概念与术语(中英文)供读者查阅。

每章后都留有复习思考题,并提供参考文献索引和信息渠道。

诚然,新时代的工业化、城市化进程,深化改革开放的进程,仍然面临国内外许多不确定性因素的影响,我国国民经济管理的历史经验既有需要总结传承、发扬光大之处,更有针对新形势新问题与时俱进、不断创新的需要。本教材所讨论的国民经济管理主要理论和现实问题,就其具体内容而言也只是阶段性的,而且有些内容还带有探索性。作为研究生用的专业教材,必须留有深入研究、探讨争议、持续推进、修正更新的余地。希望采用和学习、参考本教材的师生及感兴趣的读者能够批评指正,促使我们共同在国民经济管理及其他应用经济学的教学和研究方面不断有所进展,有所进步,有所贡献。

附：全书框架及分工

导　论　　蒋选

第一章　经济增长转型与动力转换　　赵文哲

第二章　资源错配与经济增长　　严成樑

第三章　技术创新与全要素生产率(TFP)　　樊茂清

第四章　投资与宏观经济及产能过剩　　陈斌开

第五章　居民消费及其影响因素　　俞剑

第六章　中国进出口结构演变与对外贸易模式转型　　张志敏

第七章　通货膨胀与货币政策　　高伟

第八章　财政政策与政府资产负债表　　徐翔

第九章　收入分配的理论与实践　　何召鹏

第十章　失业与就业政策　　田子方

第十一章　产业结构与产业政策　　齐兰

各章节的审阅和修改　　蒋选　赵丽芬　张铁刚

全书框架的设计和调整　　蒋选　严成樑

编者
2020 年 1 月

主要参考文献

[1] 杜秦川.供给侧结构性改革下创新宏观调控的方向[J].宏观经济管理,2018(6):22—28.

[2] 杜秦川,马琳.供给侧结构性改革与创新宏观调控的关系辨析——既有研究的认识及启示[J].中国经贸导刊,2018(4):63—67.

[3] 蒋选.高校国民经济学学科建设若干问题刍议[C].科学发展观与国民经济学学科建设——中国宏观经济管理教育学会 2006 年学术年会文集.北京:经济科学出版

社,2007.
[4] 蒋选.论国民经济学学科的生存基础和发展导向[C].宏观经济管理热点问题研究,保定:河北大学出版社,2008.
[5] 李树青.应对危机:宏观调控思想创新的比较研究[J].贵州财经学院学报,2010(4):22—25.
[6] 刘伟,苏剑.中国特色宏观调控体系与宏观调控政策[J].经济学动态,2018(3):4—12.
[7] 刘元春.创新和完善新时代中国特色宏观调控[J].智慧中国,2018(4):20—22.
[8] 马建堂,慕海平,王小广.新常态下我国宏观调控思路和方式的重大创新[J].国家行政学院学报,2015(5):4—8.
[9] 欧阳日辉.我国宏观调控30年的经验和问题[J].中央财经大学学报,2009(4):43—45.
[10] 庞明川.中国特色宏观调控的实践模式与理论创新[J].财经问题研究,2009(12):17—24.
[11] 隋映辉.基于系统创新的宏观调控与战略管理[J].管理学刊,2011(8):34—39.
[12] 孙益,陈露茜,王晨.高校研究生教材建设的国际经验与中国路径[J].学位与研究生教育,2018(2):72—77.
[13] 汪海波.改革以来宏观调控的九点经验[J].中国经济时报,2012-07-02.
[14] 王小广.新时代宏观调控创新[M].北京:人民出版社,2018.
[15] 王元,曾铮.金融危机背景下我国宏观调控的特点及经验总结[J].中国物价,2012(12):29—32.
[16] 王志刚.中国宏观调控的内涵、难点与创新[J].价格理论与实践,2016(4):10.
[17] 魏颖.大数据与宏观调控创新[J].宏观经济管理,2016(7):21—25.
[18] 徐绍史."十三五":创新和完善宏观调控方式[J].紫光阁,2017(12):14—16.
[19] 张晓晶.中国宏观调控的经验与创新[J].政治经济学评论,2015(9):27—29.

第一章

经济增长转型与动力转换

> 这些问题(经济增长)对人类福利的影响简直令人吃惊:一旦开始考虑这些问题,就很难再考虑其他任何问题。
>
> ——罗伯特·卢卡斯

> 增长问题并没有什么新东西,只不过是为古老的问题穿上了一件新衣,增长是一个永远使经济学者着迷和神往的问题:现在与未来的关系。
>
> ——詹姆斯·托宾

改革开放四十多年来,我国经济经历了快速发展,人民生活水平有了巨大的飞跃,也使得我国从低收入国家成功迈入中高收入国家行列。但是从根本上来说,我国依然是一个发展中国家,改革开放使得我国成为一个"制造业大国"和"贸易大国",但还不是"制造业强国"和"贸易强国",我国既有经济发达可以比肩欧美的东南沿海地区,也有经济落后的中西部地区,区域发展极不平衡,甚至"脱贫"还是中西部很多地区的主要任务。在这样的背景下,我国进入经济新常态,经济从高速增长转向中高速增长。但是,经济增速的下降并不意味着经济发展不再重要,而是需要重塑我国经济增长的动力,实现更高质量的经济增长,实现经济增长的转型。

第一节 经济增长转型的意义

一、我国经济增长的背景

1978年的改革开放,开启了我国经济现代意义上的增长。由于经济的快速增长,我国经历了从低收入国家到中高收入国家三个发展阶段。1978—2017年,我国经济保持了年均9.6%的高速增长,年均增长率高达10.3%。到2010年,我国以当期美元衡量的人均

GDP（国内生产总值）达到 4 514 美元，进入中高收入国家的行列。如果按照 2005 年不变美元价格衡量，1978 年我国以当期美元衡量的人均 GDP 为 155 美元，仅相当于美国的 1.4%；2014 年我国人均实际 GDP 达到 3 865.88 美元，相当于美国的 8.33%。2011 年按照购买力平价（PPP）计算的我国人均实际 GDP 占美国的比重则达到 20.7%。从总量上来看，经过 PPP 调整，以 2011 年不变价格国际元衡量的我国 GDP 总量在 2014 年达到 17.2 万亿美元，超过美国的 16.6 万亿美元，成为第一大经济体。[①] 1978—2017 年，人均 GDP 由 220 国际元上升到 11 904 国际元（按 PPP 计算）；从总量上来看，我国从货物贸易占世界的份额不足 1% 到成为第一货物出口大国；制造业增加值超过美国，成为全球第一制造业大国；成为仅次于美国的世界第二大经济体。即使放在整个人类历史的进程中看，这都是一串耀眼的数据，堪称"中国奇迹"。

过去四十多年我国经济增长主要呈现出如下特点：

第一，依靠高储蓄和高投资促进经济的高速增长。无论是居民储蓄率还是国民储蓄率，我国都处于较高的水平。从图 1-1 可以看出，1990—2010 年，居民消费平均增长率为 14.4%，固定资产投资平均增长率达到 18.7%。随着固定资本形成的增长，在 GDP 增长中固定资本形成比重逐渐升高。20 世纪 90 年代消费增长对于经济增长的贡献比较大，1991—2000 年，居民消费对 GDP 的平均贡献率达到 45%，而固定资本形成对 GDP 的平均贡献率只有 37.5%。2000 年资本产出比为 33.9%，从 2001 年开始，我国固定资产投资大幅增加，2010 年资本产出比达到 47.2%，2001—2010 年间全社会固定资产投资平均增长率达到 22.7%。在此期间固定资本形成对 GDP 的平均贡献率达到 50%，而消费的平均贡献率只有 32.8%。

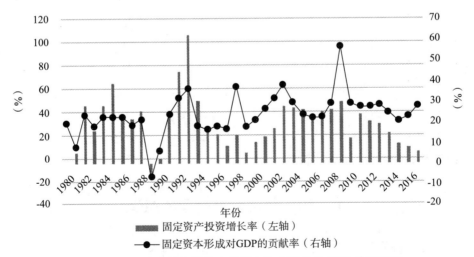

图 1-1　固定资产投资增长率和固定资本形成对 GDP 的贡献率

资料来源：国家统计局网站。

---

① 以上数据均来自世界发展指数（WDI）。

第二,长期以来,我国依靠低成本劳动力优势促进经济增长。在改革开放之初,依靠低成本劳动力发展外向型经济极大促进了我国经济增长。较低的劳动成本与我国人口转变有关。如图 1-2 所示,从 20 世纪 60 年代中期到 80 年代初,我国劳动年龄人口增长率一直处于较高水平,从 80 年代开始,我国 15—64 岁人口占总人口比重不断提升,这为改革开放后我国利用低成本劳动力促进经济发展提供了条件。丰富的劳动力禀赋为我国经济增长提供了有力的保障,使得我国在改革开放之初可以大力发展劳动密集型产业,促进了乡镇企业的发展。同时,较低的劳动成本不断吸引国际直接投资(FDI)流入我国,外资流入促进了我国外向型经济的发展,尤其是加入世界贸易组织(WTO)后,我国经济更加融入世界分工中,进一步促进了对外贸易对经济增长的贡献。

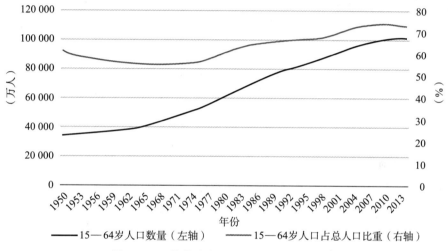

图 1-2 适龄劳动人口数量和占总人口比重

资料来源:《联合国世界人口展望 2017》。

二、经济增长转型的必要性

自 2008 年全球金融危机以来,我国经济发展开始步入新阶段,增长速度处于从高速到中高速转变的"换挡期"。2003—2007 年我国经济年均增长 11.6%,2008—2011 年年均增长 9.6%,2012—2014 年年均增长率下降到 8% 以下,2016—2019 年年均增长率下降到不足 7%。许多研究指出,从生产率的角度来看,2007 年之前我国 TFP 都处于上升状态(Brandt and Zhu,2010;Brandt et al.,2012)。例如,Brandt and Zhu(2010)利用宏观数据研究发现,1978—2007 年,无论是农业部门、国有工业部门还是非国有工业部门,TFP 都持续上升。其中国有部门的 TFP 年均增长率为 1.52%,非国有部门的 TFP 增长率远远高于国有部门,达到 4.56%。Brandt et.al(2012)利用中国工业企业微观数据的研究也发现,1998—2007 年间我国工业企业 TFP 有较高的平均增长率。但是对于 2007 年以后的一些研究表明,我国 TFP 对于经济增长的贡献率在下降(赖平耀,

2016;蔡跃洲和付一夫,2017)。

面对经济增长速度的下滑,以习近平为总书记的党中央对经济形势做出了增长速度换挡期、结构调整阵痛期、前期刺激政策消化期"三期叠加"的重要判断。在"三期叠加"的新阶段,我国经济面临前所未有的挑战。国际经验表明,当一个经济体的人均收入达到 11 000 国际元时,其增长率将出现较大幅度的下降,出现"增长阶段的转换"。2013 年我国人均收入已超过 11 000 国际元,经济增长速度"换挡"迫在眉睫。

增长速度换挡期和结构调整阵痛期,同样也是我国经济发展的战略机遇期。从经济发展阶段来看,我国在 2010 年时刚刚从中低等收入国家跨入中等收入国家的行列,与成为高收入国家还有很大一段距离。以 2005 年不变价美元的 PPP 计算,2011 年我国的人均 GDP 为 8 068 美元,只占到美国同期的 19%。从历史阶段来看,对应这一比例,日本是 1955 年,韩国是 1982 年。这些数据表明,我国未来 30 年还有很大的增长潜力。然而,要将"增长的潜力"转换为"现实的增长"并不容易。国际经验表明,第二次世界大战后成功实现从中等收入国家和地区向高收入国家和地区过渡的只有 13 个(葡萄牙、希腊、马耳他、以色列、韩国、塞浦路斯、西班牙、日本、阿曼、爱尔兰、新加坡、中国香港地区和中国台湾地区),许多拉美国家数十年来都停留在中等收入水平上,经济发展长期处于停滞状态。正如世界银行《2017 年世界发展报告》中所总结的:"历史显示,许多经济体常常都能够非常迅速地达到中等收入的发展阶段,但是只有很少的国家能够跨越这个阶段,因为要实现这一跨越所必需的那些政策和制度变化,在技术、政治和社会方面更复杂、更加具有挑战性。"由此可见,如果发展战略和政策得当,我国依然可以像日本一样实现较长时间的中高速增长,最终向发达国家收敛;反之,如果发展战略和政策失当,我国经济则可能和部分拉美国家一样陷入"中等收入陷阱"。实现增长阶段的平稳转换,使经济在较高水平上实现又好又快的发展,是当前我国经济最为重要也最具挑战性的问题。

在中等收入向高收入跨越的转型发展新阶段,经济增长动力出现了很多新的变化,工业化初期依靠要素投入实现快速增长的模式越来越难以为继。

根据联合国人口展望数据估计,中国人口总规模预计在 2030 年达到峰值,届时人口将达到 14.62 亿。在此之前,15—64 岁劳动年龄人口于 2015 年达到峰值(10.15 亿),到 2020 年将会降至 10.02 亿,到 2025 年将会进一步降至 9.96 亿。考虑到人口老龄化因素,我国人口抚养比将会由 2010 年之前的下降趋势变为升高趋势,2010 年我国人口总抚养比低至 35.6%,而到 2050 年,我国人口总抚养比将升至 67.0%(见图 1-3)。随着人口结构的转变,未来我国劳动力供给数量将会进一步下降,依靠丰富劳动力投入促进经济增长的经济发展模式也变得越来越不可持续,这对未来我国经济增长提出了新的挑战。

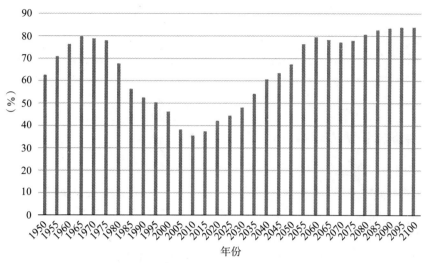

图 1-3 我国人口抚养比

资料来源:《联合国世界人口展望 2017》。

同时,高投资也将造成资本回报率的下降(白重恩和张琼,2014),并催生高负债。从 2012 年开始,随着我国经济逐步进入新常态,投资对经济增长的驱动作用日益弱化,2012—2017 年,固定资产投资增长率持续下降,固定资本形成对 GDP 的平均贡献率为 40%(见图 1-1),居民消费的贡献率则上升到 43%。不难看出,依靠大规模固定资产投资拉动经济增长的发展模式变得越来越不可持续。

另外,依靠低成本劳动力和 FDI 发展外向型经济的发展模式也变得越来越不可持续。我国外向型经济大多数是利用低成本的劳动力优势进行加工贸易,附加值较低,劳动者报酬也较低。较低的劳动力成本导致国民经济的初次收入分配偏向资本,劳动收入份额较低,这加剧了我国的收入不平等状况。长期来看,收入不平等会阻碍一个国家的经济增长,转变经济增长方式势在必行。

前期快速工业化过程中的高速经济增长,会带来发展的不平衡和经济潜在风险的积聚。如果在经济转型发展的新阶段处理不好这些问题,负面因素积聚到一定程度,将在经济增长显著放缓的情况下集中爆发,反过来将会进一步危及经济增长,导致经济增长的长期停滞。随着劳动力市场"刘易斯拐点"的到来,劳动力市场工人工资不断上升,传统制造业的成本优势正在逐渐丧失;受国际金融危机影响,在外需不振的国际经济大环境下,出口对经济增长的贡献逐步收窄;基础设施投资和房地产投资已经达到一个新的阶段,资源和环境的压力越来越大,以往粗放投资的成本在快速提高……这些需求层面的变动都反映在了经济增长的下行压力上。在转型发展的新阶段,未来我国经济实现增长动力的突破,将会是一个巨大的挑战。此外,在经济高速发展的过程中,我国经济面临的不平衡现象也尤为突出,包括内外不平衡、投资消费不平衡、产业结构不平衡、地区发展不平衡、收入分配不平衡等。当前我国经济所处的阶段,不但是未来经济发展新动力的培育期,也是经济结构的调整期和风险的消化期。

我国未来是将实现持续增长还是会陷入"中等收入陷阱",关键在于能否找到支撑转型发展新阶段经济增长的动力,实现经济结构的调整,并有效化解政策风险。为实现这一目标,我们需要根据要素禀赋的变化转变经济发展方式,转换经济增长背后的动力机制,通过实现产业结构的升级和企业竞争效率的提升,寻找新的经济增长动力机制。

三、经济增长动力转换的目标

未来中国经济增长动力转换的目标主要包括以下几个方面:

第一,供给侧方面,提高要素利用效率,提高TFP对经济增长的贡献。从长远来看,无论是劳动力还是资本要素的积累都要求我们改变生产方式,从要素粗放型生产方式向要素集约型生产方式转变。所谓粗放型生产方式,是指主要依靠要素投入实现经济增长的生产方式,例如依靠自然资源、低成本劳动力,甚至大规模固定资产投资来促进经济增长。粗放型经济增长依靠大规模要素投入固然能够在短时间内促进经济增长,但也造成了诸多问题,比如因自然资源大量投入导致环境恶化、压低劳动力成本造成收入分配恶化,以及大规模固定资本投入导致资源配置效率损失等。所谓集约型生产方式,主要是指通过TFP的提高来促进经济增长。TFP的提高主要来源于技术进步和技术效率提高。技术进步扩展了生产的可能性边界,技术效率提高则是给定生产可能性边界下通过规模经济、资源配置效率改进使得实际生产曲线更接近理论上的生产可能性边界。经济增长动力转换就是从要素投入型的粗放型生产方式向以技术进步和技术效率提高为主的集约型生产方式转变。

第二,需求侧方面,从外需转向内需,从投资转向消费。在宏观经济理论中,GDP主要包括四个部分:居民消费、投资、政府购买和净出口,这构成了经济增长的需求侧因素。20世纪90年代以来,我国遵循东南亚各国和地区的经验,通过利用国内廉价的劳动力、引进外资,大力发展出口外向型经济。2000年之后,政府主导下的大规模投资成为我国经济增长的主要动力,但是在促进经济发展的同时,政府主导下的投资效率低下。2012年之后,随着我国经济进入新常态,无论是推动净出口还是大规模投资都无法有效促进经济长效增长,因此,将消费由外需转向内需、提高投资效率成为必然选择。

第三,发展战略上,从工业化转向城市化。中华人民共和国成立以来,工业化一直是实现现代化的主要推动力量。尤其是改革开放以来,以制造业为代表的工业化大大促进了我国经济发展水平的提高。但是,我国工业化战略主要是基于比较优势、利用廉价的劳动力成本和资源成本进行的,而廉价劳动力大多依靠广大的农村流动人口进入城市的工厂和车间。进入21世纪以来,随着人民生活水平的持续提高,我国社会的主要矛盾不再是人民日益增长的物质文化需要同落后的社会生产之间的矛盾,而是人民日益增长的美好生活需要和不平衡不充分的发展之间的矛盾。在新时期,要解决这个矛盾,城市化将会成为推动我国新一轮经济增长的主要动力来源。

第二节 经济增长的动力：从古典到统一增长理论

一、古典理论中的增长动力

根据胡寄窗(1991)，古典经济学由重农学派初建，到亚当·斯密时形成体系，经大卫·李嘉图深化发展，后为萨伊、穆勒、屠能等所继承，其中也包括马克思。古典经济学家主要解释农业社会的经济增长，因此在古典经济理论中，主要强调的是自然资源(如土地)和劳动力对于经济增长的贡献。无论是以土地为代表的自然资源还是劳动力要素，古典经济学的理论基础都是价值理论。威廉·配第最先提出劳动价值论，但是他也认为土地、劳动和生产工具都是决定财富的要素，由此提出了土地是财富之母、劳动是财富之父的论断。亚当·斯密进一步阐述了劳动价值论，但是，实际上他认为劳动价值论只适用于资本积累和土地私有化之前的"野蛮"状态，在资本积累和土地私有化产生之后，价值将不由劳动时间单独决定，而是由工资、地租和利润三种收入共同决定，由此他将单要素价值决定理论转向多要素价值决定理论。李嘉图批判继承了斯密的劳动价值论，进一步推进了劳动价值论。马克思则将其发展成为一个100%的劳动价值论。在劳动价值论中，价值的根源在于劳动，基于此理论，经济增长的最终推动力在于劳动力的供给。例如，在《国富论》中，斯密认为国民财富的增长取决于两个条件：一是农业生产率，二是从事生产劳动的人数。劳动生产率的增长主要取决于分工和专业化，而分工和专业化取决于市场规模，这就是著名的"斯密定理"。而古典理论认为劳动是生产的根源，因而劳动数量直接决定了产出的规模。

古典经济理论中的重农学派则强调土地在产出中的重要作用，并且视其为财富的源泉。在重农学派看来，所有经济部门中只有农业部门是生产的，因为只有农业生产的物质产品表现为物质财富量的增加，而工业部门并不创造物质财富，只是使物质财富的形态发生变化或重组，商业部门也不创造任何物质财富，只是变更物质产品的场所和价值形式。只有农业部门是生产性的，其产出品大于投入品的差额构成了"纯产品"。因此，土地是财富的唯一源泉，只有农业能够增加财富。继魁奈之后重农学派最重要的代表人物杜尔阁仍然认为纯产品是土地对农业劳动的赐予。他指出：自然界并不与他(指农场主)讨价还价来迫使他满足于绝对必需的东西，它赐予他的东西既不同他的需要成比例，也不同他的劳动日的价格的协议估值成比例。因此，在重农学派眼中，经济增长的源泉在于土地的数量。

但是，古典经济学中无论是劳动力还是土地资源，作为解释经济增长的单一动力都显得有些局限。在将劳动力和土地解释为经济增长唯一源泉的时候，古典经济学没有考虑到技术进步的作用。一方面，在马尔萨斯看来，人口是按照指数级增长的，而收入是按照几何级数增长的，因而，人口增长不但不是经济持续增长的源泉，还可能是经济增长的负担。但是，从更长期的角度来看，一旦考虑到技术进步，人口增长与人均收入则具有更强的正相关性。如图 1-4 所示,从近 2 000 年的历史来看,全世界的人口数量与人均 GDP 具有较强的正相关关系。另一方面,土地与其他自然资源一样是有限的,从长期来看,土地面积是不变的,随着人类经济活动的扩展,由于可利用的土地越来越少,地租会越来越高,最终还会阻碍经济增长。但实际上,技术进步使得经济增长对土地的依赖越来越小。

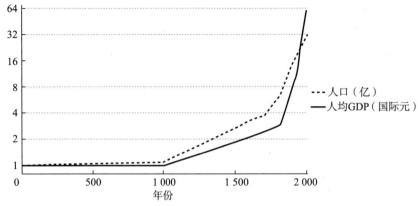

图 1-4 世界人口数量与人均 GDP

资料来源:根据麦迪森(2003,P16)文中数据计算得到。

二、新古典理论和内生增长理论

1956 年,罗伯特·索洛(Robert Solow)发表了《对经济增长理论的贡献》(A Contribution to the Theory of Economic Growth)一文,此后 Cass(1965)和 Koopmans(1965)进一步阐述完善了新古典增长模型。新古典增长理论主要侧重于分析资本积累在经济增长中的作用,认为技术进步和人口增长均以外生因素形式存在。

在新古典增长理论中,资本积累是经济增长的源泉,储蓄率越高,人均资本存量越高,从而人均收入水平越高。但是,在新古典增长理论中,由于生产函数中要素边际报酬递减,人均收入水平越高,资本收益率越低,从而经济增长越慢,因此,经济增长具有条件收敛的特征,即通过较高的经济增长率,那些人均收入水平较低的国家和地区的人均收入水平最终会与高收入国家趋同。

新古典增长理论中将技术进步作为外生变量,在平衡增长路径上,人均收入增长率等于技术进步率,总收入的增长率等于技术进步率加上人口增长率。但是,由于技术进步是外生的,也没有考虑人力资本的作用,因此生产函数中要素边际报酬递减,这无法解释各国经济增长的持续性和各国经济增长的差异。

Mankiw et al.(1992)在新古典增长理论模型中引入人力资本,尝试解决经济增长的跨国差异。但是,在这一框架下,人力资本实际上与物质资本的作用一样,仍然具有边际报酬递减特征,劳动和物质资本的边际报酬也具有递减的特征。只是在这一框架下,除物质资本积累影响经济增长之外,人力资本积累也发挥了重要作用。但是生产函数仍然具有要素边际报酬递减的特征,无法解释一个国家和地区的持续增长与跨国差异。

第一代内生增长模型(AK 模型)与新古典增长理论最大的不同是要素边际报酬不变。不过,AK 模型中,资本 K 不仅表示物质资本,还包括人力资本,正是由于物质资本和人力资本的相互作用才使得 K 的边际报酬保持不变,这体现了生产过程中"干中学"(Learning-by-doing)和知识外溢(Spillover)的作用。在均衡增长的路径上,人均收入的增长与技术水平 A 正相关,而不是与技术进步率有关。这意味着知识和技术水平越高的国家往往具有越高的增长率。从这个角度上来讲,在解释经济持续增长方面,AK 模型相对于新古典经济增长理论又进了一步。

Lucas(1988)在两部门内生增长理论框架下解释人力资本对经济增长的作用。人力资本积累取决于投入到人力资本中的时间,比如接受教育时间等。在人力资本内生增长模型中,缺少技术进步,由于广义资本的边际报酬不变特征,人均收入也能够得以持续增长。

考虑人力资本的内生增长模型中,资本边际报酬的非递减特征导致人均收入的持续增长。但是,从另一个角度来讲,即使人力资本不断积聚,广义资本的边际报酬也不一定在长期保持增长或不变,当资本积累到足够多时,广义资本边际报酬也有递减的特征。因此,要解释更长期的经济持续增长,需要考虑内生的技术进步。Romer(1986)在一个竞争均衡模型中首次将技术进步内生到增长过程中,在这个模型中,投资率和资本回报率都可能持续增长,人均产出也会无限增长。之所以产生这样的结果,是因为与人力资本不同,技术进步具有非竞争性和非排他性,这使得技术进步具有更强的溢出效应和外部性,从而使得资本具有边际报酬非递减的特征。在内生技术进步模型中,具有前瞻性、利润最大化的企业通过研发(R&D)投入,虽然知识的投资具有边际递减特征,但是由于其较强的溢出效应,知识和其他投入品的边际产出都具有递增的特征,这使得知识具有无限增长的特征,从而能够导致长期增长。

从新古典增长理论到内生增长理论,对于经济增长背后动力的主要关注点是物质资本、人力资本与技术进步。新古典增长理论中,物质资本和人力资本积累都具有边际报酬递减的特征,技术进步是外生的。内生增长理论中,要素的边际报酬具有非递减特征,主要是由于技术进步的外部性和人力资本与物质资本的互补性。但是,无论是新古典增长理论还是内生增长理论都只能解释工业革命以来的世界经济增长,即现代增长体制。对于工业革命之前的经济增长的解释,两种理论都显得薄弱。另外,新古典增长理论和内生增长理论均对增长过程中人口的作用有些忽略,没有意识到人口、技术进步和经济增长三者之间的内在联系(经济增长理论中的几个经典模型见本章附录)。

三、统一增长理论

Galor and Weil(1999,2000)将人类社会和经济发展划分为三个阶段:马尔萨斯增长体制(Malthusian Regime)阶段、后马尔萨斯增长体制(Post Malthusian Regime)阶段和现代增长体制(Modern Growth Regime)阶段,现代增长体制也称持续增长体制(Sustained

Growth Regime)。马尔萨斯增长体制的特征是技术进步和人口增长都比较缓慢，人口增长和人均收入具有正相关关系，因而人均收入几乎不变。在后马尔萨斯增长体制中，人均收入缓慢增长，人均收入和人口增长之间仍具有正相关关系。在现代增长体制时期，人均收入和技术进步稳步增长，收入水平和人口增长具有负相关关系。增长体制的转变过程涵盖了工业革命以前、工业革命期间以及工业革命之后现代社会的经济增长和人口转变。Galor（2005）认为经济增长理论需要既能解释工业革命之后世界经济增长的事实及其内在动力，也能解释工业革命之前马尔萨斯增长体制和后马尔萨斯增长体制的经济增长事实及其内在动力。

为了解释三种增长体制中经济增长和人口转变的方式及其演化，Galor and Weil（2000）提出"统一增长理论"（Unified Growth Theory，UGT），强调技术进步和教育投入（或人力资本投资）的交互作用促进经济增长，并认为技术进步对人力资本的需求是导致人口转变的根本动因，这一思路能解释人类整个发展过程中各个时期的经济增长方式和人口转变。

UGT假设在经济发展的早期是一个马尔萨斯均衡，技术进步缓慢，并且缓慢的技术进步导致人口和产出同步增长，同时人口增长与技术进步之间的互动又导致了缓慢的技术进步（Kremer，1993）。这一时期，劳动收益率递减，人口也不因经济缓慢增长而明显增长，因此人均产出仍以极低的速度增长。但是，缓慢的技术进步只能对人力资本的形成产生较小的作用，父母没有动力将更多的资源配置到后代的人力资本形成上。随着技术和知识的积累，技术进步逐渐加速，经济起飞向后马尔萨斯增长体制转变。资源的扩张虽然部分被较快的人口增长抵消，但是由于产出增长率更高，人均收入份额依然以较快的速度增长，技术进步最终导致对人力资本需求的增加。这对人口增长产生了两个相反的效应：①家庭预算约束放松，资源更多地用于支持后代数量的增加；②资源更多地用于支持后代人力资本水平的提高。在后马尔萨斯增长体制的早期阶段，前一个效应占支配地位，由于对人力资本的需求较弱，人均收入的增长同时使得后代质量和数量增加。在后马尔萨斯增长体制的晚期，后一个效应占支配地位，由于对人力资本需求加速，刺激教育投入，使经济增长加速从后马尔萨斯增长体制向现代经济增长体制转变。随着人力资本投资的增加，技术进步和人力资本投资形成了一个良性循环：人力资本形成刺激技术进步，提高了社会对人力资本的需求，这进一步促进对儿童质量的投资，导致生育率下降，人口转变发生。在这个过程中，由于人口增长率下降，人口增长对人均收入增长的不利影响被消除，人力资本积累和技术进步的交互作用使得经济维持持续增长。在现代增长体制中，资本积累的作用让位于人力资本的作用。在技术进步的作用下，人均收入的增长超过人口的增长，给定人口规模不变（人口增长为零），教育水平、技术进步水平和人均收入增长率都处于一个高稳态水平。Lagerlöf（2006）对Galor and Weil（2000）的理论进行了校准分析，分析表明马尔萨斯体制时期，人口和人均产出的增长存在震荡变化（Oscillation），马尔萨斯增长体制的起飞过程伴随技术进步加速和初期人口增长率提高，人力资本需求的提高伴随人口转变和经济持续增长。这一结果与Galor and Weil（2000）的结论相一致。关于人口转变，Galor and Weil（1999，2000）认为人均收入增长背后的技术进步才是最终导致生育率下降的主要原因：技术进步刺激了对人力资本的需求，从而导致生育率下降，这进一步刺激了对人力资本的投入和经济增长。这一过程与19世纪中期西欧各国在不同收入水平上生育率同时下降的历史证据相一致。但是，在死亡率下降的初期，技术进步使得人均收入水平与生育率同时上升，因而收入水平与生育率具有正相关关系。

Galor and Moav（2002）在"统一增长理论"框架中加入演化思想，提出了"统一演化增长理论"（Unified Evolutionary Growth Theory，UEGT）。他们认为UEGT存在四个核心因素：第一，马尔萨斯增长体制中土地、消费、收入和生育的相互作用。土地是马尔萨斯社会的主要生产要素，并且假设是固定的，当可维持生存的消费水平（Subsistence Consumption）高于人均收入时，收入水平的提高对生育率有正向影响。如果技术进步使得人均产出超过可维持生存的消费水平，人口增长，人均土地面积下降，在缺少进一步技术进步的情况下，会导致人均收入再次低于可维持生存的消费水平。第二，达尔文的演化思想。在马尔萨斯增长体制下，生存压力使得人类具有自适应性，在权衡将资源配置给成年人还是后代子女，以及权衡将资源提供给更多后代还是每一个子女配置更多的过程中，可维持生产的消费水平约束使得父母将资源更多配置给维持自身生存以及将更多资源配置给每一个子女，提高子女的质量。这将提高劳动生产率和抵消不利的冲击，提高成年人和后代的存活率。但是，由于分配给后代的资源总数量下降，将使得存活的后代数量下降，抵消了前面的正向作用。最终，马尔萨斯增长体制下的生存压力使得偏好于提高后代质量的家庭获得演化优势，这产生了更高的收入和更高的后代质量。第三，人口教育结构的演化。在工业革命时期和后马尔萨斯体制增长时期，对更高后代质量的偏好促进了人力资本投资，并最终提高了技术进步率。第四，技术进步率提高导致人口转变和持续的经济增长。技术进步将提高人力资本回报率，使得家庭对后代质量投资更多，从而提高人口的平均受教育水平，并进一步促进未来的技术进步。上述四种基本因素的相互作用使得经济和人口从马尔萨斯增长体制逐渐转变到现代增长体制。

在阐述从马尔萨斯增长体制向现代增长体制转变的过程中，UEGT假设马尔萨斯增长体制中存在两类人：一类是"数量型"（Quantity Type）的，他们对后代的数量更为重视；另一类是"质量型"（Quality Type）的，他们对后代的质量更为重视。"数量型"占总人口的大多数，但是较低比重"质量型"人的存在也会产生缓慢的技术进步，对后代质量的投资也非常少，大部分资源用于后代数量的增加。这形成了一个马尔萨斯稳态均衡，一直持续到工业革命之前。随着"质量型"人口比重的增加，技术进步加速，导致对人力资本的投资增加，促进经济增长，传统马尔萨斯社会解体，并进入后马尔萨斯增长体制阶段。最后，技术进步加速刺激对人力资本的需求，导致生育率下降和对后代更多的人力资本投资，技术进步和人力资本的相互作用产生持续经济增长，形成现代增长体制。UEGT与UGT的不同之处在于，脱离马尔萨斯陷阱并起飞的动力来源于人口结构而非人口规模的逐渐变化。因此，在UEGT中，工业革命之前技术变化迅速，但由于人口结构中拥有较高人力资本水平的人口比重较低,因此无法产生持续的经济增长。Cervellati and Sunde(2007)在OLG模型①中也阐述了上述思想。他们假设死亡率的变化不只发生在成年阶段,还发生于儿童阶段。成年人死亡率的下降是通过收入效应提高生育率和对自身教育的投入,而儿童死亡率的下降是通过替代效应降低出生的孩子数量。同时,快速的技术变化增加了更高教育水平的回报,并改变了对后代质量和数量之间的权衡关系。动态来看,一代人的知识和人力资本影响后代面临的技术、预期寿命和儿童死亡率,技术和生活水平变化刺激对时间集约型人力资本(Time-intensive Human Capital)的投入,使得未来受教育人口成本发生变化。内生的死亡率和技术产生了经济发展、生育率和教育之间持久的双向反馈机制。他们发现技术进步与人力资本的结合是人口和经济从一个"有限人力资本水平、低寿命、高婴儿死亡率、高生育率和收入缓慢增长"的低水平均衡状态向一个"较低净生育率、较高人力资本水平和生活水平"的高水平均衡状态内生转移的动力。与第一代UGT模型不同,OLG模型强调受教育人口比重以及与之相关的生育率变化在经济和人口转变中的作用。

　　UGT在更长的时期解释了不同国家经济增长体制和人口转变改变的时间差异,Galor(2007)认为,不同国家从停滞到起飞时间的差异导致"大分流"(Great Divergence),从而使得当今不同国家发展水平存在差异。Galor(2005)认为,对于发达国家来说,公元前10000年到公元前1750年人类社会都处于马尔萨斯增长体制阶段,而发展中国家的马尔萨斯增长体制则延迟到1900年。马尔萨斯增长体制阶段的特征是技术进步伴随土地扩张,这导致人口规模扩大和人口密度提高,人均收入水平短期内会升高,但长期一直维持在最低生活水平。这个体制分为两个时期:马尔萨斯增长体制初期,由于技术进步速度较慢和人口增长侵蚀资源的扩张,人均产出增长率接近于0,人口增长率也比较低;马尔萨斯增长体制后期,技术进步的加速使得人口增长不能抵消技术进步带来的产出增长,因而人均产出增长率和人口增长率都会有小幅升高。发达国家的后马尔萨斯增长体制阶段出现在1750—1870年间,这期间是西方国家第一次工业革命时期,社会经济发生了翻天覆地的变化,而发展中国家的后马尔萨斯增长体制则开始于20世纪初。后马尔萨斯增长体制的早期特征是技术进步仍会导致人口增长,但是产出的增长幅度更大,因而人均产出有小幅增长。这个时期,虽然人均产出会增长,但是人力资本积累和形成对经济增长的贡献微乎其微。后马尔萨斯增长体制的晚期特征是技术进步促进了人力资本投资,导致实际工资大幅增加,同时导致人口转变,主要表现为生育率下降。从1870年第二次工业革命开始至今,欧美发达国家处于现代增长体制时期。亚洲和拉丁美洲的现代增长体制开始于20世纪中期,而非洲许多国家至今仍处于马尔萨斯增长体制或后马尔萨斯增长体制阶段。在现代增长体制时期,技术进步加速,对人力资本的需求增加,因

---

　　① OLG模型(Over Lapping Generation Models,世代交叠模型)由萨缪尔森首创,它针对货币经济理论缺乏微观基础这一缺陷,从货币的价值储藏职能出发,研究人们为什么要持有货币(没有内在价值的)、货币在何种条件下具有正价值(价格),并在此基础(即所谓"微观基础")上建立货币分析的理论模型。该模型创立后,得到了很多人的响应,经济学家在原始模型的基础上做了大量修正工作,使之成为今天宏观经济学尤其是货币经济学中最常用的模型之一。

而人口转变加速,这导致人均产出以较快的速度增长。总体上来说,经济增长模式从马尔萨斯增长体制转变到后马尔萨斯增长体制的内在动力是技术进步,较快的技术进步提高了产出增长率,抵消了人口快速增长对人均产出的影响,从而使得人均产出有小幅提升;经济增长模式从后马尔萨斯增长体制转变到现代增长体制的内在动力机制是在生育率下降的过程中,较快的技术进步与人力资本积累相互促进,进一步导致人口增长率下降,人均产出持续增加。

综上所述,古典经济理论、新古典增长理论和内生增长理论都只侧重于一个时期经济增长内在驱动力的研究,而 UGT 则从动态演化的角度分析了不同时期经济增长内在动力的演化。如同内生增长理论,UGT 主要强调的是技术进步和人力资本积累的作用,尤其是把技术进步视为长期经济增长的源泉,增长背后内在动力的转换也离不开技术进步。

第三节 中国经济增长动力机制转换

改革开放四十多年来,我国经济增长的动力机制不断转换,从而保持了较快的经济增长速度。下面我们将从三个方面阐述我国经济增长动力机制转换。

一、从要素角度看我国经济增长动力机制转换

从要素角度分析我国经济增长动力机制转换,主要阐述劳动力、资本、人力资本以及技术进步的作用。

(一) 改革开放之前的经济增长动力

中华人民共和国成立之初,我国百废待兴,要在一穷二白的基础上建成现代化国家需要大量的投入。从中华人民共和国成立到改革开放这 30 年间,我国面临薄弱的工业基础以及帝国主义的封锁,接受了苏联社会主义工业道路的理论并受到苏联巨大成功的鼓舞,基于这个原因,我国选择了实施以重工业为主导的发展战略(于光远,1996)。重工业的特征是资本密集型和劳动集约型的,因此,在这 30 年中我国主要依靠大规模的投资促进经济增长。要实现上述目标,需要通过要素价格扭曲和计划配置体制制度的安排来实现(李飞跃和林毅夫,2011)。价格扭曲方面的措施如通过压低劳动力工资水平、降低国民收入向劳动者的倾斜来实现高资本积累,从而促进全社会的高投资。而且这期间的人口结构也有利于上述目标的实现。该时期我国生育率比较高,社会总体人口抚养比呈升高趋势(见图 1-3)。因此,劳动人口具有数量优势,中央再通过一系列计划经济体制的安排如限制人口流动、农业补贴工业、农村补贴城市,形成城乡剪刀差,促进生产资源向重工业部门集中。一些研究认为,以资本高投入为特征的重工业发展战略对我国经济发展起到了重要的促进作用。一方面,由于重工业产品在工业体系中多为基础性的流动资产或是固定资产投入品,因此重工业的发展有利于降低其他产业的生产成本,并有较强的技术外溢效应;另一方面,优先发展重工业的战略为我国打下了完备的工业基础,使得我国成为世界上少有的具有完备工业体系的国家,为改革开放后的经济高速增长奠定了

坚实基础(姚洋和郑东雅,2008)。但是,一些研究也发现重工业优先发展战略可能导致市场机制扭曲、经济增长率下降、经济波动加大、收入分配恶化等问题。林晨和陈斌开(2018)从技术效率的角度进行分析,发现优先发展重工业的战略对于1957—1973年间技术效率的贡献高达34.3%,但对于1973—1987年间技术效率的贡献下降到了-14.1%。这意味着从20世纪70年代中期开始我国以高资本积累为特征的重工业发展战略的作用开始下降,而以消费导向的轻工业发展发挥了越来越大的作用。

（二）改革开放前20年的增长动力

1978年我国开始实施改革开放政策,逐渐放弃重工业发展战略,鼓励发展轻工业。首先是以"苏南模式"为代表的乡镇企业的崛起,其次是通过设立经济特区和沿海开放城市大力吸引外资,发展外向型经济。无论是乡镇企业的发展还是外向型经济的发展都依赖于我国丰富和低成本的劳动力。一方面,乡镇企业立足于农村,利用农村富余劳动力进行生产,促进了改革开放初期的经济增长;另一方面,在对外开放政策的指引下,中国内地引入的外商直接投资大都来自中国港澳台地区和东南亚,经过几十年的发展,这些地区普遍面临产业升级,劳动密集型产业从这些地区逐渐转移到中国内地,并利用中国内地低成本的劳动力发展劳动密集型产业。

上述现象主要与我国人口结构的变化有关。随着我国出生率自20世纪70年代开始大幅下降(见图1-5),我国人口结构中,少儿抚养比大幅下降,而老人抚养比并没有明显升高。由于劳动力占比升高,人口红利发挥了重要作用。从改革开放一直到90年代中期,我国工资水平均处于较低水平。1978—1997年,我国城镇职工年平均实际工资从1004美元升高到1026美元,年平均增长率只有0.1%,这个增长率远低于我国经济增长率(Li et al.,2012)。这个工资水平不但低于美国,也低于亚洲其他新兴国家,例如1994年,我国城镇职工年平均实际工资为694美元,仅为菲律宾的17%。因此,改革开放之初的12年中,大量低成本的劳动力供给成为我国经济快速增长的主要驱动力。

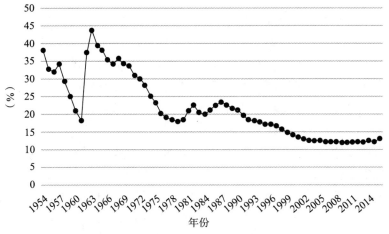

图1-5 历年人口出生率

资料来源:历年中国统计年鉴。

但是，从 20 世纪 90 年代中期开始，我国劳动力成本逐渐提高，1998—2010 年，我国实际工资平均年增长 13.8%，超过了同期实际 GDP 增长率（Li et al., 2012）。这意味着依靠低成本劳动力促进经济增长的方式已经变得不可持续。我国实际劳动力成本 1995 年已经超过印度尼西亚和印度，2005 年超过泰国。2006 年，印度和印度尼西亚的实际工资分别只有我国实际工资的 41% 和 34%；到 2008 年，我国实际工资平均水平达到 3 558 美元，仅仅与菲律宾相差 18 个百分点（Li et al., 2012）。随着劳动力成本的提高，许多劳动密集型产业从我国转移到东南亚和南亚国家，例如越南和印度等国。

（三）21 世纪第一个 10 年的增长动力

20 世纪 90 年代是我国市场经济体制确立和完善的重要时期。1992 年，我国正式确立了社会主义市场经济体制；1994 年，我国实施分税制改革，并改革金融体制，实施金融集权（丁骋骋和傅勇，2012）；1998 年，我国开启了国有企业的"抓大放小"改革，在国有企业中推行现代企业管理制度，同时，土地和住房制度都进行了改革。进入 21 世纪，随着各项改革的完成，我国社会主义市场经济日益完善，尤其是金融体制和财政分权体制改革进一步激发了地方政府发展经济的积极性。地方政府促进经济增长的主要手段是依靠大规模固定资产投资，投资成为进入 21 世纪以来我国经济增长的主要驱动力。这主要得益于两个方面：

首先，我国居民储蓄率大幅上升，为我国通过大规模固定资产投资提供了前提条件。图 1-6 显示了改革开放以来到 2008 年我国城镇居民家庭和农村居民家庭平均储蓄率。我们发现，从 80 年代末开始，我国居民储蓄率都处于持续上升状态。到 2000 年，城镇居民家庭和农村居民家庭的平均储蓄率分别达到 20.4% 和 25.9%。从国民储蓄来看，如图 1-7 所示，从 90 年代开始我国国民储蓄率整体呈上升趋势，进入 2000 年国民储蓄率上升幅度更大。整个 90 年代我国国民储蓄率在 40% 左右徘徊，而到 2010 年，国民储蓄率已经达到 50% 以上。无论与发达国家相比还是与其他发展中国家相比，我国的国民储蓄率都比较高。Kuijs（2006）发现，2003 年中国的总储蓄率比 2002 年美国、法国、日本和韩国分别高 28.2%、21.8%、17% 和 11.5%。相对于美国，1992—2008 年间，中国国民储蓄率平均为 41.7%（见图 1-8），比美国同期国民储蓄率高 26.1 个百分点，并且，中美储蓄率差距在 2001 年以后急剧扩大，平均每年提高 2.1 个百分点（王毅和石春华，2010）。徐忠等（2010）从资金流量表分析了我国部门储蓄率的高低和变化，他们发现，2000 年之前我国政府储蓄率和企业储蓄率都相对比较稳定，分别维持在 5.5% 和 14.8% 左右，居民储蓄率甚至还有下降。但是 2000—2007 年，政府储蓄率从 6.4% 升高到 10.6%，企业储蓄率从 15.6% 升高到 18.4%，居民储蓄率从 16.5% 升高到 21.82%。因此，他们认为，我国高储蓄率主要是由政府储蓄率上升引起的。

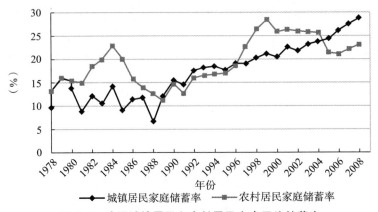

图 1-6　我国城镇居民和农村居民家庭平均储蓄率

资料来源:《新中国 60 年统计资料汇编》。

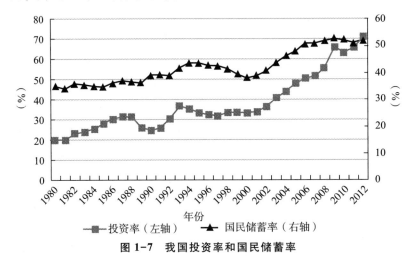

图 1-7　我国投资率和国民储蓄率

资料来源:历年中国统计年鉴。

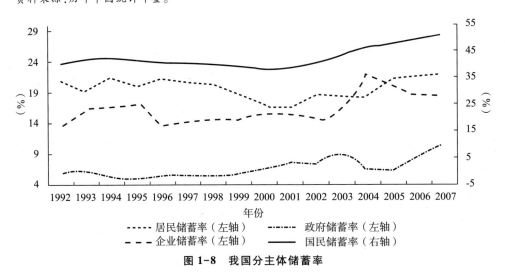

图 1-8　我国分主体储蓄率

资料来源:徐忠等(2010)。

其次,分税制改革和晋升锦标赛推动了地方政府通过大规模投资促进经济增长。通过1994年分税制改革和2002年所得税收入分享体制改革,中央政府的税收份额不断升高。随着财力的增长,中央政府有更大的能力实施积极的财政政策以刺激经济增长,而利用固定资产投资进行基础设施建设是其中最主要的手段。对于地方政府来说,虽然分税制后其税收收入份额大幅下降,但是地方政府的支出责任并没有下降太多,这种财权和事权的不平等迫使地方政府不得不通过其他途径为基础设施建设融资。20世纪90年代末开始的土地制度改革为地方政府融资提供了新的思路。1998年,《中华人民共和国土地管理法》的修订与运行使地方政府有偿将城市土地转让给企业和个人,这为地方政府通过土地出让弥补财政缺口打开了大门。从1998年开始,我国土地出让面积和土地出让金都大幅增加,如图1-9所示。2010年,全国土地出让金占地方政府预算内财政收入的比重达到历史最高的67%。此后虽然有所下降,但是也占较高的比重,并且土地出让金的收入持续升高到2013年。而住房制度改革刺激了我国房地产市场的发展,地方政府大力利用这个契机鼓励房地产开发和房地产投资。从2000年开始,我国房价一路飙升,房地产投资规模也不断膨胀。

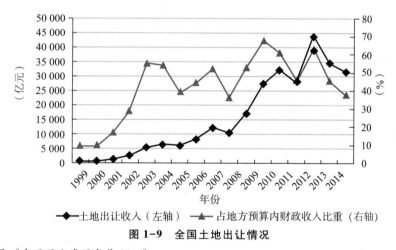

图1-9 全国土地出让情况

资料来源:《中国国土资源年鉴2016》。

分税制改革为地方政府通过土地出让和房地产市场的发展吸引资本流入获得更多收入提供了动力,而地方政府官员的晋升锦标赛是地方政府通过投资促进经济增长的内在动力。对于地方政府官员来说,考虑到晋升,他们需要在任期内尽快推动经济增长,而大规模投资无疑是最直接的手段。

二、从需求结构看我国增长动力机制的转换

从需求结构来看,GDP增长来源于消费、投资和净出口,这被称为经济增长的"三驾马车"。消费需求包括居民消费需求和政府需求,投资需求主要是企业固定资产投资和房地产投资。消费需求和投资需求被称为"内需",净出口需求是国外对本国产品的净需求,因而被称为"外需"。

（一）外需与内需的转换

从内需和外需的角度来看，内需对经济增长的贡献大于外需，但加入WTO后外需的作用不断增大。图1-10和图1-11分别显示了改革开放以来我国三大需求对经济增长的贡献率和拉动率。我们发现，20世纪80年代消费需求对经济增长的贡献率和拉动作用比较大，投资需求次之，外需最小。但是，从80年代后半期开始，外需对经济增长的作用不断升高，1990年的贡献率甚至一度达到80%。90年代，外需对经济增长的贡献率和拉动作用比较大。但是2001年我国加入WTO后，净出口对GDP增长的贡献率和拉动作用又进一步升高，并在2006年达到最高水平。

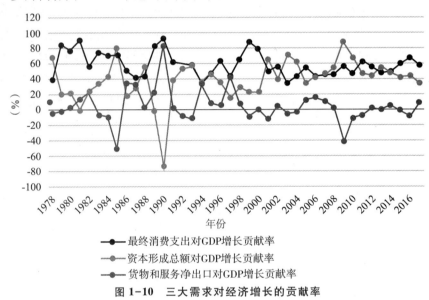

图 1-10 三大需求对经济增长的贡献率

资料来源：国家统计局网站。

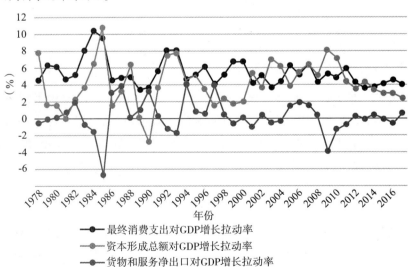

图 1-11 三大需求对经济增长的拉动率

资料来源：国家统计局网站。

图 1-12 显示了改革开放以来我国的对外贸易依存度。从 20 世纪 80 年代中期到 2006 年,以进出口贸易占 GDP 比重衡量的对外贸易依存度越来越高,达到 60% 以上。整个 80 年代,我国只有两年外贸出现盈余状态。但从 90 年代开始,我国大多数年份都处于贸易盈余状态,并且贸易盈余占 GDP 比重也持续升高。到 2007 年,我国贸易盈余占 GDP 的 7% 以上。从图中可以看出,2001 年加入 WTO 后,我国对外贸易依存度和贸易盈余都大幅增加,而这个时期,内需对经济增长的作用有所下滑。2008 年金融危机以后,从 2010 年开始,外需对经济增长的拉动作用又进一步增加,而这个时期,无论是消费还是投资对经济增长的贡献率均呈明显下降趋势,投资的下降尤其明显。

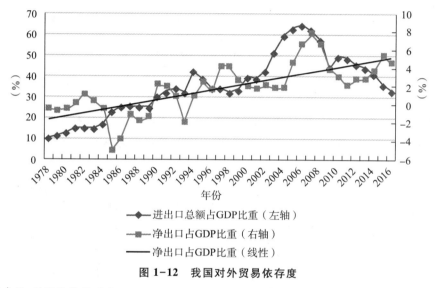

图 1-12 我国对外贸易依存度

资料来源:国家统计局网站。

(二)投资与消费的转换

从投资需求和消费需求角度来看,我国增长动力由 90 年代的消费驱动转为 2000 年之后的投资驱动。图 1-13 显示了 90 年代以来我国居民消费、固定资本形成和政府消费对 GDP 的贡献率。在过去 30 年中,政府消费的贡献率一直比较低。整个 90 年代,除了 1991—1993 年以及 1998 年固定资本形成对 GDP 的拉动作用超过居民消费,其他年份居民消费对 GDP 的贡献率均是最高的。而进入 21 世纪后的前 10 年,固定资本形成对 GDP 的拉动作用一直大于居民消费和政府消费的作用,尤其是在 2003 年前后和 2009 年前后,投资对经济增长的贡献率更大,2009 年甚至达到 90% 以上。2014 年之后,居民消费对经济增长的贡献率才再次超过投资的作用,而这主要是由进入经济新常态后我国投资回报率大幅下降所导致的。

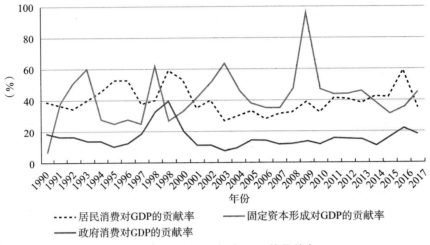

图 1-13 消费和投资对 GDP 的贡献率

资料来源:国家统计局网站。

综上所述,从需求结构上来看,未来我国经济动力将从外需转向内需,从投资转向消费,尤其是居民消费。但是,自 20 世纪 90 年代以来,在国民收入分配中劳动要素收入份额持续呈下降状态,如图 1-14 所示。2008 年之后劳动收入份额有所升高,但这可能是由投资回报率大幅下降造成的。总体上来看,与 90 年代初相比,2008 年我国劳动收入份额下降了将近 15 个百分点,2017 年与 90 年代初相比也有将近 10 个百分点的差距。90 年代劳动收入份额的快速下降是消费需求对经济增长贡献率下降的主要原因之一,因为,一方面,劳动收入份额的下降直接体现为劳动者收入增长相对较慢,这会直接导致居民个人消费需求不足;另一方面,劳动收入份额下降对应的是资本收入份额升高,由于资本集中于社会中的少部分群体,因而劳动收入份额的下降会进一步恶化收入分配格局,由于高收入者平均消费倾向较低,因此间接不利于消费需求的增长。

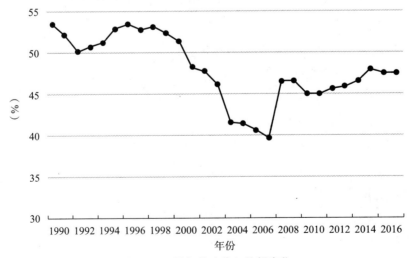

图 1-14 历年劳动收入份额变化

资料来源:历年中国统计年鉴。

三、从产业结构看我国增长动力机制的转换

(一)产业结构演变

从产业结构看我国经济增长动力主要是分析我国在经济转型过程中第一、第二、第三产业的作用。图1-15和图1-16分别显示了我国三次产业结构的比重和对GDP的贡献率。从图1-15来看,1952—1970年,第一产业占比最高(除了1958—1960年三年自然灾害时期),反映了这个时期我国还处于工业化初期,第二产业快速增长,但是农业在国民经济中仍占主导地位。从20世纪70年代初开始,第二产业增加值占比远远超过第一产业,而第一产业占比快速下降。第三产业占比从80年代中期开始升高,到2013年,第三产业产值占比超过第二产业,成为第一大产业。从中可以看出,以工业为代表的第二产业占据主导地位长达四十多年,从70年代开始工业增长成为推动我国经济增长的主要动力。而第三产业产值占比超过第二产业则意味着我国从工业到服务业转变的产业升级和产业转型,服务业的增长成为推动我国经济增长的主要动力。图1-16中三次产业对GDP增长的贡献率也说明了上述情况。

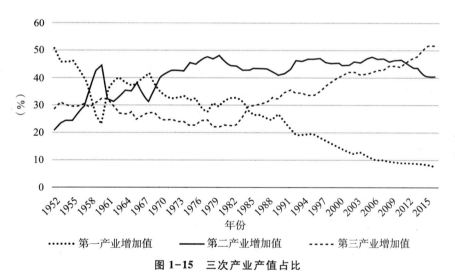

图1-15 三次产业产值占比

资料来源:国家统计局网站。

(二)工业化向城市化的转变

纵观改革开放四十多年以来我国产业结构的变化,可以说前20年工业化是经济增长的主要驱动力,而后20年,随着第三产业的作用越来越大,城市化逐渐成为经济增长的主要驱动力。1995—2010年间,中国城市化率以每年1.5%的速度提高,从29.4%提高到49.95%,城市化率每提高1个百分点,带动人均GDP增加633元(刘守英,2014)。而由工业化向城市化的转变离不开人口的跨地区迁移,以及中国独特的征地制度和土地出让制度。

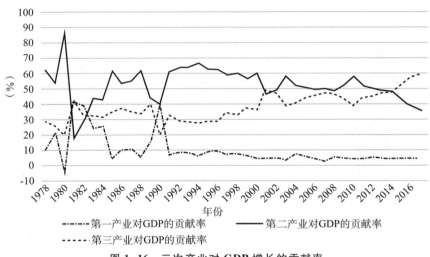

图 1-16 三次产业对 GDP 增长的贡献率

资料来源：国家统计局网站。

第一，改革开放以来，我国流动人口规模迅速增加，加速了工业化和城市化。如图 1-17 所示，1982 年我国流动人口规模仅为 1 300 万人，1995 年增加到 4 800 万人，2000 年第五次人口普查时增加到 1.21 亿人，2010 年第六次人口普查时达到 2.21 亿人，2014 年流动人口规模达到最高点，为 2.53 亿人，此后几年逐渐呈现回落趋势。伴随着人口的流动，以城镇常住人口占比衡量的城市化率快速上升。根据国家统计局和国家发展改革委公布的数据，1995—2016 年的 20 年间，我国城镇人口比重增加了 28% 左右，年均增长率为 1.33%。截至 2016 年年末，我国城镇常住人口占比已达 57.35%（见图 1-18）。虽然我国城镇化保持较快的增长，但相对于欧美发达国家，我国城镇化率并不算高，并且户籍人口城镇化率远低于常住人口城镇化率。2016 年，我国户籍人口城镇化率仅为 41.2%，比城镇常住人口城镇化率低 16.15 个百分点。因此，我国城镇化主要是长期人口的城镇化而非户籍人口的城镇化，大量没有户籍的流动人口在城市工作，但并没有享受城市相应的公共服务和社会保障。一方面，这导致企业雇用劳动力的成本较低，促进了我国低成本的工业化；另一方面，也造成农民工利益缺乏保障、收入分配不公等问题，成为城市可持续发展的阻力。

第二，"低价工业化、高价城市化"的土地出让模式促进了我国工业化，同时也推动了土地城市化。地方政府的土地出让具有强烈的"以地引资"和"以地生财"功能。"以地引资"假说认为地方政府出让土地是为了促进招商引资，而招商引资能够推动经济增长（陶然等，2007；吴群和李永乐，2010；梁若冰和韩文博，2011）。为了吸引更多的资本流入，地方政府倾向于以协议方式出让土地。这造成我国工业用地价格普遍较低，许多地区，尤其是中西部等不发达地区通过土地出让吸引的资本大多是劳动密集型产业和高污染行业，这使得低价工业化的后果是环境恶化和收入分配更加不平等。"以地生财"的视角将土地出让视为地方政府获得更多税费收入的手段，地方政府不仅可以通过土地出让获得土地出让金，而且土地之上附着的其他税费收入也能给其带来收入。例如，土地增

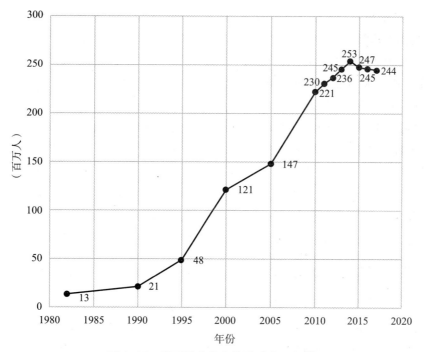

图 1-17　我国历次普查的流动人口规模

资料来源:历次人口普查和历年中国统计年鉴。

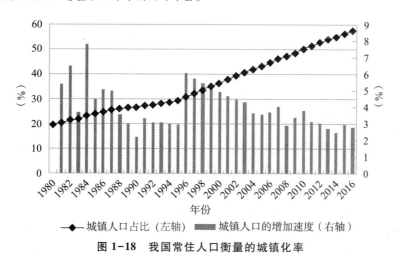

图 1-18　我国常住人口衡量的城镇化率

资料来源:历年中国统计年鉴。

值税、城镇土地使用税、耕地占用税、契税、房产税和营业税等。许多土地财政的研究都是从以上几个方面分析地方政府土地出让动机的(吴群和李永乐,2010;卢洪友等,2011;周飞舟,2006,2007,2010;贾康和刘微,2012;孙秀林和周飞舟,2013;Deng et al.,2012;Han and Kung,2015)。因此,为了弥补财政缺口,地方政府有很强的激励以较高的价格出让土地,这部分土地用途主要是商业和房地产,推动了城市建成区面积的扩张以及城市的高房价。过去 20 年间,我国的城市化主要以土地城市化为主,城市面积扩张速度快于城市人口扩张速度。国家发展改革委发布的《国家新型城镇化报告 2015》指出,1978—2014 年,我国城市数量由 193 个增加到 653 个,城市建成区面积从 1981 年的 0.7 万平方千米增加到 2015 年的 4.9 万平方千米,扩大了 6 倍,而城镇人口数量只扩大为原来的 3.6 倍。陆铭(2011)认为土地城镇化与人口城镇化的不平衡也造成了城市的土地利用率低下、城市发展方式粗放等问题。

综上所述,未来中国经济增长中将出现工业化贡献率下降趋势,而以第三产业为主的城市化对经济增长的贡献率将会升高。但是,长期低价工业化过程中造成的环境污染、资源浪费以及收入分配不公等问题将会日益突出。另外,通过压低劳动力和土地等要素价格,推进工业化不可避免地阻碍了企业创新和研发的积极性,土地资源错配导致我国工业技术进步水平和生产率下降(李力行等,2016;张少辉和余泳泽,2019),土地财政为导向的土地出让行为也导致区域创新效率的下降(鲁元平等,2018)。

四、我国经济增长动力转换的实现路径和实施条件

(一)我国经济增长动力转换的实现路径

纵观改革开放四十多年我国经济发展的历程,在要素禀赋、总需求以及产业结构方面均发生了巨大的变化,从根本上转变经济发展动力、实现高质量的发展,成为时代需要。

要素禀赋的变化是我国经济增长动力转换的基本动力。随着劳动力绝对数量的下降,人口红利消失和投资回报率下降。此时,我国应该摒弃低成本、高投入、高耗能的粗放型经济发展方式,转向以创新和技术进步为核心驱动的高质量发展轨道。只有大力进行创新和实现技术进步,才能提高劳动回报率和投资回报率,降低能源消耗,改善环境质量。

从总需求方面来看,以创新和技术进步,尤其是发展技能偏向性的技术进步为核心驱动的高质量发展,能够提高劳动者收入份额,有利于提升整个社会消费需求对 GDP 的拉动作用,有效改变投资过度的现状。同时,我国应改变以低成本劳动力和高投资的方式发展出口外向型经济的模式,应该依靠创新和技术进步大力提高我国出口产品的技术水平,进而从一个出口大国转变成一个出口强国。

从产业结构方面来讲,从以第二产业为主的经济体转向以第三产业为主的经济体是经济发展的大趋势,这背后反映了经济体从工业化驱动向城市化驱动转变的发展过程。在产业结构转变过程中,我国面临的主要问题是工业化质量较低,土地城市化快于人口城市化。在我国工业化中,具有重大战略性的制造业在国际上的竞争力还不足,而且,相对于日本、韩国等国家而言,我国制造业比重下降时的人均 GDP 水平依然较低。因此,一方面,我国工业化应该以提高制造业的核心竞争力为关键,尤其是通过创新和技术进步实现我国制造业 TFP 和技术效率的提高;另一方面,我国需要继续推动城市化进程,优化城市土地资源配置,提高城市规划水平,尤其是加快推动流动人口在城市的落户和融合,实现人的城市化,推进高质量城市化建设。

（二）我国经济增长动力转换的实施条件

我国经济增长动力转换需要一定的制度条件和社会条件。

制度条件主要是从法律、法规和政府治理的角度来说的。从法律和法规上来说，应该继续加强法制体系建设，降低由于不规范行为导致的资源错配和社会资源的浪费。例如，在土地出让中严禁随意改变土地用途、规范土地招拍挂程序等，尽量避免土地资源的错配。从政府治理的角度来说，过去几十年我国经济发展方式与政府行为有很大的关系。在中国式的分权体制下，地方政府和官员发展经济的积极性被极大地调动了起来，一方面，经济增长可以为地方政府带来税收收入，而更多的税收收入才能使政府在公共产品提供方面更有作为；另一方面，经济增长可以为地方政府"一把手"带来晋升机会。但是，这种地方政府主导下的经济增长导致了"逐底竞争"（Race to The Bottom）。为了吸引更多的外来流动资本，地方政府采取了税收优惠、土地优惠、降低环境标准等手段，造成当地税源流失、公共投入下降、土地资源错配严重以及环境恶化等问题。因此，改变现有的政府官员考核体制以及分权方式势在必行，在激发地方政府发展积极性的同时要避免陷入地方政府之间的无序竞争。

社会条件包括文化环境、创新环境、人力资本积累等方面。要实现我国经济增长动力从要素禀赋驱动型到技术进步的转换，需要一个包容的文化环境，允许失败，鼓励探索和创造。同时，经济增长动力的转换还需要一个良好的创新环境，包括研发系统、创新的融资环境等。在现阶段，我国创新的融资环境建设尤其重要，政府应该完善多层次的资本市场，为创新企业尤其是中小型的民营科技企业进行融资，培育知识产权的孵化系统，将专利有效转换为产品。目前，随着经济发展水平的提高，我国人均受教育水平不断提高，使得整体劳动力素质有了很大的改善，有利于我国技术效率的提高。

本章总结

本章主要介绍了我国经济增长动力转换的背景、意义、目标、理论基础、转变过程以及新时期转换的路径和条件。通过对过去四十多年中国改革开放的实践以及该过程中经济增长转型的实践进行分析，我们总结出中国经济增长转型主要是从要素禀赋、需求结构和产业结构方面进行增长动力的转换。要素禀赋上主要由要素投入型的粗放型增长转变到以创新为导向的集约型增长；需求结构上由外需转向内需，由投资转向消费；产业结构上由第二产业转向第三产业，并提高制造业的知识密集度和技术密集度。上述转变需要我国实施供给侧改革，提高我国出口产品的国际竞争力，推动人的城市化和城市公共服务水平的提高，实现高质量的城市化。经济增长动力的转换不仅关系着中国未来几十年的经济持续增长，还决定着未来中国能否顺利从中高收入国家行列迈入高收入国家行列，避免陷入"中等收入陷阱"。

核心概念与术语

经济转型	Economic Transformation
产业升级	Industrial Upgrading
人口转变	Demographic Transition
供给侧改革	Supply Side Reform
统一增长理论	Unified Growth Theory
土地财政	Land Finance
政府竞争	Intergovernmental Competition
晋升锦标赛	Promotion Tournament
财政分权	Fiscal Decentralization
工业化	Industrialization
城市化	Urbanization
全要素生产率	Total Factor Productivity
技术效率	Technical Efficiency
技术进步	Technical Progress

复习思考题

1. 中国经济增长动力转换中的政府作用是什么？
2. 供给侧改革对于经济增长动力转换的意义是什么？
3. 请思考"一带一路"倡议与我国经济增长动力转换的关系。
4. 如何理解人口结构转变与产业升级之间的关系？

附 录

1. 哈罗德-多马模型[①]

哈罗德-多马模型有如下几点假设：

第一，模型隐含假定经济系统只生产一种产品，它既可以在当前消费掉，也可以作为资本存量储存起来，用于未来投资使用。模型还假定劳动力是同质的，这种同质劳动与过去积累的资本存量一起成为当期生产的投入要素。

第二，人口以一个不变且外生于该经济系统的速率增长，记为 $\dfrac{\dot{L}}{L}=n$。

第三，储蓄和投资在产出中的比重是固定不变的，即储蓄率外生，记为 s。这一假定看似与事实相去甚远，因为在实际经济中，储蓄率往往是不断变化的，每个个体都会根据自身的约束条件选择效用最大化的储蓄水平，但无论在哈罗德-多马模型中，还是在后续将介绍的索洛模型中，都将保留这一假定。该假定虽然与现实情况存在较大出入，但拉姆齐等人将储蓄率不变的假定放松后发现，它并不影响模型的主要结论，并且还能大大简化模型推导过程。

第四，模型假定技术水平固定不变，不考虑技术进步，用符号表示为 $\dfrac{\dot{A}}{A}=0$，生产函数中资本产出比以及劳动产出比为常数。

模型采用里昂惕夫形式的生产函数，函数形式如下：

$$Y_t = \min\{AK_t, BL_t\} \tag{1}$$

（1）式中，Y_t 为实际产出，K_t、L_t 分别为资本和劳动投入，A 为资本产出比，即在不受约束下一单位资本所能创造的产出量为 A，同理，B 为劳动产出比。里昂惕夫形式的生产函数表明资本与劳动力之间无法相互替代，必须按照固定比例将二者组合使用才能达到目标产出水平，这一特征生产函数多用于市场机制不完善的情况。将（1）式化简为密集形式，y_t、k_t 分别表示人均产出与人均资本存量，具体如下：

$$y_t = \min\{Ak_t, B\} \tag{2}$$

根据里昂惕夫函数性质可知，只有当 $AK_t = BL_t$，即 $Ak_t = B$，$k_t = \dfrac{B}{A}$ 时，资本与劳动力才能同时得到充分利用，实现有效率的生产。否则，若 $k_t < \dfrac{B}{A}$，则会出现劳动力供给大于劳动力需求，经济体中出现失业；若 $k_t > \dfrac{B}{A}$，则出现部分资本闲置。生产过程在不同的人均资本

---

① 对哈罗德-多马模型的推导参考：杨依山.哈罗德-多马模型的重新解读[J].山东财政学院学报,2010(6)：60—65。

水平下面临的约束不同,为凸显这层关系,我们将(2)式改写为分段函数形式并分情况讨论。

$$y_t = \begin{cases} Ak_t, & \text{当} k_t \leq \dfrac{B}{A} \\ B, & \text{当} k_t > \dfrac{B}{A} \end{cases} \tag{3}$$

我们首先考虑人均资本相对不足的情况,当 $k_t \leq \dfrac{B}{A}$ 时,$y_t = Ak_t$,劳动力相对过剩,人均产出与人均资本存量成正比例关系。由于模型中第三条假定提出储蓄和投资在产出中的比重固定为 s,则总投资为 sY_t,净投资等于总投资减去折旧,资本运动方程可表示为 $\dot{K}_t = sY_t - \delta K_t$。人均资本运动方程为:

$$\begin{aligned} \dot{k}_t &= \left(\dfrac{\dot{K}_t}{L_t}\right) \\ &= \dfrac{\dot{K}_t}{L_t} - \dfrac{\dot{L}}{L} k_t \\ &= \dfrac{sY_t - \delta K_t}{L_t} - \dfrac{\dot{L}}{L} k_t \\ &= sAk_t - (n+\delta) k_t \end{aligned} \tag{4}$$

两边同时除以 k_t 可得人均资本增长率:

$$\dfrac{\dot{k}_t}{k_t} = sA - (n+\delta) \tag{5}$$

由 $y_t = Ak_t$ 以及不存在技术进步的假定,可计算出人均产出增长率 $\dfrac{\dot{y}_t}{y_t} = \dfrac{\dot{A}}{A} + \dfrac{\dot{k}_t}{k_t} = \dfrac{\dot{k}_t}{k_t}$,

$$\dfrac{\dot{y}_t}{y_t} = sA - (n+\delta) \tag{6}$$

为简化分析,假定模型中不存在资本折旧,即 $\delta = 0$,根据经济总产出增长率 $\dfrac{\dot{Y}_t}{Y_t} = \dfrac{\dot{y}_t}{y_t} + \dfrac{\dot{L}}{L}$ 可知,

$$\dfrac{\dot{Y}_t}{Y_t} = sA \tag{7}$$

从(7)式中我们发现,当满足 $k_t \leq \dfrac{B}{A}$ 的条件时,经济增长事实上依靠投资率与资本边

际生产,如(7')式。在固定的技术水平下,更高的投资率将直接带来更高的经济增速,投资是驱动经济增长的决定性因素。

$$\text{GDP 增长率} = \text{资本投资率} \times \text{资本产出率} \tag{7'}$$

接下来,我们考虑人均资本相对过剩的情况,当 $k_t > \dfrac{B}{A}$ 时,此时劳动力相对不足。$y_t = B$,人均产出被固定为一个确定水平,$\dfrac{\dot{y}_t}{y_t} = 0, \dfrac{\dot{Y}_t}{Y_t} = \dfrac{\dot{y}_t}{y_t} + \dfrac{\dot{L}}{L} = n$。此时长期人均产出增长率为零,总产出增长率就等于人口增长率。这一结果的经济含义表明,在劳动力相对不足而经济体中存在资本闲置时,再增加投资只会导致更多的资本被闲置,多余的资本存量无法转化为产出,投资率的提高对于经济增长没有任何贡献。

综合上述两种情况发现,在资本劳动比不同时,投资对于经济增长起到截然不同的作用。当资本相对不足而劳动过剩时,投资成为推动经济增长最直接的动力,更高的投资率带来更快的经济增长;而当劳动力相对不足且资本相对过剩时,经济增长主要受到人口增长率的制约,增加投资只能引发更大程度的资源浪费,投资率的提高无益于经济增长率。而对于哈罗德-多马模型本身而言,这一模型产生于 20 世纪 30 年代美国大萧条刚刚过去之时,当时多人失业,"工人追逐机器"现象突出。基于此现实背景,多马将高失业率作为前提提出此模型,认为只要资本存量有所增加,总会有工人填补工作岗位(杨依山,2010)。因此多马假定总产出与资本存量之间存在固定的正比例关系,也就是 $y_t = Ak_t$ 的情况。因此,根据哈罗德-多马模型的分析框架,我们认为投资是拉动经济增长的重要驱动力。

这一结论部分依赖于模型中特殊的生产函数形式的设定——里昂惕夫形式生产函数。而这一生产函数对于刻画现实经济中的实际情况仍存在缺陷,要素之间完全不可替代多出现在市场机制十分不发达的情况,这显然与现实世界不符。下面我们将介绍索洛模型,索洛模型将不再沿用这一生产函数形式,而是采用与现实更加吻合的柯布-道格拉斯生产函数。此外,索洛模型中还引入了技术进步因素。通过下面的学习,我们分析在索洛的分析框架下,投资对经济增长又会有怎样的影响。

2. 索洛模型[①]

我们首先对模型假设和基本形式进行介绍,接着对投资变化在短期和长期内如何影响经济增长进行定性分析,最后通过模型推演对投资影响产出的强度进行定量分析。

索洛模型关注产出(Y)、资本(K)、劳动力(L)与技术(A)四个变量。生产函数表示为:

$$Y(t) = F(K(t), A(t)L(t)) \tag{8}$$

这里技术 A 以同劳动力 L 相乘的形式进入函数,我们称 AL 为有效劳动,而以这种形

[①] 对索洛模型的推导过程参考:〔美〕戴维·罗默. 高级宏观经济学[M].(第四版). 吴化斌、龚关译. 上海:上海财经大学出版社,2014。

式引入的技术进步为劳动增进型或哈罗德中性。模型包含几点重要假定：第一，模型假设经济是封闭的，没有货币与政府。生产唯一的一种最终产品，资本品和消费品之间可以一对一转换。第二，生产函数形式为规模报酬不变，说明经济体已经足够有效，不存在规模报酬递减或递增，且函数严格拟凹，并对于每个变量严格递增。第三，消费者按一个外生比率 s 把收入储蓄起来。第四，人口和技术均以一个恒等的外生增长率增加。$\frac{\dot{L}}{L}=n, \frac{\dot{A}}{A}=g$。第五，消费者无弹性地供给所有的劳动和资本。

根据第二点假定，生产函数可化为密集形式。方法如下：在(1)式两边同时乘以 $\frac{1}{AL}$，可得：

$$\frac{Y}{AL}=F\left(\frac{K}{AL},1\right) \tag{9}$$

通过定义 $y=\frac{Y}{AL}, k=\frac{Y}{AL}$，(2)式可写为：

$$Y=f(k) \tag{10}$$

也就是说，单位有效劳动的平均产量是单位有效劳动的平均资本量的函数。根据第二条假定，可知密集形式生产函数满足 $f(0)=0, f'(k)>0, f''(k)<0$。此外，模型假定它满足稻田条件：$\lim_{k\to 0}f'(k)=\infty; \lim_{k\to\infty}f'(k)=0$。稻田条件表明，当资本存量足够小时，资本的边际产量很大；而当资本存量足够大时，资本的边际产量很小。通过对函数形式的设定，使得模型有且只有一个原点以外的稳态点。模型中资本积累方程可表述为：

$$\dot{K}(t)=sY(t)-\delta K(t) \tag{11}$$

即净投资等于总投资减去折旧，其中，δ 表示折旧率。根据(11)式我们可以刻画出 k 的动态学。利用链式法对 $\dot{k}(t)$ 求导，并将 $\frac{\dot{L}}{L}=n, \frac{\dot{A}}{A}=g$ 代入整理，可得：

$$\dot{k}(t)=sf(k)-(n+g+\delta)k \tag{12}$$

方程(12)是索洛模型的关键方程。它表明，每单位有效劳动的平均资本量的变动率是两项之差。第一项 $sf(k)$ 是每单位有效劳动平均实际投资；第二项 $(n+g+\delta)k$ 是持平投资，即使得 k 保持在现有水平所必需的投资量。如果每单位有效劳动平均实际投资大于所必需的持平投资，则 k 上升；如果实际投资低于持平投资，则 k 下降；如果二者相等，则 k 保持不变。图1将 $\dot{k}$ 表达式中的两项表示为 k 的函数。持平投资 $(n+g+\delta)k$ 与 k 成正比。实际投资 $sf(k)$ 等于储蓄率 s 乘以每单位有效劳动的平均产量。当 $k=k^*$ 时，持平投资与实际投资相等，k 达到稳态。

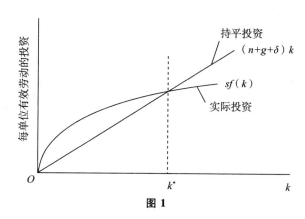

图 1

基于索洛模型的假定,每年人们把其收入中的固定比例 s 部分用于储蓄,把 $(1-s)$ 部分用于消费,因此消费函数可表示为 $C=(1-s)Y$。将消费函数形式代入国民收入核算恒等式中:

$$Y=(1-s)Y+I \tag{13}$$

整理得到:

$$I=sY \tag{14}$$

(14) 式说明,投资等于储蓄,因此储蓄率 s 也是用于投资的产出比例。基于这一恒等关系,我们通过探究储蓄率(投资率)s 的变动如何影响模型其他变量,估计投资对长期经济增长的作用。

储蓄率 s 的上升将实际投资曲线位置升高,所以新稳态下的 k^* 将变大,如图 2 所示。但 k 并不会瞬间跳至新的稳态,起初 k 值仍保持在初始稳态水平。而此时由于储蓄率的上升使得实际投资超过持平投资,$\dot{k}>0$,k 开始上升,并直至达到新稳态 k^*_{NEW}。因为 $y=f(k)$,所以新稳态下的人均有效产出水平也将更高。

由于我们最为关心的是投资率的变动对经济增长的影响,因此接下来看 Y/L 的变动情况,它衡量了人均产出水平的高低。$\frac{Y}{L}=Af(k)$。当 k 处于稳态时,$\frac{Y}{L}$ 的增长率由 A 的增长率决定,都为 g。当 k 增加时,$\frac{Y}{L}$ 的增速将同时受到 A 与 k 增加的影响。此时由于 $\dot{k}>0$,$\frac{Y}{L}$ 的增长率将在短期内超过 g,达到新稳态后,增速将重新降为 g。

从上述模型可知,从水平值的角度看,储蓄率 s 的永久性上升使得新稳态下的人均有效资本 k 与人均有效产出 y 都将达到更高水平。而从增长率角度看,储蓄率 s 的上升将带来人均产出 $\frac{Y}{L}$ 增长率的短暂性升高,但长期来看人均产出增长率仍只受到技术进步的影响,而不由储蓄率的高低决定。图 3 刻画了 $\frac{Y}{L}$ 与其增长率的相位图。

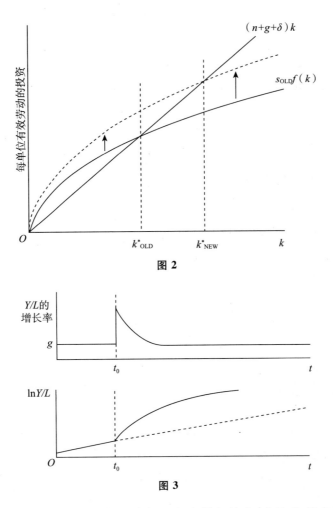

图 2

图 3

储蓄率（投资率）的变化只有水平效应而没有增长效应，也即储蓄率的变动能够改变经济的平衡增长路径，因而可以改变任一时点上的人均产量水平，但并不影响平衡增长路径下的人均产量增长率。现在，我们从定量角度来分析储蓄率的变化究竟在多大程度上引发人均有效产出水平的变化。

s 上升的长期影响为：

$$\frac{\partial y^*}{\partial s}=f'(k^*)\frac{\partial k^*(s,n,g,\delta)}{\partial s} \tag{15}$$

其中，$y^*=f(k^*)$ 为处在平衡增长路径上的每单位有效劳动的平均产出。我们知道当经济处于平衡增长路径时 k^* 满足（15）式，让（15）式两边同时对 s 求导可得：

$$\frac{\partial k^*}{\partial s}=\frac{f(k^*)}{(n+g+\delta)-sf'(k^*)} \tag{16}$$

将（16）式代入（15）式，并将等式两边同时乘以 $\dfrac{s}{y^*}$，即可得到每单位有效劳动的平均产出对储蓄率变动的弹性：

$$\frac{s}{y^*}\frac{\partial y^*}{\partial s}=\frac{k^*f'(k^*)/f(k^*)}{1-k^*f'(k^*)/f(k^*)} \quad (17)$$

如果市场是竞争性的,没有外部性,资本将获得其边际产品。在此情况下,$k^*f'(k^*)/f(k^*)$ 可表示为平衡增长路径下的资本占总收入的份额,记为 $\alpha_k(k^*)$。则(10)式可进一步简化为:

$$\frac{s}{y^*}\frac{\partial y^*}{\partial s}=\frac{\alpha_k(k^*)}{1-\alpha_k(k^*)} \quad (18)$$

由于资本收入份额 $\alpha_k(k^*)$ 为0-1的正数,$\frac{s}{y^*}$ 也大于0,所以可知 $\frac{\partial y^*}{\partial s}$ 大于0,即稳态下的每单位有效劳动的平均产出会随着投资率的上升而上升。并且,(18)式还提供了二者的弹性大小。若资本在经济中占据更重要的地位,资本收入份额更高,则 y^* 随 s 变动的弹性更大,储蓄率的上升将带来更大程度上的人均有效产出的增加。经验表明,在大多数国家中,资本收入份额约为1/3,即产出的储蓄弹性约为1/2。这样,假如储蓄率上升10%,将使每单位有效劳动的平均产出在长期内提高约5%。因此得出结论:储蓄率的显著变化对于平衡增长路径上的产量水平只有较小的影响。

3. 干中学模型[①]

干中学模型中将技术改写为资本存量的函数:

$$A(t)=BK(t)^\phi \quad (19)$$

其中,$B,\phi>0$。生产函数形式与索洛模型相同,设定为柯布-道格拉斯型生产函数,即 $Y(t)=K(t)^\alpha[A(t)L(t)]^{1-\alpha}$。将(1)式与生产函数结合,可得 $Y(t)=K(t)^\alpha B^{1-\alpha}K(t)^{\phi(1-\alpha)}L(t)^{1-\alpha}$,再将该式与资本运动方程 $\dot{K}(t)=sY(t)$ 结合,资本运动方程可表示为 $\dot{K}(t)=sB^{1-\alpha}K(t)^\alpha K(t)^{\phi(1-\alpha)}L(t)^{1-\alpha}$。

模型重点探讨 $\phi=1$ 的情况,同时假定人口增长率为0。将 $\phi=1$ 代入基本模型进行整理,得到生产函数:

$$Y(t)=bK(t),b=B^{1-\alpha}L^{1-\alpha} \quad (20)$$

资本运动方程为:

$$\dot{K}(t)=sbK(t) \quad (21)$$

结合(20)式和(21)式发现,在考虑到生产过程中的学习效应,技术水平受到资本存量影响时,产出增长率为 $\frac{\dot{Y}(t)}{Y(t)}=\frac{\dot{K}(t)}{K(t)}=sb$,投资率 s 的高低不仅影响稳态下人均产出的水平值,更直接决定长期的经济增速。更高的投资率一方面使得经济体中拥有更多的资本存量;另一方面,还会通过干中学效应间接提高生产效率,促进技术进步。

---

① 干中学理论模型的推导参考:Romer D. Advanced Macroeconomics (fifth edition) [M]. Mcgraw-Hill Education, 2018。

主要参考文献

[1] 安格斯·麦迪森.世界经济千年史[M].伍晓鹰,许宪春,叶燕雯,施发启译.北京:北京大学出版社,2003.

[2] 白重恩,张琼.中国的资本回报率及其影响因素分析[J].世界经济,2014,10:3—30.

[3] 蔡跃洲,付一夫.全要素生产率增长中的技术效应与结构效应——基于中国宏观和产业数据的测算及分解[J].经济研究,2017(1):72—88.

[4] 丁骋骋,傅勇.地方政府行为、财政—金融关联与中国宏观经济波动——基于中国式分权背景的分析[J].经济社会体制比较,2012(6):87—97.

[5] 胡寄窗.西方经济学说史[M].上海:立信会计出版社,1991.

[6] 贾康,刘微."土地财政":分析及出路——在深化财税改革中构建合理、规范、可持续的地方"土地生财"机制[J].财政研究,2012,1(2):2—9.

[7] 赖平耀.中国经济增长的生产率困境:扩大投资下的增长下滑[J].世界经济,2016(1):74—75.

[8] 李飞跃,林毅夫.发展战略、自生能力与发展中国家经济制度扭曲[J].南开经济研究,2011(5):3—19.

[9] 李力行,黄佩媛,马光荣.土地资源错配与中国工业企业生产率差异[J].管理世界,2016(8):86—96.

[10] 梁若冰,韩文博.区域竞争、土地出让与城市经济增长:基于空间面板模型的经验分析[J].财政研究,2011(8):48—51.

[11] 林晨,陈斌开.重工业优先发展战略对经济发展的长期影响——基于历史投入产出表的理论和实证研究[J].经济学(季刊),2018,17(2):825—846.

[12] 刘守英.直面中国土地问题[M].北京:中国发展出版社,2014.

[13] 卢洪友,袁光平,陈思霞,等.土地财政根源:"竞争冲动"还是"无奈之举"?——来自中国地市的经验证据[J].经济社会体制比较,2011(1):88—98.

[14] 鲁元平,张克中,欧阳洁.土地财政阻碍了区域技术创新吗?——基于267个地级市面板数据的实证检验[J].金融研究,2018,455(5):105—123.

[15] 陆铭.建设用地使用权跨区域再配置:中国经济增长的新动力[J].世界经济,2011(1):107—125.

[16] 孙秀林,周飞舟.土地财政与分税制:一个实证解释[J].中国社会科学,2013(4):40—59.

[17] 陶然,袁飞,曹广忠.区域竞争、土地出让与地方财政效应:基于1999—2003年中国地级城市面板数据的分析[J].世界经济,2007(10):15—27.

[18] 王毅,石春华.中美储蓄率比较:从核算口径到经济含义[J].金融研究,2010(1):12—30.

[19] 吴群,李永乐.财政分权、地方政府竞争与土地财政[J].财贸经济,2010(7):51—59.

[20] 徐忠,张雪春,丁志杰,等.公共财政与中国国民收入的高储蓄倾向[J].中国社会科学,2010(6):93—107.

[21] 杨依山.哈罗德-多马模型的重新解读[J].山东财政学院学报,2010(6):60—65.

[22] 姚洋,郑东雅.重工业与经济发展:计划经济时代再考察[J].经济研究,2008(4):26—40.

[23] 于光远.中国理论经济学史[M].郑州:河南人民出版社,1996.

[24] 张少辉,余泳泽.土地出让、资源错配与全要素生产率[J].财经研究,2019(2):73—85.

[25] 周飞舟.大兴土木:土地财政与地方政府行为[J].经济社会体制比较,2010(3):77—89.

[26] 周飞舟.分税制十年:制度及其影响[J].中国社会科学,2006(6):100—115.

[27] 周飞舟.生财有道:土地开发和转让中的政府和农民[J].社会学研究,2007(1):49—84.

[28] Brandt, L., and X.D. Zhu. Accounting for China's growth[J]. IZA DP, 2010, No. 4764.

[29] Brandt L., J. Van Biesebroeck, and Y. Zhang. Creative accounting or creative destruction? Firm-level productivity growth in Chinese manufacturing[J]. Journal of Development Economics, 2012, 97(2): 339-351.

[30] Cervellati M. and U. Sunde. Human capital, mortality and fertility: A unified theory of the economic and demographic transition[J]. IZA DP, 2007, No. 2905.

[31] David C. Optimum growth in an aggregative model of capital accumulation[J]. The Review of Economic Studies, 1965, 32(3): 233-240.

[32] Deng, et al. Land and house price measurement in China[R]. National Bureau of Economic Research Working Paper, 2012.

[33] Galor O., and O. Moav. Natural selection and the origin of economic growth[J]. The Quarterly Journal of Economics, 2002, 117(4): 1133-1191.

[34] Galor O., and D. N. Weil. From Malthusian stagnation to modern growth[J]. American Economic Review, 1999, 89(2): 150-154.

[35] Galor O., and D. N. Weil. Population, technology, and growth: From malthusian stagnation to the demographic transition and beyond[J]. American Economic Review, 2000, 90(4): 806-828.

[36] Galor O. From stagnation to growth: Unified growth theory[J]. Handbook of Economic Growth, 2005, 1: 171-293.

[37] Galor O. Multiple growth regimes-insights from unified growth theory[J]. Journal of Mac-

roeconomics, 2007, 29(3): 470-475.

[38] Han L., and J. K. S. Kung. Fiscal incentives and policy choices of local governments: Evidence from China[J]. Journal of Development Economics, 2015, 116: 89-104.

[39] Koopmans T. C. On the concept of optimal economic growth[J]. Academiae Scientiarum Scripata, 1965, 28: 225-300.

[40] Kremer M. Population growth and technological change: One million BC to 1990[J]. The Quarterly Journal of Economics, 1993, 108(3): 681-716.

[41] Kuijs L. How will China's saving-investment balance evolve? [M]. The World Bank, 2006.

[42] Lagerlöf, and Nils-Petter. The Galor-Weil model revisited: A quantitative exercise[J]. Review of Economic Dynamics, 2006, 9(1): 116-142.

[43] Li H., L. Li, B. Wu, et al. The end of cheap Chinese labor[J]. Journal of Economic Perspectives, 2012, 26(4): 57-74.

[44] Lucas R. E. Jr. On the mechanics of economic development[J]. Journal of Monetary Economics, 1988, 22(1): 3-42.

[45] Mankiw N. G., D. Romer, and D. N. Weil. A contribution to the empirics of economic growth[J]. The Quarterly Journal of Economics, 1992, 107(2): 407-437.

[46] Romer P. M. Increasing returns and long-run growth[J]. Journal of Political Economy, 1986, 94(5): 1002-1037.

资源错配与经济增长

> 假设资本和劳动的边际生产率配置能达到美国的配置,我们计算得到中国制造业的全要素生产率可以提高30%—50%,印度制造业的全要素生产率可以提高40%—60%。
>
> ——Hsieh and Klenow(2009)

生产要素是经济增长的基本决定因素,以往的研究主要关注要素投入数量。事实上,要素配置效率对产出能力和经济增长也具有重要影响。本章的结构安排如下:第一节介绍相关文献。第二节介绍经典的资源错配理论(Hsieh and Klenow, 2009)。第三节通过测度我国省级层面资本存量和劳动要素边际生产率的差异,分析我国 1978—2015 年的生产要素错配状况。一般而言,资本存量和劳动力边际生产率差异缩小表明生产要素错配状况得到改善。第四节测度资源配置优化对我国经济增长的贡献度。第五节分析资源配置优化对我国区域发展差距的影响。

第一节 相关文献介绍

一、资源错配方面的文献

资源错配(Misallocation)是近年来快速兴起的一个理论思想,Hsieh and Klenow(2009)研究了资源错配对企业生产率和经济增长的影响,发现资源错配会导致企业生产率下降、经济增长率下滑。Midrigan and Xu(2014)、Buera et al.(2011)研究了金融市场不完备性对资源配置和经济增长的影响,发现金融市场摩擦将导致资源配置效率下降,但企业可以通过储蓄缓解金融市场不完备性的影响。Epifani and Gancia(2011)研究了国际贸易对资源配置的影响,发现国际贸易可以缓解资源错配、提高资源配置效率、促进企业生产率的提高。

我国经济发展过程中的一个典型特征事实是,经济中存在的各种壁垒(Barrier)阻碍了生产要素在不同部门之间的自由流动。例如,户籍制度限制了劳动力从农村流入城市。因此,传统经济学中不同生产部门之间按照等边际原则配置生产要素的原理在我国并不适用。Hsieh and Klenow(2009)根据中国1998—2005年制造业企业的微观数据,考察了要素错配对中国TFP的影响。研究发现,通过减少要素错配可使得中国每年TFP增长率超过2%;若中国劳动和资本的边际回报率能达到美国的效率水平,则中国的TFP可以提高30%—50%。Brandt et al.(2013)运用Hsieh and Klenow(2009)的方法,根据中国1985—2007年的数据,考察了省份之间、省份内部以及国有经济部门和民营经济部门要素错配对经济增长的影响。研究发现,要素市场错配对中国经济增长的影响度超过20%;1995年以前,要素错配对中国TFP的影响力度呈下降趋势,而后又呈上升趋势。省份之间要素错配和省份内部要素错配对TFP的影响力度差别不大;省份之间要素错配主要是由于劳动力市场扭曲产生的,省份内部要素错配主要是由于资本市场扭曲产生的。

聂辉华和贾瑞雪(2011)发现国有企业的低生产率是中国资源错配的直接表现。Song et al.(2011)研究了金融市场资源错配对中国内外失衡的影响,他们的研究发现,银行贷款主要流向了低生产率的国有企业,高生产率的私有部门却难以从银行体系获得贷款,资金的错误配置导致中国在投资回报率很高的同时却积累了大量回报率很低的外汇储备。由此,他们解释了中国经济的一个"谜团":中国经济增长率和投资回报率很高,同时却存在大量外贸顺差并积累了很多低回报的外汇储备。袁志刚和解栋栋(2011)考察了我国农业部门和非农业部门劳动力错配对TFP的影响,研究结果显示,改革开放以来,劳动力错配对TFP有着明显的负效应,以不同的指标计算,在-2%和-18%之间,并呈逐渐扩大趋势。朱喜等(2011)的研究发现,如果有效消除资本和劳动配置的扭曲,农业TFP有望再增长20%以上,其中东部和西部地区的改进空间超过30%。盖庆恩等(2013)的研究发现,劳动力市场的扭曲使过多的劳动力滞留在农村,会带来显著的效率损失,年均潜在损失达到16.34%。若消除劳动力市场扭曲,我国劳均产出可增加19.53%。柏培文(2014)也研究了我国三次产业之间劳动力错配和资本错配对TFP的影响。由此可见,学者们已经从不同角度分析了资源错配对中国经济的影响。

Song et al.(2011)通过一个新古典经济增长模型来解释中国的特征事实,其假设国有企业和民营企业的生产率存在差异,同时国有企业和民营企业在资本市场上的融资能力存在差异。相对于国有企业而言,民营企业的生产率更高,但其融资能力却低于国有企业。研究表明,该模型可以较好地解释中国经济高增长率、高投资回报率及外汇盈余同时并存的问题。由于国内资本市场是不完备的,因此民营企业通过国外资本市场融资。劳动力从国有企业流向民营企业,国有企业的投资规模缩小,国内银行的借贷减少,银行用其资产购买国外债券。Moro(2012)考察了产业结构之间的劳动力配置对美国经济波动的影响,研究发现,1960—2005年制造业和服务业之间的劳动力配置变动可以解释美国经济增长率下降的28%。Buera and Kaboski(2012)考察了劳动力配置对工资不平等的影响,服务业对劳动力的要求更高,劳动力配置可以解释不同工人之间的工资不平等。Stefanski(2014)考察了劳动力配置对石油价格的影响,发现石油强度与劳动力配置之间有一个倒U形的关系,非OECD(经济合作与发展组织)国家劳动力配置可以解释1970—2010年间OECD国家53%的石油价格上涨。

二、中国经济增长方面的文献

根据传统新古典生产函数的设定方法,Chow and Lin(2002)运用中国1978—1998年的数据发现,物质资本投资、劳动和TFP对中国经济增长的贡献率分别为62%、10%和28%。Wang and Yao(2003)在Chow and Lin(2002)的基础上引入人力资本,研究发现物质资本投资、劳动、人力资本以及TFP对中国经济增长的贡献度分别为47.7%、15.9%、11.0%和25.4%。Zhu(2012)分别考察了1952—1978年以及1978—2007年我国经济增长的源泉问题。研究发现,物质资本投资是1952—1978年我国经济增长的主要原因,TFP进步是1978—2007年我国经济增长的主要原因。1952—1978年,物质资本投资、劳动参与率、人力资本和TFP对我国经济增长的贡献度分别为116.15%、3.63%、52.25%和-72.03%。1978—2007年,物质资本投资、劳动参与率、人力资本和TFP对我国经济增长的贡献度分别为0.51%、7.05%、14.55%和77.89%。

樊纲等(2011)认为市场化进程的不断推进是促进我国经济增长的重要原因。他们的研究发现,市场化指数对经济增长的贡献达到年均1.45个百分点。市场化改革进程的推进改善了资源配置效率和微观经济效率,这一时期TFP增长的39.23%是由市场化改革贡献的。孙琳琳等(2012)的研究发现,信息化对中国经济增长的贡献主要体现在信息与通信技术(ICT)资本深化的贡献以及ICT制造业的TFP改进,ICT使用还未带来行业的TFP改进。刘瑞翔和安同良(2011)认为,1987—2007年间中国经济的依存结构发生了本质变化,经历了从"内需依存型"向"出口导向型"的转变;中国经济增长主要来自最终需求的拉动,但动力来源结构在此期间发生了根本性的变化。张德荣(2013)认为,推动未来中国经济可持续增长的引擎是制度和技术创新,中国经济发展方式转型必须依靠原创性技术进步和改革来保障,其中,改善政府治理、抑制政府腐败是重中之重。龚刚等(2013)认为,在新的发展阶段,以技术引进的方式来实现技术进步将不可持续。为此中国只有大力发展知识经济,实现从技术引进型向自主研发和创新型的技术进步模式的转变,才能实现经济的可持续增长。余泳泽(2015)的研究结果表明,中国属于典型的投资主导型经济,资本投入是中国经济增长持续稳定的最主要来源,TFP贡献率呈现逐年下降的趋势;中国经济增长动力由改革开放初期的资本、劳动力和TFP三驾马车平衡拉动,形成了现阶段的资本投入与TFP反向角力态势。刘瑞翔(2013)认为,中国经济增长主要由要素投入驱动,不同区域间经济增长源泉存在较大差异,要素投入虽对中国经济增长做出了主要贡献,但中国经济更多地与TFP呈现出一致的波动趋势。

第二节　资源错配经典理论介绍

资源配置有效性是指各个生产要素的边际生产率相等,而生产要素错配是对资源配置有效性的一种偏离状态,具体表现为低效率的生产部门占用过多生产要素,而高效率的生产部门生产要素投入不足,进而导致资源配置无效。资源错配会带来无谓的效率损失。以制造业为例,现有研究发现,如果我国资源配置能够达到美国的水平,就可以获得较大的 TFP 增长(Hsieh & Klenow,2009)。因此,对任何一个经济体而言,考虑生产资源错配状况都具有重要的理论和现实意义。改革开放四十多年来,我国市场配置资源的机制逐步确立,要素价格扭曲、不断下降,但距离资源配置最优还存在较大差距,讨论生产要素的错配问题成为本章的出发点。

根据经典的经济学理论,不同部门之间的要素配置满足等边际原则,即各部门要素的边际产量相等时,对应最优的要素配置组合。我国经济发展过程中的一个典型特征事实是,经济中存在的各种扭曲或壁垒阻碍了生产要素在不同部门之间自由流动,从而产生了资源错配。例如,政策扭曲、市场垄断等使得我国实际要素配置与最优配置仍有很大差距。因此,传统经济学中不同生产部门之间按照等边际原则配置生产要素的原理在我国并不适用。资源错配使得我国经济增长受限。资源错配在我国省份之间、行业之间、企业之间都很重要。Hsieh and Klenow(2009)根据中国 1998—2005 年制造业企业的微观数据研究发现,通过减少要素错配可使得中国每年 TFP 增长率超过 2%;若中国劳动和资本的边际回报率能达到美国的效率水平,则中国的 TFP 可以提高 30%—50%。Brandt et al.(2013)根据中国 1985—2007 年的省级层面数据研究发现,要素市场错配对中国经济增长的影响度超过 20%。当前,我国正在推进的供给侧结构性改革的一个重要任务是,通过减少物质资本、人力资本、劳动等要素市场扭曲,把生产要素从低效率的企业和行业转移到高效率的企业和行业,有利于提升总体 TFP。同时,在互联网时代,数据已经成为可以与物质资本和人力资本相提并论的重要生产要素,通过充分使用互联网和大数据可以促进生产要素配置优化。

本节主要介绍 Hsieh and Klenow(2009)一文中构建的资源错配测度模型与方法。Hsieh and Klenow(2009)是关于资源错配测度的经典文献,现有研究主要运用该方法。它通过构建一个标准的垄断竞争模型,来阐述资源错配对总产出的影响。在该模型中,企业具有异质性,企业间不仅生产效率不同,而且还面临不同的产出扭曲和资本扭曲。

假设产品市场是完全竞争的,由代表性企业生产单一的最终产品 Y,市场上有 S 个行业。每个行业都是一个垄断竞争市场,由 M_s 个生产差异化产品的企业构成。行业 S 的产出为 Y_s,产品价格为 P_s,其产出在某地区国民经济中的份额为 θ_s,且 θ_s 是固定的。在行业 S 中,企业 i 的产出为 Y_{si},产品定价为 P_{si}。最终产品市场的产出为 Y,最终产品的价格为 P。

最终产品市场的产出 Y 以柯布-道格拉斯生产函数的形式加总得到:

$$Y = \prod_{s=1}^{s} Y_s^{\theta_s}, \text{其中} \sum_{s=1}^{s} \theta_s = 1 \quad (2.1)$$

根据成本最小化条件，可得：

$$P_s Y_s = \theta_s PY \quad (2.2)$$

最终产品的价格 $P \equiv \prod_{s=1}^{s} \left(\dfrac{P_s}{\theta_s}\right)^{\theta_s}$，将最终产品作为计价物，则 $P=1$。

行业 S 的产出 Y_s 采取 CES 生产函数形式：

$$Y_s = \left(\sum_{i=1}^{M_s} Y_{si}^{\frac{\sigma-1}{\sigma}}\right)^{\frac{\sigma-1}{\sigma}} \quad (2.3)$$

行业 S 中企业 i 的产出 Y_{si} 采用柯布-道格拉斯生产函数形式，假设企业 i 在生产中投入资本 K_{si}、劳动力 L_{si} 两种要素，TFP 为 A_{si}，则有：

$$Y_{si} = A_{si} K_{si}^{\alpha_s} L_{si}^{1-\alpha_s} \quad (2.4)$$

假设不同行业劳动和资本的报酬是不同的（同一行业不同企业劳动和资本的报酬相同）。因为有两种生产要素，所以可以将扭曲分为两类：一类为同时影响资本和劳动的扭曲，另一类为改变一种要素相对于另一种要素的边际产出的扭曲。定义 τ_Y 为产出扭曲因子，即按相同比例改变资本和劳动边际产出的扭曲。例如，面临政府的规模限制或者高运输成本的企业的 τ_Y 会更高，而能够从公共产出补贴中获益的企业的 τ_Y 会更低。定义 τ_K 为资本扭曲因子，即改变资本相对于劳动的边际产出的扭曲。例如，无法获得信贷或者只能获得高利息信贷的企业的 τ_K 会更高，但能获得低利息信贷的企业的 τ_K 会更低。定义 τ_L 为劳动扭曲因子，即改变劳动相对于资本的边际产出的扭曲。例如，最低工资法可能使得劳动的边际产出增加，τ_L 将会上升；一些不合法的雇佣行为可以降低 τ_L。

根据 Hsieh and Klenow（2009）对扭曲系数的定义，孟辉和白雪洁（2017）对扭曲因子做了进一步说明：当扭曲系数为负值时，说明企业具备获取该种资源的优势；当扭曲系数为正值时，则不存在获取该种资源的优势。因此，产出扭曲系数和资本扭曲系数可进一步表示为：τ_Y 为正表明企业间在享受政府直接补贴方面不具备特殊优势；τ_Y 为负则表明企业间在享受政府直接补贴方面存在差异；τ_K 为正意味着企业间在获得政府间接补贴方面的难易程度相当，τ_K 为负则表明企业间在获取政府间接补贴方面的难易程度存在较大差异。

企业 i 的利润为：

$$\pi_{si} = (1-\tau_{Ysi}) P_{si} Y_{si} - w L_{si} - (1+\tau_{Ksi}) R K_{si} \quad (2.5)$$

假设所有企业面临相同的工资，根据利润最大化条件，可以得到企业的产品价格是其边际成本的一个固定加成：

$$P_{si} = \dfrac{\sigma}{\sigma-1}\left(\dfrac{R}{\alpha_s}\right)^{\alpha_s}\left(\dfrac{w}{1-\alpha_s}\right)^{1-\alpha_s}\dfrac{(1+\tau_{Ksi})^{\alpha_s}}{A_{si}(1-\tau_{Ysi})} \quad (2.6)$$

企业 i 的资本-劳动比率、劳动配置和产出由以下等式给出：

$$\dfrac{K_{si}}{L_{si}} = \dfrac{\alpha_s}{1-\alpha_s} \times \dfrac{w}{R} \times \dfrac{1}{(1+\tau_{Ksi})} \quad (2.7)$$

$$L_{si} \propto \frac{A_{si}^{\sigma-1}(1-\tau_{Ysi})^{\sigma}}{(1+\tau_{Ksi})^{\alpha_s(\sigma-1)}} \tag{2.8}$$

$$Y_{si} \propto \frac{A_{si}^{\sigma}(1-\tau_{Ysi})^{\sigma}}{(1+\tau_{Ksi})^{\alpha_s\sigma}} \tag{2.9}$$

企业间的资源配置情况不仅取决于企业的 TFP 水平，而且取决于企业所面临的产出扭曲和资本扭曲程度。当资源错配达到一定程度、资源配置由扭曲而不是企业 TFP 决定时，就会使得企业间资本和劳动的边际产品收益产生差异，这时要素的边际产品收益是要素扭曲程度与无扭曲时要素的边际报酬的函数。

劳动的边际产品收益与每个工人的收益成正比：

$$\text{MRPL}_{si} \triangleq (1-\alpha_s)\frac{\sigma-1}{\sigma}\frac{P_{si}Y_{si}}{L_{si}} = w\frac{1}{1-\tau_{Ysi}} \tag{2.10}$$

资本的边际产品收益与收益-资本比率成正比：

$$\text{MRPK}_{si} \triangleq \alpha_s\frac{\sigma-1}{\sigma}\frac{P_{si}Y_{si}}{K_{si}} = R\frac{1+\tau_{Ksi}}{1-\tau_{Ysi}} \tag{2.11}$$

从(2.10)式和(2.11)式可以看出，厂商的产出扭曲因子越大，其劳动的边际产品收益就越高；资本扭曲因子越大，其资本的边际产品收益也越高。在直觉上，资本和劳动的税后边际产品收益在各企业间应该相等。因此，对于面临不利阻碍的企业来说，其税前边际产品收益一定更高；而从补贴中获益的企业，其税前边际产品收益则会更低。

我们现在开始推导总 TFP 表达式，它是资本扭曲因子和劳动扭曲因子的函数。

我们首先解出不同部门资源配置的均衡解：

$$L_s = \sum_{i=1}^{M_s} L_{si} = L\frac{(1-\alpha_s)\theta_s/\overline{\text{MRPL}_s}}{\sum_{s'=1}^{s}(1-\alpha_{s'})/\overline{\text{MRPL}_{s'}}} \tag{2.12}$$

$$K_s = \sum_{i=1}^{s} K_{si} = K\frac{\alpha_s\theta_s/\overline{\text{MRPK}_s}}{\sum_{s'=1}^{s}\alpha_{s'}\theta_{s'}/\overline{\text{MRPK}_{s'}}} \tag{2.13}$$

这里，$\overline{\text{MRPL}_s} \propto \left(\sum_{s=1}^{M_s}\frac{1}{1-\tau_{Ysi}}\frac{P_{si}Y_{si}}{P_sY_s}\right)$ 和 $\overline{\text{MRPK}_s} \propto \left(\sum_{s=1}^{M_s}\frac{1+\tau_{Ksi}}{1-\tau_{Ysi}}\frac{P_{si}Y_{si}}{P_sY_s}\right)$ 分别表示一个行业中所有企业资本和劳动边际产品收益的加权平均。$L \equiv \sum_{s=1}^{s} L_s$ 和 $K \equiv \sum_{s=1}^{s} K_s$ 分别代表劳动和资本的总供给量。

我们可以将总产出表示成行业资本 K_s、行业劳动 L_s 和行业 TFP_s 的函数：

$$Y = \prod_{s=1}^{s}(\text{TFP}_s \times K_s^{\alpha_s} \times L_s^{1-\alpha_s})^{\theta_s} \tag{2.14}$$

为了确定行业 TFP_s 的表达式，Hsieh and Klenow(2009)将生产率区分为"实际生产率"(记作 TFPQ)和"收益生产率"(记作 TFPR)。TFPQ 是企业的实际生产率，它告诉我们企业使用一单位劳动和资本带来多少产出，是使用企业各自的平减指数计算得到的。

TFPR 是考虑价格水平后企业的生产率,它告诉我们企业使用一单位劳动和资本带来多少收益,是使用行业平减指数计算得到的。二者的定义公式分别为:

$$\text{TFPQ}_{si} \triangleq A_{si} = \frac{Y_{si}}{K_{si}^{\alpha_s}(wL_{si})^{1-\alpha_s}} \quad (2.15)$$

$$\text{TFPR}_{si} \triangleq P_{si}A_{si} = \frac{P_{si}Y_{si}}{K_{si}^{\alpha_s}(wL_{si})^{1-\alpha_s}} \quad (2.16)$$

在我们的模型中,当企业没有面临资本和劳动扭曲时,同一行业中不同企业间的 TFPR 应该是相同的。更多的资本和劳动应该配置给有着更高 TFPQ 的企业,直到高生产率导致其产品价格足够低,最终与 TFPQ 较低的企业有相同的边际产品收益为止。由(2.10)式和(2.11)式可知,企业的 TFPR 与企业资本和劳动的边际产品收益的几何平均成正比:

$$\text{TFPR}_{si} \propto (\text{MRPK}_{si})^{\alpha_s}(\text{MRPL}_{si})^{1-\alpha_s} \propto \frac{(1+\tau_{Ksi})^{\alpha_s}}{1-\tau_{Ysi}} \quad (2.17)$$

高的 TFPR 表明该企业资本和劳动的边际产品收益高于平均水平,本应得到更多的资本和劳动配置,而由于资源错配,企业规模的扩大受到阻碍,导致企业规模小于其最优规模。如果资源能够从 TFPR 低的企业转移到 TFPR 高的企业,那么整个行业的总产出就会更高。

有了 TFPR 的表达式,我们就能得到行业 S 的 TFP_s:

$$\text{TFP}_s = \left(\sum_{i=1}^{M_s} \left\{ A_{si} \times \frac{\overline{\text{TFPR}_s}}{\text{TFPR}_{si}} \right\}^{\sigma-1} \right)^{\frac{1}{\sigma-1}} \quad (2.18)$$

其中,$\overline{\text{TFPR}_s} \propto (\overline{\text{MRPK}_s})^{\alpha_s}(\overline{\text{MRPL}_s})^{1-\alpha_s}$ 是行业的资本和劳动的平均边际产品收益的几何平均。如果所有企业的边际产出相等,那么企业的 TFP 就等于 $\left(\sum_{i=1}^{M_s} A_{si}^{\sigma-1} \right)^{\frac{1}{\sigma-1}}$。

当 $A(\text{TFPQ})$ 与 TFPR 联合呈对数正态分布时,总的 TFP 可以写成一个更简单的表达式:

$$\log \text{TFP}_s = \frac{1}{\sigma-1}\log\left(\sum_{i=1}^{M_s} A_{si}^{\sigma-1} \right) - \frac{\sigma}{2}\text{var}(\log \text{TFPR}_{si}) \quad (2.19)$$

在这种特殊情况下,资源配置扭曲对总 TFP 的负向影响能够由 TFPR 对数的方差所表现出来。直觉上,当企业间边际产量的分散程度越大,即 TFPR 对数的方差越大时,资源错配的程度越严重。到这里为止,我们就得到了一种测度资源错配程度的有效方法:计算并比较企业间的 TFPR,若各企业间的 TFPR 值不同,则表明存在资源错配;资源配置扭曲程度由 TFPR 的方差来衡量,企业间 TFPR 值的分散程度越大,表明资源错配越严重。Hsieh and Klenow(2009)使用上文的测度方法分别考察了美国、印度和中国三个国家企业间的资源错配情况,发现中国和印度的 TFPR 分散程度明显比美国大,表明资源错配是中国和印度的 GDP 低于美国的原因之一。研究还发现,如果中国和印度能够提高资源配置效率,两国的 TFP 和总产出水平将显著提高。当两国与美国有相同的 TFPR 分散程度时,中国的 TFP 将提高 30%—50%,印度的 TFP 将提高 40%—60%。

第三节 我国资源错配现状分析

一、测度指标说明

(一)测度指标构成

考虑到中国省份间存在较大差异,使用省际研究能够更好地刻画生产要素错配变化的地区特征与总体变化趋势,故我们采用省级层面数据,构建生产要素边际生产率差异指标来度量全国以及 31 个不同省份的生产要素错配状况。

首先,资本要素的边际生产率可以由边际资本产出衡量;其次,使用各省边际资本产出与全国平均水平的差距占比测度资本边际产出差值。由于生产总值不同的省份对经济体的影响效果存在差异,本章加入省级生产总值占全国生产总值的比重作为权重,将资本扭曲值 θ_t 定义为:

$$\theta_t = \sum_i^n \theta_{it} \quad (2.20)$$

其中,

$$\theta_{it} = \frac{Y_{it}}{Y_t} \frac{\left| \frac{Y_{it}}{K_{it}} - \frac{Y_t}{K_t} \right|}{\frac{Y_t}{K_t}} \quad (2.21)$$

其中,θ_{it} 为第 i 个省份在 t 时期的地区资本扭曲值,Y_{it} 为第 i 个省份在 t 时期的地区实际 GDP,Y_t 为 t 时期全国实际 GDP,K_{it} 为第 i 个省份在 t 时期的资本量,K_t 为 t 时期全国资本量。n 为总的省份观察个数($n = 1, 2 \cdots 29, 30$),t 为具体观察年份($t = 1978, 1979 \cdots 2014, 2015$)。显然,如果每个省份的资本边际产出相同,那么 $\theta_t = 0$,资本错配程度最低,即省级资本边际产出偏离全国平均水平的程度越高,θ_t 就越大,资本错配程度越高。同时,可以看到 θ_t 是零次齐次的,这意味着每个省份的资本边际产出同时扩大或缩小相同的倍数,各省与全国的差异程度并不会发生改变。

类似的可以将劳动力扭曲值定义为:

$$\mu_t = \sum_i^n \mu_{it} \quad (2.22)$$

其中,

$$\mu_{it} = \frac{Y_{it}}{Y_t} \frac{\left| \frac{Y_{it}}{L_{it}} - \frac{Y_t}{L_t} \right|}{\frac{Y_t}{L_t}} \quad (2.23)$$

(二) 数据来源

我们使用 1978—2015 年我国除港澳台外共 31 个省份的实际生产总值、实际资本存量和劳动力数据来度量生产要素错配状况。

各省份 GDP 数据:根据省际生产总值指数与地区生产总值,将 1979—2015 年省际 GDP 统一换算成以 1978 年为基期的省际实际 GDP (数据来自《全国各省、自治区、直辖市历史统计资料汇编 1949—1989》和历年中国统计年鉴)。

实际资本存量数据:参见 Holz and Sun(2018)。

劳动力数据:采用各省就业人数表征。1978—2008 年的各省就业人数来自《新中国 60 年统计资料汇编》,2009—2015 年数据从人大经济论坛上获得。其中 1978—1984 年重庆和 1979 年内蒙古就业人数缺失,利用均值法对其进行补充。

二、现状分析

根据上面的测度公式,可以得出全国及省际资本扭曲值和劳动力扭曲值。

表 2-1 是 1978—2015 年我国资本与劳动力扭曲值,可以看出,我国资本与劳动力扭曲值呈明显下降趋势,分别由 1978 年的 0.7119 和 0.7927 下降到 2015 年的 0.3060 和 0.3409,这表明全国资本和劳动力要素错配情况得到明显改善。从具体的演变过程来看(见图 2-1),我国资本扭曲值与劳动力扭曲值的变化存在一定差异。在样本观察期间,资本扭曲值的变动过程大体上可以分为三个阶段:第一阶段,自 1978 年上升到 1981 年的最大值 0.9907,资本扭曲值接近 1,这意味着在 1981 年我国资本存在严重错配;第二阶段,自 1981 年的最大值逐步下降到 1987 年的最小值 0.2987;第三阶段,1988—2015 年,经历了 1988—1990 年较短时期的上升后呈总体下降态势,2001—2015 年资本扭曲值已经低于 0.4,说明我国资本错配情况得到显著改善。全国劳动力扭曲值的演变过程与资本扭曲值有所不同,就总体变化态势来看存在两个阶段:第一阶段,1978—2007 年,自 1979 年上升至 1983 年的最大值 0.9506,再先降后升,达到 1990 年的次高峰 0.9446,而后经历波动下降,但总体上劳动力扭曲值都维持在 0.8 左右,这表明在该时期,我国劳动力要素存在严重错配;第二阶段,2008—2015 年,劳动力扭曲值快速持续下降到 2015 年的最小值 0.3409,劳动力错配情况得到大幅改善。以 1978 年为基期,2015 年全国资本扭曲值和劳动力扭曲值的年均下降率分别达到 2.2562% 及 2.2549%。

表 2-1 1978—2015 年我国资本扭曲值与劳动力扭曲值

年份	资本扭曲值	劳动力扭曲值	年份	资本扭曲值	劳动力扭曲值
1978	0.7119	0.7927	1997	0.4245	0.8468
1979	0.7692	0.7422	1998	0.4047	0.8353
1980	0.8312	0.8643	1999	0.3991	0.8242
1981	0.9907	0.9292	2000	0.4013	0.7523

（续表）

年份	资本扭曲值	劳动力扭曲值	年份	资本扭曲值	劳动力扭曲值
1982	0.9517	0.9421	2001	0.3760	0.8058
1983	0.9116	0.9506	2002	0.3742	0.7686
1984	0.7144	0.9129	2003	0.3772	0.8075
1985	0.4247	0.8331	2004	0.3748	0.8100
1986	0.3199	0.7483	2005	0.3795	0.8215
1987	0.2987	0.7360	2006	0.3729	0.8175
1988	0.3386	0.8215	2007	0.3538	0.8012
1989	0.4606	0.8900	2008	0.3481	0.7960
1990	0.6131	0.9446	2009	0.3281	0.4435
1991	0.5868	0.9422	2010	0.3209	0.4239
1992	0.4898	0.8973	2011	0.3181	0.4027
1993	0.4293	0.8761	2012	0.3102	0.3826
1994	0.3914	0.8470	2013	0.3045	0.3660
1995	0.3803	0.8051	2014	0.3063	0.3416
1996	0.4105	0.8001	2015	0.3060	0.3409

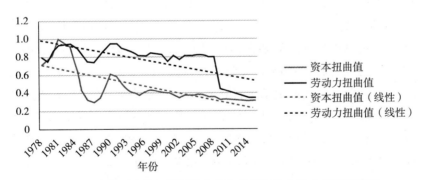

图 2-1　1978—2015 年我国资本扭曲值与劳动力扭曲值演变趋势

第四节　资源配置优化对我国经济增长的贡献测度

伴随着我国经济增长的奇迹，我国经济的一个重要特征事实是大量的劳动力从农业部门流向非农业部门。改革开放以来，我国农业部门的劳动力份额从 1978 年的 70.5% 下降到 2017 年的 30% 以下，年均下降幅度超过 1%。如此大规模的劳动力跨部门流动促进了劳动力配置优化,使得劳动力由生产效率低的部门流向生产效率高的部门。大量文献表明,劳动力跨部门流动是我国经济增长的重要驱动力(Bosworth and Collins, 2008; Brandt et al., 2008; Ding and Knight, 2009; Dekle and Vandenbroucke, 2012),劳动力由农业部门向非农业部门流动带来的资源配置优化可以部分地解释改革开放以来我国经济增长的奇迹。

改革开放以来,从劳动力净流动的趋势上看,农业部门的劳动力份额在不断下降,工业部门和服务业部门的劳动力份额在不断上升,即劳动力由农业部门流向了工业部门和服务业部门。相对于农业部门而言,工业部门和服务业部门劳动力的生产率(劳动平均产量)更高,因此,劳动力由农业部门向工业部门和服务业部门的流动表示资源配置改善,也即资源错配的程度在下降。本节考察产业之间劳动错配程度下降对我国经济增长的贡献度。借鉴 Dekle and Vandenbroucke(2012),Brandt and Zhu(2010)关于劳动力流动对经济增长影响的分析框架,我们将其拓展到包含农业部门、工业部门和服务业部门的三部门框架下进行分析。

经济中的 GDP 是农业部门、工业部门和服务业部门增加值的加总:

$$Y_t = Y_{at} + Y_{mt} + Y_{st} \tag{2.24}$$

其中,Y_{at}、Y_{mt} 和 Y_{st} 分别表示农业部门、工业部门和服务业部门的增加值,将(2.24)式两边除以总就业 L_t,我们可以得到:

$$\frac{Y_t}{L_t} = \frac{Y_{at}}{L_t} + \frac{Y_{mt}}{L_t} + \frac{Y_{st}}{L_t} \tag{2.25}$$

我们进一步将(2.25)式整理变换得到:

$$\frac{Y_t}{L_t} = \left(\frac{Y_{at}}{L_{at}}\right)\left(\frac{L_{at}}{L_t}\right) + \left(\frac{Y_{mt}}{L_{mt}}\right)\left(\frac{L_{mt}}{L_t}\right) + \left(\frac{Y_{st}}{L_{st}}\right)\left(\frac{L_{st}}{L_t}\right) \tag{2.26}$$

其中,L_{at}、L_{mt} 和 L_{st} 分别表示农业部门、工业部门和服务业部门的就业。定义 $y_t = \frac{Y_t}{L_t}$ 表示经济中的人均实际 GDP,$y_{at} = \frac{Y_{at}}{L_{at}}$ 表示农业部门人均实际 GDP,$y_{mt} = \frac{Y_{mt}}{L_{mt}}$ 表示工业部门人均实际 GDP,$y_{st} = \frac{Y_{st}}{L_{st}}$ 表示服务业部门人均实际 GDP。(2.26)式又可以进一步表述为:

$$y_t = y_{at} l_{at} + y_{mt} l_{mt} + y_{st} l_{st} \tag{2.27}$$

其中,$l_{at} = \frac{L_{at}}{L_t}$,$l_{mt} = \frac{L_{mt}}{L_t}$ 和 $l_{st} = \frac{L_{st}}{L_t}$ 分别表示农业部门、工业部门和服务业部门劳动力占总就业的比例。我们就方程(2.27)两端分别取自然对数可得:

$$\ln y_t = \ln(y_{at} l_{at} + y_{mt} l_{mt} + y_{st} l_{st}) \tag{2.28}$$

对(2.28)式求全微分可得:

$$\frac{\mathrm{d} y_t}{y_t} = \frac{y_{at} \mathrm{d} l_{at} + l_{at} \mathrm{d} y_{at} + y_{mt} \mathrm{d} l_{mt} + l_{mt} \mathrm{d} y_{mt} + y_{st} \mathrm{d} l_{st} + l_{st} \mathrm{d} y_{st}}{y_t} \tag{2.29}$$

考虑到农业部门、工业部门和服务业部门的劳动力份额加总等于1,从而对应 $l_{at}=1-l_{mt}-l_{st}$,将其代入(2.29)式整理可得:

$$\frac{\mathrm{d}y_t}{y_t}=\frac{y_{at}l_{at}}{y_t}\frac{\mathrm{d}y_{at}}{y_{at}}+\frac{y_{mt}l_{mt}}{y_t}\frac{\mathrm{d}y_{mt}}{y_{mt}}+\frac{y_{st}l_{st}}{y_t}\frac{\mathrm{d}y_{st}}{y_{st}}+\frac{y_{mt}-y_{at}}{y_t}\mathrm{d}l_{mt}+\frac{y_{st}-y_{at}}{y_t}\mathrm{d}l_{st} \quad (2.30)$$

在(2.30)式中,方程左端表示人均实际GDP的增长率,方程右端分别表示农业部门、工业部门和服务业部门的人均实际GDP增长以及劳动力从农业部门分别流向工业部门和服务业部门的变化。(2.30)式最后两项表示生产要素配置优化对经济增长的影响力度。

在上述理论框架基础上,我们通过经济增长核算方法考察不同因素对我国经济增长的贡献度。运用我国现实经济数据,通过计算可知,1978—2013年,我国人均实际GDP的增长率为7.97%,农业部门、工业部门和服务业部门的人均实际GDP增长率分别为7.97%、7.41%和6.24%。工业部门和服务业部门的劳动力份额年均增长率分别为0.43%和0.79%。表2-2给出了经济增长核算的结果,可以看出,1978—2013年农业部门、工业部门和服务业部门的人均实际GDP增长对我国经济增长的贡献度分别为20.44%、28.73%和25.45%,劳动力从农业部门向工业部门流动对我国经济增长的贡献度为13.24%,从农业部门向服务业部门流动对我国经济增长的贡献度为12.13%。综合上述分析,生产要素配置优化(劳动力从农业部门向非农业部门,包括工业部门和服务业部门流动)对我国经济增长的贡献度为25.37%。根据表2-2,1978—2013年,农业部门、工业部门和服务业部门的人均实际GDP增长和生产要素配置优化对我国经济增长的贡献度大体相当。

表2-2 我国经济增长核算结果 (单位:%)

	y_a	y_m	y_s	$l_a \to l_m$	$l_a \to l_s$	$l_a \to l_m + l_s$
1978—2013						
贡献度	20.44	28.73	25.45	13.24	12.13	25.37
1978—1995						
贡献度	30.58	20.41	11.60	22.23	15.96	38.19
1996—2013						
贡献度	10.51	37.05	39.30	8.31	12.55	20.86

注:$l_a \to l_m + l_s$ 表示资源配置优化。

在整体样本分析的基础上,我们将整个样本期间划分为1978—1995年和1996—2013年两个样本区间,分别考察不同时期生产要素配置优化对经济增长的贡献度。根据表2-2,1978—1995年,相对于农业部门、工业部门和服务业部门的人均实际GDP增长而言,生产要素配置优化对我国经济增长的贡献度最高,为38.19%。生产要素配置优化包括劳动力从农业部门流向工业部门和服务业部门,这一时期劳动力由农业部门流向工业部门对经济增长的贡献度要高于劳动力由农业部门流向服务业部门对经济增长的贡献度。1996—2013年,生产要素配置优化对我国经济增长的贡献度为20.86%,其中劳动力从农业部门流向服务业部门对经济增长的贡献度要高于其流向工业部门对经济增长的贡献度。相对于1978—1995年的估算结果,1996—2013年农业部门人均实际GDP增长对经济增长的贡献度在下降,而工业部门和服务业部门人均实际GDP增长对经济增长的贡献度显著提高,尤其是服务业的发展对我国经济增长的贡献度最大。通过上述分析,劳动力在农业部门、工业部门和服务业部门之间流动带来的生产要素配置优化是改革开放以来我国经济持续增长的重要原因。

第五节 资源配置优化对我国区域经济差距的影响

本节用农业部门劳动力份额表示资源错配程度,该指标越大,表示资源错配程度越高。我们首先构建了一个包含资源错配程度的回归方程,在此基础上,通过我国现实经济数据,考察了资源错配对我国东部地区与中西部地区经济发展差距的影响。

一、理论框架和数据说明

根据新古典增长理论和内生增长理论,物质资本投资、人力资本投资、人口增长和技术进步是促进经济增长的最根本因素。现有研究主要是在 Mankiw et al.(1992) 的基础上,运用拓展的 MRW 框架来研究不同国家和地区经济发展不平衡的原因,代表性的文献包括 Temple and Wobmann(2006)、Ding and Knight(2009)。我们在 Mankiw et al.(1992) 的基础上构建了一个同时包含物质资本投资、人力资本和资源配置程度的经济增长模型,并据此得到了关于人均实际产出的回归方程式。我们给出如下的总产出函数:

$$Y = K^\alpha H^\beta (AL)^{1-\alpha-\beta} \tag{2.31}$$

其中,Y、K、H、A、L 分别表示总产出水平、物质资本、人力资本水平、外生技术水平和劳动力数量。我们假定初始技术水平为 $A(0)$,技术进步的速度为 g,从而 $A(t)=A(0)e^{gt}$;初始的劳动数量为 $L(0)$,劳动力增长率为 n,从而 $L(t)=L(0)e^{nt}$。

根据 Mankiw et al.(1992),我们分别给出如下的物质资本和人力资本动态积累方程:

$$\dot{K} = s_K Y - \delta_K K \tag{2.32}$$

$$\dot{H} = s_H Y - \delta_H H \tag{2.33}$$

其中,s_K、s_H 分别表示总产出中用于物质资本积累和人力资本投资的比例,δ_K、δ_H 分别表示物质资本和人力资本的折旧率。借鉴 Mankiw et al.(1992) 的思路,我们假设两种资本的折旧率相等,即 $\delta_K = \delta_H = \delta$。

我们定义 $k = \dfrac{K}{AL}$,$h = \dfrac{H}{AL}$ 分别表示人均有效劳动的物质资本和人力资本,从而得到人均有效劳动的产出 $y = \dfrac{Y}{AL} = k^\alpha h^\beta$。根据上述定义,结合(2.32)式和(2.33)式,可以得到人均有效劳动物质资本和人力资本的动态积累方程：

$$\dot{k} = s_K y - (n+g+\delta)k \tag{2.34}$$

$$\dot{h} = s_H y - (n+g+\delta)h \tag{2.35}$$

我们用 k^* 和 h^* 分别表示均衡状态(Steady State)人均有效劳动的物质资本和人力资本。令 $\dot{k}=0, \dot{h}=0$，从而可以得到均衡状态值：

$$k^* = \left\{\frac{s_K^{1-\beta} s_H^{\beta}}{n+g+\delta}\right\}^{\frac{1}{1-\alpha-\beta}} \tag{2.36}$$

$$h^* = \left\{\frac{s_K^{\alpha} s_H^{1-\alpha}}{n+g+\delta}\right\}^{\frac{1}{1-\alpha-\beta}} \tag{2.37}$$

进而可求得 y^*：

$$y^* = \left\{\left[\frac{s_K}{n+g+\delta}\right]^{\alpha} \left[\frac{s_H}{n+g+\delta}\right]^{\beta}\right\}^{\frac{1}{1-\alpha-\beta}} \tag{2.38}$$

根据(2.38)式，人均有效劳动的产出水平与总产出中用于要素投入的比例正相关，与要素投入的产出弹性正相关，而与人口增长率、外生技术进步速度以及资本折旧率负相关。

将(2.38)式两边分别乘以 $A(t)$，我们可以得到人均产出水平的表达式。就该方程两端分别取自然对数，并借鉴 Mankiw et al.(1992)的思路，假设 $\ln A(0) = a + \varepsilon$，我们可以得到如下关于人均产出水平的回归方程：

$$\ln\frac{Y}{L} = a + gt + \frac{\alpha}{1-\alpha-\beta}\ln s_K + \frac{\beta}{1-\alpha-\beta}\ln s_H - \frac{\alpha+\beta}{1-\alpha-\beta}\ln(n+g+\delta) + \varepsilon \tag{2.39}$$

将(2.39)式与(2.36)式和(2.37)式结合起来，我们可以得到如下的回归方程：

$$\ln\frac{Y}{L} = a + gt + \frac{\alpha}{1-\alpha}\ln s_K + \frac{\beta}{1-\alpha}\ln h^* - \frac{\alpha}{1-\alpha}\ln(n+g+\delta) + \varepsilon \tag{2.40}$$

根据方程(2.40)，我们将人均实际 GDP 表示成物质资本投资率、人力资本水平、人口增长和技术进步的方程。为考察资源配置对人均实际 GDP 的影响，我们在方程(2.40)的基础上引入资源配置指标 misallocation，从而将方程(2.40)拓展为：

$$\ln\frac{Y}{L} = a + gt + \frac{\alpha}{1-\alpha}\ln s_K + \frac{\beta}{1-\alpha}\ln h^* - \frac{\alpha}{1-\alpha}\ln(n+g+\delta) + \theta\ln \text{misallocation} + \varepsilon \tag{2.41}$$

我们用农业部门就业占总就业的比例表示资源错配程度，该指标越高，表示资源错配越严重。用全社会固定资产投资与 GDP 的比值表示物质资本投资率，用每万人中大学生在校人数衡量人力资本水平，人均实际 GDP 按照可比价格计算。基于省级层面数据的可获得性，本章选取的样本区间是 1985—2010 年，数据主要来源于《新中国 60 年统计资料汇编》和历年中国统计年鉴。表 2-3 给出了本章主要变量的简单统计描述。

表 2-3　各主要变量的简要统计描述

	均值	标准差	最小值	最大值
东部地区				
$\ln(Y/L)$	8.6706	0.7457	7.3477	10.6189
$\ln s_K$	3.4924	0.4012	2.127	4.465
$\ln h^*$	3.8569	1.2151	0.3681	5.855
$\ln(n+g+\delta)$	-1.8251	0.2882	-2.6736	-1.1793
ln misallocation	-1.1785	0.6812	-3.2364	-0.3067
中西部地区				
$\ln(Y/L)$	7.9420	0.6732	6.8331	10.0892
$\ln s_K$	3.6604	1.0877	0.6138	6.9935
$\ln h^*$	3.6248	1.4318	-0.6293	7.2878
$\ln(n+g+\delta)$	-1.6489	0.2319	-2.1533	-1.1728
ln misallocation	-0.5655	0.1991	-1.2194	-0.2005

二、实证分析

表 2-4 给出了通过回归得到的结果,可以看出,无论是全国样本、东部地区样本还是中西部地区样本,投资率对应的系数都显著为正,这说明投资是促进我国人均实际 GDP 增加的重要力量。人力资本水平对应的系数也显著为正,这说明人力资本水平促进了我国人均实际收入的增加。相对于投资率而言,人力资本水平对应系数更大,显著性水平更高,这说明相对于物质资本投资而言,人力资本对我国人均实际 GDP 的增加可能发挥了更大的作用。人口增长率对应的系数显著为负,这说明人口增长率上升使得人均实际 GDP 下降。资源错配对应的系数显著为负,这说明农业部门劳动力份额越大,人均实际 GDP 越低。这是因为劳动力由生产效率低的农业部门流向生产效率高的非农业部门会促进总体生产效率的提高,这说明资源配置优化是我国人均实际收入增加的重要原因。从影响力度来看,中西部地区投资率对人均实际 GDP 的影响力度要比东部地区投资率对 GDP 的影响力度更大,这与中西部地区经济增长依赖于投资有关。中西部地区和东部地区人力资本对人均 GDP 的影响力度大体相当,这说明人力资本水平提升在东部地区和中西部地区人均实际 GDP 的增加过程中都发挥着重要作用。东部地区人口增长、资源错配对人均实际 GDP 的反向影响力度更大,这与东部地区较低的人口增长和产业结构更为合理有关。

表 2-4 资源错配对我国人均实际收入的影响

	全国	东部地区	中西部地区
$\ln s_K$	0.1905***	0.1655***	0.2993***
	(7.18)	(3.43)	(8.09)
$\ln h^*$	0.4665***	0.4591***	0.4789***
	(31.07)	(20.46)	(22.65)
$\ln(n+g+\delta)$	-0.3712***	-0.4353***	-0.2971***
	(-7.88)	(-6.04)	(-4.67)
ln misallocation	-0.6325***	-0.7321***	-0.2139**
	(-13.55)	(-11.37)	(-2.52)
Constant	4.6547***	4.6649***	4.4998***
	(55.88)	(31.62)	(40.47)
R^2	0.51	0.72	0.26

注：括号内为 t 值；***、**和*分别表示在1%、5%和10%水平上显著。

在上述分析的基础上,我们借鉴 Ding and Knight(2009)的方法,考察各因素对我国区域经济发展差距的影响。我们运用表 2-4 回归得到的各变量的系数以及根据统计数据得到的样本期间各变量的平均值计算得到各变量对人均实际 GDP 的影响力度。在此基础上,通过对比东部地区与中西部地区各种影响力度之间的差异考察各变量对我国区域经济发展差距的贡献。表 2-5 的第 4 列给出了通过计算得到的东部地区与中西部地区投资率、人力资本水平、人口增长率和资源错配对人均实际 GDP 的影响力度。可以看出,相对于中西部地区而言,东部地区人力资本水平、人口增长率、资源错配对人均实际 GDP 的影响力度更大,而投资率对人均实际 GDP 的影响力度更小。

表 2-5 东部地区与中西部地区人均实际收入分解

	系数	均值	影响力度
东部地区			
$\ln s_K$	0.1655	3.4924	0.5780
$\ln h^*$	0.4591	3.8569	1.7707
$\ln(n+g+\delta)$	-0.4353	-1.8252	0.7945
ln misallocation	-0.7321	-1.1786	0.8628
中西部地区			
$\ln s_K$	0.2993	3.6605	1.0956
$\ln h^*$	0.4789	3.6249	1.7360

（续表）

	系数	均值	影响力度
$\ln(n+g+\delta)$	−0.2971	−1.6489	0.4899
ln misallocation	−0.2139	−0.5656	0.1210

我们用各要素影响力度的差距除以东部地区与中西部地区人均实际 GDP 之间的差距表示不同要素对我国区域经济发展差距的贡献度，详细结果如表 2-6 所示。可以看出，投资率缩小了中西部地区与东部地区之间人均实际 GDP 的差距，人口增长率、人力资本水平、资源错配则拉大了东部地区与中西部地区人均实际 GDP 的差距。东部地区资源配置优化对人均实际 GDP 的影响力度要远大于中西部地区资源配置优化对人均实际 GDP 的影响力度，这一方面是由于东部地区农业部门劳动力份额较低，另一方面是因为通过回归得到的东部地区资源错配对应的系数绝对值更大。根据表 2-6，东部地区与中西部地区人均实际 GDP 的差距是 0.7286，由于资源配置优化导致的东部地区与中西部地区人均实际 GDP 的差距高达 0.7419。通过对比上述两组数值发现，东部地区与中西部地区人均实际 GDP 的差距主要是由资源配置优化导致的，其贡献度为 101.82%。人力资本水平对东部地区与中西部地区人均实际 GDP 差距的影响力度较小，贡献度仅为 4.78%；人口增长率可以解释东部地区与中西部地区人均实际 GDP 的差距的 41.81%。相对于物质资本投资、人力资本水平、人口增长而言，资源配置优化是导致我国区域经济发展不平衡的最重要原因。因此，加快中西部地区资源配置优化是缩小我国区域经济发展差距的重要途径。

表 2-6　各要素对我国区域经济发展差距的贡献度

	东部地区	中西部地区	东部−中西部	贡献度(%)
实际收入	8.6707	7.9421	0.7286	
$\ln s_K$	0.5780	1.0956	−0.5176	−71.04
$\ln h^*$	1.7707	1.7360	0.0348	4.78
$\ln(n+g+\delta)$	0.7945	0.4899	0.3046	41.81
ln misallocation	0.8628	0.1210	0.7419	101.82

本章总结

本章首先介绍了资源错配与中国经济增长方面的相关重要文献，然后介绍了 Hsieh and Klenow(2009)经典的资源错配测度以及效率损失估算方法，以求使读者从理论上对该方法有一定的了解。在此基础上，我们通过我国省级层面的数据估算我国的资本错配程度和劳动错配程度，以求使得读者对我国的资源错配现状有进一步的了解。进一步，我们从经济增长和区域发展不平衡两个维度，分别考察资源配置优化对我国经济的影响,这两部分可以看作本章相关理论的应用,以更好地将理论和现实结合起来。这里需要指出的是,资源错配包含的内容还有很多。例如,从生产要素的角度来看,不仅包括物质资本错配和劳动错配,还包括人力资本错配(例如,相对于非国有部门,国有部门的人力资本水平更高,但其边际生产率相对较低),R&D资本错配(我国R&D支出95%以上集中在应用研究方面,基础研究方面的投入很少),这些都是值得关注的问题,这也是本章将来需要拓展的工作。

核心概念与术语

资源错配	Resource Misallocation
边际生产率	Marginal Productivity
产业结构变迁	Structural Transformation
经济增长	Economic Growth

复习思考题

1. 我国人力资本错配产生的原因有哪些?
2. 我国R&D资本错配产生的原因有哪些?
3. 可以采取哪些措施减缓或消除资源错配?
4. 基于跨国数据,估算并对比不同国家的劳动错配程度。
5. 基于跨国数据,估算并对比不同国家的物质资本错配程度。

主要参考文献

[1] 柏培文.三大产业劳动力无扭曲配置对产出增长的影响[J].中国工业经济,2014(4):32—44.

[2] 盖庆恩,朱喜,史清华.劳动力市场扭曲、结构转变和中国劳动生产率[J].经济研究,2013(5):87—97.

[3] 龚刚,黄春媛,张前程,等.从技术引进走向自主研发——论新阶段下的中国经济增长方式[J].经济学动态,2013(5):16—26.

[4] 樊纲,王小鲁,马光荣.中国市场化进程对经济增长的贡献[J].经济研究,2011(9):4-16.

[5] 刘瑞翔.探寻中国经济增长源泉:要素投入、生产率与环境消耗[J].世界经济,2013(10):123—141.

[6] 刘瑞翔,安同良.中国经济增长的动力来源与转换展望——基于最终角度的分析[J].

经济研究,2011(7):30—42.

[7] 孟辉,白雪洁.新兴产业的投资扩张、产品补贴与资源错配[J].数量经济技术经济研究,2017,34(6):20—36.

[8] 聂辉华,贾瑞雪.中国制造业企业生产率与资源误置[J].世界经济,2011(7):27—42.

[9] 孙琳琳,郑海涛,任若恩.信息化对中国经济增长的贡献:行业面板数据的经验证据[J].世界经济,2012(2):3—25.

[10] 余泳泽.改革开放以来中国经济增长动力转换的时空特征[J].数量经济技术经济研究,2015(2):19—34.

[11] 袁志刚,解栋栋.中国劳动力错配对TFP的影响分析[J].经济研究,2011(7):4—17.

[12] 张德荣."中等收入陷阱"发生机理与中国经济增长的阶段性动力[J].经济研究,2013(9):17—29.

[13] 朱喜,史清华,盖庆恩.要素配置扭曲与农业全要素生产率[J].经济研究,2011(5):87—99.

[14] Bosworth B., and S. M. Collins. Accounting for growth: Comparing China and India[J]. Journal of Economic Perspectives, 2008, 22(1): 45-66.

[15] Brandt L., C. T. Hsieh, and X. Zhu. Growth and structural transformation in China[J]. China's Great Economic Transformation, 2008: 683-728.

[16] Brandt L., T. Tombe, and X. Zhu. Factor market distortions across time, space and sectors in China[J]. Review of Economic Dynamics, 2013, 16(1): 39-58.

[17] Brandt L., and X. Zhu. Accounting for China's growth[J]. IZA DP, 2010, 47-64.

[18] Buera F., and P. Kaboski. The rise of the service economy[J]. American Economic Review, 2012, 102(6), 2540-2569.

[19] Buera F., P. Kaboski, and Y. Shin. Finance and development: A tale of two sectors[J]. American Economic Review, 2011, 101(5), 1964-2002.

[20] Caselli F., and W. J. Coleman II. The US structural transformation and regional convergence: A reinterpretation[J]. Journal of Political Economy, 2001, 109(3): 584-616.

[21] Chow G., and A. Lin. Accounting for economic growth in Taiwan and Mainland China: A comparative analysis[J]. Journal of Comparative Economics, 2002, 30(3): 507-530.

[22] Dekle R., and G. Vandenbroucke. A quantitative analysis of China's structural transformation[J]. Journal of Economic Dynamics and Control, 2012, 36(1): 119-135.

[23] Ding S., and J. Knight. Can the augmented Solow model explain China's remarkable economic growth? A cross-country panel data analysis[J]. Journal of Comparative Economics, 2009, 37(3): 432-452.

[24] Epifani P., and G. Gancia. Trade, markup heterogeneity, and misallocations[J]. Journal of International Economics, 2011, 83(1): 1-13.

[25] Holz C. A., and S. Yue. Physical capital estimates for China's provinces, 1952–2015 and beyond[J]. China Economic Review, 2018, 51: 342–357.

[26] Hsieh C. T., and P. J. Klenow. Misallocation and manufacturing TFP in China and India [J]. The Quarterly Journal of Economics, 2009, 124(4): 1403–1448.

[27] Mankiw N., D. Romer, and D. Weil. A contribution to the empirical of economic growth[J]. Quarterly Journal of Economics, 1992, 107: 407–437.

[28] Midrigan V., and D. Y. Xu. Finance and misallocation: Evidence from plant-level data [J]. American Economic Review, 2014, 104(2): 422–458.

[29] Moro A. The structural transformation between manufacturing and services and the decline in the US GDP volatility[J]. Review of Economic Dynamics, 2012, 15 (3): 402–415.

[30] Song Z., K. Storesletten, and F. Zilibotti. Growing like China[J], American Economic Review, 2011, 101(1): 196–233.

[31] Stefanski, R. Structural transformation and the oil price[J]. Review of Economic Dynamics, 2014, 17 (3): 484–504.

[32] Temple J., and L. Wobmann. Dualism and cross-country growth regressions[J]. Journal of Economic Growth, 2006, 11: 187–228.

[33] Wang Y., and Y. Yao. Sources of China's economic growth 1952–1999: Incorporating human capital accumulation[J]. China Economic Review, 2003, 14(1): 32–52.

[34] Young A. Gold into base metals: Productivity growth in the People's Republic of China during the reform period[J]. Journal of Political Economy, 2003, 111(6): 1220–1261.

[35] Zhang X., J. Yang, and S. Wang. China has reached the Lewis turning point[J]. China Economic Review, 2011, 22(4): 542–554.

[36] Zhu X. D. Understanding China's growth: Past, present and future[J]. Journal of Economic Perspectives, 2012, 26 (4): 103–124.

第三章

技术创新与全要素生产率(TFP)

此刻一切完美的事物,无一不是创新的结果。

——约翰·穆勒

中国经济正面临从结构性增速阶段向结构性减速阶段的转变,经济发展方式也逐步从由投资和出口拉动的追赶型经济向以提高生产率为目标的创新型经济转型。中央提出"供给侧结构性改革",以提高供给体系的质量和效率为导向,为我国经济发展注入新的活力与动能。供给侧改革的关键之一是提高TFP,为经济增速增长提供长期可持续的动力,而提高TFP的根本路径是技术进步和技术创新。本章立足于技术创新与TFP这一热点问题,通过对相关问题的理论演进、实证测度、因素分解以及影响机制等内容的介绍,有助于加深读者对于技术创新、TFP与经济增长之间深层次关系的理解,更好地把握技术创新与TFP在经济增长中的作用和地位。

第一节 技术创新与TFP的概念

一、技术创新的概念

"创新"作为经济学的概念,是经济学家约瑟夫·熊彼特(Joseph Schumpeter)首先提出来的。熊彼特将创新定义为"生产函数的重新建立",也就是把生产要素和生产条件的新组合引入生产体系,建立一种新的生产函数。按照这一观点,创新包括技术创新与组织管理上的创新,二者均可以导致生产函数的变化。熊彼特之后,经济学家对创新的理解逐步发展,创新的内涵也从狭义解释趋于广义,例如技术创新、服务创新、组织创造、管理创新或市场创新等都属于创新的范畴。目前关于创新人们已经达成共识:"创新"包括技术的创新和非技术的创新。需要注意的是,技术创新不是纯技术概念,而是一个经济学范畴。

技术创新是创新的核心内容,虽然熊彼特首次提出了创新这一概念,但他本人并没有对技术创新直接下严格定义,国内外对技术创新也尚未形成严格的、统一的标准。

国外有代表性的观点有:Mansfield(1971)指出"当一项发明被首次使用时,即可称之为技术创新",这一定义常为后来的学者所认可。Freeman(1992)提出"技术创新就是指新产品、新过程、新系统或新服务的首次商业性转化"。Mueser(1985)认为,技术创新是以其构思新颖性和成功实现为特征的有意义的非连续性事件。OECD和欧盟统计局则将技术创新定义为包括实现了新的产品和工艺,以及技术上有重大改变的产品和工艺,术语"产品"既包括商品,也包括服务。

20世纪80年代中后期,国内学者开始研究技术创新,代表性的观点有:傅家骥(1988)通过对国内外文献的整理分析,将技术创新定义为"技术创新是企业家抓住市场的潜在盈利机会,以获取商业利益为目标,重新组织生产条件和要素,建立起效能更强、效率更高和费用更低的生产经营系统,从而推出新的产品、新的生产(工艺)方法、开辟新的市场、获得新的原材料或半成品供给来源或建立企业新的组织,它是包括科技、组织、商业和经营等一系列活动的综合过程"(见表3-1)。中共中央和国务院将技术创新定义为"企业应用创新的知识和新技术、新工艺,采用新的生产方式和经营管理模式,提高产品质量,开发生产新的产品,提供新的服务,占据市场并实现市场价值"。

表3-1 技术创新的基本类型

分类标准	分类	定义
技术变化强度	渐进性创新(Incremental Innovation)	指对现有技术改进的渐进的、连续的创新
	根本性创新(Radical Innovation)	指技术有重大突破的技术创新,它常常伴随一系列渐进性的产品创新和工艺创新,并在一段时间内引起产业结构的变化
创新对象	产品创新(Product Innovation)	指技术上有变化的产品的商业化
	过程创新(Process Innovation)	指产品的生产技术的变革,包括新工艺、新设备和新的组织管理方式

资料来源:傅家骥.技术创新学[M].北京:清华大学出版社,1988。

二、全要素生产率的概念

全要素生产率(TFP)即总产量与全部要素投入量之比,是衡量单位总投入的总产量的生产率指标。从本质上讲,它反映的是各个国家(地区)为了摆脱贫困落后、发展经济在一定时期里表现出来的能力和努力程度,是技术进步对经济发展作用的综合反映。

"全要素生产率"是与"单要素生产率"相对应的概念。西方经济学家认为,如果作为研究对象的投入只包括一种要素如劳动、资本等,所得的生产率称为单要素生产率,只能用于衡量一种生产要素的投入-产出比；如果作为研究对象的投入包括土地、劳动、资本和自然资源等所有要素，所得的生产率则称为全要素生产率，数学表达式为：

$$\text{TFP} = \frac{Y}{\sum_{i=1}^{n} W_i X_i} \tag{3.1}$$

其中，Y 代表产出量，X_i 代表第 i 种生产要素的投入，W_i 代表相应的加权值。也就是说，产出量与所有投入要素的加权综合值之比就是 TFP。它全面地考虑了所有投入要素对产出的贡献，是社会经济系统经营管理效率定量评价的一个综合指标。

假设生产过程中只有资本 K 和劳动 L 两种投入要素，则有：

$$\text{TFP} = \frac{Y}{W_L \cdot L + W_K \cdot K} \tag{3.2}$$

考察连续时间的情况，对(3.2)式两边关于时间 t 求导，就得到 TFP 增长率(v)的微分指数法测算公式：

$$v = \frac{d(\text{TFP})}{\text{TFP}} = \frac{dY}{Y} - a_L \cdot \frac{dL}{L} - a_K \cdot \frac{dK}{K} \tag{3.3}$$

其中，$a_L = \frac{W_L \cdot L}{W_L \cdot L + W_K \cdot K}$，$a_K = \frac{W_K \cdot K}{W_L \cdot L + W_K \cdot K}$，即 a_L 代表劳动的产出弹性，a_K 代表资本的产出弹性。

三、技术创新和 TFP 的区别与联系

TFP 是一种计量投入产出的方法，是分析经济增长源泉的重要工具，也是政府制定长期可持续增长政策的重要依据，估算 TFP 有助于经济增长源泉分析，以确定经济增长的可持续性。

从 20 世纪 90 年代之后的研究文献来看，TFP 增长的来源可以分解为技术进步变化率、技术效率变动率、资源配置效率等。因而，实现 TFP 的提高通常有三种途径：一是技术进步实现生产效率的提高；二是提高生产中现有技术的使用效率；三是通过生产要素的重新组合实现资源配置效率的提高，主要表现为在生产要素投入之外，通过技术进步、体制优化、组织管理改善等无形要素推动经济增长。从微观层面上讲，企业采用了新技术、新工艺，开拓了新市场，开发了新产品，改善了管理，体制改革激发了人的积极性，都可以提高 TFP。从宏观层面上讲，通过资源重新配置，比如劳动力从生产率较低的农业部门转向生产率较高的非农部门，也可以提高 TFP。

由此可见，技术进步、技术效率的提高以及资源配置效率的改善都可以提高 TFP，因此仅技术进步变化率并不能完全表示 TFP 的变动。基于此，许多学者认为 TFP 代表广义技术进步，需要与狭义的技术进步相区分。在实证中如果将 TFP 对经济增长的贡献视为技术进步对经济增长方式转变的影响，可能会存在一定误差。

另外，并不是所有类型的技术进步都可以带来 TFP 的提高。OECD(2001)认为，技术进步并不必然导致 TFP 提高，所以 TFP 的提高也并不必然测量技术的进步。这需要区分嵌入

式技术和非嵌入式技术。前者如建筑安装、机器设备等物资资本投资,后者如知识的产生与溢出、管理经验的提升、组织生产方式的改善等概念。很显然,只有非嵌入式技术进步才可能带来 TFP 的提高。

熊彼特最先提出"技术创新"的概念,并用技术创新的发生和实现来解释经济增长。需要指出的是,技术进步与技术创新紧密相关,但是技术创新并不等同于技术进步。技术进步是指技术所涵盖的各种形式知识的积累与改进,通常表现为既定投入条件下产出增加,在开放经济中,技术进步的途径主要有三个方面,即技术创新、技术扩散、技术转移与引进。而技术创新是"生产函数的移动",表现为对技术进步的投入,或者表现为技术成果,是技术进步的原因。因而技术进步是技术创新的结果,并表现为 TFP 的提升。

技术创新除了对 TFP 产生直接影响,还与其他因素相互作用形成影响 TFP 的交互机制,具体传导机制整理为图 3-1。

图 3-1 技术创新对 TFP 的影响路径分析

第二节 技术创新与 TFP 测度的理论演变

一、技术创新的测度理论

技术创新是企业核心竞争力的主要源泉,对企业自身的技术创新能力进行科学测度,有利于企业领导者明确技术创新的目标,对政策制定的正确与否进行合理评估。

最初的企业技术创新测度体现出测度特征,也就是把对技术创新的测度转换为具体的数字来进行评测。例如,把企业对技术创新的重视程度转换为 0、1、2、3、4、5 等。这一测度依赖于大量的统计数据和经验数据。

目前研究中技术创新的测度是基于大量技术创新的调查数据,对创新活动进行的全面而系统的分析,主要由两部分组成,一是建立创新指标体系,二是收集指标所指的数据。这种观点往往更为客观和准确,已经在各国的技术创新研究中得以体现。

(一)技术创新测度指标的研究

国外对于技术创新测度的研究始于 20 世纪 60 年代末,当时人们将创新活动看作一个线性过程,即"研究→开发→设计→生产→销售",认为技术创新主要取决于创新投入,将

R&D 投入和科研人员数量作为测度技术创新的主要指标。随着对技术创新研究的深入,人们渐渐摒弃了创新过程的线性模型。Kline and Rosenberg(1986)提出技术创新过程的链环模式,也称"链环-回路模型"(Chain-linked Model)。这种链环模式的认知对后续研究产生了很大影响,企业技术创新的测度也变得更加复杂。

20 世纪 80 年代后期以来,除了采用客观指标,更多的研究者开始采用主观认知类指标来对技术创新进行评价,主要体现在企业技术创新过程中对企业新技术获取的绩效的评价上。Beverly(1994)认为主观认知类指标虽然无法量化,但通过将其作为中间变量加入模型中可以用于评估技术改进率以及技术扩散等活动,具备很高的参考价值。与 Beverly(1994)的观点相似,Barton and Sinha(1993)提出应该将技术接受者的满意程度作为衡量标准,并提出了一系列具体的评价标准,如技术创新后效率是否提高、转移过程是否顺利以及目标是否达成等。这些将主观认知类指标加入技术创新测度指标的研究已经得到越来越多学者的认可和支持,丰富了技术创新测度指标体系。

虽然国外学者对技术创新测度指标进行了大量研究,但目前并没有形成统一的、完整的指标体系,技术创新测度指标的研究对各国来说仍是有待探索的新领域。

(二) 技术创新调查

1979 年,德国首创了企业技术创新调查。20 世纪 80 年代起,OECD 各国率先进行了企业技术创新调查。1992 年,OECD 出版了《技术创新调查手册》即《奥斯陆手册》(*OSLO Manual*)。该手册以链式模型为理论基础,总结了 OECD 各国过去创新调查的经验,建立起关于创新调查从概念到方法论的统一框架,是 OECD 推荐的技术创新数据收集和解释指南。基于该手册,欧洲统计局和欧盟又设计出"欧共体协同创新调查 1992/1993 问卷",并以此问卷为基础进行了欧共体创新调查(Community Innovation Survey,CIS)。此次 CIS 涉及 13 个国家的 40 817 家企业,主要收集了制造业中与产品创新和工艺创新相关的创新活动数据以及创新产品销售额在企业销售额中所占的比重,获得了重要的创新数据,也为大规模的国际可比的技术创新调查提供了经验。

创新调查是创新测度的一个重要组成部分,按照不同的测度目的可在不同层次上开展创新调查和研究。一是国家层次的调查,这是为了对一国技术创新活动水平进行测度,许多政府机构如统计局、科技管理部门对此类调查较感兴趣;二是产业层次的调查,这是为了测度某一产业的技术创新状况;三是企业层次的调查,这是为了测度企业的技术创新水平;四是技术层次的调查,这是为了把握一个特定领域的技术创新状况;五是国际比较,许多国际组织如 OECD 等,都对此类研究感兴趣。

国内对于技术创新的研究起步较晚,20 世纪 80 年代中后期才有学者开始进行相关研究。与国外学者相比,国内学者侧重于对综合评价方法的研究,以及对指标选择的研究,且对客观类指标比较重视。

国内对企业创新的调查最早始于清华大学经济管理研究所(现清华大学技术创新研究中心)。1991—1993 年,清华大学先后对 1 051 家企业进行了 6 次技术创新调查,分别是乡镇企业技术创新问卷调查、广东省技术创新问卷调查、江苏省技术创新问卷调查、山西省技术创新问卷调查、轻工行业部分企业技术创新问卷调查和六省二市企业技术创新问卷调查。此后,为了了解中小企业在经济发展中的作用,清华大学又相继在浙江、湖南等省进行了中小企业技术创新问卷调查。调查借鉴了《奥斯陆手册》中关于创新调查的核心问题,如企业战略、创新来源、创新投入、创新产出、创新障碍以及政府在企业创新中的作用等,弥补了我国企业创新数据的空白,大大缩小了与西方发达国家的差距,形成了可以进行国际比较的成果和自己的优势。

二、TFP的测度理论

TFP测度的根本任务是评估投入产出效率。对于TFP的测度可以从经济中的任何一个层面出发,如宏观层面、行业层面和企业层面,其中对宏观整体经济的测度研究比较多,企业层面和行业层面的测度研究相对较少。不同层面的TFP之间并不是相互独立的,企业生产率影响该行业生产率,行业生产率又会影响宏观整体经济的生产率。单个行业的生产率变化影响总量经济,高生产率行业市场份额的增加也会提高总量经济生产率。

(一)宏观层面

宏观层面测度TFP的方法大致分为两类:参数方法和非参数方法,它们的区别在于是否需要假设具体的生产函数形式。参数方法主要有索洛余值法、增长核算法、随机前沿生产函数法(Stochastic Frontier Analysis,SFA)等;非参数方法有指数法、数据包络分析法(Data Envelopment Analysis,DEA)、Malmquist指数法等。

索洛余值法最早由Solow(1957)提出,他首次将技术进步因素纳入经济增长模型,将产出增长率扣除要素投入增长率之后的TFP增长率归纳为技术进步的结果,即著名的"索洛余值"(Solow Residual)。在此基础上,Denison认为,索洛的测量中将投入要素设定为资本和劳动两种造成了对TFP的高估,因此他对投入要素进行了更细致的划分,利用权数合成总投入指数,形成了增长核算法,也被称为计量生产模型法或生产函数法。由Solow和Denison等人发展起来的这一方法直到今天仍然占据重要地位。

索洛余值法和增长核算法对TFP的测度均需假定生产在技术上充分有效,但这一假定在现实经济中很难完全满足。Aigner et al.(1977)和Meeusen and van den Broeck(1977)分别独立提出了随机前沿生产函数,之后逐渐发展起了SFA,它允许技术无效的存在,并将TFP的变化分解为技术效率和技术进步两项,这种方法比增长核算法更接近于生产和经济增长的实际情况,能够将影响TFP的因素从TFP的变化率中分离出来,从而更加深入地研究经济增长的根源。

指数法是一种统计学方法,由Kendric和Denison开创,经Jorgensen、Grilichess等人发展成熟。Coelli et al.(1998)提出,指数法在TFP的测算中起到三个作用:一是处理面板数据,减少投入和产出向量的维数,如拉氏指数和帕氏指数;二是计算TFP的变化,这是指数方法最主要的作用,如Fisher指数和Tornqvist指数;三是应用指数产生特殊的数据序列应用于数据包络分析和随机前沿生产函数,如DEA-Malmquist指数和SFA-Malmquist指数。非参数的生产率指数法是当前国际上生产率研究领域的新方法。

Charnes et al.(1978)提出了 DEA,它是一种使用线性规划来评价效率的方法,特别适合多投入多产出的边界生产函数的研究。由于 Charnes et al.(1978)的 DEA 局限于规模报酬不变的情况,因此 Banker et al.(1984)将其扩展到可变规模的情形。需要注意的是,DEA 模型不能直接应用到 TFP 模型中,而是一般与 Malmquist 指数结合来进行测算,如上面所提到的 DEA-Malmquist 指数法。

(二)行业层面

目前基于行业层面的 TFP 测度研究相对较少,但测度行业层面的 TFP 可以对经济增长来源进行具体分析,并对不同投入要素对经济增长的贡献加以区分。

在国家统计局发布的行业分类准则《2017 年国民经济行业分类(GB/T 4754-2017)》中,将每一行业按门类代码(字母)、大类代码(2 位数字)、中类顺序码(3 位数字)、小类顺序码(4 位数字)分类。基于数据可得性,国内多数文献基于 2 位数行业,只有少部分文献基于 3 位数甚至 4 位数行业进行经验分析(范剑勇和石灵云,2009;张卉等,2007)。任若恩和孙琳琳(2009)根据 KLEMS 行业分类,将经济分为 33 个行业。全炯振(2009)、陈诗一(2009)、刘兴凯和张诚(2010)则是针对三大产业中的某一产业进行再细分。目前具体行业 TFP 的研究主要集中于工业和农业,近些年开始出现针对服务业的研究。范剑勇等(2014)在研究产业聚集对 TFP 的影响时提出,行业选择越细,就越容易控制行业特征,得到的结果就越准确。

早期经济增长核算都局限于经济总体,Jorgenson et al.(1987)首次将总量层面的 TFP 测算方法应用到行业层面,并在投入中考虑了中间投入。Jorgenson and Kuroda(1991)在投入方面又考虑了能源投入。任若恩和孙琳琳(2009)强调行业层面 TFP 测度时各个行业的中间投入不能相互抵消,因而对我国行业层面 TFP 的测度需要考虑中间投入的问题,研究结果也表明中间投入是我国行业层次经济增长的主要来源。张豪等(2017)认为计算企业层面的 TFP 需要考虑行业间的溢出效应,因为行业之间的 TFP 是互相影响的。

(三)企业层面

企业是市场经济中的决策主体,其追求利润最大化的生产方式受到特定时期技术可能性和要素价格的约束。因此,对企业层面 TFP 测度的关键是控制企业生产技术所允许的投入要素间的替代问题。处理要素间替代问题的方法主要有传统参数方法、指数法和 DEA。

异质性的存在是企业的典型特征。传统参数方法需要先估计出生产函数的参数,当我们以总量生产函数的形式来估计企业层面的 TFP 时,就面临参数识别问题。为了解决内生性偏差,最初的尝试是通过工具变量法(IV 法)和固定效应模型(FE 法)。在 IV 法中,考虑将投入价格作为工具变量,但现实经济中企业往往并不报告其投入品的价格,因此这类方法难以施行。另外,IV 法无法解决由于企业退出产生的选择性问题。在 FE 法中,需假定企业的生产效率固定不变,这也不太符合现实情况。在此基础上,Arellano and

Bond(1991)假定生产率包含固定和可变两个部分,在差分掉生产率固定的部分后,选择投入变量的滞后值作为工具变量,使用系统 GMM 方法估计生产函数。由于存在弱工具变量的问题,Blundell and Bond(2000)对 Arellano and Bond(1991)的方法进行了改进,假定生产率可变的部分满足一阶自回归,使用投入要素的滞后一阶差分作为水平值的工具变量,再使用 GMM 进行估计。但这些方法都没有将企业的行为和决策结构纳入模型之中,因而估计结果间存在巨大差异。

企业生产率的结构估计方法始于 Olley and Pakes(1996)(以下简称"OP 方法")。OP 方法是一种半参数估计方法,利用可观测的企业投资作为 TFP 的工具变量,因而要求企业投资大于零,投资为零的观测样本需要进行剔除。实证分析中,企业投资信息一般存在大量缺失的现象,特别是发展中国家的企业样本,如果采用 OP 方法,样本容量会极大地减少。鉴于此,Levinsohn and Petrin(2003)(以下简称"LP 方法")对 OP 方法进行了适当的拓展和修正,使用中间投入(原材料)作为 TFP 的工具变量,较好地解决了"零投资"大量存在的现象,其估计过程同 OP 方法类似。

虽然 OP 方法和 LP 方法是目前应用最为广泛的估计企业层面 TFP 的方法,但是其中仍然存在多重共线性的问题,直接影响到企业层面 TFP 指标计算的稳健性。Ackerberget et al.(2006)根据企业投入决策的顺序结构解决了"共线性"问题,但这些改进在实际应用和操作过程中涉及很多技术细节,因此其使用受到局限。

三、国际可比 TFP 的测度理论

TFP 的变化包括在时间维度和空间维度的变化。TFP 在时间维度的变化是 TFP 增长率,在空间维度的变化就是国家或地区间的 TFP 水平差距。目前对 TFP 进行国际比较的研究一般集中在测算国际可比的 TFP 水平(Comparative TFP Level)上,这有助于研究国家间的生产率收敛问题等。

国际可比 TFP 水平的测量包括三部分:建立国际可比 TFP 水平的理论测量模型、构建国际可比的数据库,以及国际间 TFP 水平差异比较与经济学分析。测量模型与数据库的建设都是国际可比 TFP 水平测量的基础,但由于国际可比数据库的建设十分复杂,因此本部分略去对数据库建设的讲解,仅梳理国际可比 TFP 水平的理论测量模型的主要研究理论,帮助读者们了解国际可比 TFP 水平测量的理论发展。

在增长核算框架下,现有的国际可比 TFP 水平测算模型存在多种分类方式(见表 3-2),且相互交叉,由于这些模型都可以进行总量水平和行业水平上的 TFP 水平比较,因此具体选择时应根据数据的可获得情况与所研究的具体问题进行。

表 3-2 国际可比 TFP 水平测算模型的基本类型

分类标准	分类
根据产出的核算形式	以增加值为产出的测量模型
	以总产出为产出的测量模型

（续表）

分类标准	分类
根据 TFP 水平的衡量方式	超越对数生产函数模型
	超越对数价格函数模型
根据参与国的数量	多边比较模型
	双边比较模型

对国际可比 TFP 水平的测算分为计量经济学方法和指数方法两种。利用计量经济学方法，就是估计一个生产函数，然后把生产函数的参数估算出来，计算 TFP 的差距，这种方法现在比较常用。利用指数方法就是证明指数和某种微观的函数之间存在一定的对应关系，因此以指数的方法展开研究，经济学意义显而易见。林毅夫和任若恩（2007）指出，利用指数形式计算 TFP 是目前通用的 TFP 水平测算方法。

（一）双边比较模型

为了对两个国家间的 TFP 水平差距进行估计，Jorgenson and Nishimizu(1978)构建了双国超越对数生产函数，在国家层次上建立了国家间 TFP 水平差异测算模型。这个模型被 Caves et al.(1982)在理论上进行了证明，成为国际可比 TFP 水平差距测量的双边比较基准模型。从以上提到的三种分类来看，这个模型是基于超越对数生产函数，以增加值为产出，以物量形式表示的国家层次上的 TFP 水平差距双边比较模型。

后来，众多学者在此基础上进行了双边比较的扩展，扩展的方向包括三个：一是在行业层次上测算 TFP 水平差距。首先进行该项研究的是 Jorgenson et al.(1987a)，后来很多学者在行业层次上开展了实证研究，比如 Timmer(2000)、O'Mahony and Boer(2002)等。二是建立以总产出为产出的测量模型。首先开始这项扩展的仍然是 Jorgenson et al.(1987b)，他们把投入分为资本、劳动和中间投入等。Jorgenson and Kuroda(1991)进一步扩展了上述模型，把中间投入又分为能源投入和非能源投入，用以分析能源投入对国家间 TFP 水平差距的影响。这样，就形成了生产率国际比较的 KLEMS 方法（K 代表资本、L 代表劳动、E 代表能源投入、M 代表其他中间投入）。三是基于超越对数价格函数，建立以价格形式表示的 TFP 水平差距测量模型。Jorgenson and Kuroda(1991)首先使用超越对数价格函数建立 TFP 水平差距测量模型，后来，Lee and Tang(2000)等进一步完善了这个理论模型。

（二）多边比较模型

为了进行多个国家间的 TFP 水平差距的估计，Caves et al.(1982)将双边比较模型进行扩展，建立了多边比较理论模型。后来，Kuroda et al.(1996)、Harrigan(1997,1999)、Inklaar and Timmer(2007,2009)、Inklaar et al.(2007)等学者在上述模型基础上进行了相关的理论发展和实证研究。除 Kuroda et al.(1996)采用以价格形式表示的国际可比 TFP 水平测量模型外，其他人所采用的模型都是基于超越对数生产函数，以物量形式表示的相应模型。

这些模型设定最大的差别在于是以增加值为产出的模型,还是以总产出为产出的模型,属于后者的包括 Malley et al.(2003)、Inklaar and Timmer(2007,2009)、Inklaar et al.(2007)等。所有这些模型在处理多边比较模型时都设立了一个假想国作为参考国,这代替了双边比较中找一个现实国家作为参考国。这个假想国的产出和投入是所有比较国的加权平均值,具体定义参见 Kuroda et al.(1996)。该模型的其他地方都与双边比较类似,这里不再详细论述。

(三) 购买力平价

要对不同国家的 TFP 水平值进行比较不可避免地会遇到一个问题:生产函数中包括的产出和各种要素投入都是以本国货币表示的,由于不同国家的货币之间购买力水平不同,因此这样计算出的 TFP 无法直接进行比较,需要引入一个货币换算系数来平衡价格之间的购买力。国际经济学家一致认为购买力平价(PPP)是比较好的货币换算系数。

要将 PPP 引入 TFP 水平差异的测算需要解决两个问题:一是如何测算 PPP,二是如何将 PPP 指数引入 TFP 测量模型,这在双边比较模型和多边比较模型中各有不同。考虑到目前 TFP 国际比较研究中 KLEMS 的影响力最大,而 KLEMS 研究以双国生产函数方法模型为出发点,故本部分针对双边模型中 PPP 引入问题进行详述。

关于 PPP 如何测算的问题,需要提醒的是,产出 PPP 的测算方法与投入 PPP 的测算方法稍有不同。双边比较模型中,产出 PPP 的测算方法主要有两种:支出法和生产法。支出法是为开展 GDP 和人均 GDP 的国际比较(ICP 项目)而发展的方法,该方法从支出方的角度出发计算各国货币的 PPP(简记为 ICP-PPP),然后根据 PPP 计算出各国的 GDP 和人均 GDP 并进行比较。生产法为开展产出和生产率的国际比较(ICOP 项目)而发展的方法,该方法是从生产方的角度出发,建立在 GDP 行业分解的基础上。目前,ICOP 项目组在前期工作的基础上,已建立起欧盟 KLEMS 数据库,在全球 KLEMS 框架下进行 TFP 的国际比较。

针对投入方设计的 PPP 包括资本投入 PPP、劳动投入 PPP 和中间投入 PPP 等。中间投入 PPP 与产出 PPP 的测算方法一样,在测算结果上可以借鉴 ICP-PPP 或者 ICOP-PPP 的结果。资本投入和劳动投入实际上是生产要素的要素收入,在 KLEMS 框架下国内外学者提出和发展了多种针对资本投入和劳动投入的 PPP 测算方法。Shimpo(1989)在投入 PPP 模型中使用了相对 PPP,这是不同于 KLEMS 框架下的 PPP 的概念。

关于 TFP 水平差距测量模型与众多的 PPP 指数相匹配的问题,目前主要有如下四种方法:第一种是产出用总量水平上的 ICP-PPP 去换算,资本投入 PPP 用投资品 ICP-PPP 去换算,劳动投入 PPP 用劳动价格之比得到,它们采用的指数形式都是 Fisher 指数[Jorgenson and Nishimizu(1978)等];第二种是为体现行业差别,产出和中间投入用行业水平上的 ICP-PPP 去换算,资本投入 PPP 用分行业的投资品 ICP-PPP 去换算,劳动投入 PPP 用劳动价格之比得到,它们也采用 Fisher 指数形式(Kuroda et al.,1996);第三种是产出和中间投入使用行业水平上的 ICOP-PPP,资本投入 PPP 用分行业的投资品 ICP-PPP 去换算,劳动投入用工作小时数表示,它们也采用 Fisher 指数形式(Biesebroeck,2004);第四种是产出和中间投入使用行业水平上的 ICOP-PPP,资本投入和劳动投入 PPP 用要素价格之比得到,它们采用 Torngvist 指数形式(Motohashi,2007)。

第三节 技术创新与 TFP 的测度方法

一、技术创新的测度方法

对技术创新的测度主要分为两个方面:一是采集数据的方法,二是综合评价的方法。

研究数据的采集方法主要分为主体法、客体法和 LBIO 法。主体法是以企业为考察对象,不论企业是否考虑进行技术创新活动,均采用当面访谈或问卷的方式收集有关数据。该方法现被世界各国创新调查普遍使用,但也存在一定的局限性,例如难以报告企业全部创新活动的新颖性等。客体法是以创新本身为考察对象,对创新对象进行跟踪并采集有关的信息。该方法以单个的技术创新(包括产品创新和工艺创新等)作为分析单元,与主体法相比可以采集更多翔实、有用的信息,但是由于它需要对每一项创新进行调查,因此不仅会增加企业的负担,也会增加调查成本。LBIO 法又名以文献为基础的创新产出数据采集方法,主要从技术和行业期刊报道的单个创新案例中采集创新信息。该方法几乎不需要企业报告信息,但也仅限于对创新产品数据的收集,而且只能反映新的产出,很少反映创新过程,所以该方法一般只作为其他数据收集方法的辅助手段。

对企业技术创新进行综合评价的方法主要包括层次分析法(AHP 法)、数据包络分析法(DEA)、人工神经网络方法(BP 神经网络法)等。每种评价方法都有其各自的优缺点,在实际使用中应该根据具体情况,比如指标体系情况、确定权重和问题本身的已知条件等,对多种评价方法进行选择,也可以考虑将多种评价方法联合使用。

二、TFP 的参数测度方法

(一)索洛余值法

索洛余值法的基本思路是估量出总量生产函数后,从产出增长率中扣除资本和劳动力对产出的贡献,所得的"余值"就是技术进步对产出的贡献。在希克斯中性和规模报酬不变的假设下,技术进步率就等于 TFP,即索洛认为 TFP 的变动来源于技术进步。

Solow(1957)构建的总量生产函数为:

$$Y_t = A_t F(K_t, L_t) \tag{3.4}$$

其中,A_t 为满足希克斯中性和规模报酬不变的技术变动,Y_t 为产出,K_t 为投入的资本要素,L_t 为投入的劳动力要素,则 TFP 增长率用公式表示为:

$$\frac{\dot{A}_t}{A_t} = \frac{\dot{Y}_t}{Y_t} - \alpha \frac{\dot{K}_t}{K_t} - \beta \frac{\dot{L}_t}{L_t} \tag{3.5}$$

其中，$\alpha = \frac{\partial Y_t}{\partial K_t} \cdot \frac{K_t}{Y_t}$，定义为资本份额，$\beta = \frac{\partial Y_t}{\partial L_t} \cdot \frac{L_t}{Y_t}$，定义为劳动份额。

索洛余值法操作简单、内涵明确，十分适用于时间序列，但它也存在一些明显缺陷：索洛余值法假设市场是完全竞争的、技术进步是希克斯中性的且规模报酬不变的，这些严格的假设条件往往与现实情况不符；索洛余值法将柯布-道格拉斯生产函数所得的残差当作 TFP，将劳动力和资本均得到充分利用时所得的 TFP 仅解释为技术进步的影响，然而 TFP 不仅包括技术进步，还包括规模经济和效率的改善等因素；此外，索洛余值法也没有剔除测算误差对 TFP 的影响，因此会导致技术进步的高估。另外，索洛余值法仅能计算 TFP 的增长率，而无法直接计算 TFP。

（二）增长核算法

增长核算法是在索洛余值法的基础上形成和发展而来的，其基本思路与索洛余值法相似，但对投入要素进行了更细致的划分。增长核算法中设总量生产函数如下：

$$Y_t = A_t F(X_t) \tag{3.6}$$

其中，A_t 为满足希克斯中性和规模报酬不变的技术变动；Y_t 为产出；$X_t = (x_{1t}, x_{2t}, \cdots, x_{nt})$ 为投入要素，x_{nt} 为 t 期第 n 种投入要素，则 TFP 增长率可表示为：

$$\frac{\dot{A}_t}{A_t} = \frac{\dot{Y}_t}{Y_t} - \sum_{j=1}^{n} \varepsilon_j \frac{\dot{X}_{jt}}{X_{jt}} \tag{3.7}$$

其中，$\varepsilon_j = \frac{\partial Y_t}{\partial X_{j,t}} \cdot \frac{X_{j,t}}{Y_t}$，为各要素的投入份额。

由于增长核算法没有给出总量生产函数的具体形式，因此在实际应用中常采用柯布-道格拉斯生产函数、超越对数生产函数、CES 生产函数（即 VES 生产函数）等形式。采用增长核算法可以借助的计算机分析软件主要有 SAS、SPSS、TATA 和 Eviews 等。

从本质上讲，增长核算法和索洛余值法是相同的，但增长核算法通过对投入要素的细分使 TFP 增长率的一部分转化为投入要素的贡献，从而减少了对 TFP 增长率的高估。同时，该模型中可以使用的样本数据类型较多，时间序列数据、横截面数据和面板数据都可以使用。但是，该方法依然存在索洛余值法的一些缺陷，比如较强的行为假设和制度假设。

（三）随机前沿生产函数法

随机前沿生产函数法（Stochastic Frontier Analysis，SFA）属于生产前沿面法中的一种。生产前沿面法是指以具有投入或产出最优性质的生产函数来构造生产前沿面，通过生产过程的实际值与最优值的比较得出 TFP 的方法。生产前沿面法允许技术无效的存在，引进了技术无效率因子，一个生产单位如果位于生产前沿面之下，则其与生产前沿面之间的距离即为技术无效率。

根据构造生产前沿面方法的不同，生产前沿面法又可分为随机前沿生产函数法和确定性生产前沿模型法。随机前沿生产函数法属于参数法对 TFP 的估计,首先需要明确生产函数的形式,并进行计量回归,然后通过对生产余值的相关计算来获取 TFP 的变化率。确定性生产前沿模型法属于非参数法对 TFP 的估计,其代表是数据包络分析法(DEA)。

在随机前沿生产函数法中设总量生产函数为:

$$Y_{it} = f(X_{it}, t) e^{(v_{it} - u_{it})} \tag{3.8}$$

其中,i 表示第 i 个经济体,$i=1,2,\cdots;t$ 表示时期,$t=1,2,\cdots;X_{it}$、Y_{it} 分别表示第 i 个经济体在 t 时期的投入和产出向量;$f(X_{it},t)$ 为生产函数前沿面,为待估函数;v_{it} 服从 $N(0,\sigma_v^2)$ 分布,是一个双边误差项,用来捕捉生产单位无法直接控制的随机因素所带来的生产的随机变化,例如天气、自然灾害等;$u_{it} \geq 0$ 是一个单边误差项,表示生产的技术无效率的随机变量,其具体分布形态可以是零点截断型正态分布等,并定义技术效率 $TE_{it} = \exp(-u_{it})$。函数 $f(X_{it},t)$ 的参数和技术效率可以利用极大似然法估计得到,技术进步率则可通过对模型求时间 t 的偏导得到,具体的计算可以借助 Frontier 软件包实现。

对生产函数两边取对数,并对时间 t 求导,得:

$$\frac{\dot{Y}}{Y} = \frac{\partial \ln Y}{\partial t}$$

$$= \sum_j \frac{\partial \ln f(X,t)}{\partial \ln X_j} \cdot \frac{\dot{X}_j}{X_j} + \frac{\partial \ln f(X,t)}{\partial t} + \frac{\partial v}{\partial t} - \frac{\partial u}{\partial t}$$

$$= \left(\sum_j \varepsilon_j \cdot \frac{\dot{X}_j}{X_j} - \frac{\partial u}{\partial t} \right) + \frac{\partial \ln f(X,t)}{\partial t} + \frac{\partial v}{\partial t} \tag{3.9}$$

其中,$\varepsilon_j = \frac{\partial \ln f(X,t)}{\partial \ln X_j}$,是投入 j 的要素产出弹性,$\dot{X}_j$ 是投入 j 的增长量。

从(3.9)式可以看出产出的变化率被分解为三部分:第一部分表示由于投入变化而带来的产出的变化,其中由于 $v_{it} \sim N(0,\sigma_v^2)$,所以可以忽略 v_{it} 的作用;第二部分表示技术变化率,对应于生产前沿面的移动;第三部分表示时期 t 的技术效率变化率。由于 TFP 可以理解为产出变化中不能用投入变化来解释的部分,因此 TFP 的变化表现为后两项的和,用公式表示为:

$$\frac{d TFP}{TFP} = \frac{\partial \ln f(X,t)}{\partial t} + \frac{\partial v}{\partial t} \tag{3.10}$$

随机前沿生产函数法常将生产函数形式设定为超越对数生产函数,这种函数形式比柯布-道格拉斯函数更具灵活性,同时放松了规模报酬不变和技术中性的假定,允许劳动力和资本非充分利用的情况出现,并以技术效率来刻画实际生产状态与前沿面之间的差距,因此可将 TFP 分解为技术效率和技术进步两项。此外,随机前沿生产函数法还考虑了随机误差项对 TFP 的影响,所利用的面板数据比时间序列和横截面数据具有更高的自由度,从而能够在一定程度上提高模型估计的准确性和有效性。

三、TFP 的非参数测度方法

（一）指数法

TFP 指数是指一个生产单元（企业、行业、国家或地区）在一定时期内总产出和总投入之比。假设考察生产单元基期（s）和报告期（t），X 表示投入，Y 表示产出，则 TFP 指数用公式可以表示为：

$$\text{TFP}_{st} = \frac{Y_t/Y_s}{X_t/X_s} \tag{3.11}$$

从定义来看，TFP 增长是科技进步、技术效率和规模效率提高的综合体现，因而对 TFP 指数的度量必须转化为对总投入和总产出指数的计算。由于现实中的生产单元大都是多投入多产出的，因此需要使用综合指数来对 TFP 进行度量。目前使用的总量指数有 Laspeyres 指数、Passche 指数、Fisher 指数和 Tornqvist 指数。在 TFP 指数的计算中，主要采用的是 Tornqvist 指数。

Tornqvist 指数是在 Laspeyres 指数、Passche 指数和 Fisher 指数的基础上发展而来的，衡量的是个体数量指数的加权几何平均值，权重为基期和报告期价值额的简单算术平均值，即：

$$Q_{st}^{T} = \prod_{i=1}^{N} \left(\frac{q_{it}}{q_{is}}\right)^{\frac{\omega_{is}\omega_{it}}{2}} \tag{3.12}$$

其中，$\omega_{is} = \dfrac{p_{is}q_{is}}{\sum_{i=1}^{N} p_{is}q_{is}}$，是第 i 种物品在基期 s 的价值份额；$\omega_{it} = \dfrac{p_{it}q_{it}}{\sum_{i=1}^{N} p_{it}q_{it}}$，是第 i 种物品在报告期 t 的价值份额。

在实际计算中，为了方便，常把 Tornqvist 指数写成对数形式，用公式表示如下：

$$\ln Q_{st}^{T} = \sum_{i=1}^{N} \frac{\omega_{is}\omega_{it}}{2} \cdot (\ln q_{it} - \ln q_{is}) \tag{3.13}$$

对数形式下的 Tornqvist 指数，是对数形式的个体数量指数的加权平均值，是在度量总投入和总产出数量变化时最常用的指数公式。同样，Tornqvist 指数的计算也可依靠计算机来实现，目前可以利用的软件主要有 SHAZAM 经济计量软件包，除此之外，Excel、Lotus、TFPIP 也都可以计算 Tornqvist 指数。

指数法一般以价格为权重进行研究，所以在投入产出的数量和价格信息完备的情况下，它是最简单的方法，对于任意两个时期（企业、行业、国家或地区），只要有投入产出物品数量及相应的价格（或者价值份额），就可以计算它们之间生产率的变化，比较适宜于微观经济分析。但在应用指数法时，还有以下问题需要注意：一是指数法本质上属于非参数法、确定性方法，没有考虑随机因素对 TFP 的影响；二是指数法不能导出对 TFP 贡献份额的确切估计，Laspeyres 指数、Passche 指数、Fisher 指数、Tornqvist 指数也不能提供技术进步和技术效率等方面的更多信息；三是基于国内的一些客观原因，生产资料和产成品价格的历史数据不完全,有的甚至失真,这会影响到 TFP 的最终结果。

(二) 数据包络分析法

数据包络分析法(DEA)是生产前沿面法中确定性生产前沿模型法的代表。该方法由 Charnes et al.(1987)首次提出,是一种使用线性规划来评价效率的方法,特别适合于多投入多产出的边界生产函数的研究。

与随机前沿分析相比,DEA 最大的优点是它不需要假设任何具体函数形式或分布,仅通过线性规划的方法就可以得到生产前沿面,且对各种形式的投入产出都能适用。其基本思路是,把每一个被评价的经济体作为一个决策单元(DMU),通过对 DMU 投入产出指标进行综合分析评价,确定有效生产前沿面。再把非 DEA 的 DMU 影射到 DEA 有效的生产前沿面上,通过比较各 DMU"偏离"DEA 有效生产前沿面的程度来评价各 DMU 的相对效率。由于 DEA 具有这种优点,因此可以用于分析经济社会中 DMU 投入的"技术有效"和"规模有效"。但采用 DEA 也存在以下的局限性:一是把观测值到前沿面的偏差都当作无效率的结果,完全忽略了测度误差和其他噪声;二是 DEA 所得到的确定性前沿,仅仅由"最高"样本的线性组合得到,因此"最高"样本的水平直接影响到确定性前沿。三是 DEA 不能对一个孤立的国家或地区样本进行测算,而必须对面板数据或截面数据进行测算。

(三) Malmquist 指数法

Malmquist 指数法也是指数法中的一种,但计算该指数首先要确定生产前沿面,得到距离函数,再利用距离函数构造 TFP 指数,以此来衡量 TFP 的增长率。距离函数的计算可以通过随机前沿生产函数来完成,也可以通过 DEA 来完成,目前广泛使用的是 DEA,因此 Malmquist 指数法也被称为基于 DEA 的 Malmquist 指数法。可以使用 Malmquist 指数法的计算机辅助软件主要有 IDEAS、Frontier Analyst、WDEA 和 DEAP。

基于 DEA 的 Malmquist 指数的本质是线性规划问题。在规模报酬不变(CRS)的条件下要计算 Malmquist 指数,首先需要计算出四类产出导向距离函数:

$$
\begin{aligned}
&[D_0^t(y_t,x_t)]^{-1} = \max_{\varphi,\lambda} \varphi \\
&\text{s.t.} \quad -\varphi y_{it} + Q_t\lambda \geq 0; x_{it} - X_t\lambda \geq 0; \lambda \geq 0 \\
&[D_0^s(y_s,x_s)]^{-1} = \max_{\varphi,\lambda} \varphi \\
&\text{s.t.} \quad -\varphi y_{is} + Q_s\lambda \geq 0; x_{is} - X_s\lambda \geq 0; \lambda \geq 0 \\
&[D_0^t(y_s,x_s)]^{-1} = \max_{\varphi,\lambda} \varphi \\
&\text{s.t.} \quad -\varphi y_{is} + Q_t\lambda \geq 0; x_{is} - X_t\lambda \geq 0; \lambda \geq 0 \\
&[D_0^s(y_t,x_t)]^{-1} = \max_{\varphi,\lambda} \varphi \\
&\text{s.t.} \quad -\varphi y_{it} + Q_s\lambda \geq 0; x_{it} - X_s\lambda \geq 0; \lambda \geq 0
\end{aligned} \quad (3.14)
$$

假设 x 表示投入,y 表示意愿产出,则 s 期至 t 期的 Malmquist 指数可以表示为:

$$M_o^{s,t}(y_s,x_s,y_t,x_t) = \left[\frac{D_0^s(y_t,x_t)}{D_0^s(y_s,x_s)} \times \frac{D_0^t(y_t,x_t)}{D_0^t(y_s,x_s)}\right]^{\frac{1}{2}} \quad (3.15)$$

由此得到的 Malmquist 指数可以用来反映 s 期至 t 期生产单元(DMU)的 TFP 变化幅度,并可以分解为技术变动指数(TC)和技术效率变化指数(TEC):

$$M_o^{s,t}(y_s,x_s,y_t,x_t) = \underbrace{\frac{D_0^t(y_t,x_t)}{D_0^s(y_s,x_s)}}_{TEC} \cdot \underbrace{\left[\frac{D_0^s(y_s,x_s)}{D_0^t(y_s,x_s)} \cdot \frac{D_0^s(y_t,x_t)}{D_0^t(y_t,x_t)}\right]^{\frac{1}{2}}}_{TC} \quad (3.16)$$

若放弃规模报酬不变的假设,那么 Malmquist 指数可以进一步分解为技术变动指数(TC)、纯技术效率变化指数(PTEC)和规模效率变化指数(SEC)三部分。纯技术效率即规模报酬可变时产出与生产前沿面之间的距离,规模效率指规模报酬不变条件下生产前沿面与规模报酬可变条件下的生产前沿面之间的距离:

$$M_o^{s,t}(y_s,x_s,y_t,x_t) = \underbrace{\frac{D_v^t(y_t,x_t)}{D_v^s(y_s,x_s)}}_{PTEC} \cdot \underbrace{\left[\frac{D_v^s(y_s,x_s)}{D_v^t(y_s,x_s)} \cdot \frac{D_v^s(y_t,x_t)}{D_v^t(y_t,x_t)}\right]^{\frac{1}{2}}}_{TC}$$
$$\cdot \underbrace{\left[\frac{D_c^s(y_t,x_t)/D_v^s(y_t,x_t)}{D_c^s(y_s,x_s)/D_v^s(y_s,x_s)} \cdot \frac{D_c^t(y_t,x_t)/D_v^t(y_t,x_t)}{D_c^t(y_s,x_s)/D_v^t(y_s,x_s)}\right]^{\frac{1}{2}}}_{SEC} \quad (3.17)$$

其中,下角标 c 和 v 分别表示规模报酬不变(CRS)和规模报酬可变(VRS),$D_v^t(.)$ 为规模报酬可变条件下的产出导向函数(具体公式不再赘述)。由此,Malmquist TFP 的变化率(增长率)= 技术变动×纯技术效率变化×规模效率变化。其中,技术效率×规模效率=综合效率。

基于 DEA 的 Malmquist 指数法除了具有 DEA 的优点,还具有自身的优点:第一,它不需要有关投入产出的价格信息,在投入要素的数量和价格等信息不充分的条件下,其优越性尤为明显;第二,它不需要行为假设,减少了条件限制,使得研究具有更强的适应性;第三,Malmquist 指数已经被 Caves et al.(1982)证明在一定条件下优于 Tornqvist 指数和 Fisher 理想指数。因此,该方法目前被广泛使用。但它也有缺点,就是不能对一个独立的国家或地区样本进行测算,样本必须包含多个对象和指标。

四、国际可比 TFP 的测度方法

(一)超越对数双边生产函数和超越对数双边价格函数

首先定义如下变量:

Y_j 代表 j 行业的产出;

K_j、L_j、E_j、M_j 分别代表以物量形式表示的 j 行业资本投入、劳动力投入、能源投入和中间投入;

T 代表时间因素,表示技术进步等因素;

D 代表国家虚拟变量,对基国(用 u 表示)取值为 1,对比较国(用 x 表示)取值为 0;

$\ln X_j$ 代表 j 行业资本投入、劳动力投入、能源投入和中间投入的对数以及时间与国家虚拟变量的列向量;

q_j 代表 j 行业产出的价格;

$P_{K_j}, P_{L_j}, P_{E_j}, P_{M_j}$ 分别代表 j 行业资本投入、劳动力投入、能源投入和中间投入的价格;

$V_{K_j}, V_{L_j}, V_{E_j}, V_{M_j}$ 分别代表 j 行业资本投入、劳动力投入、能源投入和中间投入在 j 行业产出中的价值份额。

$\ln P_j$ 代表 j 行业资本投入、劳动力投入、能源投入和中间投入价格的对数以及时间与国家虚拟变量的列向量。

在 KLEMS 框架下,为了比较两国生产技术水平的不同,以超越对数生产函数作为分析起点,该生产函数中,产出是各种要素投入、一个虚拟变量以及时间因素的函数,其中虚拟变量对基国取 1,对比较国取 0。超越对数双边生产函数表示为:

$$\ln Y_j = \alpha_{0j} + \alpha'_j \ln X_j + \frac{1}{2}(\ln X_j)' B_j \ln X_j \tag{3.18}$$

其中,

$$\alpha_j \equiv (\alpha_{K_j}, \alpha_{L_j}, \alpha_{M_j}, \alpha_{T_j}, \alpha_{D_j})'$$
$$\ln X_j \equiv (\ln K_j, \ln L_j, \ln E_j, \ln M_j, T, D)'$$

$$\boldsymbol{B}_j = \begin{bmatrix} \beta_{KK_j} & \beta_{KL_j} & \beta_{KE_j} & \beta_{KM_j} & \beta_{KT_j} & \beta_{KT_j} \\ \beta_{KL_j} & \beta_{LL_j} & \beta_{LE_j} & \beta_{LM_j} & \beta_{LT_j} & \beta_{LD_j} \\ \beta_{LL_j} & \beta_{LE_j} & \beta_{EE_j} & \beta_{EM_j} & \beta_{ET_j} & \beta_{ED_j} \\ \beta_{KM_j} & \beta_{LM_j} & \beta_{EM_j} & \beta_{MM_j} & \beta_{MT_j} & \beta_{MD_j} \\ \beta_{KT_j} & \beta_{LT_j} & \beta_{ET_j} & \beta_{MT_j} & \beta_{TT_j} & \beta_{TD_j} \\ \beta_{KT_j} & \beta_{LD_j} & \beta_{ED_j} & \beta_{MD_j} & \beta_{TD_j} & \beta_{DD_j} \end{bmatrix} \tag{3.19}$$

定义投入的价值份额为:

$$v_{K_j} = \frac{p_{K_j} K_j}{q_j Y_j}, v_{L_j} = \frac{p_{L_j} L_j}{q_j Y_j}, v_{E_j} = \frac{p_{E_j} E_j}{q_j Y_j}, v_{M_j} = \frac{p_{M_j} M_j}{q_j Y_j} \tag{3.20}$$

假设产出和要素投入市场都是竞争市场,由生产者均衡理论得到,每种投入的价值份额等于产出对该种投入的弹性(Shephard 定理),则由(3.18)式可得:

$$v_{K_j} = \frac{\partial \ln Y_j}{\partial \ln K_j}(K_j, L_j, E_j, M_j, D, T)$$
$$= \alpha_{K_j} + \beta_{KK_j} \ln K_j + \beta_{KL_j} \ln L_j + \beta_{KE_j} \ln E_j + \beta_{KM_j} \ln M_j + \beta_{KT_j} T + \beta_{KD_j} D$$

$$v_{L_j} = \frac{\partial \ln Y_j}{\partial \ln L_j}(K_j, L_j, E_j, M_j, D, T)$$
$$= \alpha_{L_j} + \beta_{KL_j} \ln K_j + \beta_{LL_j} \ln L_j + \beta_{LE_j} \ln E_j + \beta_{LM_j} \ln M_j + \beta_{LT_j} T + \beta_{LD_j} D$$

$$v_{E_j} = \frac{\partial \ln Y_j}{\partial \ln E_j}(K_j, L_j, E_j, M_j, D, T)$$

$$= \alpha_{E_j} + \beta_{KE_j}\ln K_j + \beta_{LE_j}\ln L_j + \beta_{EE_j}\ln E_j + \beta_{EM_j}\ln M_j + \beta_{ET_j}T + \beta_{ED_j}D$$

$$v_{M_j} = \frac{\partial \ln Y_j}{\partial \ln M_j}(K_j, L_j, E_j, M_j, D, T)$$

$$= \alpha_{M_j} + \beta_{KM_j}\ln K_j + \beta_{LM_j}\ln L_j + \beta_{EM_j}\ln E_j + \beta_{MM_j}\ln M_j + \beta_{MT_j}T + \beta_{MD_j}D \tag{3.21}$$

再假设规模收益不变,即产出对各种投入的弹性之和等于1。所以,所有投入的价值份额之和也等于1。则由(3.21)式可得:

$$\alpha_{K_j} + \alpha_{L_j} + \alpha_{E_j} + \alpha_{M_j} = 1$$
$$\beta_{KK_j} + \beta_{KL_j} + \beta_{KE_j} + \beta_{KM_j} = 0$$
$$\beta_{KL_j} + \beta_{LL_j} + \beta_{LE_j} + \beta_{LM_j} = 0$$
$$\beta_{KE_j} + \beta_{LE_j} + \beta_{EE_j} + \beta_{EM_j} = 0$$
$$\beta_{KM_j} + \beta_{LM_j} + \beta_{EM_j} + \beta_{MM_j} = 0$$
$$\beta_{KT_j} + \beta_{LT_j} + \beta_{ET_j} + \beta_{MT_j} = 0$$
$$\beta_{KD_j} + \beta_{LD_j} + \beta_{ED_j} + \beta_{MD_j} = 0 \tag{3.22}$$

根据生产者行为理论,生产者的行为可通过对偶的价格函数来描述,它是用另外一个等价形式表示的部门生产模型。该超越对数价格函数由 Christensen et al.(1971,1973a)建立。超越对数双边价格函数中,产出的价格是各种要素投入价格、一个虚拟变量以及时间因素的函数,它可以表示为:

$$\ln q_j = \alpha_{0j} + \alpha'_j \ln p_j + \frac{1}{2}(\ln p_j)'B_j \ln p_j \tag{3.23}$$

其中,α'_j 和 B_j 同(3.18)式,$\ln p_j = (\ln p_{K_j}, \ln p_{L_j}, \ln p_{E_j}, \ln p_{M_j}, T, D)'$,投入的价值份额定义同(3.18)式。

假设产出和要素投入市场都是竞争市场,则由生产者均衡理论得到,每种投入的价值份额等于产出对该种投入的弹性。则由(3.23)式可得:

$$v_{K_j} = \frac{\partial \ln q_j}{\partial \ln p_{K_j}}(p_{K_j}, p_{L_j}, p_{E_j}, p_{M_j}, D, T)$$

$$= \alpha_{K_j} + \beta_{KK_j}\ln p_{K_j} + \beta_{KL_j}\ln p_{L_j} + \beta_{KE_j}\ln p_{E_j} + \beta_{KM_j}\ln p_{M_j} + \beta_{KT_j}T + \beta_{KD_j}D$$

$$v_{L_j} = \frac{\partial \ln q_j}{\partial \ln p_{L_j}}(p_{K_j}, p_{L_j}, p_{E_j}, p_{M_j}, D, T)$$

$$= \alpha_{L_j} + \beta_{KL_j}\ln p_{K_j} + \beta_{LL_j}\ln p_{L_j} + \beta_{LE_j}\ln p_{E_j} + \beta_{LM_j}\ln p_{M_j} + \beta_{LT_j}T + \beta_{LD_j}D$$

$$v_{E_j} = \frac{\partial \ln q_j}{\partial \ln p_{E_j}}(p_{K_j}, p_{L_j}, p_{E_j}, p_{M_j}, D, T)$$

$$= \alpha_{E_j} + \beta_{KE_j}\ln p_{K_j} + \beta_{LE_j}\ln p_{L_j} + \beta_{EE_j}\ln p_{E_j} + \beta_{EM_j}\ln p_{M_j} + \beta_{ET_j}T + \beta_{ED_j}D$$

$$v_{M_j} = \frac{\partial \ln q_j}{\partial \ln p_{M_j}}(p_{K_j}, p_{L_j}, p_{E_j}, p_{M_j}, D, T)$$

$$= \alpha_{M_j} + \beta_{KM_j}\ln p_{K_j} + \beta_{LM_j}\ln p_{L_j} + \beta_{EM_j}\ln p_{E_j} + \beta_{MM_j}\ln p_{M_j} + \beta_{MT_j}T + \beta_{MD_j}D \tag{3.24}$$

再假设规模收益不变,即产出对各种投入的弹性之和等于1,故所有投入的价值份额之和也等于1,则由(3.24)式可得与(3.22)式相同的结果。

(二) 以物量形式表示的 TFP 水平差异

为了进行国家间以物量形式表示的 TFP 差距估计,要应用超越对数生产函数方法,特别是使用较多的双国生产函数分析方法(Jorgenson and Nishiizu, 1978)。定义两国间 j 行业的 TFP 差距为在给定的资本投入、劳动力投入、能源投入和中间投入不变的条件下,某一时间点上产出对国家虚拟变量的增长率,即:

$$v_{D_j} = \frac{\partial \ln Y_j}{\partial D}(K_j, L_j, E_j, M_j, D, T)$$

$$= \alpha_{D_j} + \beta_{KD_j}\ln K_j + \beta_{LD_j}\ln L_j + \beta_{ED_j}\ln E_j + \beta_{MD_j}\ln M_j + \beta_{TD_j}T + \beta_{DD_j}D \tag{3.25}$$

根据 Diewert(1976) 二次逼近定理,由(3.18)式得比较国 X 与基国 U 的 j 行业产出在某一固定时间上的差距为:

$$\ln Y_j^x - \ln Y_j^u = \frac{1}{2}\left(\frac{\partial \ln Y_j^x}{\partial \ln K_j^x} + \frac{\partial \ln Y_j^u}{\partial \ln K_j^u}\right)(\ln K_j^x - \ln K_j^u) + \frac{1}{2}\left(\frac{\partial \ln Y_j^x}{\partial \ln L_j^x} + \frac{\partial \ln Y_j^u}{\partial \ln L_j^u}\right)(\ln L_j^x - \ln L_j^u)$$

$$+ \frac{1}{2}\left(\frac{\partial \ln Y_j^x}{\partial \ln E_j^x} + \frac{\partial \ln Y_j^u}{\partial \ln E_j^u}\right)(\ln E_j^x - \ln E_j^u) + \frac{1}{2}\left(\frac{\partial \ln Y_j^x}{\partial \ln M_j^x} + \frac{\partial \ln Y_j^u}{\partial \ln M_j^u}\right)(\ln M_j^x - \ln M_j^u)$$

$$+ \frac{1}{2}\left(\frac{\partial \ln Y_j^x}{\partial D_j^x} + \frac{\partial \ln Y_j^u}{\partial D_j^u}\right)(D_j^x - D_j^u) \tag{3.26}$$

由于 D 为国家虚拟变量,因此对比较国 $X, D=0$,对基国 $U, D=1$;又根据 TFP 的定义(3.25)式和(3.26)式,在某一固定时间上,两国 j 行业 TFP 水平的平均差距为:

$$\bar{v}_{D_j}^{x(u)} = \frac{1}{2}\left(\frac{\partial \ln Y_j^x}{\partial D_j^x} + \frac{\partial \ln Y_j^u}{\partial D_j^u}\right)$$

$$= -\left\{\ln Y_j^x - \ln Y_j^u - \left[\frac{1}{2}\left(\frac{\partial \ln Y_j^x}{\partial \ln K_j^x} + \frac{\partial \ln Y_j^u}{\partial \ln K_j^u}\right)(\ln K_j^x - \ln K_j^u) + \frac{1}{2}\left(\frac{\partial \ln Y_j^x}{\partial \ln L_j^x} + \frac{\partial \ln Y_j^u}{\partial \ln L_j^u}\right)(\ln L_j^x - \ln L_j^u)\right.\right.$$

$$\left.\left.+ \frac{1}{2}\left(\frac{\partial \ln Y_j^x}{\partial \ln E_j^x} + \frac{\partial \ln Y_j^u}{\partial \ln E_j^u}\right)(\ln E_j^x - \ln E_j^u) + \frac{1}{2}\left(\frac{\partial \ln Y_j^x}{\partial \ln M_j^x} + \frac{\partial \ln Y_j^u}{\partial \ln M_j^u}\right)(\ln M_j^x - \ln M_j^u)\right]\right\} \tag{3.27}$$

再由 Sherphard 定理和(3.21)式得:

$$\bar{v}_{D_j}^{x(u)} = -\left\{\ln Y_j^x - \ln Y_j^u + \left[\frac{1}{2}(v_{K_j}^x + v_{K_j}^u)(\ln K_j^x - \ln K_j^u)\right.\right.$$

$$+ \frac{1}{2}(v_{L_j}^x + v_{L_j}^u)(\ln L_j^x - \ln L_j^u) + \frac{1}{2}(v_{E_j}^x + v_{E_j}^u)(\ln E_j^x - \ln E_j^u)$$

$$\left.\left.+ \frac{1}{2}(v_{M_j}^x + v_{M_j}^u)(\ln M_j^x - \ln M_j^u)\right]\right\} \tag{3.28}$$

即对固定的时间点,两国 j 行业 TFP 水平的平均差距可表示为两国 j 行业产出的差距与两国 j 行业以各种投入平均份额为权重的各种投入差距和的差。

(三)以价格水平表示的 TFP 水平差异

为了进行国家间以价格形式表示的 TFP 差距估计,要应用超越对数价格函数。Jorgenson and Kuroda(1991)、Kuroda and Nomura(1999)发现使用超越对数价格函数去测算两国间的 TFP 差距更简单,并建立了测算 TFP 水平差异的相应的模型。定义两国间 j 行业的 TFP 差距为在给定的资本投入、劳动力投入、能源投入和中间投入价格不变的条件下,在给定的某一时间上产出价格对国家虚拟变量的增长率,即:

$$v_{D_j} = \frac{\partial \ln q_j}{\partial D}(p_{K_j}, p_{L_j}, p_{E_j}, p_{M_j}, D, T)$$

$$= \alpha_{D_j} + \beta_{KD_j}\ln p_{K_j} + \beta_{LD_j}\ln p_{L_j} + \beta_{ED_j}\ln p_{E_j} + \beta_{MD_j}\ln p_{M_j} + \beta_{TD_j}T + \beta_{DD_j}D \tag{3.29}$$

根据 Diewert(1976)二次逼近定理,由(3.23)式得比较国 X 与基国 U j 行业产出价格某一固定时间上的差距为:

$$\ln q_j^x - \ln q_j^u = \frac{1}{2}\left(\frac{\partial \ln q_j^x}{\partial \ln p_{K_j}^x} + \frac{\partial \ln q_j^u}{\partial \ln p_{K_j}^u}\right)(\ln p_{K_j}^x - \ln p_{K_j}^u)$$

$$+ \frac{1}{2}\left(\frac{\partial \ln q_j^x}{\partial \ln p_{L_j}^x} + \frac{\partial \ln q_j^u}{\partial \ln p_{L_j}^u}\right)(\ln p_{L_j}^x - \ln p_{L_j}^u) + \frac{1}{2}\left(\frac{\partial \ln q_j^x}{\partial \ln p_{E_j}^x} + \frac{\partial \ln q_j^u}{\partial \ln p_{E_j}^u}\right)(\ln p_{E_j}^x - \ln p_{E_j}^u)$$

$$+ \frac{1}{2}\left(\frac{\partial \ln q_j^x}{\partial \ln p_{M_j}^x} + \frac{\partial \ln q_j^u}{\partial \ln p_{M_j}^u}\right)(\ln p_{M_j}^x - \ln p_{M_j}^u) + \frac{1}{2}\left(\frac{\partial \ln q_j^x}{\partial D_j^x} + \frac{\partial \ln q_j^u}{\partial D_j^u}\right)(D_j^x - D_j^u) \tag{3.30}$$

即两国产品的相互价格差异,可以归因为要素价格的差异和 TFP 的差距。

由于 D 为国家虚拟变量,因此对比较国 $X, D=0$,对基国 $U, D=1$;又根据 TFP 的定义(3.29)式和(3.30)式,在某一固定时间上,两国 j 行业 TFP 水平的平均差距为:

$$\bar{v}_{D_j}^{x(u)} = \frac{1}{2}\left(\frac{\partial \ln q_j^x}{\partial D_j^x} + \frac{\partial \ln q_j^u}{\partial D_j^u}\right)$$

$$= -(\ln q_j^x - \ln q_j^x) + \left[\frac{1}{2}\left(\frac{\partial \ln q_j^x}{\partial \ln p_{K_j}^x} + \frac{\partial \ln q_j^u}{\partial \ln p_{K_j}^u}\right)(\ln p_{K_j}^x - \ln p_{K_j}^u) + \frac{1}{2}\left(\frac{\partial \ln q_j^x}{\partial \ln p_{L_j}^x} + \frac{\partial \ln q_j^u}{\partial \ln p_{L_j}^u}\right)(\ln p_{L_j}^x - \ln p_{L_j}^u)\right.$$

$$\left. + \frac{1}{2}\left(\frac{\partial \ln q_j^x}{\partial \ln p_{E_j}^x} + \frac{\partial \ln q_j^u}{\partial \ln p_{E_j}^u}\right)(\ln p_{E_j}^x - \ln p_{E_j}^u) + \frac{1}{2}\left(\frac{\partial \ln q_j^x}{\partial \ln p_{M_j}^x} + \frac{\partial \ln q_j^u}{\partial \ln p_{M_j}^u}\right)(\ln p_{M_j}^x - \ln p_{M_j}^u)\right] \tag{3.31}$$

再由 Sherphard 定理和(3.24)式得:

$$\bar{v}_{D_j}^{x(u)} = -(\ln q_j^x - \ln q_j^x) + \left[\frac{1}{2}(v_{K_j}^x + v_{K_j}^u)(\ln p_{K_j}^x - \ln p_{K_j}^u) + \frac{1}{2}(v_{L_j}^x + v_{L_j}^u)(\ln p_{L_j}^x - \ln p_{L_j}^u)\right.$$

$$\left. + \frac{1}{2}(v_{E_j}^x + v_{E_j}^x)(\ln p_{E_j}^x - \ln p_{E_j}^u) + \frac{1}{2}(v_{M_j}^x + v_{M_j}^x)(\ln p_{M_j}^x - \ln p_{M_j}^u)\right] \tag{3.32}$$

即对固定的时间点,两国 j 行业 TFP 水平的平均差距可表示为两国 j 行业产出的差距与两国 j 行业以各种投入平均份额为权重的各种投入差距和的差。

关于如何将 PPP 引入以物量形式表示的 TFP 水平差异和以价格形式表示的 TFP 水平差异的测算中,此处不再展开详述,详见任若恩等(2013)。

专题 3-1

中国技术创新和 TFP 的国际比较

本专题针对中国的技术创新进行 TFP 的国际比较,以样本对比分析为主,分为两部分:第一部分对样本中整体 TFP 和劳动生产率情况进行分析比较;第二部分以中国和日本为例进行对比,寻求经济体实现成功转型的关键。

借鉴袁富华等(2017)跨国(地区)比较的样本选择方式,本专题共选择四类样本:发达经济体样本(美国、法国、加拿大、德国、英国、意大利和澳大利亚)、拉美国家样本(巴西、哥伦比亚、墨西哥、委内瑞拉、阿根廷和智利)、东亚成功转型国家和地区样本(日本、韩国、中国香港和中国台湾),以及东亚其他国家和地区样本(中国内地、印度尼西亚、马来西亚、菲律宾和泰国),共 22 个国家和地区。该部分所用的数据来自联合国 PWT 9.0 数据库,所用的 TFP 为国民价格不变的 TFP(2011 = 1)。利用 GraphPad 和 Excel 对样本内国家和地区的 TFP 数据进行整理可以得到图 3-2 至图 3-6。

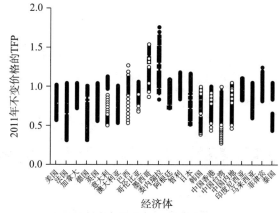

图 3-2 样本 TFP 总体概况

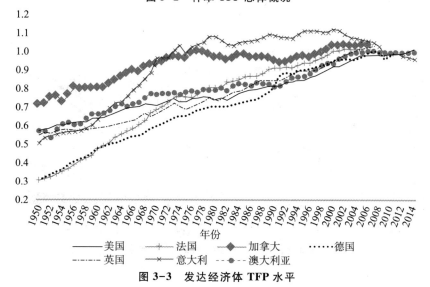

图 3-3 发达经济体 TFP 水平

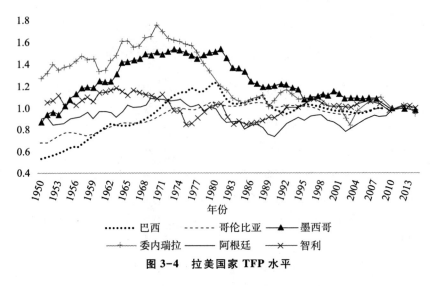

图 3-4 拉美国家 TFP 水平

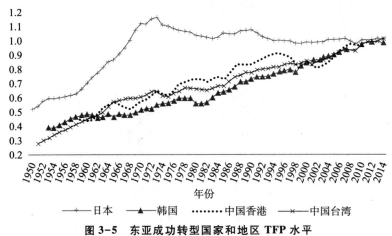

图 3-5 东亚成功转型国家和地区 TFP 水平

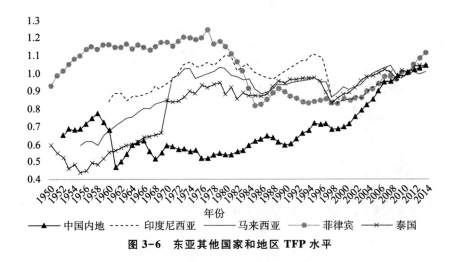

图 3-6 东亚其他国家和地区 TFP 水平

结合图3-2至图3-6可以看出,发达经济体TFP波动较小,总体呈上升趋势,在跨过高收入门槛后依然保持较高水平;拉美国家的TFP波动较大,虽然曾达到过非常高的水平,但随后发生回落,陷入"中等收入陷阱";东亚成功转型的国家和地区TFP水平的变化表现出与发达经济体相似的特征,即在跨过高收入门槛前总体呈稳定上升的趋势。与东亚其他国家和地区相比,中国内地的TFP水平明显较低,然而其他国家和地区的TFP水平虽然高于中国内地,但不存在稳定增长的趋势。由此可见,中国内地若想要避免落入"中等收入陷阱",实现经济的成功转型,一方面需要提高TFP,另一方面还要保持TFP的稳定增长。

接下来我们以中日对比为例,通过分析日本经济和中国经济运行的异同,寻求经济体实现成功转型的关键。目前中日TFP的对比研究,从研究层面上主要分为国家层面的对比和产业企业层面的对比两种,但国家层面的研究相对较少;从对比方式上主要分为同期对比和错期对比两种,但同期对比忽略了中日经济发展阶段的差异,所得结论存在一定的争议。因而本例立足于分析中日两国国家层面的TFP,通过错期对比,比较中日经济运行过程中可比经济时期的TFP,从而判断中国经济未来发展的可能趋势。

杨东亮(2011)对比中日两国实际产出的增长趋势发现,1990年以来中国经济的增长与日本1990年之前的经济增长呈现出高度相似性,通过构建状态空间模型测算出的这两段时间内中日TFP变化也十分相似,均表现出明显的上升趋势。

由图3-7可以看出,日本在经历了经济或高速或稳定的增长后,增长出现停滞,TFP也开始下滑。日本1994—2005年的低速增长阶段常被称为"失去的十年",这对与日本有着极高相似性的中国是一个警钟。杨东亮(2011)指出资本资产泡沫的破灭是20世纪90年代后萧条的主要原因。他认为在国家崛起的过程中,往往都伴随着严重的资产泡沫化倾向,只要处于可控的范围之内都是可以接受的,但在经济发展到一定阶段后,必须转变"东亚模式"主导的经济发展模式,特别是对出口的过度依赖和扶持,实现内需驱动的经济可持续发展。侯珺然和郭士信(2002)认为2000年之后日本TFP的上升得益于日本大力发展信息产业,进而推动了产业结构的升级。

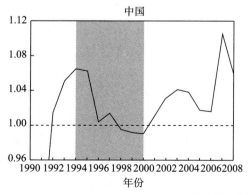 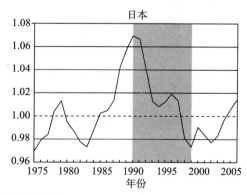

图3-7 中国与日本的TFP

仔细分析日本经济泡沫破灭之前经济的主要表现,会发现中国目前的经济特征与20世纪90年代的日本十分相似,与美国的贸易摩擦不断加剧、汇率增长压力逐渐增大、投资过盛、房价不断上涨等现象,都曾出现在90年代的日本。在如此高的相似性下,杨东亮(2011)指出中国未来的经济发展泡沫化是存在极大可能性的。因此,国家应该重视扩大内需,避免对出口的过度依赖,更加重视实体经济的发展,控制虚拟经济发展的规模和速度,同时更加重视人才,加强对科学技术的投入,鼓励技术创新,推动产业结构的进一步优化,以防止我国新时期经济泡沫的产生,推动经济的健康发展。

第四节 技术创新与 TFP 的影响因素

一、技术创新的影响因素分解

技术创新的影响因素一直以来都是学者们的研究重点,从已有的研究来看,其关注的中心仍然是传统意义上的一些因素,包括企业规模、市场竞争、所有制类型等。除此之外,技术溢出、政府支持、环境规制对技术创新的影响也是近年来研究的热点和重点。

(一)企业规模

我国是制造业大国,然而企业长期存在的制造成本较高、利润薄弱、创新能力不足等问题限制了制造业的发展,实施创新驱动发展战略成为提升企业竞争力、提高经济增长的效益和质量的必经之路。

关于企业规模与技术创新的关系大致有三种观点:第一种观点是大企业比小企业更具创新性,如 Schumpeter(1942)提出,大企业和市场垄断组织能够促进企业的技术创新。第二种观点刚好相反,认为在垄断性的市场结构中,大企业由于面临竞争压力,其反而缺乏创新的积极性。第三种观点是前两种观点的折中,认为企业规模与创新呈现"倒U"形关系,即随着企业规模的增大创新能力先增强后减弱。

(二)市场竞争

市场竞争是市场经济的基本特征。在市场经济条件下,企业从各自的利益出发,为取得较好的产销条件、获得更多的市场资源而竞争。通过竞争,可以实现企业的优胜劣汰,进而可以实现生产要素的优化配置。

自熊彼特提出创新理论以来,国内外大量学者从各种角度对影响创新的因素进行了研究。目前针对市场竞争与创新的关系,学界也大致存在三种观点:第一种观点是竞争与创新呈负相关关系,以熊彼特为首,他们认为垄断企业能够获取更多的利益,因而具有更高的创新动力。第二种观点以谢勒(Scherer)为首,他们认为垄断纵容了经理人的惰性,竞争的加剧促使经理人为企业利益考虑,减少惰性,增加技术创新。同时也有学者认为竞争的加剧迫使企业为了在竞争的环境下免于被淘汰,取得良好收益,从而不断进行技术研发和创新。第三种观点则介于两者之间,认为,一方面,适当的竞争确实能提高企业的创新性,但过度竞争会挫伤企业的积极性,起到相反的作用;另一方面,过度的垄断会让企业容易满足,减少对技术创新的投入。

（三）所有制类型

改革开放以来,为提高国有经济竞争力,放大国有资本能力,中央大力推动国有企业改革,国有企业经济效益也得到明显改善。然而现有的不少文献显示,在不同所有制类型的企业中,国有企业的生产效率最低(刘瑞明,2013)。吴延兵(2012b)使用1998—2003年我国省级层面工业行业数据的实证研究表明,在各类所有制企业中,国有企业不仅创新效率最低,而且其生产效率进一步遭受损失。但是有些学者得到截然相反的结论,聂辉华等(2008)使用中国工业企业数据库2001—2005年的数据,李春涛和宋敏(2010)使用世界银行2003年对中国18个城市1 483家制造业企业的调查数据,都发现国有企业更具创新性。对于国有企业与创新性的关系,目前还没有得到较为统一的结论。

（四）技术溢出

技术溢出最早是由麦克杜格尔(MacDougal,1960)在研究外商直接投资(FDI)的一般福利效益时提出的,是指技术创新活动创造的技术知识,跨过组织边界向外界传播所产生的正外部效应。通过技术溢出,技术创新活动的总收益得以增加。以跨国企业为例,跨国企业是世界先进技术的主要发明者和主要供应来源,跨国企业通过对外直接投资内部化实现其技术转移。这种技术转移行为给东道国带来外部经济。技术溢出效应包括购买国内技术、技术引进和FDI产生的技术溢出。购买国内技术和技术引进可以让企业直接获得成熟的创新成果,节省研发人力,缩短研发周期,从而快速接近"高技术",提升自身的技术创新水平。首先,外资企业在我国设立研发中心有利于带动我国企业实现技术创新;其次,外资企业通过提高产品技术含量抢占市场份额,迫使国内企业开展技术研发争取竞争优势,这间接促进了国内企业技术创新能力的提升。

（五）政府支持

之前论述到企业规模和市场竞争,它们都有一个相同的假设,即完全的市场,政府干预较弱。所有制结构虽然能够体现一些政府干预的色彩,但是这并非政府的直接干预。在实际经济活动中,企业的研发活动往往具有一定的外部性,企业无法完全掌握研发活动带来的收益,因此具有较高的成本和风险。基于此,政府的研发支持可以弥补企业研发的不足,降低企业的风险,提高企业的创新能力。同时,由于企业技术创新的溢出效应和存在的"搭便车行为",政府对研发企业和创新人员进行必要的补助,会鼓励企业和创新人员继续进行技术创新。但值得注意的是,当企业受到过度的官僚控制时,研发效率会受损下降(Scherer and Ross,1990)。白俊红等(2009)的研究结果也表明政府支持并不利于技术创新效率的提高,他们的解释为:政府介入企业投入的研发领域,将会增加企业研发资源的需求,提高研发成本,从而对企业产生挤出效应。

(六) 环境规制

随着环境污染的日益加重,资源被不合理地利用及浪费,环境资源问题逐渐成为制约经济可持续发展的重要因素。技术创新与环境的关系最早由马加特(Magat)指出,他认为在环境保护与企业经济效益间权衡时,技术创新是决定性因素。20世纪90年代,迈克尔·波特(Michael Porter)提出了著名的"波特假说",认为设置合理的环境规制政策,能够刺激企业进行技术创新,产生创新补偿作用,弥补甚至超过环境规制的成本,从而达到环境绩效和企业经济绩效同时改进的"双赢"状态。国内学者对此也有大量研究,并产生了不同结论,比如"环境促进论""环境抑制论"以及"不确定论"。其中李阳等(2014)基于价值链视角的两阶段分析,利用2004—2011年中国工业37个细分行业的面板数据,通过面板协整检验和误差修正模型,实证考察了环境规制对技术创新能力影响的异质性效应。研究发现环境规制对技术创新能力具有显著的长短期促进效应,但存在明显的行业异质性。

二、TFP 的影响因素分解

TFP的提高与经济增长密切相关。国内外学者对TFP的影响因素进行了大量研究,打破了原有单一资本和劳动力投入对经济增长贡献研究的束缚,将环境与能源等要素纳入投入要素中来,深入挖掘了TFP增长背后的原因。

(一) 对外开放

对外开放可以促进技术的转移和扩散,其对TFP的影响主要通过三个渠道。首先,根据李嘉图比较优势理论,一国经济体应该专业化生产其具有比较优势的产品并且出口,因此出口企业相对其他部门来说应该具有相对较高的生产率水平,对外开放程度的提高会增加一国的出口从而提高TFP的整体水平。其次,一国对外开放程度的提高将促进跨国企业对该国的投资,跨国企业一方面带来了先进技术和理念,另一方面也会派遣技术专家培训当地工作者,从而提高该国的生产效率。最后,进口产品或跨国企业进入国内市场会形成强烈的竞争效应,使国内企业产生危机感,从而努力提高自己产品的质量和生产率。

Coe and Helpman(1995)最早就贸易对一国TFP的影响进行了系统的研究,他们的研究发现贸易伙伴国的R&D投入有助于提高本国的TFP,其影响程度随着本国贸易开放度的提高而加强。Keller(2000)从工业行业层面进行的研究发现,国际贸易除了促进贸易双方生产率水平的提高,中间产品之间的贸易还提高了技术的扩散效应。陈继勇和盛杨怿(2008)利用中国29个省份1992—2006年的面板数据,采用面板变截距和变系数的计量方法检验了区域R&D投入、FDI的知识溢出对地区技术进步的影响,结果表明FDI渠道传递的外国R&D资本对技术进步的确能起到促进作用,但它与地区自身的经济、科技发展水平有着密切的关系。与前三位学者的研究结论相反,刘舜佳(2008)以中国1979—2006年27个省份的面板数据为样本,通过协整检验发现,虽然短期内FDI有助于TFP的提高,但国际贸易和 FDI 在长期却弱化了中国的 TFP,误差修正模型的结果还进一步显示了国际贸易、FDI 同 TFP 的下降形成了长期的因果关系。

(二) R&D 投入与人力资本

R&D 投入对 TFP 存在何种影响,国内外学者的研究并未得出一致结论。大多数学者认为 R&D 投入及其溢出效应对 TFP 具有正向促进作用。Coe and Helpman(1995)对 R&D 的技术溢出问题做了开创性研究,结果显示国内资本存量和贸易伙伴国资本存量都对 TFP 有显著影响。Xu and Wang(2000)研究发现资本商品贸易是国际技术扩散的重要渠道,资本商品贸易渠道的外国 R&D 溢出与一国的生产率具有显著正相关性。何玮(2003)利用中国大中型工业企业数据分析发现 R&D 投入对产出具有促进作用,滞后期为 3 年。吴延兵(2006)以中国四位数制造业的产业数据为样本,对 R&D 与生产率及其产业差异进行实证分析,结果表明 R&D 能显著促进制造业生产率的提升,其中高技术产业 R&D 的产出效应要强于非高科技产业。但是这些研究的不足之处在于注重国内资本、国际贸易和国际直接投资的知识溢出效应,没有考虑国外引进技术和消化吸收过程中的知识资本溢出效应。与 R&D 投入会提高 TFP 这一观点相对立,也有学者认为 R&D 的投入对 TFP 的影响并不显著,代表性的有李小平(2007)、袁天天等(2012)等的研究,此处不再赘述。

人力资本作为 R&D 投入影响 TFP 的关键因素,也受到大量学者的关注。Foster and Rosenzweig(1995)、Bartel and Lichtenberg(1987)、Romer(1990)等学者认为人力资本对 TFP 存在正影响。其中 Romer(1990)认为人力资本尤其是从事研发的人力资本促进技术进步;Benhabib and Spiegel(1994)认为是人力资本水平而非其增长率推动 TFP 增长。国内学者的研究中有代表性的有:赖勇明和袁媛(2005)利用误差修正模型研究发现人力资本对 TFP 增长具有推动作用;岳书敬(2006)对人力资本和 TFP 的两个因素——技术进步和技术效率的关系分别进行研究,发现人力资本和技术进步的关系不显著,但和技术效率的关系显著。但颜鹏飞和王兵(2004)则认为人力资本对 TFP 具有负面作用。

(三) 劳动力转移

近年来,我国城镇化、工业化步伐日益加快,"民工潮"使大量农村劳动力向城镇和工业部门转移。劳动力转移是劳动力由农业部门向非农业部门的转移,是已投入资源的重新配置,大量的农村劳动力转移降低了城镇的用工成本,刺激了工业和城镇的发展。尹向飞(2011)研究发现农村劳动力转移有利于 TFP 的提升。马轶群(2014)将劳动力转移能力分为转出能力与吸收能力,认为劳动力的持续转出会使农业部门劳动力边际产量大于零,从而导致农业生产部门的生产率降低。高薪酬非农业部门会吸引农业部门高技术劳动力,从而提升非农业部门的生产率。但是总的来说,劳动力的转移能力对 TFP 是有促进作用的。徐艳飞和刘再起(2015)研究发现,劳动力转移可以显著提高综合技术效率,但对技术进步有直接的负面效应,从而会影响到 TFP。

第五节　技术创新与 TFP 对国民经济的影响

一、技术创新与 TFP 对宏观经济的影响

在宏观层面，TFP 常与经济增长、增加就业率、提高人均收入、抑制通货膨胀、改善人民生活水平、提高资源利用效率等相联系。

经济增长的源泉有两个：一是投入要素数量的增长；二是投入要素利用效率的提高，也就是生产率的提高。对于发展中国家而言，由于存在技术和资本存量上的差距，经济增长尚可以依靠要素的投入来实现；但对于发达经济体而言，长期资本积累形成的资本存量已经十分庞大，资本增速较慢，经济增长必须靠生产率的提高来实现。

经济发展同样离不开创新的支撑与带动。技术创新带来的技术进步是一个连续不断的过程，不仅能够优化资源配置，还能提高各要素的生产效率，促进生产达到帕累托最优，从而促进经济增长。从科学可持续发展观视角看，一味依靠要素投入取得的经济增长是不可持续的，关键还得依靠创新。因此，一个国家要想获得可持续经济增长，就必须依靠科技创新、人力资本、技术进步及制度供给等 TFP 的提高。

学界论及的生产率通常指的是劳动生产率和 TFP。劳动生产率直接决定国民收入和福利水平，且与 TFP 密切相关。从某种意义上讲，正是经济学家对如何持续提高劳动生产率的探索，才发现了 TFP 这一劳动生产率增长的重要源泉。劳动生产率的增长率取决于劳均资本增长率和 TFP 增长率两部分，提高劳动生产率增长率可以通过提高劳均资本增长率和提高 TFP 增长率两个途径实现。劳均资本的增长依赖于资本深化的速度，依然会遇到边际资本产出递减的问题，因而经济增长最终要依赖于 TFP 的提高。TFP 是劳动生产率增长的持久动力。

认识我国经济发展的新常态，就是要认识到继续依靠资本和劳动要素投入推动经济增长的方式，已经也必须成为过去式，提高 TFP 是新常态下可持续发展的增长动力。如果不能把经济增长转到 TFP 驱动的轨道上来，很容易出现经济减速乃至停滞从而落入"中等收入陷阱"。

2015 年我国提出供给侧结构性改革，其核心是生产效率改革，就是转变经济发展动力，通过改革提升创新动力从而提高制度、技术、金融与创新等 TFP，促进经济可持续发展。2017 年"提高全要素生产率"首次出现在党的十九大报告中，报告所提出的推动"质量变革、动力变革和效率变革"三大变革的目的也是提高 TFP。TFP 的提高将带动劳动生产率的提高，从而促进经济增长，使得就业机会增加，收入水平上升，以及加大人民对繁荣程度提高的希望。

二、技术创新与 TFP 对产业经济的影响

TFP 作为技术进步、技术效率、规模效应的加总，体现经济增长的总体质量。但是，

从行业分解的角度看，一个经济体生产率的提高，一方面源于经济中各个部门的生产率提升，另一方面则源于生产要素在各部门之间流动所带来的配置效率提升。

经济学家很早就注意到，经济增长的过程伴随生产要素的流动以及产业结构的变化。技术创新引起的技术进步造成部门间要素生产率的不同，资源从生产率较低的部门流向生产率较高的部门，完成了资源的重新配置，提高了投入要素的平均质量，也就提高了TFP，进而促进了经济增长。例如著名的克拉克定律提出"劳动力会随着经济的发展而流动，从农业转到制造业，又从制造业转到服务业"，这种劳动力从生产率较低的农业部门向生产率较高的非农业部门的流动，就可以提高TFP。

同时，对产业结构的升级，不能仅理解为生产要素在各产业间的简单流动，而是要致力于让生产要素流向更稀缺的产业。即使不考虑技术创新等其他因素，在相同的要素投入下，由于投入要素边际报酬递减的规律，生产要素向更稀缺产业的流动依然可以实现TFP的增长。

目前我国经济正处在深刻转型的过程中，经济发展已经由高速增长阶段转向高质量发展阶段，必将伴随着产业结构的重大变化，从资源配置效率的视角看待经济增长和技术创新问题对我国现阶段相关政策的制定有非常重要的现实意义。供给侧改革就是要充分发挥我国经济的创新潜力，既要重视各个行业的内部创新和技术提升，也要加快以创新驱动产业结构转型升级，实现从现有低技术低附加值低效率发展模式向高技术高附加值高效率发展模式升级，这样才能全面提高TFP，激发经济可持续发展的能力。

为实现这个目标，政府在经济转型初期制定了方方面面的产业政策，比如，制定新兴产业目录、扶持高新技术产业等，希望由政府引导实现产业升级和结构转型。但资源总是有限的，这种试图通过不断加大投入实现产业技术进步的方式是难以持续的，经济效率也很可能会越来越低。供给侧改革下的产业升级要求政府简政放权，在关注市场失灵的同时，充分调动市场的作用，政府通过营造良好的市场竞争环境，让资源能够在企业间、产业间、区域间自由流动，让市场在资源配置中发挥决定性作用。

这种由于资源配置效率改善带来的整体生产率水平的提高，对于我国现阶段的经济结构转型是至关重要的。对TFP的追求将促进产业专业化和市场化水平的进一步提高，也将使得生产要素的空间分布更加合理。

三、技术创新与TFP对企业的影响

经济发展新常态下，我国企业存在自主创新能力不足、产品供需脱节、资本投资效率低下等问题。推动供给侧改革，就是要告别传统的经济发展方式，调整过去的产业结构，赢得新的经济增长动力，在这个过程中必然会出现熊彼特所说的"创造性破坏"。创造性破坏既有创造又有破坏，二者缺一不可，否则就不能实现调结构、转方式的目标。

我国目前仍存在各种各样的制度性障碍，既阻碍新成长企业的进入，也使一些没有效率的企业受到了制度性的保护，使其不需要退出甚至难以退出，形成"僵尸企业"。新企业难以进入，受保护的企业无须退出，却大量占据其他企业的资源，导致企业层面与行业层面一样存在资源错配问题,且资源错配的形成与企业所有制形式紧密相连。有大量的研究比较了民营企业与国有企业的资源占用情况和资源利用效率,发现国有企业的TFP水平要低于民营企业,却占用了超过其效率所对应的巨大的社会资源。在资源流动过程中资源并没有从生产率低的国有企业向生产率高的民营企业流动,反而是大量的资本形成在国有企业内完成。国有企业的资本深化,一定程度上会对民营企业产生挤出效应。要实现中国经济的转型升级,必须要对国有企业进行市场化改革。

2014年以来,新一轮国有企业改革拉开序幕,改革的核心是通过创新和机制改革,全面提升TFP水平。创新是企业发展的源泉,但大多数国有企业在技术创新上表现得相当保守。基于对TFP的追求,国有企业加强同第三方的合作,借助第三方的力量进行技术创新,有助于提高技术的研发和利用效率,推动国有企业健全科技创新机制。比如,可建立混合所有制的研发机构,或者聘请相关行业的专家从事科技攻关和专项研究,也可以搭建创新平台促进科研成果的产业转化,加快推进产学研一体化。这种合作形式有助于资源共享,分散风险,促进TFP的提高。

对TFP的追求,一方面会推进国有企业改革市场化,另一方面也会促进民营企业的发展。改革开放四十多年来,民营企业已然成为国家科技创新的主战场。民营高新技术企业集聚了创新的机制、技术、人才、管理经验和实验条件等方面的优势,重视科技创新,不断提升核心竞争力,形成更多自主创新的知识产权和核心技术,并将前瞻性的高科技技术广泛应用于社会经济。民营企业的进一步发展将切实解决民营企业发展中的困难,充分释放民营企业的发展活力,在创新驱动下打造更加充满活力的产业链,实现经济的高质量发展。

对TFP的追求还需要政府提供良好的制度条件和政策环境,继续完善研发部门的管理制度,完善产权保护制度以增加科研成果激励,完善科研经费制度以提高科研经费使用效率,完善人才奖励政策以激发创新活力。

专题 3-2

技术创新与 TFP 对区域经济发展的影响——以重庆市为例

《中国区域创新能力监测报告 2016—2017》和《中国区域科技创新评价报告 2016—2017》显示,十八大以来全国区域创新能力显著增强,中西部的湖北省、陕西省和重庆市等发展强劲,成为我国区域创新发展的新亮点。本专题以重庆市为例,分析技术创新与TFP对区域经济发展的影响。

重庆市作为西部地区特大型的工商业城市,经过几十年的建设,已经形成了较为完善的现代工业体系。统计过去十年内重庆市的GDP增长率并与全国平均水平进行对比,发现在中国经济转型的关键时期,重庆市的经济依旧保持高速增长的态势,持续保持高于全国平均水平4个百分点及以上的水平(见图3-8)。文传浩等(2015)认为实现重庆市经济高速增长的原因除了尚未耗尽的要素红利,更为重要的是重庆市较早实施了创新驱动战略。重庆市技术创新与TFP对经济增长的影响,以及如何将重庆市成功的经验推广至全国,是值得研究的重要课题。这部分所用的数据来源于国家统计局数据库,并经过相应的计算。

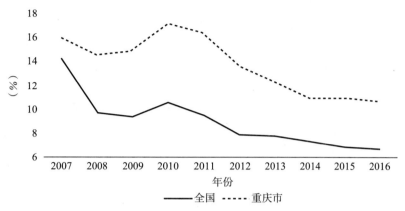

图3-8　全国和重庆市的平均GDP增长率

为了研究技术创新对重庆市经济的影响,文传浩等(2015)选择"技术创新人才""技术创新投入"和"技术创新成果"三项指标来衡量重庆市的技术创新程度,并利用误差修正模型和协整检验对劳动力、资本及技术创新在经济短期与长期发展中的贡献进行估计。回归结果显示虽然资本和劳动力增长仍是重庆市经济增长的主要驱动力量,但长期内技术创新的影响越来越显著。这可能是由于技术创新效应的完全发挥有一个滞后期,随着时间的推移,技术创新对生产力的促进作用会更多地表现出来,尤其是可以直接服务于企业的"技术创新人才"和"技术创新投入",对重庆市经济增长的影响较为明显,"技术创新成果"可能受制于技术成果产业化的转化时滞以及市场的需求,对重庆市经济增长的影响有限。

为了研究技术创新过程中TFP的变化及其对重庆市经济的贡献,翟欧和雷良海(2018)运用DEA-Malmquist指数法,基于重庆市三次产业1997—2015年的面板数据对TFP进行了测算和分解,结果显示重庆市TFP的提高主要集中于技术进步层面,但TFP对经济增长的贡献度波动较大,说明重庆市经济的高速增长很大程度上并不依赖于TFP,主要还是依赖要素投入(见图3-9和图3-10)。

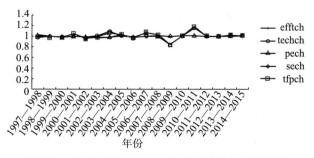

图3-9　重庆市Malmquist生产率指数与分解情况

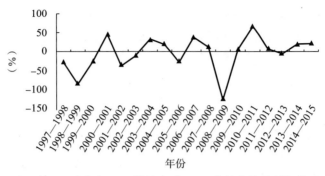

图 3-10 重庆市 TFP 增长率对 GDP 增长率的贡献程度

技术创新带动了重庆市经济的增长,但 TFP 对重庆市经济的贡献却有待提高,这说明技术创新对重庆市经济的促进作用可能存在其他途径。分析重庆市产业结构的变化可以发现,从 2007—2016 年三次产业增加值增长率的角度来看(见图 3-11),第一产业增速最低且不断下降,第二产业增速虽然下降,但基于重庆市雄厚的工业基础,其仍保持在较高水平上,而第三产业增速相对稳定,后几年紧步跟进,出现了与第二产业齐头并进的局面。这说明重庆市第一产业的比重明显下降,第二、第三产业并重发展。技术创新通过产业升级的途径促进了重庆市产业结构的高级化,从而促进了重庆市经济的发展。

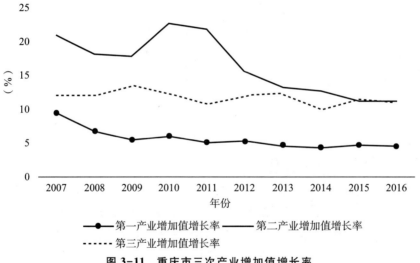

图 3-11 重庆市三次产业增加值增长率

因此,为了增强重庆市技术创新对经济增长的促进作用,加快重庆市经济增长动力由要素驱动向创新驱动的转变,一方面要继续加大各行业的技术创新,实现要素产出效率的提高,从而提高 TFP 及其对经济发展的贡献率;另一方面要持续推动创新资源向重点领域聚集,发挥产业结构优化对经济发展的积极作用,集中有限的创新资源,着力支持支柱产业和战略性新兴产业的技术进步,保证经济的持续稳定发展。

本章总结

技术创新通过 TFP 推动经济增长,已经成为我国经济增长方式转变的关键。本章着眼于这一问题,重点讨论了技术创新和 TFP 的测度理论及方法、TFP 的影响因素及对国民经济的影响等内容,并辅以我国相关的案例分析,力图向读者介绍一个相对完整的知识体系。

本章第一节对技术创新和 TFP 的概念进行了阐述和定义,并对技术进步与技术创新间的区别和联系以及技术创新对 TFP 提高的传导机制进行了分析。

第二节和第三节主要介绍了技术创新与 TFP 测度理论的演变和具体的测度方法。关于技术创新的测度理论主要从建立创新指标体系和技术创新调查两个方面进行研究,研究数据采集主要通过主体法、客体法和 LBIO 法三种方法进行。TFP 测度理论可以分为宏观层面、行业层面和企业层面三个层面,相应的测度方法可以分为参数方法和非参数方法两个类别,其中,参数方法需要假设具体的生产函数形式,包括索洛余值法、增长核算法、随机前沿生产函数法(SFA)等;非参数方法不需要假设具体的生产函数形式,灵活度更高,也与现实经济更加匹配,包括指数法、Malmquist 指数法、数据包络分析法(DEA)等。非参数的生产率指数法是当前国际上生产率研究领域的新方法,是 DEA 模型在 TFP 模型中的应用,一般也要与 Malmquist 指数相结合。若要比较不同国家间的 TFP 水平,则需要测度国际可比 TFP。在增长核算框架下,按照参与国的多少,国际可比 TFP 可以分为双边比较模型和多边比较模型,按照 TFP 水平是用物量形式还是用价格形式,国际可比 TFP 可以分为超越对数生产函数模型与超越对数价格函数模型,并选择购买力平价(PPP)作为货币换算系数平衡不同国家货币间的购买力。最后,通过我国 TFP 水平与不同类型经济体 TFP 水平的对比,尤其是与日本的对比,寻求经济体实现成功转型的关键。

第四节主要介绍了技术创新与 TFP 的影响因素。技术创新能力的高低主要与宏观经济制度层面的市场竞争、所有制类型、政府支持、环境规制以及企业层面的企业规模相关,TFP 的高低也是主要与宏观经济制度层面的对外开放、劳动力转移以及企业层面的人力资本、R&D 投入相关。同时,以知识资本对企业 TFP 的影响为例,运用 TFP 模型对不同区域知识资本的创新效应进行了案例分析。

第五节主要从宏观、行业和企业三个层面介绍了技术创新与 TFP 对国民经济的影响,并以重庆市为例,分析了技术创新与 TFP 对区域经济发展的作用。我国目前正在推行的供给侧结构性改革、国有企业改革以及经济转型过程中制定的种种产业政策,都将为企业发展营造一个更加良性的市场环境,促进产业专业化和市场化水平的进一步提高,提高 TFP,从而促进经济增长。

核心概念与术语

技术创新	Technological Innovation
全要素生产率	Total Factor Productivity,TFP
奥斯陆手册	OSLO Manual
索洛余值法	Solow Residual/Solow Remainder
增长核算法	Growth Accounting
随机前沿生产函数	Stochastic Frontier Analysis,SFA
数据包络分析	Data Envelopment Analysis,DEA
超越对数生产函数	Translog Production Function
购买力平价	Purchasing Power Parity,PPP
技术溢出	Technology Spillover
环境规制	Environment Regulation

复习思考题

1. 技术创新是否会影响 TFP？如果会，主要是通过何种方式产生影响？请结合第一节的相关内容，对技术创新与 TFP 之间的关系进行思考和分析。

2. TFP 的国际比较是目前的研究热点，试讨论如何通过 PPP 将不同国家的 TFP 水平进行匹配，通过阅读文献思考除了 PPP 是否还存在其他的货币换算系数。

3. TFP 的测度方法有很多，试通过比较不同方法间的异同与优劣，思考不同测度方法的适用范围，以及如何根据自己的选题选择恰当的测度方法。

4. 结合第五节的案例分析，试选一个角度，对我国技术创新与 TFP 的影响因素及影响进行深入分析，并提出政策建议（建议以小组的形式协作完成）。

主要参考文献

[1] 白俊红,江可申,李婧.应用随机前沿模型评测中国区域研发创新效率[J].管理世界, 2009(10):51—61.

[2] 陈继勇,盛杨怿.外商直接投资的知识溢出与中国区域经济增长[J].经济研究,2008(12): 39—49.

[3] 陈诗一.能源消耗、二氧化碳排放与中国工业的可持续发展[J].经济研究,2009(4): 43—57.

[4] 范剑勇,冯猛,李方文.产业集聚与企业全要素生产率[J].世界经济,2014(5):51—73.

[5] 范剑勇,石灵云.产业外部性、企业竞争环境与劳动生产率[J].管理世界,2009(8): 65—72.

[6] 傅家骥.创新经济学[M].北京:清华大学出版社,1998.
[7] 何玮.我国大中型工业企业研究与开发费用支出对产出的影响——1990—2000年大中型工业企业数据的实证分析[J].经济科学,2003(3):5—11.
[8] 侯珺然,郭士信.从全要素生产率的国际比较看日本的产业竞争力[J].日本学刊,2002(2):77—84.
[9] 赖明勇,袁嫒.R&D、国际技术外溢及人力资本:一个经验研究[J].科学管理,2005,7(26):62—67.
[10] 李春涛,宋敏.中国制造业企业的创新活动:所有制和CEO激励的作用[J].经济研究,2010(5):55—67.
[11] 李小平,朱钟棣.国际贸易、R&D溢出和生产率增长[J].经济研究,2006(2):31—43.
[12] 李小平.自主R&D、技术引进和生产率增长——对中国分行业大中型工业企业的实证研究[J].数量经济技术经济研究,2007(7):15—24.
[13] 李阳,党兴华,韩先锋,等.环境规制对技术创新长短期影响的异质性效应——基于价值链视角的两阶段分析[J].科学学研究,2014(6):937—949.
[14] 林毅夫,任若恩.东亚经济增长模式相关争论的再探讨[J].经济研究,2007(8):6—14+59.
[15] 刘瑞明.中国的国有企业效率:一个文献综述[J].世界经济,2013(11):136—160.
[16] 刘舜佳.国际贸易、FDI和中国全要素生产率下降——基于1952—2006年面板数据的DEA和协整检验[J].数量经济技术经济研究,2008(11):28—55.
[17] 刘兴凯,张诚.中国服务业全要素生产率增长及其收敛分析[J].数量经济技术经济研究,2010(03):56—68+96.
[18] 马轶群.中国劳动力转移能力对全要素生产率的影响效应分析(2002~2011)[J].云南财经大学学报,2014(5):31—39.
[19] 聂辉华,谭松涛,王宇锋.创新、企业规模和市场竞争:基于中国企业层面的面板数据分析[J].世界经济,2008(7):57—66.
[20] 全炯振.中国农业全要素生产率增长的实证分析:1978~2007年——基于随机前沿分析(SFA)方法[J].中国农村经济,2009(9):38—49.
[21] 任若恩,孙琳琳.我国行业层次的TFP估计:1981—2000[J].经济学(季刊),2009(3):925—950.
[22] 任若恩,岳希明,郑海涛.中国全要素生产率的行业分析与国际比较[D].北京:科学出版社,2013.
[23] 文传浩,黄磊,兰秀娟,等.技术创新对重庆市经济增长的影响实证研究[J].西部论坛,2015(6):70—76.
[24] 吴延兵.R&D与生产率——基于中国制造业的实证研究[J].经济研究,2006(11):60—70.
[25] 吴延兵.中国哪种所有制类型企业最具有创新性?[J].世界经济,2012(6):3—27.

[26] 熊彼特.资本主义、社会主义与民主[M].北京:商务印书馆,1999.

[27] 徐艳飞,刘再起.对外贸易、劳动力转移与全要素生产率增长[J].云南财经大学学报,2015(1):74—82.

[28] 颜鹏飞,王兵.技术效率、技术进步与生产率增长:基于DEA的实证分析[J].经济研究,2004(12):55—65.

[29] 杨东亮.中日全要素生产率测算与比较[J].现代日本经济,2011(4):28—35.

[30] 尹向飞.中国乡村劳动力转移、资本存量与全要素生产率之间格兰杰因果关系的研究[J].西北人口,2011,4(32):53—57.

[31] 袁富华,张平,楠玉,等.全要素生产率提升与供给侧结构性改革[M].北京:中国科学社会出版社,2017.

[32] 袁天天,石奇,刘玉飞.环境约束下的中国制造业全要素生产率及其影响因素研究——基于经济转型期的经验研究[J].武汉理工大学学报(社会科学版),2012,12(25):860—861.

[33] 岳书敬.区域经济增长中人力资本与全要素生产率研究[D].西安,西安交通大学,2006.

[34] 翟欧,雷良海.全要素生产率视角下的重庆经济增长方式考察——基于重庆三次产业19年面板数据的实证[J].中国林业经济,2018(2):111—114.

[35] 张豪,张一弛,张建华.中国行业间全要素生产率的溢出效应与增长源泉——基于10大行业的经验研究[J].华东经济管理,2017,31(4):89—96.

[36] 张卉,詹宇波,周凯.集聚、多样性和地区经济增长:来自中国制造业的实证研究[J].世界经济文汇,2007(3):16—29.

[37] Ackerberg D., K. Caves, and G. Frazer. Structural identification of production functions [J]. MPRA Paper, 2006, 88(453): 411-425.

[38] Arellano M., and S. Bond. Some tests of specification for panel data: Montecarlo evidence and an application to employment equations[J]. The Review of Economic Studies, 1991, 58(2): 277-297.

[39] Banker R. D., A. Charnes, and W. W. Cooper. Some models for estimating technical and scale inefficiencies in data envelopment analysis[J]. Management Science, 1984, 30(9): 1 078-1 092.

[40] Bartel A. P. and F. R. Lichtenberg. The comparative advantage of educated workers in implementing new technology[J]. Review of Economics and Statistics, 1987, 69, 1-11.

[41] Benhabib, and M. M. Spiegel The role of human capital in economic development: Evidence from aggregate cross-country data[J]. Journal of Monetary Economics, 1994, 34(2):143-173.

[42] Bernad A. B., and C. I. Jones. Technology and convergence[J]. Economic Journal, 1996, 106(437): 1 037-1 044.

[43] Beverly J. Berger. Technology transfer in a time of transition[M]. From Lab to Market. Springer US, 1994.

[44] Blundell R., and S. Bond. GMM estimation with persistent panel data: An application to production functions[J]. Econometric Reviews, 2000, 19(3): 321-340.

[45] Caves Douglas W., R. Christensen Laurits, and W. E. Diewert. Multilateral comparisons of output, input, and productivity using superlative index numbers[J]. Economic Journal, 1982, 92(365): 73-86.

[46] Charnes A., W. W. Cooper, and E. Rhodes. Measuring the efficiency of decision making units[J]. European Journal of Operational Research, 1978, 2(6): 429-444.

[47] Coe D., and E. Helpman. International R&D spillovers[J]. European Economic Review, 1995(39): 859-887.

[48] Coelli D. S., D. Rao, and E. George Battese. An introduction to efficiency and productivity analysis[M]. Boston/Dordrench/London: Kluwer Academic Publishers, 1998.

[49] Dennis A., C. A. Knox Lovell, and P. Schmidt. Formulation and estimation of stochastic frontier production function models[J]. Journal of Econometrics, 1977, 6(1): 21-37.

[50] Diewert W. E. Exact and superlative index numbers[J]. Journal of Econometrics, 1976, 4(2): 115-145.

[51] Douglas W. Caves, L. R. Christensen and W. E. Diewert. The economic theory of index numbers and the measurement of input, output, and productivity[J]. Econometrica, 1982, 50(6): 1393-1414.

[52] Foster A. D., and R. Mark. Rosenzweig. Learning by doing and learning from Others: Haman capital and techrical change in agriculture[J]. Journal of Political Economy, 1995, 103(6): 1176-1209.

[53] Frank C. Lee, and J. M. Tang. Productivity levels and international competitiveness between Canadian and U. S. industries[J]. The American Economic Review, 2000, 90(2): 176-179.

[54] Freeman C. The economics industrial innovation[M]. New York: The MIT Press, 1992.

[55] Harrigan James. Estimation of cross-country differences in industry production functions[J]. Journal of International Economics, 1999, 47(2): 267-293.

[56] Harrigan James. Technology, factor supplies, and international specialization: Estimating the neoclassical model[J]. American Economic Review, 1997, 87(4): 475-494.

[57] Inklaar R., and M. P. Timmer. Productivity convergence across industries and countries: The importance of theory-based measurement[J]. Macroeconomic Dynamics, 2009, 13(S2): 218-240.

[58] Inklaar R., M. P. Timmer, and Van Ark B. Mind the gap! International comparisons of productivity in services and goods production[J]. German Economic Review, 2007,

8(2): 281-307.

[59] Jorgenson D., F. Gollop, and B. Fraumeni. Productivity and U. S. economic growth[J]. Economic Journal, 1987b, 100(399): 274.

[60] Jorgenson D. W., and M. Kuroda. Productivity and international competitiveness in Japan and the United States, 1960-1985[M]. Productivity growth in Japan and the United States. University of Chicago Press, 1991: 29-57.

[61] Jorgenson D. W., M. Kuroda, and M. Nishimizu. Japan-U. S. industrylevel productivity comparisons, 1969-1979[J]. Journal of The Japanese & International Economies, 1987a, 1(1): 1-30.

[62] Jorgenson D. W. and M.Nishimizu. U. S. and Japanese economic growth, 1952-1974: An international comparision[J]. Economic Journal, 1978, 88, 707-726.

[63] Kazushige Shimpo. Translogbilateral price index numbers and purchasing power parity: The methodology of the comparison of productivity levels[A]. Keio University, mimeo, 1989.

[64] Keller Wolfgang. Do trade patterns and technology flows affect productivity growth? [J]. The World Bank Economic Review, 2000, 14(1): 17-47.

[65] Kline S. J., and N. Rosenberg. An overview of innovation. In: Lomdau R., and N. Rosenberg, Eds., The Positive Sum Strategy, Harnessing Technology for Economic Growth[M]. National Academy Press, 1986.

[66] Kuroda M., and K. Nomura. Productivity Comparison and international competitiveness [D]. Keio University mimeograph, 1999.

[67] Landau R., and N. Rosenberg, Engineering N. A. O. The positive sum strategy, harnessing technology for economic growth[J]. Economics, 1986: 630.

[68] Laurits R. Christensen, Dale W. Jorgenson, and Lawrence J. Lau. Conjugate duality and the transcendental logarithmic production function[J]. Econometrica, 1971, 39.

[69] Laurits R. Christensen, Dale W. Jorgenson, and Lawrence J. Lau. Transcendental logarithmic production frontiers[J]. Review of Economics & Statistics, 1973.

[70] Leonard Barton D., and D. K. Sinha. Developer-user interaction and user satisfaction in internal technology transfer[M]. Managing Knowledge Assets, Creativity and Innovation. 1993.

[71] Levinsohn J., and A. Petrin. Estimating production functions using inputs to control for unobservables[J]. Review of Economic Studies, 2003, 70(2): 317-341.

[72] Lichtenberg F. R., and B. Van Pottelsberghe. Internatinal R&D spillovers: A re-examination[J]. European Economic Review, 1998, 428, 1483-1491.

[73] MacDougall. The impact of foreign investment on host countries: A review of the empirical evidence[R]. Copy of the World Bank Policy Research Working Paper, 1960. 17-25.

[74] Mansfield. The economics of technological change[M]. New York: W. W. Norton Company, 1971.

[75] Masshiro K., and Koji Nomura. Productivity and international competitiveness[D]. Keio University, mimeograph, 1999.

[76] Meeusen W., and J. van den Broeck. Efficiency estimation from Cobb-Douglas production function with composed error[J]. International Economic Review, 1977: 435-444.

[77] Motohashi Kazuyuki. Firm-Level analysis of information network use and productivity in Japan[J]. Journal of The Japanese and International Economics, 2007, 21(1): 121-137.

[78] Mueser R. Identifying technical innovations[J]. IEEE TEM, 1985, (32): 158-176.

[79] OECD. Transition economes forum on enterpreneurship and enterprise development policy guidelines and recommendations[D]. Paris: OECD, 2001.

[80] Olley S., and A. Pakes. The Dynamics of productivity in the telecommunications equipment industry[J]. Econometrica, 1996, 64.

[81] O'Mahony M., de Boer W. Britain's relative productivity performance: Updates to 1999. Final report to DTI/Treasury/ONS[J]. National Institute of Economic and Social Research, 2002.

[82] Romer P. M. Endogenous technological change[J]. Journal of Political Economy, 1990, 98: 71-102.

[83] Scherer F. M. and D. Ross, Industrial market structure and economic performance (3rded).[M]. Boston: Houghton Mifflin, 1990.

[84] Schumpeter J.A.Capitalism,Socialism and Democracy[M].Unwin,1942.

[85] Solow R. M. Technical change and the aggregate production function[J]. Review of Economics and Stats, 1957, 39(3),312-320.

[86] Timmer M. P., and A. Szirmai. Productivity growth in Asian manufacturing: The structural bonus hypothesis examined[J]. Structural Change And Economic Dynamics, 2000, 11(4): 371-392.

[87] Van Biesebroeck J. Cross-country conversion factors for sectoral productivity comparisons[R]. National Bureau of Economic Research, 2004.

[88] Xu B., and J. Wang. Trade, FDI, and international technology diffusion[J]. Journal of Economic Integration, 2000, 15 (4), 585-601.

其他参考材料：

TFP 研究方法述评,http://www.drc.gov.cn/xscg/20121208/182-473-2873299.htm

TFP 的变化趋势及对经济增长的贡献, http://finance.sina.com.cn/money/bank/bank_hydt/2016-10-17/doc-ifxwvpaq1507093.shtml

TFP 下降是我国经济增速放缓的主要原因,http://www.sic.gov.cn/News/611/9775.htm

中国 TFP 的测算及分解,http://www.sic.gov.cn/News/455/6841.htm

第四章

投资与宏观经济及产能过剩

> 世界上的资本,就像是在劳动大众手中的一个大工具——人类用以征服和改造自然的武器。
>
> ——约翰·贝茨·克拉克

> 积累资本的节约,即唯一创造新财富的节约,如果不能作为任何有利的投资来运用,就并非永远是一件好事。
>
> ——西斯蒙第

> 有技巧的投资应当以战胜隐藏在我们的未来中的时间黑恶势力和愚昧无知为社会目标。
>
> ——约翰·梅纳德·凯恩斯

本章对投资与国民经济运行的相关问题展开分析,主要分为四个部分:第一节首先明确几个与投资相关的重要概念,包括投资、固定资产投资以及固定资本形成,着重分析我国的固定资产投资与固定资本形成之间的差异性及其背后的经济现象。其次,在对投资概念有了基本的认识后,通过学习新古典投资模型以及托宾 q 理论,了解投资有哪些决定因素。第二节介绍宏观经济学中经典的经济波动和经济增长模型,从理论上认识投资与长期经济增长以及短期经济波动之间的关系。在此基础上,第三节以理论为依据,对我国经济中有关投资的典型问题展开分析,包括我国的高投资率之谜、"活—乱"循环经济周期、金融抑制与投资效率等问题。第四节介绍我国国民经济目前面临的重点问题——产能过剩,分别对产能过剩的测度方法、典型事实、产生原因进行介绍,并提出化解产能过剩的措施。

第一节　投资的基本理论

一、基本概念

在日常用语中,投资常指购买金融或物质资产。例如,当某人购买股票、债券或非自用住宅时,我们就称其从事投资活动。与此同时,投资也作为一个重要的组成部分出现在国民经济核算中。不同语境下的投资是否存在差异?在学习投资与国民经济运行的相关知识之前,我们首先要明确投资的概念。第一部分提出投资的定义,并与我们日常所说的投资做出明确区分。

此外,当我们试图利用我国的数据对感兴趣的投资问题进行分析时,会发现这样两个看似差不多的概念:固定资本形成与全社会固定资产投资。二者有何不同?哪个指标更好地衡量了投资构成中的固定投资部分?本节第二部分将对这两个概念做出明确定义,并比较二者的异同。通过对这两个指标进行对比分析,我们还将发现蕴藏在简单数字背后有趣的经济现象。

(一) 投资的定义[①]

投资是指对资本品的购买或建造。资本品包括住宅和非住宅建筑、设备和生产中使用的软件以及增加的库存。投资包括两个部分:一部分是在新资本品上的支出,叫作固定投资。另一部分是公司持有存货的增加,叫作存货投资。固定投资又可细分为以下两个部分:①企业固定投资,指企业对建筑(如厂房、仓库及办公楼等)、设备(如机器、运输工具、计算机及家具等)和软件的支出;②住宅投资,指建造新住宅和公寓的支出。

投资这一概念容易产生混淆,曼昆(2006)[②]提出,混淆的产生是因为对个人看来像投资的东西对整个经济来说并不是投资。一般规则是经济的投资并不包括仅仅在不同个人之间重新配置资产的购买。当宏观经济学家使用投资这个词时,它是指新资本的创造。凯恩斯在《就业、利息与货币通论》(*The General Theory of Employment, Interest and Money*)一书中指出:"投资是对现有真实资本财产的一种增加物,即为建筑新的厂房,新的办公楼,交通工具和其他财产的增加等。"萨缪尔森在《经济学》(*Economics*)中也说道:"对于经济学者而言,投资的意义总是实际的资本形成——增加存货的生产,或新工厂、房屋和工具的生产。只有当物质资本形成生产时,才有投资。"

从上述定义可以看出,经济学家对于投资的解释着重于其"实质",即"真实资本"的增加。而对于已发行的证券在流通市场内转手买卖的行为,只是投资凭证所有权的

[①] 本章对投资的定义参考:〔美〕格里高利·曼昆.宏观经济学[M].第6版.张帆,杨祜宁,岳珊译.北京:中国人民大学出版社,2009,第455页。

[②] 同上书,第26页。

相互转移,并不造成真实资本的增加,不属于投资范畴。我们通过两个事例来比较二者的不同:

(1) A 在深圳证券交易所从 B 那里购买了 500 万元的公司股票。

(2) 某公司向公众售出 1 000 万元的股票,并用收入建了一个新的汽车厂。

在这里,投资是 1 000 万元。在第一个交易中,A 投资于公司股票,而对于 B 来说是负投资;对于整个经济来说并没有投资。相反,某公司用经济中一部分产品和服务的产出来增加自己的资本存量,因此,它的新工厂算作投资。

(二) 投资与消费的关系

仅从一期来看,提高投资水平以牺牲消费为代价,二者此消彼长。想要增加投资,就必须增加储蓄,而在总收入一定的情况下,增加储蓄势必要通过削减当期消费来实现。因此,如果我们只关注一期,消费与投资之间相互对立,更高的投资水平要以牺牲当期效用为代价。

然而,从较长时期来看,更高的投资将提高未来的消费水平。从家庭层面来看,某时点每个家庭都会进行跨期选择,会将一部分收入用于消费,另一部分收入用于储蓄。储蓄是为了增加未来的资产,从而能够在未来获得更高的消费。家庭在当期消费和当期储蓄之间的权衡,实质上正是在当期消费和未来消费之间的选择。从国家层面来看亦是如此,生产部门通过投资来弥补资本折旧并扩大生产,本期的投资将转化为生产能力,提高未来的产出水平,从而提高未来的消费水平。减少当期效用将使得未来效用增加,即提高消费是增加当前效应,而提高投资是增加未来效用。

我国的宏观数据可以直观地体现这一关系。图 4-1 通过对比我国投资、消费与 GDP 三者的增长率可以发现,三者趋势一致,且呈现出投资增长在前、经济增长在中、消费增长在后的先后顺序,这一特征在 1979—2000 年尤其明显。数据佐证了上文中对于投资与消费关系的探讨,经济增长由投资拉动,并反映在下一期的消费中。

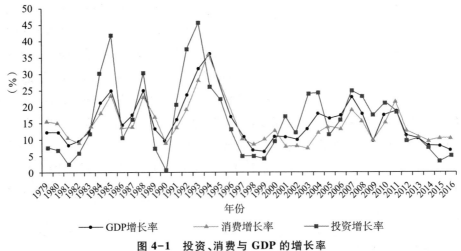

图 4-1　投资、消费与 GDP 的增长率

资料来源:国家统计局。

（三）固定资本形成总额[①]

固定资本形成总额指常住单位在一定时期内获得的固定资产减去处置的固定资产的价值总额。固定资产是指通过生产活动生产出来的，且其使用年限在一年以上、单位价值在规定标准以上的资产，不包括自然资产。固定资本形成总额可分为有形固定资本形成总额和无形固定资本形成总额。有形固定资本形成总额包括一定时期内完成的建筑工程、安装工程和设备工具购置（减处置）价值，以及土地改良，新增役、种、奶、毛、娱乐用牲畜和新增经济林木价值。无形固定资本形成总额包括矿藏的勘探、计算机软件等获得减处置。

（四）全社会固定资产投资

全社会固定资产投资是以货币形式表现的在一定时期内全社会建造和购置固定资产的工作量以及与此有关的费用的总称。该指标是反映固定资产投资规模、结构和发展速度的综合性指标，又是观察工程进度和考核投资效果的重要依据。全社会固定资产投资按登记注册类型可分为国有、集体、联营、股份制、私营和个体、港澳台商、外商、其他等。

（五）固定资产投资和固定资本形成的差异性

固定资产投资和固定资本形成是两个不同的指标。固定资本形成是指支出法GDP核算中的固定资本形成总额，固定资产投资是指固定资产投资统计中的全社会固定资产投资额。两者之间的主要差别可以概括为以下几个方面：

（1）全社会固定资产投资额包括土地购置费、旧建筑物购置费和旧设备购置费；固定资本形成总额则不包括这些费用，随着用地成本的增加，土地费用占投资的比重呈现逐步提高的趋势。

（2）全社会固定资产投资额只包括计划总投资500万元以上项目的投资，不包括500万元以下项目的投资，不包括固定资产的零星购置；固定资本形成总额既包括计划总投资500万元以上项目的投资，也包括计划总投资500万元以下项目的投资，还包括固定资产的零星购置。

（3）全社会固定资产投资额不包括商品房销售增值、新产品试制增加的固定资产以及未经过正式立项的土地改良支出；固定资本形成总额包括这些价值。

（4）全社会固定资产投资额只包括有形固定资产的增加，固定资本形成总额既包括有形固定资产的增加，也包括矿藏勘探、计算机软件等无形固定资产的增加。

专题4–1

我国固定资产投资的特征事实

以上学习使我们对固定资本形成与固定资产投资的概念有了初步的认识，本专题利用数据描绘有关我国固定资本形成与固定资产投资的特征事实。通过将二者的基本概

---

① 对固定资本形成及全社会固定资产投资的概念参考国家统计局指标解释。

念与数据中反映出的信息相结合,探究数据背后所反映出的经济现象。

从图 4-2 容易看出,在 2002 年以前,固定资产投资与固定资本形成总额基本相同,约占 GDP 的 32.5%。而在 2002 年之后,二者出现明显差距。固定资产投资超过固定资本形成,且这一差距在逐年扩大。截至 2016 年,固定资本形成总额为 318 083 亿元,占当年 GDP 的比重为 42.6%,15 年间上升约 10 个百分点;而固定资产投资总额达到 606 465 亿元,占当年 GDP 的比重已超过 80%,15 年间上升近 50 个百分点。图 4-3 将 1998—2016 年间 GDP、固定资本形成和全社会固定资产投资三者的增长率进行对比发现,固定资本形成增长率和全社会固定资产投资增长率与 GDP 增长率变动趋势基本一致,其中固定资产投资波动略滞后于 GDP 约一年。观测期内 GDP 平均增长率为 12.6%,全社会固定资产投资增长率与固定资本形成平均增长率分别为 18.5% 和 14.4%。

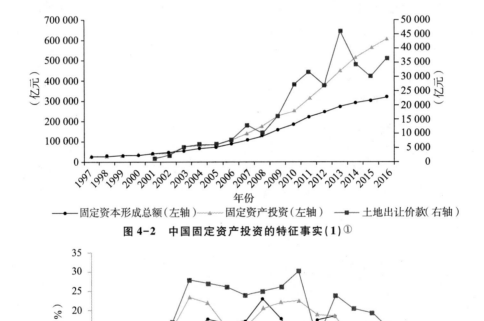

图 4-2 中国固定资产投资的特征事实(1)①

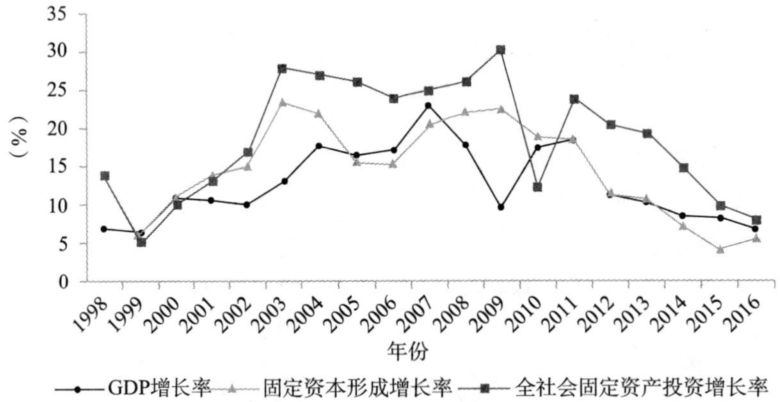

图 4-3 中国固定资产投资的特征事实(2)

与固定资本形成相比,固定资产投资指标核算中不包括 500 万元以下项目的投资,也不包括商品房销售增值、新产品试制增加的固定资产、未经过正式立项的土地改良支

---

① 固定资本形成总额与固定资产投资总额来自历年中国统计年鉴,土地出让价款来自 CEIC 数据库。

出,以及一系列无形固定资产。虽然核算口径相对较窄,但近年来固定资产投资额却远超过固定资本形成,这一差距背后的推动力必然来自全社会固定资产投资中土地购置、旧建筑物购置和旧设备购置费的攀升。这一现象说明我国目前很大一部分投资并非真正意义上的投资,而是旧有土地、房地产的买卖。

图4-2与图4-4中的数据印证了这一推测。利用土地出让价款度量固定资产投资中的土地购置成本,结合图4-2可看出,土地出让价款的变动与固定资产投资和固定资本形成之间的差距呈现出一致性。2004年以前,土地出让价款较低且增长平缓,这一时期固定资产投资与固定资本形成之间的差距很小。而2005年以后,土地出让金迅速攀升,2016年土地出让金达到36 503亿元,为2005年的6倍之多。与此同时,固定资产投资与固定资本形成之间的差距也明显拉大。2005—2016年间,土地出让金平均占据固定资产投资与固定资本形成之间差距的近30%。图4-4对土地购置价格增长率、商品房平均销售价格增长率、固定资产投资价格增长率以及居民消费价格增长率四个指标进行对比,发现其增长率同样在2002年后出现明显分化。土地购置价格增长率与商品房平均销售价格增长率呈现数值高且波动幅度大的特征,2001—2016年间土地购置价格增长率平均为21.4%,商品房平均销售价格增长率为8.4%,远高于固定资产投资价格增长率。以上数据表明近年来土地购置、旧建筑物购置和旧设备购置费的攀升确实是造成固定资产投资和固定资本形成分化的主要原因。

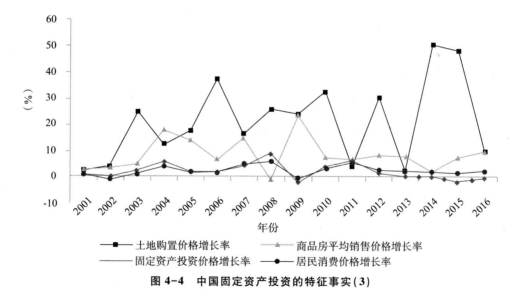

图4-4　中国固定资产投资的特征事实(3)

资料来源:国家统计局。①

根据投资的定义我们知道,土地、旧建筑物和旧设备不属于本年度新创造价值,因此这类交易并不属于经济学所指的投资。大量研究表明,高涨的地价与房价使得企业不得

---

① 各增长率数值均根据国家统计局数据计算得出。

不将大部分资金用于购买土地和建筑物,从而挤占设备升级与技术研发方面的投入,不利于企业生产效率的提高和产业升级。高地价、高房价背后的原因是什么,这一现象又会对中国经济造成怎样的长期影响,是值得我们进一步深入思考的问题。

二、投资的决定因素

通过以上的学习,我们明确了经济学中投资的概念,对什么是经济学意义上的投资有了一定的认识。那么,个体的投资行为究竟受到哪些因素的影响? 了解投资的决定因素,能够帮助企业和政府对未来投资做出更好的预测,有助于政府采取及时恰当的政策引导经济的平稳运行和健康发展。接下来我们进入宏观经济学中有关投资决定经典理论的学习,包括基本的新古典投资模型和目前应用较为广泛的托宾 q 理论。该部分的学习不仅有助于我们加深对投资的理解,更能够为我们后续分析中国现实经济中的投资行为打下基础。

(一) 新古典投资模型[①]

新古典投资模型以考察企业拥有资本品的收益与成本为基本思路,分析企业投资行为与资本边际产量、利率以及影响企业的税收政策的关系。

一方面,额外 1 单位资本的收益就是资本的边际产量,记为 MPK。另一方面,资本成本构成相对复杂,每个时期内企业承担三种成本:利息、资本价格变动以及折旧。①当企业打算购买或租用 1 单位资本时,它必须为贷款支付利息。如果 P_k 是 1 单位资本的购买价格,i 是名义利率,那么 iP_k 就是利息成本。即使企业没有借贷,这种利息成本也仍然存在。因为企业用于购买 1 单位资本而损失了将这笔资金存入银行获取利息的机会。因此,两种情况下利息成本都是 iP_k。②资本在使用中会发生损耗,称为折旧。如果每个时期由于磨损和消耗损失的价值的比例为 δ,那么折旧成本可记为 δP_k。③企业在持有资本期间,资本价格会发生变动。如果资本价格下降,企业就会有损失,因为企业资产的价值下降了。如果资本价格上升,企业就会有收益,因为企业资产的价值上升了。这种损失或收益的成本是 $-\Delta P_k$。

因此,一个时期内企业需要负担的 1 单位资本的总成本为:

$$资本成本 = iP_k - \Delta P_k + \delta P_k$$

$$= P_k \left(i - \frac{\Delta P_k}{P_k} + \delta \right) \quad (4.1)$$

为将表述简化,假设资本品的价格变动与其他产品一致,即 $\frac{\Delta P_k}{P_k}$ 等于整体通货膨胀率 π。由于 $i-\pi$ 等于实际利率 r,资本成本可以简化为:

[①] 新古典投资模型参考:[美]格里高利 曼昆. 宏观经济学[M]. 第 6 版. 张帆、杨祐宁、岳珊译. 北京:中国人民大学出版社,2009,第 455—465 页。

$$\text{资本成本} = P_k(r+\delta) \tag{4.2}$$

$$\text{资本实际成本} = \left(\frac{P_k}{P}\right)(r+\delta) \tag{4.3}$$

(4.2)式说明,资本的实际成本取决于资本的相对价格$\frac{P_k}{P}$、实际利率r以及折旧率δ。企业的投资决策取决于增加或减少资本是否有利可图。如果资本边际产量大于边际成本,企业就增加资本存量;反之,如果资本边际产量小于边际成本,企业就减少资本存量。据此,有关企业净投资的函数可表示为:

$$\Delta K = I_n\left[MPK - \left(\frac{P_k}{P}\right)(r+\delta)\right] \tag{4.4}$$

其中,$I_n(\ )$表示对投资激励的反应会产生多少净投资的函数。又因为企业固定投资总支出等于净投资与折旧之和,进而投资函数可表示为:

$$I = I_n\left[MPK - \left(\frac{P_k}{P}\right)(r+\delta)\right] + \delta K \tag{4.5}$$

(4.5)式包含了新古典投资理论的基本观点,即企业固定投资取决于资本边际产量、资本成本以及折旧额。

(二) 托宾q理论[①]

在解释厂商投资行为时,新古典投资模型存在两个明显的缺陷。第一个缺陷是新古典投资模型没有充分考虑调整资本存量的成本,而这一成本在厂商实际决策中不容忽视。例如,厂商在购买新的机器设备后还需要承担一定的安装费用和培训费用。此外,投资的调整要受到经济体中产出总量的制约,由于产出不能在瞬间发生变化,因此投资受产量限制也不可能是无限的。第二个缺陷是新古典投资模型没有给出预期影响投资需求的机制。该模型意味着厂商投资行为仅根据资本当期的边际收益与边际成本进行调整,而不关注未来边际收益产品或者使用成本的预期。但在实际中,关于需求和成本的预期对投资决策来说是关键的:当厂商预期自己的销售将上升且资本成本较低时,就会扩大资本存量;当厂商预期自己的销售将下降且资本成本较高时,就会减少资本存量。为解决上述问题,Eisner and Strotz(1963)首先将资本存量调整成本引入模型,后续逐渐演变成调整成本模型(Adjustment Cost Model),该模型也被称为投资的托宾q理论模型。通过在模型中融入预期以及资本存量调整成本等因素,使模型更加符合现实。本节我们将学习调整成本模型,比较在考虑预期与调整成本后,企业的投资决策会发生怎样的变化。第一部分首先对托宾q理论进行基本介绍。第二部分为模型的数学推导。

1. 托宾q理论基本解释

我们先从直观的经济学含义上理解托宾q。q究竟代表什么?让我们先从最基本的

[①] 本章关于托宾q模型的推导及解释参考:Romer D. Advanced Macroeconomics[M]. Fourth Edition. McGraw-Hill, 2012。

定义来理解,它是股票市场对企业资产价值与生产这些资产实际重置成本的比值,即:

$$q = 已安装资本的市场价值/已安装资本的重置成本$$

当企业拥有较多投资机会时,市场预期该企业未来的利润会上升,市场对该企业的股票需求增加,从而推高企业股价。如此一来,用股价计算的企业资本的市场价值增加,超过企业实际重置成本,即出现 q 大于 1 的情况。当 q 大于 1 时,企业就有动机增加实物投资,因为对新机器每 1 单位的投资,企业能出售股票卖得 q 元,相当于赚取 $q-1$ 的利润;反之,当 q 小于 1 时,企业便倾向于减少实物投资,因为每削减 1 单位的投资,等同于企业市场价值降低 q,而出售这 1 单位资本从市场上赚得 1 元,企业通过出售资产可获利 $1-q$。因此,q 值的大小影响企业的投资激励,即 q 越大,企业越有动机增加投资;q 越小,企业越有动机减少资本存量。

那么为何在模型考虑预期因素后,托宾 q 成为影响企业投资行为的关键因素呢?通过解答这一问题,将有助于理解托宾 q 的意义所在。当我们试图将预期引入模型分析时会面临一个难题,即如何度量预期的问题。它不同于新古典投资模型中资本的边际产量、相对价格以及实际利率,这些因素都有具体数值与之对应,可以通过统计或计算取得。但是预期是一个抽象概念,具有一定的主观性,难以准确度量。而托宾 q 的提出便很好地化解了这一难题。我们知道,托宾 q 的大小与企业股票价格密切相关,q 随股价上升而升高。而企业股价的高低又受到市场对于该企业未来盈利能力的判断,即股价反映了市场对企业投资机会的预期。例如,假设政府宣布下一年开始降低公司所得税,所得税的减少使人们预期未来利润将会增加,较高的预期利润提高了当期的股票价格,托宾 q 升高,进而促进企业在当期进行投资,即托宾 q 将原本隐性的预期显性化,解决了预期的度量问题。

因此,托宾 q 成为企业在考虑预期后,影响其投资行为的主要因素。接着我们将这一思路以数学形式表达,通过模型的推演帮助我们更加深入地理解托宾 q 的内涵。

2. 托宾 q 理论模型

现在我们通过建立调整成本模型来理解托宾 q。在正式进行模型推导之前,先来熟悉模型的几点假设:

第一,模型假定某一行业内包含 N 家同质企业,并且企业关于资本存量的利润函数为 $\pi(K(t))k(t)$。从利润函数形式可以看出,企业利润与其自身的资本存量 $k(t)$ 成正比,企业总利润等于每单位资本所得的利润 $\pi(K(t))$ 与资本存量 $k(t)$ 的乘积。这一假设在企业生产函数满足规模报酬不变,且其他生产要素具有完全弹性时成立。例如,企业资本与劳动力、土地等要素均变为原来的两倍,在规模报酬不变的技术水平下产出同样变为原来的两倍。由于企业规模仅占市场的 $1/N$,自身的调整不足以改变产品市场或要素市场价格,因此企业总产值与总成本均变为原来的两倍,进而利润也为原来的两倍,企业总利润与自身资本存量可表示为正比例关系。

第二,模型假定企业 1 单位资本所获利润 $\pi(K(t))$ 为行业总资本存量 $K(t)$ 的函数,且与 $K(t)$ 负相关,即 $\pi'(\cdot)<0$。$K(t)$ 更高表明市场中产品总供给更多,由产品需求曲

线向下倾斜可知,更大的销售量必然对应更低的售价。对于单个企业而言,每 1 单位资本所能获得的产值降低,利润下降。

第三,模型假定企业在调整资本存量时面临调整成本 $C(\dot{k})$,且调整成本是关于调整幅度的凸函数,用符号表示为 $C(0)=0,C'(0)=0$,以及 $C''(\cdot)>0$。该假设意味着厂商无论增加还是减少资本存量,都需要支付一定数量的调整成本,二阶导数为正代表边际成本随调整规模的增加而增大,即调整规模越大,难度越大,需要耗费的成本越多。这一假定是调整成本模型的核心假定。

第四,为简化分析,模型不考虑资本的折旧问题,因此资本存量的增加量就等于投资量,资本运动方程可记为 $\dot{k}(t)=I(t)$。此外,模型还将资本价格标准化为 1,不考虑资本相对价格变动的情况。

根据上述四条假定可知,企业在第 t 期的净利润为 $\pi(K(t))k(t)-I(t)-C(I(t))$,即用企业总营业利润减去本期资本品购置费以及相应的调整成本[①],贴现到初期为 $e^{-rt}[\pi(K(t))k(t)-I(t)-C(I(t))]$。企业将选择一条投资路径,以实现整个生命周期内的利润最大化,则目标函数可记为:

$$\widetilde{\pi}=\int_{t=0}^{\infty}e^{-rt}[\pi(K_t)k_t-I_t-C(I_t)]\mathrm{d}t \tag{4.6}$$

模型目标函数的形式体现出对于未来预期利润以及资本调整成本的考虑。对这一目标函数求最优解的过程会用到最优控制法的相关数学知识,为防止较复杂的数学方法的运用影响读者对该模型的理解,我们首先对离线时间变量下的模型进行推导,然后再扩展至连续时间变量。

离散时间变量下的最优化只需要用到基本的求导法则,大大简化了模型推演所需的数学知识。此外,对离散时间模型的推演能够帮助我们理解连续时间模型的经济学含义。

首先,将(4.6)式中的目标函数改写为离散时间版本:

$$\widetilde{\pi}=\sum_{t=0}^{\infty}\frac{1}{(1+r)^t}[\pi(K_t)k_t-I_t-C(I_t)] \tag{4.7}$$

企业的最优化行为就是选出一条关于投资 I 以及资本存量 k 的最优路径,使得在整个生命周期实现利润最大化。如前文提到的,资本存量的运动方程为 $\dot{k}(t)=I(t)$,即资本存量的调整与投资两个内生变量并不是独立运动的,二者之间存在一一对应的关系,我们可将这一对应关系视为目标函数的约束条件,记为 $k_t=k_{t-1}+I_t$。利用拉格朗日方程解有约束的最优化问题,模型可整理为如下形式:

$$L=\sum_{t=0}^{\infty}\frac{1}{(1+r)^t}[\pi(K_t)k_t-I_t-C(I_t)]+\sum_{t=0}^{\infty}\lambda_t(k_{t-1}+I_t-k_t) \tag{4.8}$$

其中,λ_t 为拉格朗日乘子,代表在 t 期增加 1 单位资本存量 k_t,企业在整个生命周期内的利润增加值的现值(即贴现到第 0 期)。为何 λ_t 具有此种含义?因为新增的资本存量不仅

[①] 当企业在第 t 期减少资本存量,即 $I(t)<0$ 时,式中第二项可看作企业出售资本的所得。

对当期有影响，还存在滞后效应，即在第 t 期增加 1 单位的资本存量不仅影响第 t 期的企业利润，还会在 t 以后的未来每期都存在于企业内部，对企业未来每期的利润均会产生贡献。将拉格朗日函数对于 k_t 求导，可整理为 $\lambda_t = \sum_{\tau=t}^{\infty} \frac{1}{(1+r)^{\tau}} \pi(K_{\tau})$。定义新变量 $q_t = (1+r)^t \lambda_t$，则 q_t 表示增加 1 单位资本存量对于企业整个生命周期内的利润增加值的当期值（即用第 t 期货币价值度量）。用 q_t 代替 λ_t，将 (4.8) 式稍作变形：

$$L' = \sum_{t=0}^{\infty} \frac{1}{(1+r)^t} [\pi(K_t)k_t - I_t - C(I_t) + q_t(k_{t-1} + I_t - k_t)] \quad (4.9)$$

现在我们可以对整理后的目标函数求一阶条件。首先，对企业投资求一阶导数，投资 I_t 的一阶导数为 $\frac{1}{(1+r)^t}[-1 - C'(I_t) + q_t] = 0$，化简后为：

$$1 + C'(I_t) = q_t \quad (4.10)$$

I_t 的一阶条件背后蕴含着成本收益分析的思想。(4.10) 式等号左边表示 1 单位投资的边际成本，包括价值为 1 的资本单价以及价值为 $C'(I_t)$ 的调整成本。等号右边为增加 1 单位资本存量使企业在未来可能增加的利润总额 q_t，也就是投资的边际收益。只有当改变 1 单位投资的边际成本等于边际收益时，投资量才能达到最优；若二者不相等，企业一定可以通过调整投资量使总利润增加。

接下来，对企业资本存量 k_t 求一阶导数，为 $\frac{1}{(1+r)^t}[\pi(K_t) - q_t] + \frac{1}{(1+r)^{t+1}} q_{t+1} = 0$，两边同时乘以 $(1+r)^{t+1}$ 可化简为 $(1+r)\pi(K_t) = (1+r)q_t - q_{t+1}$，将 $q_{t+1} - q_t$ 记为 Δq_t，我们可将 k_t 一阶条件整理成：

$$\pi(K_t) = \frac{1}{1+r}(rq_t - \Delta q_t) \quad (4.11)$$

(4.11) 式成立同样意味着资本存量的边际收益等于边际成本。等号左边为增加 1 单位资本存量 k_t 的边际收益。等号右边为 1 单位资本存量的机会成本，其中第一部分 rq_t 为保持 1 单位 k_t 所放弃的利息收入，因为 q_t 是在第 t 期 1 单位资本存量能够在未来给企业增加的利润流，也可以看作市场对于 1 单位资本存量的保留价格。这样，如果企业在第 t 期出售 1 单位资本存量，即可获得资金 q_t，将这笔钱存入银行在期末便可以获得 rq_t 的利息收入。因此，企业保留 1 单位 k_t 则需要放弃 rq_t 的利息收入。而第二部分 Δq_t 为 1 单位资本期末相比期初的价格变动，如果价格升高，$\Delta q_t > 0$，则企业获得由于持有资本而带来的溢价收入，也就是负成本。① 将利息与价格变动两部分相加则是企业增加 1 单位资本存量的边际成本。这一形式与新古典投资模型中的一阶条件 $\mathrm{MPK} = P_k\left(i - \frac{\Delta P_k}{P_k} + \delta\right)$ 非常相似，都包含利息成本与价格变动成本两部分，只是托宾 q 模型中由于简化目的没有考虑

---

① 折现因子 $\frac{1}{1+r}$ 在连续时间下将不再存在。

折旧问题。

(4.11)式从边际收益等于边际成本的角度对资本存量一阶条件的经济学含义进行了阐释。现在我们将(4.11)式稍作变换,从另一个角度解释它,后续将基于该变换后的形式,推出模型最优化所需的第三个条件。(4.11)式经过变换,可写为:

$$q_t = \pi(K_t) + \frac{1}{1+r}q_{t+1} \tag{4.12}$$

(4.12)式说明,1 单位资本的市场价值在不同时期应相同,不应存在套利机会。等号左边可视为如果企业在第 t 期售出 1 单位资本能够获得的现金流 q_t;等号右边为在第 t 期保留直到第 $t+1$ 期再售出 1 单位资本获得的现金流,其由两部分构成,第一项 $\pi(K_t)$ 为在第 t 期内持有这 1 单位资本给企业带来的利润,第二项为在第 $t+1$ 期时售出这 1 单位资本所得的现值,即 $\frac{1}{1+r}q_{t+1}$。二者相加即为在第 $t+1$ 期售出资本的所得。利润最大化的一阶条件要求二者相等,也就是无论在何时 1 单位资本能够给企业带来的收益都应是相同的,否则企业便可以通过跨期交易增加总利润。将(4.12)式从 $t=0$ 期进行迭代,具体如下:

$$\begin{aligned} q_0 &= \pi(K_0) + \frac{1}{1+r}q_1 \\ &= \pi(K_0) + \frac{1}{1+r}\left[\pi(K_1) + \frac{1}{1+r}q_2\right] \\ &= \cdots \\ &= \lim_{T\to\infty}\left\{\left[\sum_{t=0}^{T-1}\frac{1}{(1+r)^t}\pi(K_t)\right] + \frac{1}{(1+r)^T}q_T\right\} \end{aligned} \tag{4.13}$$

根据(4.10)式可知,q_0 等于第 0 期投资的边际成本。根据上述关于拉格朗日乘子的解释可知,$\lim_{T\to\infty}\left[\sum_{t=0}^{T-1}\frac{1}{(1+r)^t}\pi(K_t)\right]$ 为在第 0 期增加 1 单位投资的边际收益。从(4.13)式可以看出,只有当 $\lim_{T\to\infty}\frac{1}{(1+r)^T}q_T = 0$ 时,投资的边际收益与边际成本才能相等。因此,$\lim_{T\to\infty}\frac{1}{(1+r)^T}q_T = 0$ 是企业利润最大化的又一个约束条件,我们称之为横截条件。结合(4.10)式,将 k_t 代入横截条件中,记为:

$$\lim_{T\to\infty}\frac{1}{(1+r)^T}q_T k_T = 0 \tag{4.14}$$

(4.14)式形式的横截条件意味着企业在整个生命周期末,资本存量价值应该为 0,即在终结点应不留存任何资本。这一约束条件符合直觉,因为在项目结束时若还留有未处理的资本,则说明还有部分资金没有回收,不满足利润最大化条件。至此,我们根据离散时间模型推出了调整成本模型的三个重要的约束条件,分别对应(4.10)式、(4.11)式和(4.14)式。

有了离散时间变量的情况作为基础,现在我们进入连续时间下的模型。我们采用最优控制法求解连续时间下的企业利润最大化。根据目标函数与约束条件,构造现值汉密尔顿函数①:

$$H(k_t, I_t) = \pi(K_t)k_t - I_t - C(I_t) + q_t I_t \quad (4.15)$$

这一形式与离散模型下的(4.9)式十分相似,只是没有包含资本存量变化值$\dot{k}_t$。现在我们将模型变量与最优控制法中的术语对应起来,其中,k_t为状态变量,k_t的路径直接影响目标函数值的大小;I_t为控制变量,I_t决定状态变量k_t的运动路径,即投资I_t等于资本存量的变化$\dot{k}_t$;q_t为共态变量。依据现值汉密尔顿函数最优化的计算规则,汉密尔顿函数对于控制变量求导等于0,即$\dfrac{\partial H(k_t, I_t)}{\partial I_t} = 0$,计算可得:

$$1 + C'(I_t) = q_t \quad (4.16)$$

(4.16)式与离散时间模型中的(4.10)式一致,表明利润最大化时投资的边际成本$1+C'(I_t)$等于边际收益q_t。另外,现值汉密尔顿函数关于状态变量的导数为折现率与共态变量的乘积减去共态变量的变化量,即$\dfrac{\partial H(k_t, I_t)}{\partial k_t} = rq_t - \dot{q}_t$,计算可得:

$$\pi(K_t) = rq_t - \dot{q}_t \quad (4.17)$$

这一结果与离散模型下的(4.11)式对应,表明利润最大化下资本存量在第t期的边际收益$\pi(K_t)$等于机会成本$rq_t - \dot{q}_t$。最后,汉密尔顿函数中存在的横截条件为:

$$\lim_{T \to \infty} e^{-rt} q_T k_T = 0 \quad (4.18)$$

(4.18)式与离散时间下的(4.14)式一致,表明利润最大化的企业在末期不应剩下任何资本。本部分采用构造汉密尔顿函数的形式求解企业利润最大化,得到(4.16)式、(4.17)式和(4.18)式。虽然在数学方法上相比离散时间变量模型复杂一些,但是最优化所得结果与离散时间模型下的(4.10)式、(4.11)式和(4.14)式一一对应,具有完全相同的经济学含义。

由于企业的市场价值就是企业现在与未来每期利润的现值之和,那么q_t可以理解为增加1单位资本存量对于企业价值的增加量,即1单位资本的市场价值。模型中将资本价格标准化为1,因此q_t也可以看作1单位资本的市场价值与重置成本之比。当$q_t>1$,即资本的市场价值大于其重置成本时,每增加1单位投资使得企业价值增加q_t,而企业只需要付出价值为1的重置成本,通过追加投资即可从中获得正利润。因此,当$q_t>1$时,企业将进行投资,且这一投资激励随着q_t的增大而增大;当$q_t<1$时,每增加1单位投资所能带来的企业市场价值的增量不足以弥补其重置成本,因此在$q_t<1$时,企业将不会进行投资;而当$q_t=1$时,每增加1单位投资带来的边际收益与边际成本相等,企业资本存量达到最优。

---

① 有关最优控制法汉密尔顿函数的相关数学知识可参考:蒋中一.动态最优化基础[M].北京:商务印书馆,1999,第201—212页。

至此，调整成本模型中q_t的经济学含义已与基本解释部分中的表述非常相近，调整模型中q_t为每增加1单位投资的企业增加值与重置成本之比，是边际值之比；基本解释部分中q为已安装资本的市场价值与已安装资本的重置成本之比，是平均值之比。二者的差异在于边际量与平均量的关系。由于q_t的边际值不容易观测，因此我们多通过它的平均值形式予以估计。

第二节 投资与国民经济：经典理论

回顾近2000年的世界经济史可知，人类社会的经济增长绝非匀速进行的。15世纪之前的世界经济增长几乎为零，而在工业革命后却出现了出人意料的高速增长，世界从此脱离了马尔萨斯陷阱。工业革命的出现使得资本成为除劳动力和土地之外的主要生产要素，而一国资本量的多少由投资水平所决定。投资在长期经济增长中究竟扮演着怎样的角色？哈罗德-多马模型、索洛模型以及干中学模型等经典的经济增长理论对于投资对经济增长的作用提出了不同的见解。本节开头简单介绍这几个模型，本书第一章附录中已包含对模型更为深入的分析。①

虽然从长期来看经济总体呈上升趋势，但是从较短的时间跨度看，经济处在持续波动中。一些年的增长高于另一些年，而有时经济出现衰退，增长变为负值。频繁的经济波动会增加经济环境的不确定性，增加个体、企业以及政府的决策难度，经济衰退带来的高失业率还会引发一系列严重的社会问题。经济周期始终是经济学家和政策制定者最为关心的问题，以凯恩斯为代表的宏观经济学正是在经济进入严重衰退的周期下诞生的。经验数据表明，投资往往是经济波动中最主要的影响因素。在衰退时期，产品和服务支出下降时，大部分下降通常由投资支出的下降所驱动。理解投资与经济周期的内在联系将有助于我们更好地认识和应对经济波动。那么投资究竟是以何种方式与经济波动相关联的？本节还将介绍加速数理论以及凯恩斯动物精神理论，它们分别从投资自身的特征以及投资者心理特征的角度出发，解释投资与经济波动的关系。

一、投资与长期经济增长

经济增长通常指一个国家或地区在一定时期内国民财富和国家经济实力的增长，一般用国民生产总值增长率、国民收入增长率或人均国民生产总值的增加来表示。经济增长是世界各国关心的核心问题，以至于长期以来，对经济增长源泉问题的探讨贯穿着整个经济思想发展过程。几百年来，经济学界对于影响经济增长的因素从不同角度提出过多种见解，投资作为一项重要的影响因素位列其中。

哈罗德-多马模型、索洛模型以及内生增长理论是宏观经济学中分析经济增长的经

---

① 为保持整章内容的连贯性，我们将有关哈罗德-多马模型、索洛模型以及干中学模型的详细内容放在本书第一章附录中，正文中只做基本的介绍。感兴趣的读者可以结合附录内容做进一步的学习。

典模型。哈罗德-多马模型的出现可以说是经济增长理论的第一次革命,这一模型的出现使得经济增长理论开始用数理工具建立规范模型的分析方法对经济增长以及影响经济增长的变量进行考察和研究。索洛模型则是经济增长理论的基础,经济增长理论的后续发展大都在此基础上进行延伸。① 第一部分对模型假设和基本形式进行介绍,第二部分对投资变化在短期和长期内如何影响经济增长进行定性分析,第三部分通过模型推演对投资影响产出的强度进行定量分析。

由于模型假定不同,哈罗德-多马模型和索洛模型在有关投资对经济增长的作用的结论上存在差异。哈罗德-多马模型具有严格的模型假设,该模型立足于大萧条背景,由于当时失业众多,产生了"工人追逐机器"的情况。因此该模型将高失业率作为前提,资本存量变动成为制约和影响经济增长的决定性因素。该模型认为在资本产出比率不变的条件下,国民收入增长率取决于投资率 s,投资供给对经济增长具有直接的决定性作用。而索洛模型中引入了技术进步,并放松哈罗德-多马模型中里昂惕夫形式的生产函数,在柯布-道格拉斯生产函数框架下分析。模型指出,从长期来看,投资率的高低具有水平值效应,投资率 s 的永久性上升使得新稳态下的人均有效资本 k 与人均有效产出 y 都将达到更高水平,即达到一个高水平的均衡。并且,y^* 随 s 变动的弹性由资本收入份额所决定。如果资本在经济体中占据更重要的地位,即资本收入份额更高,投资率的上升将在更大程度上推动人均有效产出的增加。但是,从增长率角度看,投资率 s 的上升将仅在短期内带来人均产出增长率的升高,但长期来看技术进步才是经济增长的关键因素。

20世纪中后期的"亚洲四小龙"曾出现震惊世界的经济增长。1966—1990年间,当美国实际人均收入年均增长率约为2%时,"亚洲四小龙"中每一个国家或地区的实际人均收入年均增长率都超过7%,使这些国家或地区从世界最贫穷的国家或地区进入世界最富有的国家或地区之列。Alwyn(1995)研究发现,这些国家或地区的超常增长主要源自要素投入的大幅增加。例如,在韩国,投资与GDP的比值在20世纪50年代仅为5%,而在此后的30年间上升了近5倍,在80年代达到30%,而TFP并没有明显提高。克鲁格曼针对这一现象,对东亚的增长奇迹提出质疑。索洛模型指出,资本投入边际收益递减的特性会使得经济增长最终收敛至稳态,提高投资水平只能在短时间内获得较高的增长率,而长期的经济增长仅由技术进步的快慢所决定。基于索洛模型,克鲁格曼认为,缺乏技术进步,仅靠高投资拉动的东亚奇迹最终一定会破灭,经济增速最终会回落到较低水平。然而事实却没有像克鲁格曼所预言的那样,这些国家或地区在后续时间内仍保持着良好的表现。这背后的原因在于,投资不仅可以增加资本存量,还能够间接促使技术进步,从而维持经济的长期增长。

干中学理论为解释"亚洲四小龙"持续的高速增长提供了新的视角。干中学理论的核心思想是,人们从事生产活动时并不只是简单重复,而是在生产过程中不断积累经验从而提高生产效率。例如,Arrow(1962)的研究发现,在一项新的飞机生产技术被投入生

---

① 具体推导过程见第一章附录。

产后,每生产一架飞机所需的时间随着生产飞机数量的增加大大减少。这一生产率的提高并不是由于外生的技术进步所导致,而是内生于生产过程,是干中学的副产品。假设现有两家企业,其他条件均相同,而企业 A 的人均有效资本 k 大于企业 B。我们可以将这一差异简单理解为 A 企业中的工人将更频繁地操作机器进行生产,更容易在生产过程中积累经验优化生产环节,从长期来看,企业 A 的生产效率将高于企业 B。①

二、投资与经济波动

影响经济波动周期的众多因素中,投资是一个相当重要的因素,投资是经济的重要组成部分,也是经济周期波动的重要原因。虽然消费和投资通常一起变动,但投资支出的波动比消费支出剧烈得多,大部分衰退都起因于投资支出的下降。接下来,我们利用加速数理论和凯恩斯动物精神理论解释投资如何影响短期经济波动的内在逻辑。

(一)加速数理论

当消费者面对收入的永久性上升时,他们最多只是提高等量的消费。如果消费的提高量超过收入的增长,那么在未来就要削减消费,因此消费者没有理由进行这样的消费计划。同样,当一家企业面临销售额永久性增长时,企业预期利润的现值增加,托宾 q 上升会带来投资的上升。然而,与消费相比,这并不简单意味着投资额的增量最多只能等于销售额的增量。事实上,当一家企业由于销售额的提高而做出购买新机器或建造新工厂的决策时,投资支出的提高可能会超出销售额的提高量。对经济总量增长水平与投资总量水平之间的数量关系,凯恩斯主义宏观经济学提出了加速数理论。②

所谓加速数理论,是用来说明收入变动将怎样引起投资变动的理论,也就是说明引发投资的理论。加速数理论可用公式表示如下:

$$加速系数\ A = \frac{\Delta I}{\Delta Y}$$

其中,A 为加速系数,又称资本产出系数;ΔI 为投资增量;ΔY 为收入增量。

根据加速原理,如果社会现有资本存量已经在生产其所能生产的最大产量(即不存在过剩生产能力),并且资本产出比率不变,那么产量的任何扩大都需要资本存量的扩大。按照加速原理,资本产出系数大于 1 时,国民收入增长就要求投资以更快的速度增长。这种因收入变化而引起的投资发生成倍变化的效应,称为加速数理论。

但需要注意的是,加速原理的成立受制于特定的经济条件。一是只有在没有机器闲置的情况下,才能发挥作用。如果企业原本开工不足,设备闲置,那么收入增长时,企业不需要添置新设备,只需要动用原有闲置设备即可。二是加速原理发挥作用需要满足加速系数大于 1 的条件。但随着现代科技的发展,有可能出现相反的情况,即投资额的增

---

① Romer. D. Advanced Macroeconomics[M]. Fourth Edition. McGraw-Hill, 2012.
② 〔美〕奥利维尔·布兰查德.宏观经济学[M].第 5 版.楼永,孔爱国译.北京:机械工业出版社,2013,第 246 页.

幅小于产量或收入的增幅。①

投资乘数和加速原理的综合作用,可以使新投资通过乘数造成产出增长,而不断提高的产出又通过加速数引致新的投资,在双方共同作用下形成经济不断扩张的正反馈环。但当经济扩张到一定程度时,会遇到约束因素而停止扩张,导致投资回落,产出随之下跌,投资会加速下滑。一旦投资达到下限,直至旧机器设备被损耗或老化,企业就可能开始新的投资,新投资又会产生新的投资需求,于是又开始新一轮周期。就这样,乘数和加速数理论,即投资带动消费或收入,而消费或收入的变化又反过来带动投资,这种相互作用过程,决定了经济周期现象的出现。②

(二) 凯恩斯动物精神理论

凯恩斯动物精神理论是凯恩斯提出用来解释股市投机的理论,该理论从股市投机性行为的角度解释投资与经济周期。该理论指出,由于股市投资者最终将把其股份卖给其他股民,因此他们更关心市场中其他股民对一家公司的估价,而不是该公司的真实价值。股价变动常常反映了非理性的乐观和悲观的浪潮,凯恩斯将其称为"动物精神"。

这种评判标准揭示出投机行为背后的动机,投机行为的关键在于判断出市场中是否有人出价比自己更高,这些投资者不在乎股票的理论价值和内在价值,只是因为他们相信未来会有其他股民从他们手中接过"烫山芋"。这一观点与有效市场假说形成鲜明对比。而支持动物精神理论的基础是大众股民对股价预期的不一致与不同步,对于任何部分或总体消息,总有人过于乐观或过于悲观,这些主观差异导致整体行为出现差异,并激发股市自身的激励系统,导致动物精神下投机行为的出现,这在中国股市中表现得尤为突出。

起初小范围的冲击引发群众陷入非理性的乐观或悲观,这样一来,即使经济基本面并未出现明显变化,动物精神作用下的非理性行为也很可能造成资产价格的大幅涨跌,违背有效市场假说。而这种非理性行为通过资本市场的传导,将引发经济在短期内出现更大幅度的波动。Bernanke et al.(1999)的金融加速器理论指出,企业资产负债表的状况是影响其投资行为的重要因素。当股价大幅上涨时,企业资产净值大幅上升,资产负债表表现良好,此时贷款者面临的道德风险降低,贷款意愿增加。如此一来,企业从金融市场中取得贷款的难度会下降,加速储蓄转化为投资,提高了资本配置效率。在融资约束放宽的情况下,企业也将抓住机会扩大生产性投资,从而带动产出的急剧上升和失业率的下降。上述现象衍生出乐观的市场预期,反过来又会加剧货币流通速度的大幅提高,最终造成实际利率下降,实际利率的下降进一步鼓励企业扩大投资,经济形势持续高涨。③

当经济中出现一个较小的负向冲击或人们普遍认为当前股价已普遍偏高需要撤离

---

① 本章对加速原理的探讨参考:钱伯海.国民经济学[M].北京:中国经济出版社,2002,第247—251页.
② 林丽琼.投资经济学[M].北京:中国财政经济出版社,1999,第三章.
③ 戴金平,朱鸿.金融周期如何影响经济周期波动[J].南开学报(哲学社会科学版),2018(5):142—151.

观望时,股民持有的股份被大量抛售,股价快速下跌。股价下跌随之引发企业资产净值下降,企业外部融资的代理成本上升,从而抑制当期投资。当期较低的投资水平会导致未来较低水平的资本、产量和净资产,宏观经济波动被放大。由此看来,在动物精神的作用下,原本小范围的冲击通过金融市场中资本价格的变动被放大,加剧短期内的经济周期波动。目前也有部分国内学者分析了经济周期波动中的金融加速器效应,如杜清源和龚六堂(2005)、崔光灿(2006)、赵振全等(2007)、袁申国等(2011)以及梅冬州和龚六堂(2011),他们分别从不同角度证实了中国资本市场确实存在金融加速器效应。

至此,投资加速数理论以及投资行为中的动物精神理论在一定程度上解释了为什么投资是经济周期的最主要因素,并且投资波动远大于消费波动。发达国家和一般发展中国家投资波动大多是产出波动的3倍左右,但自1980年以来,中国的投资波动是产出波动的近4倍。[①] 此外,中国的经济波动还表现出极强的投资拉动特征。第三节将结合中国金融市场的利率管制政策,对投资与中国经济周期的关系进一步展开分析。

第三节　投资与中国经济

前面我们学习了与经济增长以及经济周期波动等问题相关的经典理论,从理论角度理解投资如何对一国长期经济增长及短期经济波动产生影响。接下来,我们将结合中国真实的经济数据,从典型事实出发,探究投资与中国经济增长以及经济波动之间的关系。

本节分三部分:首先,对影响经济增长的关键因素——储蓄率展开分析,讨论中国经济的高储蓄率之谜。其次,通过回顾中国自改革开放以来主要的经济政策,分析投资对于中国经济周期的作用。最后,从金融抑制角度出发,揭示中国经济周期曾经呈现"一放就活、一活就乱、一乱就收、一收就死"这一典型特征背后的原因,并进一步探究中国的金融抑制政策与中国投资效率损失和经济结构多重失衡之间的内在逻辑。

一、高投资率、高储蓄率是增长的重要动力

(一)有关中国经济高储蓄率的典型事实

中国自改革开放以来,经济出现长达数十年的高速增长,这在全世界都是绝无仅有的,被世界各国称为"中国奇迹"。与此同时,中国的经济增长长期呈现投资拉动型的特征。经典的经济增长理论指出,投资率的高低对一国经济发展水平与经济增速具有重要意义。那么中国的高投资率、高储蓄率是否为"中国奇迹"背后的驱动力?投资在中国经济增长中起到怎样的作用?接下来,我们从转型经济的角度对中国高储蓄率、高投资率的现象做出解释。在正式分析之前,我们先来了解一些关于中国储蓄率特征的典型事实。

从截面数据来看,中国的储蓄率远高于世界上的其他国家。从表4-1中可以看出,2017年中国储蓄率高达47.01%,远超美国、英国、德国等主要西方国家,同时,也远高于

---

① 陈晓光,张宇麟.信贷约束、政府消费与中国实际经济周期[J].经济研究.2010(45):48—59。

日本、韩国等其他文化相近的亚洲国家。与经济发展水平相当的印度、巴西和其他中等收入国家相比,中国的储蓄率也严重偏高。中国需求结构占比与世界其他主要国家存在近 20 个百分点的差距。此外,从时间序列层面来看,中国的储蓄率不仅偏高,还存在持续上升的趋势。从图 4-5 可以看出,中国国民储蓄率(国民储蓄/国民收入)在 2000 年以后持续上升,2000—2009 年上升超过 10 个百分点。虽然在 2012 年后出现小幅下降,但仍有近一半的国民收入被用于储蓄。

表 4-1 2017 年世界主要国家需求结构

	人均 GDP(现价美元)	资本形成率(%)	总储蓄率(%)	总消费率(%)
德国	44 469.91	19.78	27.76	72.64
英国	39 720.44	17.01	13.19	84.39
美国	59 531.66	19.69	18.09	83.11
澳大利亚	53 799.94	24.18	21.90	75.17
巴西	9 821.41	15.50	14.58	83.48
印度	1 939.61	30.75	32.10	72.16
阿根廷	14 401.97	19.07	13.99	83.58
日本	38 428.10	23.56	27.33	75.46
韩国	29 742.84	31.08	36.11	63.52
中国	8 826.99	43.60	47.01	54.69

资料来源:世界银行。

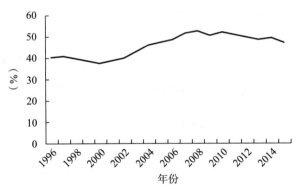

图 4-5 1996—2015 年中国国民储蓄率

资料来源:历年中国统计年鉴。

下面基于分解的方法①探究引发高储蓄的直接原因。我们发现,中国的高储蓄率主要是由居民储蓄率和政府储蓄率过高以及居民收入占比下降所致,企业储蓄的影响非常有限。将国民储蓄率分解为居民、政府和企业三部分并写出计算公式。从下列分解式中

---

① 这里对国民储蓄率分解的方法参考:陈斌开,陈琳,谭安邦.理解中国消费不足:基于文献的评述[J].世界经济,2014(7):5—24。

可以看出,居民、政府与企业各部门的储蓄率以及各自收入占比的变动均会对国民储蓄率产生影响。

$$国民储蓄率 = \frac{国民储蓄}{国民收入}$$

$$= \frac{居民储蓄+政府储蓄+企业储蓄}{国民收入}$$

$$= \frac{居民储蓄}{居民收入} \times \frac{居民收入}{国民收入} + \frac{政府储蓄}{政府收入} \times \frac{政府收入}{国民收入} + \frac{企业储蓄}{企业收入} \times \frac{企业收入}{国民收入}$$

$$= (居民储蓄率 \times 居民收入占比) + (政府储蓄率 \times 政府收入占比) + (企业储蓄率 \times 企业收入占比)$$

图4-6呈现了居民储蓄率、政府储蓄率及国民储蓄率在1996—2015年间的时序图。其中,国民储蓄率与居民储蓄率变动趋势基本一致;政府储蓄率波动最频繁但整体水平不变。① 说明居民储蓄率的变动是影响国民储蓄率走势的核心因素,这是因为社会成员中绝大多数是普通民众,居民收入是国民收入中最重要的部分。1996—2015年居民收入占比平均为62.59%,高于政府收入与企业收入二者之和。因此,居民储蓄率主导国民储蓄率的变动。由此我们推测,居民储蓄率偏高及其2000年之后明显上升的趋势是造成我国高储蓄率的重要原因之一。

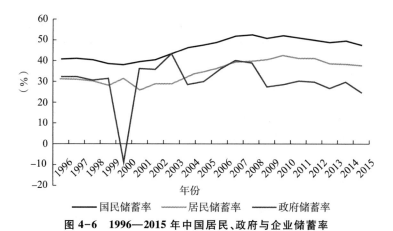

图4-6 1996—2015年中国居民、政府与企业储蓄率

资料来源:历年中国统计年鉴。

我们知道在一国经济体中,企业是投资主体,而居民是消费主体,收入分配由居民向企业倾斜将必然导致整体储蓄率和投资率的上升。从图4-7中可以看出,虽然居民收入在国民收入中占绝对优势,但这一比重自2001年以来出现明显下降,居民收入占比15年间下降近10个百分点。与此同时,政府收入和企业收入占比不断上升,2015年企业收入占比已接近20%,相比1996年上升了5个百分点。由此推测,居民收入占比的下降也是造成我国储蓄率高且呈现上升趋势的又一个重要原因。陈斌开等(2014)的研究结果证

---

① 企业作为生产单元储蓄率恒定为100%,因此图中不再列出。

实了这一判断。他们对国民储蓄率进行分解,并计算出各主体储蓄率变化及国民收入分配结构变化的贡献。分解结果显示,2000—2009年间,国民储蓄率上升13.01%,其中居民储蓄率贡献最大,为6.28%;政府储蓄率贡献为5.29%,国民收入分配贡献率为1.44%。可见居民储蓄率的上升是国民储蓄率升高的重要因素。文中进一步将国民收入分配贡献分解为居民收入贡献、政府收入贡献和企业收入贡献三部分,通过计算各部分的贡献率,发现居民收入份额对国民储蓄率变化的影响始终为负,并且影响强度较大。2000—2009年间,国民收入分配对国民储蓄率的贡献为1.44%,其中居民收入的贡献为-2.83%,政府收入的贡献为1.01%,企业收入的贡献为3.26%。这反映出居民收入占比持续下降的事实。

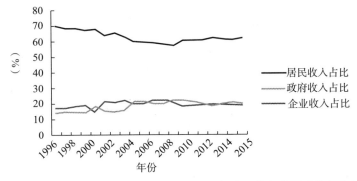

图4-7 1996—2015年中国居民收入、政府收入与企业收入在国民收入中的占比

资料来源:历年中国统计年鉴。

综合上述分析可知,中国国民储蓄率的上升主要是由居民储蓄率上升和居民收入占比下降两方面因素共同导致的。因此,理解中国国民储蓄率上升的关键在于厘清这两种趋势背后的原因。鉴于此,下面将结合中国经济转型现状,分别讨论居民储蓄率上升以及居民收入占比下降的深层原因。

(二)居民储蓄率偏高与国民收入分配失衡的内在原因

中国的储蓄率严重偏离世界平均水平,消费率已经低于日本和韩国高速经济增长过程中的最低值。因此,想单纯通过标准消费理论来诠释中国居民储蓄是很困难的,"异常"的储蓄率背后必然有某些"特殊"的中国元素。中国与世界其他主要国家的核心区别在于,中国同时处于快速的经济增长和剧烈的经济转型的过程中。经济转型是理解中国居民储蓄率偏高的关键所在。

经济转型是指从计划经济向市场经济转型,因此,在经济转型过程中,必然出现市场经济和计划经济共存的情况,这是中国经济的特殊之处。在过去的30年里,中国经济市场化程度不断提升,但要素市场扭曲依然长期存在,产品市场垄断局面难以打破,政府对市场的干预尚未消除。基于此,我们将从要素市场扭曲、产品市场垄断以及地方政府行为层面出发,解释近年来中国国民收入分配失衡、居民储蓄率高背后的逻辑。

金融市场扭曲对居民的高储蓄行为有着深远影响。与西方国家不同,中国金融市场扭曲主要表现为长期存在的金融抑制现象,而不仅仅是经典文献中强调的流动性约束。金融抑制的主要形式是存贷款利率限制。就理论而言,以压低利率为主的金融抑制政策至少可以通过两个渠道影响居民储蓄行为:第一,在金融市场上,穷人往往是存款者,富人往往是贷款者,低利率政策本质上形成了一种穷人补贴富人的"倒挂"机制,导致收入分配不断恶化(陈斌开和林毅夫,2012),而收入差距扩大将直接导致居民储蓄率的上升和消费率的下降(杨汝岱和朱诗娥,2007;陈斌开,2012)。第二,从居民消费行为角度看,利率是居民消费跨期替代的关键决定因素,低利率政策将通过替代效应降低居民消费增长率,同时通过财富效应降低居民消费水平。低利率导致居民的预期可支配收入下降,从而提高了储蓄率。

中国劳动力市场分割是造成居民储蓄率偏高的重要原因。在户籍制度的影响下,中国已经形成城市内部的社会分割,即同一城市内部有户籍人口和非户籍人口的"新二元结构"。对于非本地户籍的移民人口,他们无法享受本地教育、医疗、住房等方面的公共服务,同时在工作机会上也容易受到歧视,这将极大地抑制移民的消费,促使整体城镇居民储蓄率的高企。从理论上而言,户籍制度至少可以从两方面影响居民储蓄率:一方面,外来移民的住房、医疗、教育和社会保障更不健全,并且职业更不稳定,这都将提高移民群体的预防性储蓄动机;另一方面,由于职业的不稳定和房产等抵押品较少,外来劳动力在金融市场上更容易受到信贷约束,因此只能选择依靠自身多储蓄来弥补信贷上的短缺。

高房价与土地市场扭曲也是中国居民储蓄率偏高的重要原因。自1998年住房市场货币化改革以来,中国房价持续上涨,使得居民不得不"为买房而储蓄",不仅中国的年轻人在"为买房而储蓄",老年人也存在"为子女买房而储蓄"的动机,导致中国居民储蓄率全面上升。进一步研究发现,中国住房价格上升的主要原因是土地供给短缺。自2003年以来,中国城市化进程快速推进,但城市土地供给被严格限制,直接导致房价快速上涨。同时,在财政分权体制下,地方政府有激励通过控制土地供给,推高房价,进而提高土地出让金收入。由此可见,土地市场扭曲对中国居民家庭储蓄率影响重大。

产品市场垄断是中国居民储蓄率偏高的另一个重要原因。在要素市场(包括金融市场、劳动力市场和土地市场)扭曲的同时,中国产品市场垄断也还没有完全消除。随着收入的增长,居民在教育、医疗等方面的需求将持续上升。然而,中国的教育和医疗供给主要由公共部门提供,供给远远赶不上需求的上升。无论是医疗还是教育,供给不足和价格畸高的重要原因都是产品市场的垄断,缺乏竞争的教育和医疗市场造成了"看病贵、看病难""上学贵、上学难"问题,进而导致居民不得不为上学和医疗而储蓄。

(三)国民收入分配失衡的原因

财政分权下的地方政府行为是居民收入占比下降的重要原因。从经济转型过程中的地方政府行为出发,能够对居民收入占比下降提供一个逻辑一致的解释。财政分权导致地方政府为吸引投资、促进当地经济增长而竞争。为吸引更多的投资,地方政府需要优质的基础设施。部分基础设施投资可以促进企业的有效生产和流通(如道路),而其他基础设施投资则等价于直接补贴企业(如电力等)。Chen and Yao(2011)研究表明,政府基础设施投资对企业的影响是非平衡的,对基础设施依赖程度更高的第二产业(制造业、建筑业等)将在政府基础设施投资中获得更大的收益。同时,由于第二产业是地方政府的主要税收来源,基础设施投资也会更加偏向第二产业。因为第二产业资本密集度高于其他产业,第二产业比例的上升将导致劳动收入占总收入份额的下降,企业收入占比上升,进而导致国民总储蓄率上升。另外,由于部分基础设施投资实际构成对资本投资的直接补贴,会降低资本成本,引导企业选择资本密集型的技术,导致第二产业内部资本密集度提高,因此将进一步降低劳动份额,提高国民储蓄率。

此外,违反比较优势的产业政策也是居民收入占比下降的重要原因。为加快本地经济的转型升级,部分地方政府选择制定相关产业政策,大力对本地资本密集型行业与技术密集型行业进行扶持。但是,中国目前的比较优势总的来讲还是劳动力比较多,劳动力价格相对较低。过度将资源向资本密集型行业倾斜,容易引发资本过度密集、就业机会减少等一系列现象。大量只拥有劳动力的低收入者不能正式进入就业市场,无法分享经济发展的果实,失业和隐性失业迅速增加,并且由于就业岗位竞争激烈,已就业的人的工资也会受到抑制。

更进一步,由于不按照比较优势发展的产业在开放竞争的市场中没有竞争力,因此要想生存只能靠国家的保护和补贴。为支持不具备比较优势的资本密集型产业的发展,中国金融市场长期压低利率。以压低利率为主的金融抑制政策导致居民存款收益下降,企业借贷成本降低,形成了居民补贴企业的收入分配结构,进一步恶化了国民收入分配。由此可见,如果发展模式违反比较优势,将致使收入分配结构从工资性收入和财产性收入两方面恶化,阻碍居民收入的提高,导致中国经济呈现高投资的失衡特征。

二、投资是中国经济周期的主要来源

自1978年改革开放以来,中国经济年均增长速度很快,1978—1997年,GDP年均增长速度达到9.8%。与此同时,人民生活水平大幅提高,产业结构得到调整。然而,仔细观察这20年间的经济增长,不难发现这种快速增长是在周期性的波动中实现的。每逢高增长的年份,年度的GDP增长率可达到13%—15%;而一旦速度慢下来,年度的增长率则只有3%—4%。中国经济呈现周期性波动剧烈的特征。

图4-8将改革开放以来的投资增长率与GDP增长率进行对比,发现投资周期波动幅度很大,趋势上与经济周期一致,且比经济周期大致提前一期。这一特征在1978—2000年间尤其明显,中国经济周期呈现出明显的投资拉动特征。此外,从图4-9可看出,中国投资增长率的变动与银行信贷的扩张与收缩呈现出高度一致性。专题4-2对

改革开放初期的中国经济体制改革进行回顾,而我国受投资驱动的经济周期正产生于这一背景下,形成所谓"一放就活、一活就乱、一乱就收、一收就死"的经济循环。

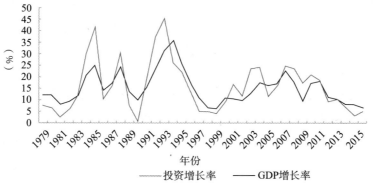

图 4-8　1979—2015 年中国经济周期典型事实

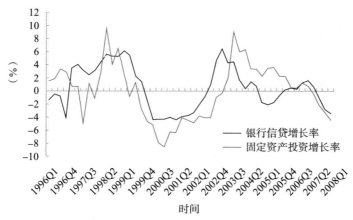

图 4-9　银行信贷增长率与固定资产投资增长率

专题 4-2

改革开放之初的经济"活—乱"循环

1984 年中共十二届三中全会明确指出价格改革在经济改革中的关键作用,价格改革由之前的调整价格水平正式进入转换价格形成机制阶段,确立了以放为主、调放结合的改革方式。同年 5 月,国务院下发《国务院关于进一步扩大国营工业企业自主权的暂行规定》(国发〔1984〕67 号),规定"工业生产资料属于企业自销的完成国家计划后的超产部分,一般在不高于或低于 20% 的幅度内,企业有权自定价格,或由供需双方在规定幅度内协商定价"。从 1985 年 1 月起,国家放开计划外生产资料的价格,正式实行生产资料由国家定价和市场调节价格并存的价格"双轨制"。

计划经济时期政府长期压低价格使得市场价格远高于政府定价,价格改革的推行与企业自主权的不断扩大相配合,大大激发了企业的投资积极性,当年投资需求增长率高达 17%。1985 年全社会固定资产投资 2 543.19 亿元,相比 1984 年增加 710.10 亿元,到 1988 年急剧增长到 4 496.00 亿元。由于工业发展过快,全社会固定资产投资过旺,而利率控制在较低水平,使得信贷和货币投放过度增长。1985—1988 年,银行各项贷款平均每年增加 1 533 亿元,增长 24.3%。货币投放平均每年增加 336 亿元,增长 28.1%。投资的迅猛增长带动总需求的迅速扩张,当年经济增长率达 13%。

投资需求的膨胀和货币投放过多,引起消费品和生产原料供应紧张,导致商品零售物价总指数由 1984 年的 2.8% 急剧上升至 1988 年的 18.5%,由此带来的通货膨胀预期引发各地抢购风潮,老百姓试图通过"储物保值"的方式应对通货膨胀。受抢购风潮的影响,8 月居民提取储蓄存款 38 914 亿元,比上年同期增长 1.3 倍,大大超出储蓄存款增长 70.3% 的幅度。与此同时,由于处在新旧体制交替阶段,"双轨制"在社会中引发了"倒爷"等现象。

为解决价格改革以来出现的投资热、抢购和挤兑潮,以及社会腐败现象,中央采取了包括行政干预在内的一系列治理整顿措施调控经济。第一,压缩以固定资产投资为首的社会总需求。1989 年,全社会固定资产投资 4 410.4 亿元,增长速度由 1988 年的 25.4% 猛降至 7.2%。第二,实行财政金融双紧政策。在全国范围内清理各项减免税优惠待遇,并开始征收特别消费税,实行紧缩财政政策。同时对金融机构贷款实行"限额控制、以存定贷"的办法,整顿金融机构投融资行为。通过财政和货币双紧政策,投资过热势头锐减,转而出现商品积压、企业开工不足、"三角债"等现象,投资急剧下滑,经济增长率由 1988 年的 11.3% 降至 1989 年的 3.6%,降幅超过 7 个百分点。1989—1991 年,我国经历了三年的紧缩、调整与经济衰退。

1991 年年底的东欧剧变对于正处在改革阶段的社会主义中国来讲,是一场前所未有的冲击。人民开始怀疑正在进行的改革究竟是社会主义的改革,还是资本主义的改革。思想和理论上的混乱严重影响到改革开放的进程。面对"左"的思想的一时泛滥,1992 年年初邓小平发表南方谈话,明确了中国的改革目标是建立社会主义市场经济体制。人民在邓小平重要谈话和十四大精神鼓舞下,建设热情重新高涨,私营经济、乡镇企业得到快速发展。1992 年,投资增长率达 18.5%,经济增速为 12.9%,经济过热的现象随之而来。此轮经济过热主要表现为以投资为中心的"四热、四高"。其中,"四热"指开发区热、房地产热、股票热、集资热;"四高"指高固定资产投资、高信贷投资、高货币发行和高物价上涨。单 1993 年上半年净投放资金就高达 528 亿元,全社会固定资产投资比上年增长 61.8%。大量银行外资金被用于开发区盲目建设,导致房地产价格愈炒愈烈,抢购风潮再度掀起。

为避免经济大起大落引发社会动荡,让过热的经济平稳、缓和地回到正常状态,国家从 1993 年下半年开始推行适度从紧政策,包括:"国十六条",是对经济过热的从紧政策制定;1994 年分税制改革后,严格控制信贷规模和货币供应量的增速;1996 年起实行从紧货币政策,国民经济实现"软着陆"。

这一紧缩性宏观经济政策一直持续到1997年亚洲金融危机爆发。为应对外部环境恶化引发的经济放缓、通货紧缩等问题，国家从1998年开始采取积极的财政政策，扩大内需。由于我国幅员辽阔、国内需求具有较大的增长空间，并且储蓄率相对较高，有利于投资，因此，中央将扩大内需的重点再次放在加强固定资产投资方面。1998年，全社会固定资产投资达28 406.2亿元，增幅比上一年高出4个百分点。与此同时，国家大兴水利和基础设施建设，铁路投资比原计划增加15.5%，公路投资比原计划增加25%。除基础设施外，国家于1998年停止福利分房，开始采取市场化运作，增加住房信贷，通过住宅投资刺激经济。①

通过回顾我国经济体制改革初期的历史事件发现，中国经济呈现出鲜明的信贷决定投资、投资拉动经济的关系；经济周期存在"放—活—乱—收—死"的循环往复。那么这一关联性背后的深层次原因是什么？针对中国经济表现出的典型事实，下面将结合金融抑制的概念，解释我国投资与经济周期这一特殊关系背后的逻辑。

三、金融抑制、投资与中国经济

与其他国家相比，中国存在严重的金融抑制现象。本部分结合金融抑制来分析中国经济周期"活—乱"循环的成因，并进一步探究金融抑制政策对中国投资效率的长期影响。所谓金融抑制政策，主要包括存贷款利率限制和资本账户管制（Bai et al., 1999），其他表现形式还涉及银行业进入管制、信贷配给、准备金管制、政府对金融业直接干预（如窗口指导）、国有银行体系、资本项目管制、资本市场管制等（Abiad et al., 2010）。其中，利率管制是金融抑制政策中最根本的表现形式，其他各种抑制手段大都衍生于这一政策，同时它也是中国实施金融抑制政策最重要的手段。在正式分析之前，让我们首先了解一下中国利率管制的产生背景与典型事实。

（一）利率管制的产生背景与典型事实

利率的升降是调节可贷资金市场供求平衡的重要因素。对于可贷资金需求而言，新古典投资决定理论指出利率是影响企业投资决策的重要因素之一。若利率水平较低，企业投资的边际成本就较低。较低的利率水平激励企业进行投资，增加可贷资金需求。而对于可贷资金的供给方而言，更低的利率水平意味着在当期选择消费而非储蓄所需要放弃的利息收入较少，也就是当期消费相对于未来消费拥有更低的相对价格，人们倾向于选择在当下消费而不是储蓄。但是，如果利率被人为固定在低于市场均衡的水平，价格机制将难以发挥作用，金融市场中提供的资金量不足以满足每个投资者的需求，此时不

---

① 关于中国改革开放初期经济体制改革的历史参考：邹江涛，欧阳日晖. 新中国经济发展60年（1949—2009）[M]. 北京：人民出版社，2009，第369—378页。

得不动用非市场的力量分配有限的资金供给。

中国的金融市场并未实现完全市场化,利率水平长期受到管制。中国利率管制政策的提出最初源于重工业优先发展战略。计划经济时期,为支持不符合本国比较优势的重工业企业的发展,政府人为地压低利率(陈斌开和林毅夫,2012),导致信贷市场供求之间出现巨大缺口。价格机制无法再正常发挥调节作用,这就要求政府出面直接干预金融市场。一系列与利率管制相配套的金融抑制政策随之出现,例如信贷配给、准备金管制和窗口指导等。

改革开放以后,为向国有部门和地方政府融资提供金融方面的补贴,我国实际利率仍长期处于低估状态。有研究表明,中国官方利率至少比市场利率平均低50%—100%,且绝大部分低息贷款配置给了与政府关系密切的国有企业(Garnaut et al.,2001;卢锋和姚洋,2004)。"银行商业化,利率市场化"的目标始终未能实现。从图4-10中不难看出,我国名义利率长期被控制在较低水平,从1999—2018年只在1.5%—3%范围内出现过小幅波动。

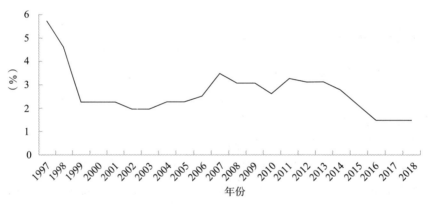

图4-10　1年期名义存款利率

资料来源:中国人民银行。

(二)金融抑制与中国经济周期的"活—乱"循环

我国国民经济运行中有所谓"一放就活、一活就乱、一乱就收、一收就死"的经济循环,这一现象产生的核心原因在于利率管制导致真实利率的反周期运动。当放松对银行放款的控制时,因为资金价格低,企业贷款与投资就会增多,于是出现一段时期投资拉动的经济快速增长。在利率不变的情况下,储蓄没有增加,但贷款却增加了很多,贷款和储蓄之间就会出现缺口,需要依靠增发货币来弥补这个缺口,通货膨胀也就会随之产生。而由于名义利率被控制在固定水平,通货膨胀率的上升又会使得真实利率下降,真实利率呈现出反周期特征(见图4-11)。真实利率的降低使得投资者面临的资金价格进一步下降,反过来又会刺激投资需求加速扩张。经济由此陷入利率下降、投资增加、利率再下降、投资再增加的无限扩张趋势中。真实利率的反周期使得利率非但没能起到平抑经济波动的作用,反而加剧了这一波动幅度,引发经济系统出现混乱。

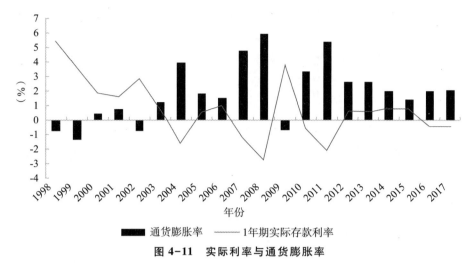

图 4-11　实际利率与通货膨胀率

资料来源:通货膨胀率来自国家统计局,1 年期实际存款利率来自中国人民银行。

当投资增加很快时,对建材、钢铁的需求也会快速增加,但是钢铁厂的建设周期相当长,短期内产品的供给弹性非常小,当需求突然增加很多时,产品的价格就会快速上涨。同样的道理,当投资活动增加时,生产活动也会增加,对交通运输的需求会迅速上升,交通运输在短期内的供给弹性也非常小,因此交通运输就会出现瓶颈。以上我们所看到的通货膨胀、短缺等瓶颈现象都可以被称为"乱"。对"乱"的解决方法有这样两种:一是把利率放开,但正如上文提到的,低利率政策是维持国有企业生存的一个必要条件,国家一般不会这样做。二是减少投资项目,人为压低投资和贷款增长率。投资下降,经济增长就会放慢,就业压力就会随之上升。为了能增加就业,就需要增加投资,减少调控,所以就形成了所谓"一放就活、一活就乱、一乱就收、一收就死"的经济循环。①

（三）金融抑制与投资效率

哈罗德-多马的经济增长理论认为,高投资率是经济增长的重要动力。管制利率可以鼓励投资,而投资可以加速资本积累,对于发展中经济来说似乎未必是坏事。那么中国经济的金融管制是不是"有效的管制"呢? 现在我们来分析中国长期的利率管制如何影响投资效率与经济长期增长。

研究利率管制对投资效率的影响需要借助于一个重要概念——动态无效率。经济处于动态无效率状态是指,可以通过某种政策措施(如降低储蓄率),同时提高家庭当期和未来的消费和福利水平。换言之,如果当前家庭福利水平严格低于政策调整后

---

① 有关利率管制下中国经济典型的"活—乱"经济周期的探讨可参考:林毅夫.解读中国经济[M].北京:北京大学出版社,2012,第 179 页。

的福利水平,我们就称当前经济状态为"动态无效"。在标准索洛模型下,当储蓄率过高时,经济可能处于动态无效率状态,降低储蓄率可以同时提高家庭当期和未来的消费水平。其经济学直觉在于,储蓄率过高将导致资本积累过度,由于资本边际报酬递减,过度的资本积累将导致资本回报率下降,当资本回报率低到无法弥补当期消费下降的福利损失时,降低储蓄率可以同时提高当期消费和未来消费,即经济处于动态无效率状态。

在标准宏观经济学模型(如拉姆齐模型)中,动态有效的最优经济增长路径必然建立在内生利率的基础之上。如果资本边际产出很高,那么,较高的利率就可以吸引居民增加储蓄,减少当期消费;反之,资本边际产出下降将导致利率下降,进而抑制居民储蓄。事实上,在标准拉姆齐模型中,消费是家庭跨期最优化的结果,动态无效率不可能出现,它只可能出现在偏离标准模型的市场不完备情形下。在中国,利率管制是市场不完备的重要形式,当利率受到管制而被人为压低时,这将起到鼓励投资和抑制消费的作用。从最为简单的经济学逻辑来看,当利率被管制时,除非恰巧管制利率正好等于自由经济下内生决定的利率,否则,管制利率水平之下的增长路径必然偏离其动态最优路径,造成资源错误配置,投资效率降低。

现实中,利率管制必然导致金融市场分割,降低金融资源配置效率。当利率被压低时,信贷市场就必然出现供需不等,市场出清无法实现,这就要求政府直接干预金融市场。对有限的金融资源进行配给,造成了正规金融市场的信贷配给。无法从正规金融市场获取贷款的企业(主要是民营企业和中小企业)不得不转向非正规金融市场。由于非正规金融供给远远小于需求,因此将导致非正规金融市场利率高企。由此可见,利率管制将把金融市场分割为低利率的正规金融市场和高利率的非正规金融市场。可以从正规金融市场融资的企业资金成本非常低,导致这些企业即使进行大量低效率投资也可以盈利;相反,由于非正规金融市场融资成本很高,因此要求从非正规金融市场融资企业的投资回报率必须很高。换言之,利率管制引发金融市场分割,而分割的金融市场必然导致企业的投资回报率的差异,可以获得正规金融资源企业的投资回报率很低,无法获得正规金融资源企业的投资回报率很高。陈斌开和陆铭(2016)的研究中将这种现象称为"结构性动态无效率"。

"结构性动态无效率"是指,经济中的某些部门处于动态无效率状态,而其他部门处于动态有效率状态。陈斌开和陆铭(2016)研究发现,在利率管制的背景下,银行贷款大多流向了拥有政府隐性担保的国有企业和地方政府。以工业企业平均利息支出作为企业贷款额的度量,图4-12描述了1998—2008年国有企业和非国有企业的平均贷款情况。从图中可以看出,国有企业的贷款额度一直高于非国有企业,在2008年已经是非国有企业的近10倍。获取大量低息贷款的国有企业有激励进行过度投资,直到其投资回报率与资本成本——实际利率相近,换言之,低利率将诱导容易获得贷款的企业进行大量低效率投资。

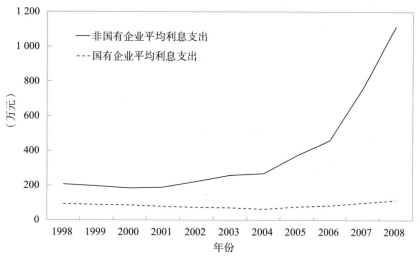

图 4-12　1998—2008 年中国国有企业和非国有企业贷款额度①

资料来源：中国工业企业调查微观数据库。

以产出-资本比作为资本边际产出的度量②，图 4-13 描述了 1998—2007 年国有企业和非国有企业资本的资本产出效率。从图中可以看出，非国有企业的产出-资本比大大高于国有企业，说明非国有企业的资本边际产出和投资回报率远远大于国有企业。在利率管制下，获得低利率贷款的国有企业进行过度投资，投资回报率很低，导致经济呈现"动态无效率"的特征；非国有企业从银行获取低息贷款的难度更大，资金的机会成本更高，这就要求非国有企业投资回报率很高，使得经济呈现出"动态有效率"的特征。利率管制背景下不同企业资本回报率差异造成了中国经济"结构性动态无效率"的现象。

图 4-13 还比较了国有企业和非国有企业 TFP 的差异。不难看出，国有企业的生产率大大低于非国有企业。③ 因此，中国的低息贷款实际上流向了生产效率更低的国有企业，这将进一步恶化资源配置效率，造成中国经济的"结构性动态无效率"。基于"结构性动态无效率"的框架，可以清楚地解释为什么中国经济高速增长的同时却伴随大量低投资回报率的现象：利率管制造成中国高投资回报率和低投资回报率的企业共存，高投资回报率企业是中国经济实现快速增长的原因，而低投资回报率企业因为可以获取低息贷款而持续存在于现实经济中。

---

① 国有企业包括登记注册类型为国有企业、国有独资公司、国有联营企业三种类型，平均利息支出为工业企业利息支出的简单平均值。

② 在柯布-道格拉斯的生产函数设定下，$Y=AK^{\alpha}L^{(1-\alpha)}$。资本的投资回报率为资本边际产出 $MPK=A\alpha K^{(\alpha-1)}L^{(1-\alpha)}=\alpha(Y/K)$，即资本边际产出是产出-资本比的线性函数，因此可以使用产出-资本比来度量投资回报率。以产出-资本比来测度资本边际产出是文献中比较常用的方法，如 Dollar and Wei(2007)。

③ 二者的差异在 2004 以后有所缩小很可能是因为大量低息贷款在 2004 年后流向了国有企业(见图 4-13)，降低了国有企业资金成本，而这并不一定反映了国有企业生产效率的提高。

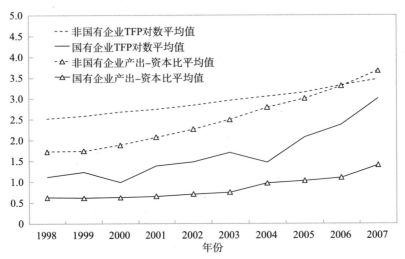

图 4-13　1998—2007 年中国国有企业和非国有企业资本-产出比①

资料来源：中国工业企业调查微观数据库。

综合上述分析可知，利率管制使得中国大量资金通过金融系统流向低效率的国有企业和地方政府部门，导致投资回报率和生产效率下降，从而降低总体投资效率，不利于长期经济增长。

本部分从金融抑制的视角出发，对中国经济周期以及投资效率进行了分析。第一，从经济周期角度看，金融抑制下的真实利率反周期是造成中国经济呈现"活—乱"循环的主要原因。银行利率管制导致利率无法发挥其对经济波动的调节作用，使真实利率出现反周期变动的现象，不断上升的投资需求与不断下降的真实利率相互加强，经济波动幅度加大，且呈现明显的投资拉动特征。第二，金融抑制导致市场分割，不同投资主体之间资本回报率出现巨大差距，从而导致中国的投资呈现出结构性动态无效率的特征，投资效率降低，经济增长受到阻碍。

第四节　投资与产能过剩

通过前面的学习我们知道，无论从长期经济增长还是从短期经济波动来看，投资这驾马车能否正常运行对于一国的经济稳定与发展都发挥着至关重要的作用。若投资出现问题，必然会波及经济的平稳健康发展。近年来中国的产能过剩问题日益突出，"三去一降一补"中的"去产能"成为供给侧结构性改革的核心任务之一。产能过剩，顾名思义就是指超过需求的多余的生产能力，这种生产资料的闲置和浪费换言之就是投资的低效率，而这一低效投资已严重制约中国经济的健康发展，并引发一系列多重失衡。那么中

---

① TFP 度量企业的生产效率，计算 TFP 的基本思想是在产出（增加值）中剔除资本和劳动的贡献，其残差即为 TFP 对产出的贡献。本书企业 TFP 对数值通过 Olley and Parker(1996) 方法计算得到，TFP 年平均值为企业 TFP 对数值的简单平均。由于 2008 年企业数据中增加值变量缺失，因此 TFP 和产出-资本比数据截至 2007 年。

国目前的产能过剩表现出怎样的特征?究竟是什么原因导致了这种投资的低效率?本章最后一节将对这些问题展开分析。

本节分为五个部分:第一部分首先讲述有关产能过剩的测度方法,认识产能过剩问题首先要从科学地识别产能过剩开始;第二部分结合数据展现我国目前关于产能过剩的典型事实,介绍我国产能过剩所呈现出的主要特征;第三部分和第四部分分别从政策性负担和政府行为角度出发,建立理论框架,解释我国经济出现产能过剩的内在原因;第五部分基于以上分析提出有针对性的政策建议。

一、产能过剩的测度[①]

要深入研究产能过剩问题,首先要科学地测度产能过剩。测度产能利用情况的方法有很多,最直接的指标是产能利用率,即实际产量与生产能力的比值。虽然实际产量是容易测得的数据,但是生产能力往往没有现成的数据,所以测度产能利用率的关键在于如何计算生产能力。本节第一部分对文献中常用的测度产能过剩的方法进行总结。

（一）峰值法

在估计美国行业设备利用率时,Klein and Preston(1967)使用了峰值法,又称"峰到峰"(Peak-to-Peak)方法,该方法通过对某行业/地区生产指数的变化来推算该行业的设备利用率。在一般情况下,实际产出的时间序列不是一条随着时间平滑上升的直线,而是带有一定起伏的曲线,即产出沿着增长趋势有上下波动,在某些年份出现峰,在另一些年份出现谷。峰值法假定在峰值年份设备得到了充分利用,在非峰值年份设备没有得到充分利用。为了计算非峰值年份的设备利用率,首先标出实际产出曲线上的峰值点,然后在相邻的峰值点之间拟合出直线段。在现期峰值点和上期峰值点之间,把前一个直线段按原有的斜率外推,若现期的峰值点超过外推趋势线,就对前一直线段进行修正,即从上一个峰值点到现期的峰值点之间拟合新的直线段。重复此过程就得到了一条通过各峰值点拟合起来的趋势线,这种技术就是"过峰趋势技术"(沈利生,1999)。实际值与趋势线上对应值的比即为产能利用率。

峰值法的特点是简单,只需要一个时间序列就可以进行估计,但它也有一个主要缺陷,就是假设在峰值点对应的年份上设备得到了充分利用。实际上很有可能的情况是,在峰值点年份上的设备利用率只是比相邻其他年份高一些而已,但仍然可能有部分设备并未得到充分利用。因此,用峰值法估计出来的设备利用率很有可能存在上偏差(高估),由此推算出的结果带有"乐观"的倾向(沈利生,1999)。

（二）生产前沿法

生产前沿法是生产有效性分析与测量的重要工具,所谓生产前沿或前沿生产函数是根据已知的一组投入产出观测值,构造出一切可能的投入产出组合外部边界,使得所有

[①] 关于产能过剩测度方法参考:产业转型升级课题组.结构转型与产能过剩:理论、经验与政策(中国产业转型升级研究报告 2016)[R].北京:人民出版社,2017,第 1—17 页。

观测点都落在这个边界或它的"下方",并且与其尽可能接近。这里的投入产出组合外部边界即可视为企业的潜在生产能力,而实际产出与潜在生产能力的比值就是产能利用率。因此,使用生产前沿法计算产能利用率的核心在于如何寻找生产前沿函数。

根据研究方法的不同,生产前沿法可分为参数方法和非参数方法。传统的参数方法是指计量经济学中的数理统计方法,即在投入与产出之间假设明确的生产函数数学表达式,然后根据一组投入产出观测数据,在满足某些条件的前提下,利用回归分析的方法确定表达式中的参数。这种方法对全部数据进行"平均性"的统计回归,得到一个穿过样本观测点"中心"的生产前沿面。因此,该方法得到的生产函数不符合最优性的定义,谈不上是生产前沿。前沿生产函数即参数生产前沿的早期研究者是 Aigner and Chu(1968),他们首次提出了柯布-道格拉斯生产函数的参数前沿,并利用线性或二次规划方法确定前沿函数以及计算生产单元的相对效率。考虑到随机误差因素,Aigner et al.(1977)系统地研究了随机前沿生产函数,将随机扰动项分为两部分,一部分是服从双边对称分布的统计观测误差,另一部分是服从单边分布的管理偏差。参数前沿无论是随机的还是确定性的,都要预先假定生产函数的数学表达式,然后对其参数进行估计,而假定的生产函数以及误差项的概率分布不一定符合实际情况,难免掺入主观因素,造成"生搬硬套"。而生产函数一经确定,其各种导出参数如替代率、边际产出等就具有一定的特殊性,这是参数方法的显著特点或者说主要不足,其限制了模型的应用范围(韩国高,2014)。

生产前沿法研究的一个划时代里程碑是 Charnes et al.(1978)提出的 DEA 的非参数方法,该方法是在经济学家法雷尔(Farreii)关于私人企业评估工作的基础上,以工程上单输入单输出的效率概念为基础发展起来的评估具有多输入多输出同类 DMU 相对有效性的效率评估体系。具体来说,DEA 是一种用于评估具有同质投入产出 DMU 的相对有效性技术,是一种边界方法。这种方法不要求描述生产系统输入输出之间的明确关系,而是应用线性规划理论将有效样本和非有效样本分离,并将 DMU 的线性组合构成的分段超平面作为生产前沿面。与前面生产前沿的参数方法相比,DEA 的最大特点是无须对生产系统的输入输出之间进行任何形式的生产函数假定,而仅仅依靠 DMU 的实际观测数据,利用线性规划技术将有效 DMU 线性组合起来,构造出"悬浮"在整个观测样本点上的分段超平面即生产前沿面,并由此来评估 DMU 的相对效率。DEA 构造的生产前沿面紧紧包络全部数据观测点,它反映了生产系统输入输出之间的最优关系。除此之外,DEA 又提出了计算观测点至生产前沿面之间距离的简单而又有效的途径,即计算观测单元相对于有效生产前沿最大可能的投入减少或最大可能的产出增加,并由此分析判断其生产有效性(韩国高,2014)。

(三)成本函数法

与生产前沿法从企业生产的角度计算生产能力不同,成本函数法着眼于企业的成本函数。在微观理论层面,所谓产能过剩是指企业的实际产出小于其最优规模,即平均成本最低的产出水平。例如 Chamberlin(1933)提出垄断竞争会导致企业不能在最优水平生产,出现产能过剩现象。Kamien and Schwartz(1972)也认为,不完全竞争行业也会出现产能过剩现象。在实际研究中,产能过剩一般指行业的实际生产能力超过市场需求,超过正常期望水平的状态(周劲,2007;钟春平和潘黎,2014)。

参考 Berndt and Hesse(1986)、Nelson(1989)和赵昌文等(2015)的做法,假设影响企业产出的要素包括资本、劳动、中间投入和生产率,并且企业的生产函数能够由以下方程表示:

$$y = f(k, e, t) \tag{4.19}$$

其中,y、k、e、t 分别表示企业的产出、资本、可变要素投入和 TFP。在短期,企业可利用的资本存量被认为是固定的;给定企业产出 y,在受到固定资本存量 k 约束的情况下,企业通过最小化可变成本实现利润最大化。参考 Lau(1976)、Nelson(1989),企业的可变成本函数可表示如下:

$$vc = g(y, k, p_e, t) \tag{4.20}$$

其中,p_e 表示企业可变要素的投入价格。(4.20)式表明在给定劳动价格、中间投入价格、企业规模和技术水平的情况下,企业生产某给定的产出能实现的最小化可变成本。现有文献如 Berndt and Hesse(1986)、Nelson(1989)等一般以超越对数形式的短期可变成本函数来对方程进行近似,即:

$$\ln vc = \beta_0 + \beta_y \ln y + \beta_k \ln k + \sum \beta_e \ln p_e + \beta_t \ln t + \frac{1}{2} \sum \sum \beta_{ij} \ln E_i \ln E_j \tag{4.21}$$

其中,E 为 y、k、e、t 组成的向量。对于超越对数成本函数,可变投入价格的系数需满足线性齐次的参数限制,条件如下:

$$\sum \beta_e = 1 ; \sum \beta_{ij} = 0 \tag{4.22}$$

由于企业的最优产出是短期成本最低的产出,而短期成本 $sc = vc + fc = vc + rk$,其中,fc 为固定成本,等于资本使用成本。令 $\frac{\partial sc}{\partial y} = 0$,即可解出最优产出 y^* 为企业的生产能力。

(四)衡量产能过剩的其他指标

用产能利用率衡量产能过剩,概念简洁明了、经济含义清晰,但是这一指标也存在一定的不确定性和不准确性。比如,有些企业的设计生产能力与实际生产能力有较大差别,企业的实际生产能力数据不易获得等。因此,仅仅依赖产能利用率这一个指标可能很难全面地反映各行业的真实情况。为了准确地了解产能过剩行业中企业的真实生存状况,需要借助多种间接指标。表 4-2 总结了文献中常用的几个能够说明产能利用情况的指标。

表 4-2 衡量产能过剩的其他方法/指标

文献	方法/指标
王岳平(2006)	产成品资金占用率、销售率、亏损面、资金利税率
巴曙松(2006)	产能与产量的差距、存货上升、价格下降、利润下降

（续表）

文献	方法/指标
周劲(2007)	存货可销售天数、产品价格、资金利润率、企业亏损面
任碧云(2010)	行业产销率
冯梅和陈鹏(2013)	销售利润率变动率、价格指数变动率、库存变动率

二、产能过剩的典型事实

通过上一部分的学习,我们已经知道如何对产能过剩进行度量。本部分将结合中国企业层面数据,分析产能过剩在企业内部、企业所在地以及企业所有制方面所呈现出的特点。①

我们使用2011—2013年的工业企业数据库,分析产能过剩的结构性特征。限于数据的可能性,我们无法直接使用上述几种方法,而采用修正的成本函数法计算产能利用率。按照定义,产能利用率是实际产量与生产能力的比值。虽然工业企业数据库记录了企业的实际产量,但生产能力却不易观测。本书采用的成本函数法,是将企业平均成本最低的产量认定为企业的生产能力。具体而言,我们估计如下成本函数:

$$\ln APC = a + \beta_y \ln y + \beta_k \ln k + \beta_l \ln l + \beta_t \ln t \\
+ \beta_{yy} \ln y \cdot \ln y + \beta_{yk} \ln y \cdot \ln k + \beta_{yl} \ln y \cdot \ln l + \beta_{yt} \ln y \cdot \ln t \\
+ \beta_{yyk} \ln y \cdot \ln y \cdot \ln k + \beta_{yyl} \ln y \cdot \ln y \cdot \ln l + \beta_{yyt} \ln y \cdot \ln y \cdot \ln t + u \tag{4.23}$$

这一成本函数指出,企业的平均成本函数是产量的二次曲线,并且二次曲线的形状、位置都因企业的资本 k、劳动 l 和生产率 t 而变化。平均成本函数的最低点可由(4.24)式决定:

$$\frac{\partial \ln APC}{\partial \ln y^*} = \beta_y + \beta_{yk} \ln k + \beta_{yl} \ln l + \beta_{yt} \ln t + 2\ln y^* (\beta_{yyk} \ln k + \beta_{yyl} \ln l + \beta_{yyt} \ln t) = 0 \tag{4.24}$$

求解(4.24)式可得企业的短期生产能力为:

$$\ln y^* = -\frac{\beta_y + \beta_{yk} \ln k + \beta_{yl} \ln l + \beta_{yt} \ln t}{2(\beta_{yyk} \ln k + \beta_{yyl} \ln l + \beta_{yyt} \ln t)} \tag{4.25}$$

因此企业的产能利用率为:

$$CU = \frac{\ln y}{\ln y^*} \tag{4.26}$$

现在我们利用成本函数法计算企业的产能利用率,分析哪些因素与产能利用率存在相关性。为此,我们使用四大产能过剩行业②将产能利用率回归到一些常用的企业特征

---

① 产能过剩的企业特征参考:产业转型升级课题组.中国产业转型升级研究报告(2016):结构转型与产能过剩:理论、经验与政策[R].北京:人民出版社,2017,第7—9页。

② 四大产能过剩行业指钢铁、煤炭、水泥、铝冶炼行业。

上,回归结果如表 4-3 所示。结果表明:第一,大企业的产能利用率较高,固定资产规模提高 1%,产能利用率提高 0.7 个百分点。第二,新企业产能利用率较高,企业年龄增长 1%,产能利用率降低 0.3 个百分点。第三,产能利用率较高的企业,也是利润率较高的企业,利润率提高 1 个百分点,产能利用率提高 1.3 个百分点。第四,产能利用率较高的企业库存较少,这说明文献中使用库存占比衡量产能利用情况是合理的。第五,创新企业的产能利用率较高,因为新产品产值的比重与产能利用率高度正相关。第六,劳动收入份额较高的企业,产能利用率较低,但是系数并不具有统计显著性。第七,补贴收入在营业收入中的占比越高,企业的产能利用率越低,反映了被补贴企业的低效率。第八,企业在当地同行业中所占就业比例越大,产能利用率越高,这可能反映了政府由于维持就业的压力,更多地照顾这些企业。第九,产出份额大的企业由于强大的市场势力,所以产能利用率较高。

表 4-3 回归结果

	因变量:产能利用率	
	系数	标准误
企业规模	0.007***	(0.000)
企业年龄	−0.003***	(0.001)
利润率	0.013***	(0.002)
库存比	−0.000*	(0.000)
新产品产值	0.002	(0.003)
劳动收入份额	−0.000	(0.000)
补贴收入	−0.054**	(0.024)
就业份额	−0.602***	(0.144)
产出份额	0.967***	(0.268)
观测值	63474	
R 平方	0.099	

注:***、**、* 分别表示在 1%、5%、10% 的水平上显著。

回归中还控制了省份和行业的固定效应。行业之间并不具备可比性,但是不同地区之间的差异可以通过省份虚拟变量的系数进行比较。我们以北京市为基准,比较了各省份产能利用率与北京市的情况,展示在图 4-14 中。最明显的特征是,以下三个区域的产能利用率低于北京:东北地区(显著地低 2 个百分点或更多);河南、湖北、安徽等中部地区的省份;西部大部分省区(贵州和新疆最为显著)。广东省和华东地区的产能利用率显著高于北京。

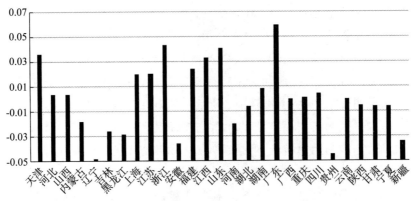

图 4-14　各省份产能利用率(与北京比较)

最后,我们比较不同所有制企业产能利用率的分布情况,图 4-15 是四大行业内三类企业产能利用率的概率密度图(我们在分布两端进行了 2% 的缩尾处理)。整体来讲,三类企业的产能利用率都以大概 70% 为中心呈现正态分布(略有正偏)。产能利用率分布的左半边,国有企业出现的概率远高于私营企业和外资企业,说明更大比例的国有企业正在经历产能过剩的过程。这可能是由于国有企业经营绩效更差,也可能是由于国有企业更难退出市场,并且经常承担着保障就业、维护社会稳定等政治任务。在分布的右半边,国有企业和私营企业较为接近,而外资企业的概率密度更高。也就是说,更大比例的外资企业有着较高的产能利用率,而产能利用率较高的内资企业比例较低:国有企业更多地集中于左端(产能利用率较低),而私营企业则集中于分布的中段(产能利用率一般)。

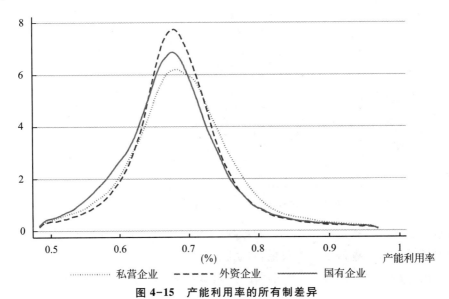

图 4-15　产能利用率的所有制差异

资料来源:工业企业数据库。

三、政策性负担、预算软约束与产能过剩

这一轮产能过剩既是市场经济发展过程中的必然现象,也是经济周期因素与经济体制原因等多种因素的叠加结果,具有鲜明的中国特色。其中,政策性负担是引发预算软约束,进而导致产能过剩的一个重要原因。本部分首先介绍政策性负担的含义,接着进一步探究政策性负担、预算软约束与产能过剩的内在联系。

(一) 政策性负担[①]

社会主义经济中常有被 Kornai (1986) 称为"预算软约束"的现象,即国有企业预期到自身一旦发生亏损,政府常常会追加投资、增加贷款、减少税收,并提供财政补贴。预算软约束无疑会扭曲企业的微观行为,导致企业资金配置和经营的低效率(林毅夫和李志赟,2004),所以预算软约束形成的原因也成为理论界争论的热点问题之一。科尔奈(Kornai)及我国学者发表的许多论文认为,预算软约束源于国有企业的公有制的产权结构。但是,由于预算软约束的现象并非社会主义国家或者公有制企业所独有,所以国外有些学者则声称前后期投资的时间不一致性是预算软约束产生的根源(Maskin, 1995;Qian, 1994)。林毅夫及其合作者(1994, 1997, 1998, 1999)在一系列论文和著述中提出了与上述观点不同的解释,认为企业预算软约束产生的主要原因不在于所有制本身,而是由于各种政策性负担的存在。林毅夫等(2004)指出在社会主义计划经济、转型经济时期,以及在许多发展中国家,政策性负担主要由企业的自生能力所产生的战略性政策负担和由于承担冗员、社会养老问题所产生的社会性政策负担两部分组成。

要理解政策性负担,首先需要了解新结构经济学的一个基本概念:自生能力。[②] 在一个自由竞争的市场经济中,一个正常经营、管理的企业在没有外部扶持的条件下,如果能够获得不低于社会可接受的正常利润率水平的预期利润率,则这个企业就有自生能力。在开放的经济中,一个企业的自生能力取决于这个企业所选择的产业、产品和技术是否同这个经济的要素禀赋结构所决定的比较优势相一致(Lin, 2003)。如果一个企业不具备自生能力,在正常经营时的预期利润率低于社会可接受的水平,则不会有人投资于这个企业,这样的企业只有靠政府的扶持才能生存。

发展中国家的要素禀赋特征一般是劳动力相对丰富,资本极端短缺。在开放竞争的市场环境下,企业可以具有自生能力的是劳动密集的产业或资本密集产业中的劳动密集区段。但在一般人的理解中,资本越密集的产业、技术,代表着越先进的产业、技术,因此,发展中国家的政府经常为了追求产业、技术的先进性,鼓励企业进入资本过度密集而没有比较优势的产业或产业区段,从而致使响应政府号召的企业在开放竞争的市场中缺乏自生能力(Lin and Tan, 1999;林毅夫和李周, 1997)。因此,政府必须给这些企业保护

[①] 产业转型升级课题组. 结构转型与产能过剩:理论、经验与政策(中国产业转型升级研究报告2016)[R]. 北京:人民出版社,2017,第35—40页.

[②] 林毅夫. 新结构经济学[M]. 北京:北京大学出版社,2012,第117—179页.

和补贴。转型前我国和其他社会主义国家传统经济体制中,人为扭曲价格体系、建立相应的以行政手段配置资源的计划体制、剥夺企业的经营自主权,这些做法实质上是在资金极端稀缺的要素禀赋结构下,推行资金密集的重工业优先发展战略,从而实现这个战略意图并使得在市场竞争中不具备自生能力的企业能够被建立和生存的必要制度安排(Lin,2003;林毅夫等,1994)。在进行市场化改革以后,经济制度结构虽然已经有了很大改观,但是许多国有企业或是私有化了的企业,其产业、产品、技术选择尚未改变,在开放、竞争的市场中不具备自生能力的问题依旧存在,对这类由于政府的发展战略选择而致使企业缺乏自生能力的问题,我们称之为战略性政策负担。

在中国和其他转型中国家,除了战略性政策负担,许多企业还承担着另外一种政策性负担——社会性政策负担。在改革前的计划经济中,推行的是资金密集的重工业优先发展战略,投资很多,创造的就业机会很少,但政府对城市居民的就业负有责任,为了满足新增就业的需要,经常将一个工作岗位分给多个职工。由于当时推行的统收统支制度,工人的工资直接由财政拨款来支付,对企业来说冗员并不是一个负担;同时,当时实行的是低工资政策,工资只够职工当前的消费,职工退休后的养老、医疗和其他需求,同样由政府以财政拨款的方式通过企业来支付,对企业也非额外的负担。但是,经营管理体制改革后,工人的工资和退休职工退休金的支付,成为企业自己的责任。为了保持社会稳定,国有企业不能随意淘汰冗员,同时,国有企业成立的时间越长,退休职工就越多,退休金和社会福利支出负担也就越重。由上述两种原因形成的负担可称为社会性政策负担。[①]

(二) 预算软约束与产能过剩

存在政策性负担的企业在市场竞争中和没有这些负担的企业相比,处于不利地位。这类企业如若不能有效地剥离政策负担,在正常的竞争机制中,将面临严重的破产风险。然而,地方政府为维持本地就业与稳定,或者出于支持政府所扶持产业发展壮大的目的,不允许企业自由剥离政策负担抑或破产。由此带来的政策性亏损,政府必须为之负起责任,结果便引发了预算软约束问题(林毅夫等,2004)。

预算软约束的出现将进一步导致企业丧失自生能力,因为在存在预算软约束的情况下,企业经理人员改进生产的积极性降低,而且利用职权多吃、多拿、多占的道德风险也因难以监督而不可避免。同时,企业不断向政府要政策、要优惠、要补贴;握有给予企业这些政策、优惠、补贴的某些政府官员也会反过来向企业要各种好处(林毅夫和刘培林,2002)。没有自生能力的企业在较好的经济环境中或许还能勉强生存,一旦经济形势不利,很可能处于停产或半停产状态,面临破产的风险。

若竞争机制能够正常发挥作用,这部分低效企业将被市场淘汰,企业资源会随之转移到生产效率更高的其他企业去,通过要素资源在企业之间进行再配置实现产业升级。

[①] 对重工业优先发展战略以及企业政策性负担的探讨参考:林毅夫. 解读中国经济[M]. 北京:北京大学出版社,2008,第35—54页。

然而在企业承担政策性负担时,政府和银行的救助使企业免于破产,生产要素以极低的效率留存于企业内部,过剩产能由此产生。

四、地方政府的影响

地方政府行为是导致产能过剩的另一个重要方面。具体的机制可能由四个方面组成。首先,由于地方政府承担就业职责,因此其没有动力让吸纳较多劳动的企业倒闭;其次,地方政府推行某些产业政策,如果这些产业政策并不符合当地的比较优势,就会有产能利用率较低的问题;再次,地方政府之间的竞争,在经济上行期间争相投资,而在经济下行时形成囚徒困境,不愿退出;最后,政府监管缺位造成小企业逃避税收和环保成本,导致大量低质量、高污染产品存在。以上情况均会在不同程度上阻碍资源的有效配置,造成产能过剩,制约经济的稳定健康发展。本部分将结合我国实际数据,依次对这四种机制展开分析。[①]

(一)地方政府的就业压力

企业之所以承受社会性政策负担,是因为地方政府有保证就业、稳定社会的政治职责。这就意味着,即使排除企业所有制的影响,当企业雇用了较多劳动时,政府也会同样在关键时刻支持这些企业,因此这类企业也将面临预算软约束的问题,并更可能成为产能利用率较低的企业。为了看出这一点,表4-4将产能利用率回归到企业的就业份额上(就业份额是企业从业人数除以本地区同行业总就业人数)。结果显示,就业份额越大的企业,产能利用率越低。平均而言,就业份额提高1个标准差,产能利用率将会下降大约0.5个百分点。

表4-4 就业份额的影响

	产能利用率
就业份额	-0.063^{***}
	(0.004)
观测值	507 275
R平方	0.045

资料来源:工业企业数据库。

注:*** 表示在1%的水平上显著。

(二)产业政策的影响

产业政策是政府为了实现一定的经济和社会目标而对产业的形成与发展进行干预的各种政策的总和。由于研究的角度不同,产业政策在国际上尚没有统一的定义,测度方法也各有不同。产业政策的手段包括税收优惠、财政补贴、行政干预、金融支持、土地

[①] 产业转型升级课题组. 结构转型与产能过剩:理论、经验与政策(中国产业转型升级研究报告 2016)[R]. 北京:人民出版社,2017,第 176—184 页。

优惠等,文献中也根据不同的手段来设定产业政策的代理变量。根据数据特征,本部分将用税收优惠作为产业政策的代理变量。由于回归中控制了企业固定效应,所以全国层面的税收优惠政策会被固定效应吸收,而回归发现的结果将归因于地方政府出台的税收优惠。表4-5分析了税收优惠对产能利用率的影响,其中税收优惠定义为税率与本地区同行业平均税率的比值。回归结果显示,享受税收优惠的企业产能利用率更低。

表 4-5 税收优惠对产能利用率的影响

	产能利用率		
	(1)	(2)	(3)
税收优惠(所得税)	0.001*** (0.000)		
税收优惠(增值税)		0.001*** (0.000)	
税收优惠(总体)			0.001*** (0.000)
观测值	714 850	703 306	743 877
R平方	0.071	0.065	0.044

资料来源:工业企业数据库。

注:*** 表示在1%的水平上显著。

(三) 地方政府竞争

1994年以来,我国实行的财政分权体制改革,使得地方政府拥有了更大的财权和事权,增加了地方政府参与经济发展的积极性,同时也形成了地方政府间的竞争。地方政府竞争是指不同行政区域内的各地方政府之间,为了吸引投资、实现更快的GDP增长和更多的财政收入等目标,在招商引资、地方政策、投资环境和制度条件等方面展开的竞争。但是,由于相应体制、机制的建立不能与经济增长相匹配,地方政府间的这种竞争行为就会产生异化,从而使得部分行业矛盾加剧(张日旭,2012)。当某些产业刚刚兴起时,许多地方政府一拥而上支持这个行业的发展,造成重复建设。一旦经济下行、需求不足,各地方政府又纷纷出台政策、提供优惠和补贴来支持当地企业,希望能够通过扶持本地企业来挤垮其他地区的企业。在这种类似于囚徒困境的博弈中,整个行业都将陷入困境,许多曾经是行业领导者的企业都无法盈利甚至债务缠身。由此可知,地方政府的竞争行为也是造成要素资源难以在企业之间、产业之间根据市场规律自由配置的阻碍之一,是造成产能过剩的重要原因。

本部分借助工业企业数据库来检验地方政府竞争和产能过剩的关系。我们认为,如果省内各地区某行业实力相当,那各个地区更可能在该行业殊死争夺;相反,如果实力差距很大,那么地区之间的竞争应该不会很激烈。因此,我们用省内各市—行业产出的均方误差来衡量地区竞争的激烈程度,推测如果竞争越激烈,产能利用率也越低。回归结果报告如表4-6所示。回归结果与上述推测一致,如果地方政府之间的竞争越激烈(产出的均方误差越大),该地区一行业内企业的平均产能利用率越低。这说明地方政府竞争确实会恶化产能过剩。[①]

表4-6 地方政府竞争及其影响

	产能利用率
产出均方误差	−0.001*
	(0.001)
观测值	1 810
R平方	0.057

资料来源:工业企业数据库。

注:*表示在10%的水平上显著。

(四)政府监管缺位

此外,部分低效率的小企业也会是产能过剩的来源之一。在政府监管缺位的环境下,政府对小企业实施监管的成本更高,面临更大程度的信息不对称。因此,小企业有更强的激励逃避税收和降低环保成本,以更低的成本运营。这部分小企业虽然效率较低,却因为较低的环保成本和税收负担而得以存活,构成过剩产能。一旦政府监管到位,这部分小企业便会因为环保水平和市场质量不达标等原因被市场淘汰。由此可以看出,政府监管对于维护市场公平竞争环境、化解产能过剩、防止"劣币驱逐良币"现象出现至关重要。

综合上述分析可知,地方政府的就业压力、产业政策、政府的竞争行为以及政府监管缺位等因素,均是造成中国经济存在产能过剩的重要原因。下一部分将针对上述原因,提出化解产能过剩的相应政策。

五、化解产能过剩的政策选择

有效化解过剩产能首先要找准产能过剩产生的原因。产能过剩产生的原因可以分为市场性和非市场性两大类。如果市场是完备的,产能过剩必然导致价格下降,进而倒逼企业在优胜劣汰的市场机制下缩减产能和产量,直至市场出清。持续且难以化解的产能过剩主要源自非市场性原因。对于依然处于转型过程中的中国,非市场性因素的影响尤为突出,政府缺位和越位并存造成了非公平竞争的市场环境。通过上一部分的学习,我们知道企业的政策性负担以及地方政府的恶性竞争与监管缺位都是造成产能过剩的重要原因。本部分将基于产能过剩的产生原因,为化解产能过剩问题提出针对性

---

① 产业转型升级课题组.结构转型与产能过剩:理论、经验与政策(中国产业转型升级研究报告2016)[R].北京:人民出版社,2017,第53—55页。

的政策建议。

　　政府越位主要表现在地方政府和金融机构为产能过剩行业的"僵尸"企业不断提供补贴和贷款,阻碍企业通过市场竞争机制实现优胜劣汰。而政府干预市场的根本原因在于企业承担了政府的政策性负担。正如第三部分所提到的,我国企业政策性负担主要分为战略性负担和社会性负担。这两种负担都是政府加在企业身上的政策性负担,造成企业在竞争市场中的政策性亏损,政府出于就业和社会稳定等方面的考虑必须为其提供补贴(比如市场准入、税收、银行资金等方面的优惠)。由于政府与企业之间存在信息不对称,政府并不完全清楚政策性负担所带来的政策性亏损的具体数额,因此企业就有借口把各种经营性亏损也说成政策性亏损。政府在信息不对称的状况下无法对政策性亏损和经营性亏损做出辨别,就只能承担起企业所有的亏损,从而出现"预算软约束"。对企业而言,提高经理人员的收入和企业的福利有两种办法:一种是兢兢业业地提高生产效率,另一种是向政府索要保护补贴。显然向政府索要保护补贴是更加方便而且成本较低的办法,所以才会出现对承担政策性负担的企业保护补贴不断增加的情形。这类企业本不具有自生能力,应在市场竞争中被淘汰,却因为承担政策性负担而持续以低成本获得资源以免于退出市场,进而形成"僵尸"企业,造成严重的产能过剩。

　　因此,化解产能过剩的前提是消除政策性负担。只有剥离企业身上的政策性负担,才能有效切断政府与企业之间的预算软约束,让企业在市场机制的作用下优胜劣汰,进而促使不具有自生能力的企业缩减产能和退出市场,直至市场出清。若不能有效剥离企业的政策性负担,产能过剩问题将持续存在。

　　政府缺位主要表现在政府在环保、质量、安全等方面监管不严。在忽视环境、治理和安全性的情况下,企业的生产成本大幅下降,极易造成企业投资的"大跃进",从而导致产能过剩伴随环境污染、产品或者工程质量低下和安全性能差等问题。而环保、质量等方面达标的企业由于生产成本相对较高,不具有价格优势,反而容易在与高污染、低质量企业的竞争中处于不利地位,出现"劣币驱逐良币"的现象。政府只有通过加大监管力度,在环保、质量、安全等方面严格执法,形成公平的竞争环境,才能提高这些污染问题、质量问题严重的企业的生产成本,暴露其在市场竞争中不具备自生能力的事实,从而让市场淘汰机制有效地发挥作用,化解此类产能过剩问题。[①]

　　目前,政府和金融机构维系"僵尸企业"生存的成本越来越高,全面化解产能过剩的条件已基本成熟。林毅夫(2020)指出,化解过剩产能的核心思路可概括为"有效市场+有为政府",即通过推动供给侧改革形成有效市场,化解结构性产能过剩;通过政府引导扩大国内外需求,缓解周期性产能过剩。产能过剩行业供给侧改革的核心是剥离企业政策性负担,形成公平市场竞争环境,让价格信号充分发挥作用。当前大部分过剩产能并非

---

① 产业转型升级课题组.结构转型与产能过剩:理论、经验与政策(中国产业转型升级研究报告 2016)[R].北京:人民出版社,2017,第 176—184 页。

落后产能,不宜为化解而化解,其核心在于提高企业自生能力,形成"优胜劣汰"的市场机制,防止在化解过剩产能中出现"劣币驱逐良币"的逆向淘汰。供给侧结构性改革和有效需求扩张都需要政府推动,"有为政府"可以从三方面发力化解产能过剩:第一,大力推动政策性负担剥离,财政资金从补贴企业向补贴失业人员转变;第二,在环保、质量等方面严格执法,形成公平的竞争环境,防止"劣胜优汰";第三,通过加快高回报率基础设施建设和引导企业"走出去"扩大国内外需求,缓解周期性产能过剩。

本章总结

本章我们学习了国民经济中的重要组成部分——投资,并对与之紧密相关的中国经济问题展开分析。第一节对投资、固定资产投资以及固定资本形成等概念进行介绍,并根据新古典投资理论和托宾 q 理论分析影响投资行为的决定因素。投资是指对资本品的购买或建造,包括住宅和非住宅建筑、设备和生产中使用的软件以及增加的库存,是"真实资本"的增加。新古典投资理论指出,企业通过比较资本边际产量、资本成本以及折旧额来进行投资决策;托宾 q 理论(调整成本模型)在此基础上引入资本存量调整成本和预期,分析得出企业 q 值的大小是影响投资行为的关键因素。

第二节介绍经典的宏观经济理论,探究投资如何影响经济的长期增长与短期波动。哈罗德-多马模型立足于美国经济大萧条,指出投资是推动经济增长最直接的决定因素。索洛模型引入技术进步,采用更加符合现实的柯布-道格拉斯型生产函数进行分析。模型认为,从长期来看,投资率的高低是影响一国人均收入的关键原因,但无法解释不同国别抑或不同时期经济增长率的显著差距,技术进步才是维持一国经济长期增长的关键。干中学模型放松了索洛模型中将技术进步视为外生给定的假设,指出更高水平的资本积累能通过干中学的方式促进技术进步,从而对长期经济增长产生正向影响。有关经济波动理论,本章主要介绍加速数理论和凯恩斯动物精神理论,二者分别从投资自身的特征以及投资者心理特征的角度出发,对投资与经济波动的关系做出解释。

第三节从现实的角度出发,探究中国经济中与投资密切相关的几点重要问题。中国的高储蓄、高投资现象是由居民收入占总收入比重下降以及居民储蓄率不断上升两方面作用力导致的;其中我国在转型阶段所面临的要素市场、产品市场的多重扭曲是造成居民储蓄率偏高的主要原因;而财政分权体系下地方政府的竞争行为是引发居民收入占比下降的重要因素。此外,中国经济长期存在金融抑制,它是解释我国经济周期呈现出诸如投资拉动、真实利率反周期、"活—乱"循环等典型特征的根源。不仅如此,金融抑制还会导致中国的投资存在"结构性动态无效率"。

第四节对产能过剩的产生原因及其化解方式等热点问题展开分析。首先介绍了产能过剩的测量方法,文献中常用峰值法、生产前沿法以及成本函数法计算生产能力,再进一步测度产能利用率。接下来提出"政策性负担"这一概念,其中包括战略性政策负担和社会性政策负担两类,进而指出企业所面临的政策性负担是造成产能过剩的主要原因。此外,地方政府行为,例如就业压力、产业政策、竞争行为与监管缺位等因素,同样也会对产能过剩产生影响。最后,针对上述成因提出化解产能过剩的政策建议。

核心概念与术语

投资	Investment
全社会固定资产投资	Total Investment in Fixed Assets
新古典投资理论	Neoclassical Investment Theory
托宾 q	Tobin's q
加速数理论	Acceleration Principle
凯恩斯动物精神	Keynes's Animal Spirits
干中学理论	Learning-by-Doing
金融抑制	Financial Repression
政策性负担	Policy Burden
产能过剩	Overcapacity
结构性动态无效率	Structural Dynamic Inefficiency

复习思考题

1. 影响企业投资决策的主要因素有哪些?

2. 本章第二节介绍了有关经济增长与波动的几个经典理论,试比较不同理论对于解释投资如何影响经济增长及经济波动的差异性,并试着将这些经典理论与中国现实相结合,分析改革开放以来投资在推动中国经济增长及经济周期方面所起到的作用。

3. 中国的经济周期呈现出明显的"活—乱"的特征,试从金融抑制的角度出发,解释这一波动特性的形成原因。

4. 与其他国家相比,中国的储蓄率明显偏高,造成这一现象出现的两个直接原因是什么?它们各自的背后又有着怎样的产生机制?请谈谈你的看法。

5. 中国为何会长期存在金融抑制?谈谈你的理解,并思考金融抑制会对投资以及长期经济增长产生怎样的影响。

6. 我们可以用哪些方法对产能过剩进行测度?它们各自的优缺点是什么?

7. 2019年国务院《政府工作报告》中再度强调要深化供给侧结构性改革,实体经济活力不断释放。试思考供给侧结构性改革的思路与我国产能过剩下的供需结构性矛盾有着怎样的联系。

8. 中国的地方政府在产能过剩中扮演着怎样的角色?

9. 产能过剩并非中国经济特有的现象,美国、日本等国历史上都曾面临产能过剩问题。查阅有关资料,试比较中国与其他国家产能过剩产生的原因有何异同,其他国家有哪些化解产能过剩的有效措施值得中国借鉴。试提出你的政策建议。

主要参考文献

[1] 奥利弗·布兰查德.宏观经济学[M].楼永,孔爱国译.第5版.北京:机械工业出版社.
[2] 巴曙松.当前产能是否真地过剩[J].中国投资,2006(7):16—17.
[3] 产业转型升级课题组.结构转型与产能过剩:理论、经验与政策(中国产业转型升级研究报告2016)[R].北京:人民出版社,2017.
[4] 陈斌开,陈琳,谭安邦.理解中国消费不足:基于文献的评述[J].世界经济,2014(7):5—24.
[5] 陈斌开,林毅夫.金融抑制、产业结构与收入分配[J].世界经济,2012(1):5—25.
[6] 陈斌开,陆铭.迈向平衡的增长:利率管制、多重失衡与改革战略[J].世界经济,2016(5):29—53.
[7] 陈斌开.收入分配与中国居民消费——理论和基于中国的实证研究[J].南开经济研究,2012(1):33—49.
[8] 陈晓光,张宇麟.信贷约束、政府消费与中国实际经济周期[J].经济研究,2010,45(12):48—59.
[9] 崔光灿.资产价格、金融加速器与经济稳定[J].世界经济,2006(11):61—71+98.
[10] 戴金平,朱鸿.金融周期如何影响经济周期波动?[J].南开学报(哲学社会科学版),2018(5):142—151.
[11] 杜清源,龚六堂.带"金融加速器"的RBC模型[J].金融研究,2005(4):19—33.
[12] 冯梅,陈鹏.中国钢铁产业产能过剩程度的量化分析与预警[J].中国软科学,2013(5):115—121.
[13] 格里高利·曼昆.宏观经济学[M].第6版.张帆,杨祜宁,岳珊译,北京:中国人民大学出版社,2009.
[14] 韩国高.中国工业产能过剩问题研究:形成、影响及监测预警[J].北京:科学出版社,2014.
[15] 林丽琼.投资经济学[M].北京:中国财政经济出版社,1999.
[16] 林毅夫.新经济发展中的有为政府和有效治理[J].新经济导刊,2020(01):12—15.
[17] 林毅夫,蔡昉,李周.比较优势与发展战略——对"东亚奇迹"的再解释[J].中国社会科学,1999(5):4—20+204.
[18] 林毅夫,蔡昉,李周.对赶超战略的反思[J].战略与管理,1994(6):1—12.
[19] 林毅夫,李志赟.政策性负担、道德风险与预算软约束[J].经济研究,2014(2):17—27.

[20] 林毅夫,李周.竞争、政策性负担和国有企业改革[J].经济社会体制比较,1998(5):1—5.

[21] 林毅夫,李周.现代企业制度的内涵与国有企业改革方向[J].经济研究,1997(3):3—10.

[22] 林毅夫,刘明兴,章奇.政策性负担与企业的预算软约束:来自中国的实证研究[J].管理世界,2004(8):81—89,127—156.

[23] 林毅夫,刘培林.经济发展战略与公平、效率的关系[J].中外管理导报,2002(8):8—12.

[24] 林毅夫.解读中国经济[M].北京:北京大学出版社,2012.

[25] 林毅夫.新结构经济学[M].北京:北京大学出版社,2012.

[26] 卢锋,姚洋.金融压抑下的法治、金融发展和经济增长[J].中国社会科学,2004(1):42—55.

[27] 梅冬州,龚六堂.新兴市场经济国家的汇率制度选择[J].经济研究,2011,46(11):73—88.

[28] 钱伯海.国民经济学[M].北京:中国经济出版社,2002.

[29] 任碧云.改革开放后中国历次 M2 和 M1 增速剪刀差逆向扩大现象分析[J].财贸经济,2010(1):23—28+120.

[30] 沈利生.我国潜在经济增长率变动趋势估计[J].数量经济技术经济研究,1999(12):3—6.

[31] 王岳平.我国产能过剩行业的特征分析及对策[J].宏观经济管理,2006(6):15—18.

[32] 杨汝岱,朱诗娥.公平与效率不可兼得吗?——基于居民边际消费倾向的研究[J].经济研究,2007(12):47—59.

[33] 杨依山.哈罗德-多马模型的重新解读[J].山东财政学院学报,2010(6):60—65.

[34] 袁申国,陈平,刘兰凤.汇率制度、金融加速器和经济波动[J].经济研究,2011(1):59—72+141.

[35] 张日旭.地方政府竞争引起的产能过剩问题研究[J].经济与管理,2012(11):77—82.

[36] 赵昌文,许召元,袁东,廖博.当前我国产能过剩的特征、风险及对策研究——基于实地调研及微观数据的分析[J].管理世界,2015(4):1—10.

[37] 赵振全,于震,刘淼.金融加速器效应在中国存在吗?[J].经济研究,2007(6):27—38.

[38] 钟春平,潘黎."产能过剩"的误区——产能利用率及产能过剩的进展、争议及现实判断[J].经济学动态,2014(3):35—47.

[39] 周劲.产能过剩的概念、判断指标及其在部分行业测算中的应用[J].宏观经济研究,2007(9):33—39.

[40] 邹江涛、欧阳日晖.新中国经济发展 60 年(1949—2009)[M].北京:人民出版社,2009.

[41] Abiad A., E. Detragiache, and T. Tressel. A new database of financial reforms[J]. IMF Economic Review, 2010, 57(2): 281-302.

[42] Aigner D. J., and S. F. Chu. On estimating the industry production function[J]. American Economic Review, 1968, 58(4): 826-839.

[43] Alwyn Y. The tyranny of numbers: Confronting the statistical realities of the East Asian growth experience[J]. Quarterly Journal of Economics, 1995 (110): 641-680.

[44] Arrow K. J. The economic implication of learning by doing[J]. Review of Economics and Stats, 1962, 29(3), 155-173.

[45] Bai C. E., D. D. Li, Y. Qian, et al. Anonymous banking and financial repression: How does China's reform limit government predation without reducing its revenue? [J]. Cepr Discussion Papers, No. 2221, 1999.

[46] Bernanke B., M. Gertler, and S. Gilchrist. The financial accelerator in a quantitative business cycle framework[J]. Working Papers, 1999, 1(99): 1341-1393.

[47] Berndt E. R., and D. M. Hesse. Measuring and assessing capacity utilization in the manufacturing sectors of nine OECD countries[J]. European Economic Review, 1986, 30(5): 961-989.

[48] Chamberlin E. The theory of monopolistic competition[M]. Harvard University Press, 1933.

[49] Charnes A., W. W. Cooper, and E. Rhodes. Measuring the efficiency of decision making units[J]. European Journal of Operational Research, 1978, 2(6): 429-444.

[50] Chen B., and Y. Yao. The cursed virtue: Government infrastructural investment and household consumption in Chinese provinces[J]. Oxford Bulletin of Economics & Statistics, 2011, 73(6): 856-877.

[51] Dennis Aigner, C. A. Knox Lovell, and P. Schmidt. Formulation and estimation of stochastic frontier production function models[J]. Journal of Econometrics, 1977, 6(1): 21-37.

[52] Dollar D., and S. J. Wei. Das (wasted) Kapital: Firm ownership and investment efficiency in China[R]. NBER Working Paper, 2007.

[53] Eisner R., R. H. Strotz, and G. R. Post. Determinants of Business Investment[M]. Prentice-Hall, 1963.

[54] Garnaut R., L., Song Y. Yao, and X. Wang. The emerging private enterprise in China [M]. The National University of Australia Press, 2001.

[55] Kamien M. I., and N. L. Schwartz. Market structure, rivals' response, and the firm's rate of product improvement[J]. Journal of Industrial Economics, 1972, 20(2): 159-172.

[56] Klein L. R., and R. S. Preston. Some new results in the measurement of capacity utilization[J]. The American Economic Review, 1967, 57(1): 34-58.

[57] Kornai Janos. János. The soft budget constraint[J]. Kyklos, 1986, 39(1): 3-30.

[58] Krugman P. The myth of Asia's miracle[J]. Foreign Affairs, 1994, 73(6): 62-78.

[59] Lau L. J. A characterization of the normalized restricted profit function[J]. Journal of Economic Theory, 1976, 12(1): 131-163.

[60] Lin J. Y., and G. Tan. Policy burdens, accountability, and the soft budget constraint[J]. American Economic Review, 1999, 89(2): 426-431.

[61] Lin J. Y., F. Cai, and Z. Li. Competition, policy burdens, and state-owned enterprise reform[J]. American Economic Review, 1998, 88(2): 422-427.

[62] Lin J. Y. Development strategy, viability, and economic convergence[J]. Economic Development & Cultural Change, 2003, 51(2): 277-308.

[63] Maskin M. D. Symposium on the economics of organization contractual contingencies and renegotiation[J]. Rand Journal of Economics, 1995, 26(4): 704-719.

[64] Nelson R. A. On the measurement of capacity utilization[J]. Journal of Industrial Economics, 1989, 37(3): 273-286.

[65] Qian Y. A theory of shortage in socialist economies based on the "soft budget constraint"[J]. American Economic Review, 1994, 84(84): 145-156.

[66] Romer D. Advanced Macroeconomics[M]. Fourth Edition. McGraw-Hill, 2012.

[67] Schwartz K. N. L. Timing of innovations under rivalry[J]. Econometrica, 1972, 40(1): 43-60.

第五章

居民消费及其影响因素

富者靡之,贫者为之,此百姓之怠生,百振而食。

——管仲

财富的用处是消费,而消费的目的是光荣或善举。因此特别的消费当以其原因之价值为度;盖为了国家,和为了天国一样,也可以自甘贫乏的。

——弗朗西斯·培根

假使除面包和水以外,一切消费都停止半年,则商品之需求将变成什么情形?商品山积,但何处是出路?何处是庞大市场?

——托马斯·罗伯特·马尔萨斯

消费是经济发展的根本目的,这是因为经济发展的最终目标是提高人们的生活水平,而消费又是决定人们生活水平和福利水平的重要依据。因此,居民消费是经济学理论中最基础的研究内容。本章的主要内容安排如下:第一节是居民消费理论的演进与发展;第二节是消费对经济增长的作用及其对中国经济的启示;第三节是消费供求状态;第四节是影响居民消费和储蓄的主要因素;第五节是提高居民消费的量和质。

第一节 居民消费理论的演进与发展

一直以来,居民消费都是主流经济学家和各国政府关注的重要议题。从宏观层面来看,居民消费是构成一国总消费需求的主体部分和核心部分,也是经济增长的重要推动力,特别是当一国遭遇投资瓶颈且出口环境不断恶化时,促进该国居民消费增长是保证经济持续稳定增长的最优选择。从微观层面来说,居民消费水平的高低不仅直接决定着每个家庭的效用水平,而且与家庭的幸福程度密切相关。

一、居民消费理论发展的三个重要阶段

（一）确定性条件下的消费理论

自凯恩斯开创宏观消费理论以来，居民消费理论的发展经历了三个重要阶段。第一个阶段是确定性条件下的消费理论，它包括凯恩斯的绝对收入假说和杜森贝里（Duesenberry）的相对收入假说，研究对象主要是静态的即期消费。

凯恩斯在《就业、利息和货币通论》中考察了消费和收入之间的关系，这种关系可以表示为：

$$C = C(Y-T) = \alpha + \beta(Y-T) \tag{5.1}$$

其中，C 表示居民消费（支出），Y 表示居民收入，T 表示对居民收入的征税，α 为自发消费，β 为边际消费倾向。凯恩斯认为居民消费主要由当前可支配收入决定，而且随着居民收入的增加，平均消费倾向和边际消费倾向都是递减的。凯恩斯的消费（函数）理论后来被称作绝对收入假说。

杜森贝里（Duesenberry，1948）对凯恩斯的绝对收入假说提出了不同看法。居民在消费问题上存在极强的示范效应，即消费者的消费水平不仅会受到自身过去的消费习惯影响，还受到周围其他人的消费水平影响。换言之，居民消费是相对决定的，并非完全由他当前的收入水平所决定。不难发现，无论是凯恩斯的绝对收入假说，还是杜森贝里的相对收入假说，都是在确定性条件下研究静态的即期消费，它们都没有考虑不确定性对居民消费（需求）的影响。

（二）不确定条件下的居民消费理论

20世纪70年代，理性预期假说的出现把居民消费推进到不确定条件下来进行研究，即形成了不确定条件下的居民消费理论，这是居民消费理论发展的第二阶段。这个阶段消费理论以不确定性下的持久收入/生命周期假说为主，此后又演化出一系列新的消费理论，包括随机游走假说、预防性储蓄假说、流动性约束假说和缓冲存货假说等。这个阶段消费理论的研究对象和约束条件也都发生了明显改变。其中，研究对象由静态的即期消费转向动态的跨期消费，约束条件从相对宽松的预算约束变成流动性约束。

弗里德曼（Friedman，1957）提出了持久收入假说。该假说认为，居民的当前消费并不受当前的绝对收入影响，也不受与他人相比的相对收入影响，而是受到个人的持久收入支配。莫迪利安尼和布鲁姆伯格（Modigliani and Brumberg，1954）则进一步认为，居民消费并非仅与当前可支配收入相关，人们倾向于在更长的时间内来计划消费开支，减少消费波动，以使得整个生命周期内的消费达到最优配置。

弗里德曼的持久收入假说和莫迪利安尼的生命周期假说一经提出，就在主流经济学界产生了重大影响，其风头很快盖过了绝对收入假说和相对收入假说。虽然持久收入假说和生命周期假说将早期的消费理论发展推进到一个新的高度，但是仍然没有摆脱确定性的前提条件，没有打破固有的研究模式而将不确定性纳入研究框架中来，这也是持久收入假说和生命周期假说往往不能被经验验证的主要原因。直到理性预期假说以及不

确定性分析被引入宏观经济学,居民消费理论才迎来一个新的发展时期。

20世纪70年代,理性预期假说的出现,为打破传统的建立在确定性前提下的居民消费研究框架提供了一种理论上的依据和现实可能性。随着理性预期假说越来越广泛地被应用于宏观经济学,一大批国外经济学家开始转向不确定性条件下的居民消费问题研究。就居民消费来说,不确定性的来源有两个方面:一方面,家庭的未来收入具有不确定性,家庭劳动力的供给、生产率水平、国家制定的退休与养老金制度等因素极易造成家庭未来收入的巨大波动;另一方面,家庭消费偏好、消费习惯和消费理念等因素在未来可能发生重大转变,从而使得居民的消费行为发生巨大改变,最终形成居民消费的不确定性。

受不确定性的影响,持久收入假说和生命周期假说所预言的许多消费特征经常与经验事实发生偏离。持久收入假说的失效激起了经济学家们的研究兴趣,一大批经济学研究者对持久收入假说进行了理论拓展,一些人试图寻找更加合适的消费理论来解释现实中的消费现象。其中,最具影响力的消费理论当属随机游走假说(Hall,1978)、预防性储蓄假说(Leland,1968;Weil,1993)、流动性约束假说(Zeldes,1989;Gross and Souleles,2002)和缓冲存货假说(Deaton,1991)。

Hall(1978)大胆尝试运用欧拉方程对 Friedman(1957)提出的持久收入假说进行理论拓展,并提出了消费的随机游走假说。受到 Hall(1978)研究的影响,许多经济学家进一步考察了未来收入的不确定性对当前消费的影响。依据 Hall(1978)的假定,二次型效用函数意味着边际效用在消费达到一定水平时将变为0,然后变为负数。由于消费的边际效用递减,因而个人的绝对风险厌恶系数递增。在这种情况下,当家庭变得更为富裕时,人们愿意放弃更多的当前消费以避免未来消费的波动性和不确定性。事实上,Hall(1978)运用欧拉方程就已得出,若效用函数是二次型的,则边际效用函数是线性的结论。此时,消费的边际效用的预期值等于预期消费的边际效用,即 $E_t[u'(C_{t+1})] = u'(E_t[C_{t+1}])$,而且 $C_t = E_t[C_{t+1}]$。但是,如果二次型效用函数的三阶导数为正,即 $u''' > 0$,则 $u'(C)$ 是 C 的凸函数。在这种情况下,则有 $E_t[u'(C_{t+1})] > u'(E_t[C_{t+1}])$。进一步,若 $C_t = E_t[C_{t+1}]$,则 $E_t[\mu'(C_{t+1})] > \mu'(C_t)$,从而 C_t 的边际下降会增加家庭的期望效用。因此,如果家庭的未来收入面临不确定性且瞬时效用函数具有正的三阶导数,则会导致家庭减少当期消费,增加储蓄,Leland(1968)将这种情况称为"预防性储蓄动机"。Weil(1993)通过数学推导证明家庭在消费过程中不仅存在预防性储蓄动机,而且预防性储蓄动机与未来收入的风险相关。他指出,在面临不可分散的劳动收入不确定性时,运用值函数的方法可以推导出具有无限寿命的代表性消费者的动态随机最优消费问题的解析解。总的来看,预防性储蓄假说预言,由于人们预期到未来的收入具有明显的不确定性,因此为了平滑终生的消费水平,人们在当前会倾向于增加预防性储蓄和减少消费,借此来抵御未来的收入不确定性风险给未来消费造成的负面冲击。

持久收入假说也假定,当家庭面临低收入情况时,可以通过借款来维持原有的消费水平。只要家庭能够最终偿还其所有的贷款,就可以按照与储蓄利率相等的利率进行任何借款。然而,这种情况成立的条件极为苛刻。首先,它要求存在一个完善的金融市场,而且个人拥有良好的信用记录,从而有助于他们在金融市场上自由借款。其次,还必须规定家庭借款的利率不能高于储蓄利率。事实上,这些条件在现实中几乎不可能同时满足。家庭为了购房、购车还贷的借款利率远远超出储蓄利率,而且少数信用等级低或者没有固定收入的人群不论以什么利率都无法借款。由于金融市场的不完善,消费者面临低收入时往往不能通过金融市场的借贷抑或抵押来应对收入水平的暂时性下滑。这种被迫选择降低当前消费、增加储蓄的情况恰恰意味着家庭在消费过程中存在明显的流动性约束。

一般而言,流动性约束的存在往往会增加家庭预防性储蓄的动机,从而做出增加当前储蓄、减少消费的决定。一方面,如果流动性约束是束紧的,在家庭当期收入低于持久收入时,他们并不能通过借贷来增加当期收入。此时,当前消费完全取决于当期收入。与没有流动性约束的情形相比,家庭此时的消费水平将明显下滑。另一方面,即使某些家庭在当前不受流动性约束的限制,人们预期未来流动性束紧的事实也会降低当前消费(Zeldes,1989)。Gross and Souleles(2002)通过检验信贷约束的变动对美国家庭信用卡消费的影响,从实证角度有力地支持了 Zeldes(1989)的预言。他们发现,流动性约束的变动不仅对那些受当期约束的家庭至关重要,而且对可能受到未来流动性约束限制的家庭也同样重要。

预防性储蓄假说和流动性约束假说表明,消费者可以通过减少当前消费、增加储蓄来提高低收入年份的消费水平,从而达到平滑终生消费的目的。但是,Deaton(1991)却指出,消费者不仅可以通过增加储蓄来平滑消费,通过持有资产也能产生同样的效果。他认为,预防性储蓄和流动性约束的双重影响为消费者持有资产提供了理论上的可能性和动机。特别是当消费者相对缺乏耐心且面临流动性约束时,家庭资产将扮演一种非常重要的缓冲存货角色,从而有助于消费者在面对收入突然下滑时,仍然能够维持当前的消费水平,这就是缓冲存货假说。

主流消费理论主要是在持久收入/生命周期假说基础上形成、发展起来的新古典消费决策理论,它的核心思想是理性的代表性消费者在跨期决策中实现个人或者家庭终生效用最大化。这种动态的跨期消费决策的核心就是在预期的终生资源总量的约束下,消费者对一生中每一时期的消费数量进行决策,从而使得长期贴现效用之和最大化。消费者终生效用最大化意味着,他们在一个固定的贴现率基础上,平滑了终生的消费水平,换言之,在收入较高时选择储蓄,而在收入较低或者退休之后选择消费。进一步研究发现,主流消费理论所预言的终生效用最大化需要满足以下两个条件:第一,代表性消费者是完全理性的,他们能够根据当前的信息和预期的未来信息做出合理的决策,而且决策失误的可能性非常低。第二,贴现率是一个固定的常数,代表性消费者对当前消费的贴现与下一期消费的贴现是一样的,不会因消费期限的不同而产生显著差异。

然而,满足上述两个条件对于现实中的消费者而言过于苛刻,消费者往往具有不完全的计算能力、不完全的自我控制力和对财富消费的不完全替代性。事实上,就连最简单的动态规划问题求解对于消费者来说都是非常困难的,即便能够求解得到令自身长期效用最大化的各期消费决策,消费者也往往缺乏足够的控制力和耐心来执行这种最优消费决策。因而,消费者具有明显的非完全理性和自控力不足的特征。同时,对于不同的财富持有形式,消费者对于它们的边际消费倾向和消费偏好也有所差别,无法实现不同财富之间的完全替代性。但是,这些问题都被主流的消费理论忽略了,因而造成在近20年里,现实世界中的居民消费行为与主流消费理论预言的理性模式产生重大偏离,甚至完全背离。"退休消费之谜""(中国)高储蓄之谜"和"炫耀性消费之谜"等异象就是有力的佐证。

(三) 非完全理性的行为消费理论

20世纪80年代以后,随着行为经济学的快速发展,居民消费理论进入第三个快速发展阶段。在此期间,越来越多的经济学家开始关注消费者个体的心理特征和社会形态对消费决策的影响,然后通过内省和心理实验引入影响甚至决定消费决策的社会心理动机,发展出了新的基于非完全理性的行为消费理论。

行为消费理论是在行为经济学的理论基础和研究方法上逐渐形成及发展起来的,它以消费者的跨期消费决策为考察对象,这一点与主流消费理论完全一致。但不同之处在于,行为消费理论对消费决策中的消费者心理和社会特征给予更多的关注,同时放松了以往的代表性消费者具有完全理性的无限决策能力和时间一致性条件,提出了消费者是非完全理性的,而且对时间的偏好也不一致。然后,从非完全理性行为人的心理、社会特征出发,建立了一套系统的不同于持久收入/生命周期消费理论模型的跨期消费决策模型。

自20世纪80年代以来,随着行为经济学的快速发展,行为消费理论也得到了长足的发展和进步,现如今已经成为现代宏观消费理论的重要组成部分,它与以持久收入/生命周期消费理论为基础的主流消费理论共同构成了现代宏观消费理论研究的两大方向。行为消费理论关于消费者的基本行为假设主要有五点:自我控制不足、延迟、估测偏见、心理核算和心理构建。行为消费理论中具有代表性的理论模型有四种:行为生命周期模型、双曲线贴现消费模型、动态自控偏好消费模型和估测偏见消费模型。

Shefrin and Thaler(2010)将行为经济学的理论架构与生命周期消费理论相结合,首次提出了行为生命周期消费假说。该假说的核心假设是,即使不存在信贷配给,不同的财富类型对于消费者来说也是不可完全替代的。其中,财富被划分成三种不同的心理账户,即当前可支配收入、当前资产和未来收入。基于当前可支配收入获得的消费对消费者的诱惑最大,其次是消耗当前资产获得的消费,基于未来收入得到的消费对消费者诱惑最低。Shefrin and Thaler(2010)进一步指出,行为生命周期消费假说的基本框架主要包括三方面的内容:自我控制、心理核算和心理构建。其中,自我控制又由三个子部分组成,分别是内在冲突、诱惑和意志力。

为了形象、生动地刻画内在冲突、诱惑和意志力三者间的内在关系,Shefrin and Thaler(2010)巧妙地采用一个双重偏好结构来刻画消费者的理性决策和感性方面的冲突。具体内容如下:假设消费者个体存在双重的偏好,也就是说,在消费者体内存在两个相互冲突的自我:第一个自我只关心短期的即期消费,暂且将他称为行动者,他的效用函数只与当期消费有关;第二个自我只关心长期消费,可以将他称为计划者,他的目标是最大化终生效用水平。很显然,计划者要降低行动者的消费就必须要利用意志力,而这种意志力的使用具有一定的心理成本,这种心理成本随着即期消费的减少而增加。因此,自我控制暗示着消费者在消费决策时具有一个不可忽视的心理成本。

基于上述分析,Shefrin and Thaler(2010)指出,计划者要想实现最优化目标必须要借助心理核算。根据行为生命周期消费假说的核心假设可知,消费者对不同心理账户中的财富的边际消费倾向各不相同。当期可支配收入的边际消费倾向最高,其次是当期资产的边际消费倾向,而未来收入的边际消费倾向最低。由此可见,不同财富并非完全可替代。这一点与主流的持久收入/生命周期假说截然不同,主流的消费理论假设在资本市场上,不同形式的财富具有完全的可替代性。

总的来看,主流的持久收入/生命周期假说暗示着消费者经过求解最优化问题后能够得到最优解并实现最优化,而行为生命周期模型却预示着消费者受人类本能的诸多局限性影响,即使能够求得最优解,也无法始终执行并实现最优化目标,最终只能得到次优解。虽然行为生命周期模型并没有提出完整的数学模型和最优化推导公式,但是在具体的方法处理上,该模型仍然取得了三点重要突破:第一,行为生命周期模型在传统的单一效用函数中加入了消费行为因素;第二,考察了以往被忽视的有可能影响消费的因素,例如年龄层次、财富构成和消费的支付方式等;第三,严格地将实际选择控制在预算集内。

一般而言,主流消费理论假设贴现率是一个固定不变的常数,通常记为 δ。此时,贴现因子为 $1/(1+\rho)^t$,贴现函数可以表示为 $D(t)=\delta^t$。早在 20 世纪 60 年代,就曾有学者对贴现效用模型中假定的贴现率逐期不变性提出质疑,他们认为消费者在制定动态的消费决策时,对于时间的偏好并非完全一致。Thaler(1981)通过实验研究的方法,证实了时间偏好的不一致性在消费者的日常消费决策中是很常见的。他设计了这样一个实验:若想让实验参与者认为当前的 y 美元和 t 期的 x 美元是无差异的,则需要向参与者补偿多少钱,其中数额 x 和 t 期都是可变变量。这种方法可使研究者直接求解出实验参与者对不同时期的贴现率,他研究得出,贴现率是时间 t 的递减函数,参与者对于时间的偏好不再具有一致性特征,这种不一致性特征无法运用标准形式的幂函数贴现来表示。

事实上,第一个正式的双曲线贴现模型是由 Chung and Herrnstein(1967)、Phelps and Pollak(1968)提出来的。Chung and Herrnstein(1967)对动物进行实验后提出了一个双曲线贴现函数,具体形式为 $D(t)=1/t$。Phelps and Pollak(1968)为了研究代际的利他行为,对 Chung and Herrnstein(1967)等人提出的双曲线贴现函数进行了修正,提出了一种准双曲线贴现函数,即:

$$D(t)=\begin{cases}1, t=0\\ \beta\delta^t, t>0\end{cases} \quad (5.2)$$

其中,$\beta<1$,表示当期与下一期之间的贴现因子要小于后续各期的贴现因子。瞬时贴现率为 $\gamma/(1+\alpha\tau)$,$\alpha,\gamma>0$,τ 表示消费的时间期限。在极端情况下,$\beta=1$ 暗示着准双曲线函数退化为指数贴现函数。

更为一般形式的双曲线贴现函数是由 Harvey(1986) 提出,经由 Loewenstein and Prelec(1992) 等人发展得到的。具体形式为 $D(t)=(1+\alpha t)^{-\beta/\alpha}$,其中,系数 α 决定着这一函数在多大程度上偏离逐期不变的贴现函数。当 α 趋近于 0 时,该函数在连续时间情形下将退化为指数贴现函数 $D(t)=e^{-\beta t}$。瞬时贴现率为 $(1+\alpha\tau)^{-\gamma/\alpha}$,$\alpha,\gamma>0,\tau$ 表示消费的时间期限。

虽然少数学者随后提出了更为复杂的双曲线贴现函数,但是考虑到计算的简洁性和可操作性,目前关于行为消费研究的文献中主要采用两种瞬时贴现率设定,即 Phelps and Pollak(1968) 的 $\gamma/(1+\alpha\tau)$ 和 Loewenstein and Prelec(1992) 的 $(1+\alpha\tau)^{-\gamma/\alpha}$。

双曲线贴现模型的优势在于能够较好地刻画消费者的时间偏好不一致问题,并且符合经验事实,这是因为它假设消费者具有更加偏向当前消费的偏好,换言之,人们总是赋予当期效用相对较大的权重,未来效用的权重较小。而且随着时间期限的延长,消费者对当期消费的效用所赋予的权重将会不断变大。但是,双曲线贴现模型的劣势同样明显。第一,由于双曲线贴现模型的贴现函数是动态变化的,因此导致偏好也随着时间的变化而变化,这会大幅增加模型的复杂性,从而导致动态规划情况下的最优解求解异常困难。第二,双曲线贴现率是在对实验参与者采用虚拟奖励而非实际的货币奖励的情况下得出的,这种做法缺乏实际有效的激励,因此可能导致实验结果的可靠性降低。

面对消费者自我控制不足导致的时间偏好不一致问题,Gul and Pesendorfer(2004) 采用另外一种理论模型来解释,即动态自控偏好消费模型。该模型的核心思想是消费决策者的偏好应该等于消费获得的效用与抵制立即消费诱惑的负效用之和。因此,偏好就变成当期消费和当期可行消费的联合函数。

Gul and Pesendorfer(2004) 将动态自控偏好消费模型中的偏好称为"承诺的偏好",而将双曲线贴现消费模型中的偏好称为"可逆转的偏好"。"承诺的偏好"形式规避了偏好的动态变化,大大降低了计算的复杂性,提高了运算效率,而且相应增加了偏好中的选择决策因素。经过简单处理就可以使得建立在承诺偏好之上的效用函数与消费计划直接相关,从而有助于求解出动态规划问题下的最优解。这正是动态自控偏好消费模型的优势所在。基于承诺的偏好形式,消费者在抵制当期消费的诱惑和长期利益之间进行权衡取舍,从而决策出最优的消费路径。

受习惯形成、情绪波动、社会影响和环境变化等因素的影响,消费者的未来偏好可能与当前偏好产生巨大偏差。然而,人们总是倾向于夸大未来偏好与当前偏好的相似性,这种现象被称为估测偏见。估测偏见的存在会导致个人高估当前消费对未来效用的影响,从而选择在一生中过早消费和延迟储蓄。估测偏见消费模型的建立以习惯形成的消费理论为基础。根据习惯形成的消费理论可知,如果个人在过去消费越多,那么现期消费越多就越能够获得效用,这样会导致消费者愿意在当前消费。估测偏见消费模型假设效用取决于当前消费和决定当前偏好的状态,后者由除当期消费之外影响瞬时效用的一切因素决定。

Loewenstein et al.(2003)首次考察了估测偏见对消费者跨期消费决策的影响。不失一般性,他们假设一个消费者的消费习惯存量是上一期的习惯存量和当期消费的加权值,即 $s_t = \gamma s_{t-1} + (1+\gamma)c_t$,$s_t$ 代表 t 期的习惯存量,c_t 表示 t 期的消费,$\gamma \in (0,1]$。很显然,习惯存量随着当期消费的增加而增加,而且习惯存量变大会导致消费的边际效用增加。因此,对于消费者而言,最优的消费决策就是增加当前消费。

总体来看,估测偏见的存在意味着改变了的未来状态不能被完全预期到,消费者对未来状态的预期往往系统地受到当前状态的影响。因此,从某种意义上说,估测偏见消费模型实际上是状态依存偏好的一种特殊形式。

二、消费理论的新进展

近年来,"退休消费之谜""（中国）高储蓄之谜"和"炫耀性消费之谜"等一大批消费异象的出现,极大地挑战着居民消费理论的现实解释力,它们一方面暴露出主流消费理论的局限性和不足之处,而另一方面在一定程度上对居民消费理论的创新和发展起到了积极的推动作用。

（一）退休消费之谜

根据主流的持久收入/生命周期理论可知,消费者预期正常退休之后收入下降,会选择在退休之前进行足够的储蓄,从而保证退休前后的消费一致性和平滑性。然而,一大批经济学家却发现,许多国家的居民消费行为与主流消费理论预言并不相符,消费者往往在退休之后一次性下调消费支出,这种现象被称为"退休消费之谜"。Hamermesh (1984)最早对美国家庭在退休前后的消费行为差异进行了研究。他使用 1973—1975 年的退休历史调查数据研究发现,美国家庭在退休之前的消费平均水平超出家庭总收入（包括工资收入、金融收入和退休金等）的 14%,换言之,人们在退休之前总是过度消费,从而被迫在退休之后通过降低消费水平来弥补退休之前留下的收入缺口。与此同时,越来越多的研究者发现,英国、日本和意大利等国也都普遍存在退休消费之谜的现象(Battistin et al., 2009；Wakabayashi, 2008)。Li et al.(2015)以北京、辽宁、浙江、安徽、湖北、广东、四川、陕西和甘肃等九省市为代表,采用 1997—2009 年中国国家统计局公布的年度城市家庭调查数据发现,中国城市家庭的消费行为也同样存在退休消费之谜现象。其中,城市家庭在退休之后非耐用品消费支出减少约 18%,即使排除与工作、娱乐相关的支出,非耐用品消费支出在退休之后的减少幅度仍然高达 15%。

（二）（中国）高储蓄之谜

改革开放以来,中国城市居民和农村居民的储蓄率始终处于高位,1995—2005 年间,中国城市家庭的平均储蓄率增速高达 7%。过高的储蓄水平造成中国居民消费需求不足,经济增长过度依赖于出口和投资。这种高储蓄之谜现象偏离了主流消费理论所预言的最优化消费决策。方福前(2009)对当前中国居民消费不足以及储蓄率过高的代表性观点进行了系统梳理,主要有以下四种:"居民之间收入分配不公"说、"中国居民消费行为特点"说、"中国福利制度改革"说和"中国居民消费升级换代"说。他提出,中国居民不敢消费、储蓄过高的根源在于中国家庭(居民)具有"重小轻老"倾向,未成年人负担率上升显著减少了城乡居民的消费需求,从而导致居民储蓄率水平居高不下。Chamon and Prasad(2010)则认为,不断高涨的房价、教育支出以及医疗费用才是中国居民喜欢储蓄的根本所在,而且金融市场发展的严重滞后进一步恶化了居民的消费环境,迫使居民的储蓄水平进一步升高。

(三)炫耀性消费之谜

主流的消费理论往往假设代表性消费者都是同质的,具有相同的消费行为、消费习惯以及消费文化等。然而现实情况却是,不同种族、不同地域之间的消费行为差异非常明显,而且这种差异有可能是影响居民消费行为的一种不可忽视的因素,最具代表性的例子就是黑人的消费行为。无论是在美国还是在南非,黑人家庭的收入均值明显低于白人家庭。但令人惊讶的是,低收入的黑人家庭非但不增加在食物、医疗和教育方面的投入,反而竭力购买衣服、项链和汽车等可视化商品,这种反常的消费行为被许多经济学家称为"炫耀性消费之谜"。

第二节　消费对经济增长的作用及其对中国经济的启示

一、消费、经济运行与经济增长的内在联系

消费促进经济增长的运行机制:消费需求既包括需求总量,也包括需求结构和需求预期,因此,消费对经济增长的影响机制必须从消费需求总量、消费需求结构和消费需求预期三方面展开。

(一)消费需求总量对经济增长的传导机制

从需求方面看,消费本身就能够直接带来经济增长。根据消费的"乘数效应",消费的增减导致国民经济总量的一系列连锁反应,形成对经济的倍增或倍减作用。当然,消费需求对经济增长的拉动作用,还受社会生产能力水平的限制。如果社会总供给不足,消费的增加就会造成相关投资的增加,一方面,由此带来的 GDP 增量远远大于初始消费增加量;另一方面,同时造成全社会的通货膨胀,不利于未来居民的消费支出。从供给方面看,消费能够创造和提升人力资本,从而提高社会生产能力,对经济的增长同样起着重要作用。消费需求的增加主要通过几种形式来创造人力资本:第一,通过增加高等教育与职业技能消费等方面的支出,不仅能够促进城乡居民消费观念的转变,还能极大地提高劳动力的素质和综合技能,进而不仅使生产效率大大提高,增加社会总产出,还能激发劳动者的积极性,最终提高居民收入水平;第二,通过增加医疗保健消费支出,确保了劳动力的身体素质,延长劳动时间或者在有限的时间里提供更为有效、质量更高的具体劳动,不仅可以创造更多的财富,还极大地缓解了居民生活和工作的压力,增强居民适应经

济环境的心理,以及对未来经济的信心;第三,交通通信消费支出的增加,解决了城乡人口流动过程中的信息交流障碍和生活便利性问题,促进了人口的自由流动,弥补了各地区、各部门劳动力的短缺,进而提高全社会劳动力资源的利用效率。

(二)消费需求结构对经济增长的传导机制

第一,消费支出层次不同,其产生的消费乘数效应存在较大差别,因此,对促进经济增长的力度也有所不同。一般而言,购买高档次消费品、服务型消费支出等较高层次的消费行为,其所引起的产业部门之间的连锁反应链条较长,创造的有效需求呈指数增长,这对整个社会生产的促进作用较大。因此,消费结构升级能够提高消费的乘数效应,进而引起国民收入的变动效应也较大。第二,消费需求结构对经济增长的影响是通过其对产业结构的影响表现出来的。消费需求是经济增长需求方面的因素,而产业结构则是供给方面的因素,二者是一种相互适应、相互制约的关系。这种制约关系主要体现在三个方面:一是淘汰不符合市场需求的产品和产业;二是刺激新产品和新产业的发展,以满足多样化的市场需求,形成新的消费需求增长点,扩大的需求空间必然造成生产的扩大,不仅能够带来更多的利润,还可以更加容易地吸收经济资源;三是消费结构自身变化直接影响产业结构的变动。

(三)消费需求预期对经济增长的传导机制

消费需求预期主要表现为居民消费意愿的波动。消费意愿反映的是居民消费倾向,因此,消费意愿的高或低都将影响未来消费需求的变化,从而影响经济增长。按照消费理论的阐述,居民对未来消费的预期主要取决于当前消费的财富和终生收入水平,这样,经济实力较强的居民形成了较低的消费倾向,对未来消费预期的波动性较小;相反,经济实力较弱的居民对未来消费的预期存在更大的担忧和不确定性。如果大多数居民都预期未来消费下降,那么势必造成社会总需求的大幅减少,从而加剧市场供需矛盾,造成经济增长的疲软或恶化。造成居民消费需求预期下降的主要原因,可能来自经济形势的恶化或不乐观,或个人可支配收入的减少,或医疗、教育、住房等费用支出的不断增加等。此时,居民必然会削减当期的消费,如果收入水平不能提高或者社会保障依然不能完善,那么居民在日常生活上就缺乏安全感,进一步对未来的预期也就较为悲观。因此,要发挥消费预期对经济增长的正向促进作用,根本还在于提高居民收入水平以及完善社会保障制度。

居民消费规模影响经济增长的机制演变可从五方面理解:

第一,居民消费规模缩小将会直接导致居民消费生产部门产能过剩、规模缩小,进而导致经济结构失衡,可能使经济增长速度放缓。

第二,居民消费规模缩小将会诱发生产结构的相应变化,可流动的生产要素从居民消费生产部门流向其他部门。久而久之,其他部门的生产要素边际生产率下降,资源配置效率降低;由于资本专属性和人力资本形成的长期性,居民消费生产部门的一些生产要素并不能及时流向非居民生产部门,致使居民消费生产部门的产能过剩,部分资源闲置,资源配置效率降低。进一步说,居民消费规模缩小会降低要素配置效率进而致使经济增长速度放缓。

第三,居民消费规模缩小不仅会直接缩小居民消费的生产规模,而且居民消费生产规模缩小又会进一步导致规模经济效应下降甚至消失。也就是说,在投入不变的条件下,居民消费生产部门的产出水平下降,或者在产出水平不变的条件下,居民消费生产部门的投入水平上升,两种情况都意味着居民消费生产部门因为居民消费规模缩小而降低资源利用效率,在资源有限的条件下,居民消费对经济增长的贡献下降。

第四,居民消费规模缩小不利于居民消费生产部门专业化分工的深化,进而降低居民消费对经济增长的贡献。具体地说,居民消费规模缩小,不利于居民消费市场规模扩大,企业只有选择生产更多的中间投入品以生产最终产品,因为市场需求规模制约了中间产品的专业化生产,因此在居民消费规模较小的情况下居民消费对经济增长的作用减小。

第五,居民消费规模缩小容易促使经济增长过度依赖投资驱动和出口拉动。从世界银行公布的数据看,中国居民消费比例从2000年的47%下降到2013年的36%,资本形成率从35%上升到48%;而全世界居民平均消费比例保持在60%左右,资本形成率从23%下降到22%;低收入国家居民消费比例从79%下降到78%,资本形成率从29%下降到27%;中等收入国家居民消费率从59%下降到55%,资本形成率从25%上升到32%;高收入国家居民消费率从60%上升到61%,资本形成率从23%下降到20%。这些数据表明,居民消费对中国GDP的贡献低,投资对GDP的贡献高,也就是说,中国经济增长是典型的投资驱动型。投资驱动经济增长方式虽然会导致资本边际生产率下降,但是资本报酬的份额偏高,劳动份额偏低,如中国劳动报酬占GDP的比例不断下降,从1983年的70%下降到2013年的46%,资本报酬份额持续上升,从10.7%上升到42%,这说明居民消费规模缩小导致的投资驱动经济增长方式会扩大收入差距,进而引发消费不足和经济增长速度下滑。

二、中国居民消费和最终消费的特征事实

中国居民消费具有以下特征事实:一是中国的社会消费品零售总额一直维持着强劲增长。1978年以来中国社会消费品零售总额的实际增长率并没有明显低于实际GDP的增速。事实上,1978—2011年间,中国社会消费品零售总额年均实际增长率高达9.6%,与同期9.8%的实际GDP年均增速相差无几。面对该事实我们似乎很难得出中国居民的消费能力或者意愿不足的结论。二是中国有大量有效需求得不到满足。在医疗市场,该问题尤为突出。1978—2011年间中国人均GDP实际增长超过16倍,而同期中国执业医生数量仅增长2.8倍,床位总量仅增长2.5倍,出现了全国性的就医难问题(见图5-1)。

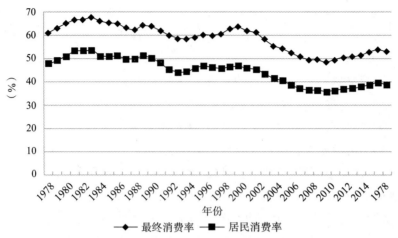

图 5-1　1978—2017 年中国最终消费率和居民消费率

资料来源：World Development Indicators（WDI），经作者计算得到。

注：最终消费率是指总消费除以 GDP，居民消费率是指居民消费除以 GDP。

专题 5-1

中国居民消费真的不足吗？来自国际比较的证据

图 5-2 和表 5-1 显示，从横向比较来看，中国的最终消费率和居民家庭最终消费率的绝对水平自 1970 年起都低于同期世界平均水平以及低收入国家的水平。其中，世界的最终消费率在 1978—2012 年间始终维持在 70% 以上的高位水平，最高值是 2002 年的 79.19%，最低值是 1978 年的 75.50%，平均值是 77.62%。OECD 国家的最终消费率在 1978—2012 年间维持在 80% 的水平上下波动，最高值是 81.37%，最低值是 76.03%，平均值是 78.91%。相比之下，中国最终消费率在 1978—2012 年间始终低于 70%，最高值是 1981 年的 67.11%，最低值是 2010 年的 48.19%，平均值是 59.26%。

与此同时，作为构成最终消费率的核心部分，中国居民家庭最终消费率也远远低于世界平均水平。1978—2012 年间，世界居民家庭最终消费率始终维持在 60% 的水平上下波动，波动幅度在 3 个百分点左右。OECD 国家的居民家庭最终消费率从 1978 年的 58.77% 缓慢上升至 2012 年的 62.25%，累计增幅达 3.48 个百分点，平均值是 61.04%。然而，中国居民家庭最终消费率始终低于世界居民家庭最终消费率的平均水平，从 1978 年的 48.79% 缓慢下降至 2012 年的 36%，累计降幅达到 12.79 个百分点，平均值为 45.05%。

从纵向比较来看，中国最终消费率和居民家庭最终消费率与其他国家相同发展阶段相比也明显偏低。根据世界银行公布的人均 GDP 和居民家庭最终消费率的数据得到，中国在 1986 年的人均 GDP 为 872.64 国际元，接近印度 1980 年的水平（879.40 国际元）。中国在 2003 年的人均 GDP 为 3 397.63 国际元，接近印度 2012 年的水平（3 390.13 国际元）。在相同人均 GDP 条件下，中国居民家庭最终消费率比印度可比时期大致低了 22 个百分点。中国在 2007 年的人均 GDP 为 5 238.68 国际元，接近韩国在 1980 年的水平

(5 543.57国际元)。相比之下,中国的居民消费率比韩国低了27个百分点。中国在2011年的人均GDP为7 417.89国际元,接近巴西1994年的水平(7 503.39国际元),但是中国居民家庭最终消费率比巴西低了21.7个百分点。

即使从单个时间点来看,世界主要国家在历史上也没有出现过像中国这么低的居民消费率。彭文生(2013)采用Maddison公布的统计数据研究发现,在相同人均收入水平条件下,2010年中国居民消费率和居民家庭最终消费率分别比美国自1930年以来的历史最低水平低16个和29个百分点。同时,2010年中国居民消费率和居民家庭最终消费率分别比日本自1955年以来的最低水平低19个和12个百分点。

总之,中国最终消费率和居民家庭最终消费率偏低是一个不争的事实。但反过来看,居民家庭最终消费率偏低预示着中国潜藏着一个巨大的消费市场,如何挖掘中国居民的消费潜力,进一步释放中国市场的巨大消费需求,对于维持中国未来10年内的中速增长(6%—8%)具有非常重要的现实意义。因此,中国政府制定的由投资驱动向投资和消费协调拉动,由外需驱动向内需驱动转变的政策方针具有非常重要的战略价值。

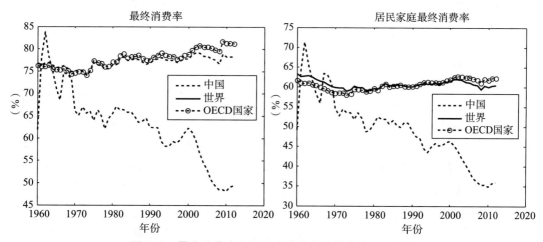

图 5-2　最终消费率和居民家庭最终消费率的国际比较

资料来源:中国的相关数据来自中国国家统计局,世界和OECD国家的相关数据来自World Development Indicators(WDI)。

表 5-1　2016年世界主要国家的需求结构　　　　　　　　　　　　　　　（单位:%）

国家	美国	日本	德国	英国	韩国	印度	巴西	俄罗斯	中国
最终消费率	83.11	75.46	72.83	84.65	63.83	69.94	84.20	70.88	53.78
居民消费率	68.84	55.69	53.26	65.83	48.65	59.03	64.02	52.59	39.46
资本形成率	19.69	23.56	19.20	16.97	29.25	30.35	15.39	22.83	44.26
净出口率	-2.80	0.97	7.97	-2.07	6.86	-1.72	0.41	5.17	2.28

资料来源:World Development Indicators(WDI),经作者计算得到。

注:最终消费率由总消费除以GDP得到,居民消费率由居民消费除以GDP得到,净出口率为商品和服务出口占GDP比重减去商品和服务进口占GDP比重。

第三节 消费供求状态

一、计划经济时代：产品供给严重不足

从1953年起，中国开始实施重工业优先发展战略。由于中国的初始资金主要来自自身积累，为此国家制定了限制消费的政策。为实现对居民和社会公共消费的有效控制，首先是国家对工资总额和工资水平进行控制，全国统一调整工资水平；其次是限制消费品生产的增长，将大量资源配置在重工业生产上；再次是实行票证控制，全国发行多种票证与货币一起流通，对与人民生活息息相关的粮、油、肉、蛋等生活必需品一律凭证限量供应；最后是对城镇职工的住房、医疗等实行供给制。从20世纪50年代中期到70年代后期，工业劳动生产率提高了一倍以上，而职工平均工资基本没有变化。高积累、低消费使得居民消费总量的增长和消费结构的变化非常缓慢，形成了一种超稳定的低水平消费结构，这种超稳定消费结构丧失了对供给结构的拉动作用，无法拉动产业结构升级，最终导致抑制经济增长的后果。

二、1998年供需矛盾发生扭转

1998年，由于亚洲金融危机，以及国内经济体制性、结构性矛盾凸显，我国经济运行出现了通货紧缩、消费率下降、市场需求疲软等现象。体制性因素和结构性因素主要包括：居民收入预期不稳；居民收入差距拉大；原有的住房、医疗、养老、就业等福利制度被打破，新的保障体系尚未建立；消费信用体系的建立滞后于经济发展的需要等。由于限制消费的体制性因素和结构性因素短时期内不可能消除，因此必然需要推行扩张性的消费调控政策。1999年之后，我国消费政策出现了根本性的改变，由过去限制消费转向鼓励消费，出台了一系列旨在鼓励扩大消费需求的措施，取消了各种限制消费的过时政策。启动消费需求的系列政策取得了积极成效，对抑制和扭转通货紧缩、促使经济进入新一轮增长周期发挥了重要作用。

专题5-2

如何缓解供需矛盾

1999年之后，我国出台的鼓励扩大需求的主要措施有：

第一，长期实行低利率政策。1996—2002年中国人民银行连续8次大幅降低储蓄存款利率，促进居民调整储蓄与消费的比例，激发消费者的即时消费意愿。金融机构1年期存款基准利率从1997年10月23日的5.67%下降到2002年2月21日的1.98%，1年期存贷款利率分别下降65%和38%，居民储蓄增长率由1996年的30%下降到2010年的16.3%，达到了适当分流储蓄、促进消费的目的。

第二，税收政策向消费倾斜。一是征收利息税，刺激储蓄资金向消费市场分流，1998年开始征收，税率为20%，2007年降至5%。二是不断降低房屋买卖契税，2002年我国房屋交易契税由6%降至3%，2008年11月我国对个人首次购买90平方米及以下普通住房税率下调至1%。三是降低小排量汽车消费税率。四是不断提高个人所得税起征点，2006年个人所得税从1980年的800元起征点提高到1 600元，2008年提高到2 000元，2011年提高到3 500元，2018年提高到5 000元。

第三，大力推行消费信贷。1999年3月，中国人民银行发布了《关于开展个人消费信贷的指导意见》之后，有关发展消费信贷的政策和措施不断出台，从支持个人购买住房、汽车，到推出耐用消费品贷款、教育助学贷款、旅游贷款等，消费信贷品种逐渐扩大。同时，为生产厂家和商家提供多种形式的金融服务，开展信用销售，鼓励将银行卡作为个人消费的支付工具。2005年12月由中国人民银行组织开发的全国个人信用信息基础数据库开始运行。2010年我国个人消费信贷市场规模达到7万亿元，成为亚洲仅次于日本的个人消费贷款余额大国。

第四，大幅提高居民收入水平。我国不断深化机关事业单位工资改革，初步建立了符合机关和事业单位特点的工资制度。1998—2007年，我国先后7次大幅提高机关事业单位职工工资标准，国有企业职工工资也不同程度地比照执行。我国还不断提高企业退休人员养老金水平。提高农民收入、促进农村消费增长成为消费调控政策的重要内容。近年来，中央对"三农"政策的支持力度是相当大的，包括取消农业税、免除农村义务教育费、实行粮食收购保护价和实行"四补贴"等多项惠农政策。

第五，扩大"假日消费"。为了满足人民群众休闲娱乐的消费需求，我国在劳动时间和休闲时间的制度安排上做出调整，使居民劳动时间不断缩短，休息时间不断延长。1995年之前，我国劳动者法定假日和星期天累计每年休息天数为59天。目前，我国居民每年实际休息天数为115天，人民群众有了更多的闲暇时间，有利于人们安排出行活动，刺激消费，扩大内需，促进经济发展。

第六，扩大教育消费。为扩大内需、延迟新增劳动力就业压力，国家决定从1999年开始扩大高校招生规模。1999—2005年我国普通高等学校招生人数连续7年以两位数的速度增长。在我国普通高校招生规模逐渐扩大的同时，研究生扩招幅度增长也很快。进入2000年以来，我国硕士研究生报名人数、招生人数、招生单位数量均创历史新高，录取率也呈总体上升趋势。招生规模的大幅上升对于增加居民教育支出、扩大内需起到了积极的推动作用。

第七，推出间接鼓励消费政策。这些政策包括：推进农业产业化、倡导绿色优质高效农业、开拓农村市场、发展中小城镇、改造农村电网、降低农村电价、实现城乡用电用网同价等，几乎所有经济政策的出台都含有增加收入、刺激消费的考虑。这些政策减缓了居民消费需求下降趋势，有效地推动了整个经济的平稳较快增长。

第四节　影响居民消费和储蓄的主要因素

一、收入水平与收入差距

（一）财政政策

财政政策影响居民消费的机理主要有两个。一是对居民收入产生直接影响。例如，征收个人所得税和财产税，直接导致居民可支配收入下降；对交易征税，改变居民可支配收入的真实购买力；向居民或家庭提供直接补助，即改变居民或家庭的转移性收入；等等。二是改变劳动生产率和居民不稳定预期，间接作用于居民消费，后者主要通过居民边际消费倾向传递。提高居民劳动生产率，稳定经济增长预期，降低居民风险暴露程度等，都会增强居民当期消费信心，表现为居民边际消费倾向上升，即使居民收入没有发生变化，消费也会增加。

政府支出变动与居民消费呈正相关关系，政府消费和民间消费从整体上看是互补的关系，而不是替代的关系，政府支出增加对民间消费的作用是挤进的，而不是挤出的。政府支出和居民消费之间的这种统计关系背后的社会经济原因是我国经济社会发展层次从整体上看仍然十分低下，需要填平补齐的地方有很多。客观上，私人物品的消费需要有一定的公共物品和服务的配合，在现代社会尤为如此。而我国不仅物质基础设施方面的公共物品和服务的供给在数量及质量上都严重不足，而且法律环境、社会治安、行政管理等软的公共物品和服务的供给与社会的需求相比差距更大。正因为如此，政府支出和民间消费之间才呈现出显著的互补关系，政府支出增加能够拉动居民消费需求相应增加。这就为我国目前正在实施的以扩大财政支出为重点的积极财政政策提供了政策空间。只要财政支出能够真正有效地改善公共品和服务的供给，就能够起到刺激民间消费需求的作用，从而达到扩大内需的目的。从这个意义上说，积极财政政策的实施正当其时。

财政政策还会通过财政支出规则的预期效应影响居民消费。当政府采用盯住产出等变量的财政支出规则时，一旦产出下降，居民预期政府将采用扩大财政支出的"逆周期"方式对经济进行调节，经济在未来可能出现复苏，由此会阻止居民未来收入的进一步下降，从而导致居民消费增加。不仅如此，财政支出规则的预期效应还取决于其对产出和通货膨胀（尤其是产出）的反应程度。当反应程度较小时，尽管居民预期到政府会采取提振经济的措施，但是提振的力度不足以阻止产出的进一步下降，其理性的反应就是减少消费。相反，一旦财政支出对产出的反应程度达到一定的临界值，居民预期到政府不仅会提振经济，而且提振经济的力度足以挽救经济的颓势，居民消费就会上升。但是，这并不意味着财政政策拉动经济的力度越大越好。如果财政政策拉动经济的力度超出了一定限度，过分增加的税收就会有损于居民的未来收入，负财富效应的增强会抵消甚至超过预期效应，居民消费反而有可能下降。

（二）股价

我国股价波动对消费的影响具有不对称性：居民消费随股价下跌的幅度大于随其上涨的幅度，虽然前者的持续时间较短，后者的持续时间较长。其背后的原因可能是我国居民面临一定的借贷约束以及具有较强的预防性储蓄动机。当股价分别上升和下降10%时，平均而言，我国城镇居民消费将分别增加1.05%和减少2.29%，具有明显的不对称性影响。工资与股票财富都缺乏较好的短期调节机制，而消费却表现出较强的对长期均衡关系的误差修正效应。当消费过高或者工资以及股票财富效应过低时，消费会进行相应的调整，逐渐回归长期均衡状态。就此而言，中国居民消费与持久性收入假说并不一致。

（三）家庭资产

家庭固定资产可能通过不同渠道影响居民消费。第一，根据生命周期理论，家庭会将其资产平滑地分配到生命周期的不同阶段进行消费，从而实现跨期优化，因此家庭资产越多，消费水平越高，这种效应被称为"资产效应"。第二，根据持久收入假说，未预期到的资产价格上升将导致家庭财富上升，进而造成居民消费提高，这种效应在文献中被称为"财富效应"。"资产效应"和"财富效应"的差异在于，前者刻画家庭资产水平对居民消费的影响，后者强调家庭资产价格变化或资产回报率对居民消费的影响。区分这两种效应的重要性在于，二者在理论上是完全不同的作用机制，同时，其政策含义也存在很大差异。如果"资产效应"是重要的，提升消费就可以通过增加居民资产来实现；如果"财富效应"存在，则提高资产回报率是开启居民消费的重要手段。有学者研究发现，中国家庭的住房资产呈现出明显的消费品特征，只存在微弱的"资产效应"，但不存在"财富效应"。这个结果不仅对于全样本成立，对于拥有自有住房、大产权自有住房和二套房的子样本同样成立（张大永和曹红，2012）。因此，住房价格上涨无助于提高我国居民消费率。相反，家庭生产性固定资产具有明显的"资产效应"和"财富效应"，生产性固定资产增加则消费上升。进一步研究表明，家庭生产性固定资产的"财富效应"主要体现在自我雇佣的家庭中，其主要影响机制是降低了家庭预防性储蓄动机和缓解了家庭流动性约束（李涛和陈斌开，2014）。

（四）退休行为

邹红和喻开志（2015）研究得出，退休显著降低了城镇家庭非耐用消费支出的9%、与工作相关支出的25.1%、文化娱乐支出的18.6%和在家食物支出的7.4%。毫无疑问，退休会显著降低与工作相关的支出。对于在家食物支出的减少，除退休后可能减少了食物消费数量之外，还可能是由于退休后有更多的时间用于准备食物和购买食材，从而家庭自产食物份额增加以及购买的食物价格会相对更低，因而降低了在家食物支出。与发达国家不同，我国城镇家庭文化娱乐支出的下降，可能与家庭医疗支出的增加挤压了部分文化娱乐消费，退休后闲暇类别改变使闲暇成本降低有关。从不同类型的家庭看，企业职工、教育水平较低和储蓄不足的老年人，退休后更易于降低家庭的非耐用消费支出。

（五）养老金收入

我国目前机关事业单位职工和城镇企业职工间存在不同的养老制度安排,即俗称的养老金"双轨制"。在"双轨制"下,城镇企业职工实行社会保险制度,而机关事业单位实行福利性质的养老金制度。前者在退休前需要每月按工资的一定比例缴纳养老保险,分别建立社会统筹账户和个人账户,退休后的养老金待遇与地区平均工资水平、个人退休前工资水平以及个人账户余额相联系。后者既不实行社会统筹,也不建立个人账户,退休后的养老金待遇直接与本人退休前的工资收入挂钩。不可否认,养老金"双轨制"对收入分配的公平性具有负面影响:一方面,城镇企业职工在退休前需按月缴纳养老保险,而公务员无须缴费;另一方面,二者在退休后的养老金收入存在巨大差别。一般而言,企业职工的退休金只占其退休前工资的40%—60%,而公务员养老金则由国家财政和单位按退休前工资的70%—90%支付,且能够根据在职公务员工资上调而提高。所以即使退休前工资相差无几,企业职工在退休后的退休金也只有公务员的一半左右。研究结果表明,享有与公务员相同的养老金替代率将使得企业职工生命周期的平均消费增加4.84%,并且对于财富水平越低的企业职工,该促进效应越明显。同时,养老金"双轨制"能解释公务员与企业职工生命周期中24.3%的消费差距。

二、预防性储蓄:教育、医疗、养老与住房

（一）教育

1999年高等教育改革造成了两个直接的后果:其一是家庭需要支付的教育支出大幅上升,其二是高校招生人数大幅上升。二者都对我国经济社会产生了非常深远的影响。一方面,高等教育改革使得家庭教育支出大幅增加,教育支出成为我国居民在解决基本生活需求之后首先要考虑的问题;另一方面,扩招对人们的支出预期产生了影响,高等教育支出可能性增加提高了居民为未来教育进行预防性储蓄的动机。换言之,1999年高等教育改革既大幅增加了家庭的直接教育支出,又改变了家庭关于未来教育支出的预期,二者都增强了家庭的预防性储蓄动机,导致居民消费水平下降。1999年高等教育改革使得我国高中教育和高等教育规模扩大了4倍,居民教育支出上升了10倍,这与同期全国低消费、高储蓄现象形成了鲜明对比。

（二）医疗

以新型农村合作医疗保险、城镇职工基本医疗保险、城镇居民基本医疗保险为主要内容的基本医疗保险制度的实施将有助于增加居民当前消费。具体来看,这三种保险将分别增加5.4%、11%、10.2%的居民消费。以农村居民、城镇就业居民、城镇未就业居民的人口比例折算,基本医疗保险大约可以带动全国7%的消费。取2007年我国居民储蓄率为37.94%,那么基本医疗保险的实施则意味着我国居民储蓄率将下降约4.34个百分点(马双等,2011)。

白重恩等(2012)研究发现,新农合增加了家庭的非医疗支出类消费近5.6个百分

点,金额大约是149元,而且这一结果非常稳健。可以看到,消费增加的幅度远远超过包括政府补贴在内的参合费(2003年总保险费一般为30元,2006年一般为50元),说明新农合对于消费的刺激作用比政府直接的现金转移支付更为有效,实际上回归结果显示农村家庭平均的边际消费倾向仅为0.44。新农合对消费的刺激效果对那些当年没有医疗开支的家庭依然显著,这无法用所谓的"挤入效应"来解释。"挤入效应"强调医疗保险会减少家庭的医疗支出,进而使得家庭有更多的留存收入来支付其他开支。另外,白重恩等(2012)还发现,医疗保险对消费的正面影响在低收入家庭或健康水平较差的家庭中更强。由于这两类家庭将来面临相对沉重的医疗负担的风险更高,因此这一结果与新农合对医疗开支外消费的影响主要源于预防性储蓄下降的说法相一致。农户在县级医疗机构看病支出的补偿程度越高,新农合对消费的影响也越大,这也和预防性储蓄假说一致。最后,新农合的影响还会随农户在新农合中的经历而变化。

臧文斌等(2012)使用国务院城镇居民基本医疗保险入户调查数据,系统地分析了城市居民保险对城镇居民总消费以及医疗、教育、日常生活等各项消费的影响。结果发现,城镇居民在参加城居保之后,家庭年平均非医疗消费额会增加13%。其中受影响最大的是占总消费比例最大的日常生活及其他开支,此外教育开支也受到影响,但住房开支和医疗开支没有显著变化。此外,臧文斌等(2012)还发现城居保对不同收入组家庭的影响也不一样。低收入家庭的消费受城居保的影响最大(20.2%),中等收入家庭次之(12.6%),而高收入家庭的消费没有受到显著影响。

(三) 养老

社会保障体系显著影响当期消费,其作用机制在很大程度上归因于社会保障体系可以减少消费者面对的未来不确定性,从而减少人们的预防性储蓄。在城镇居民基本医疗保险方面,居民在参加城镇居民基本医疗保险后,家庭年平均消费额会增加约10.2%。以农村居民、城镇就业居民、城镇未就业居民的人口比例对医疗保险所带动的消费量进行折算,基本医疗保险大约可以带动全国7%的消费。如果没有借贷约束及不确定性,那么私人储蓄和养老保险之间存在替代关系。当养老保险的收益和私人储蓄的收益相等时,当期消费不受养老保险缴费的影响,私人储蓄和养老保险缴费存在一对一的完全替代关系,即私人储蓄的减少额恰好等于养老保险的缴费额。如果养老保险收益大于私人储蓄收益,则消费增加,私人储蓄的减少比养老保险缴费额要多。但是当养老保险收益小于私人储蓄收益时,当期消费将下降,而私人储蓄的减少,将比养老保险缴费额要少。在这三种情况下,养老保险都会降低私人储蓄率。

从养老保险对储蓄影响的理论上看,人们会在整个生命周期内实现消费的配置,通常在年轻时储蓄以供老年时消费,养老保险可以增加退休后预期可获得的收入,因而会减少私人储蓄。养老保险本身也会减少未来预期的收入风险,从而可以减少预防性储蓄。实证研究发现,新农保并没有显著影响60岁以下居民的储蓄率,但是却显著降低了60岁以上居民的储蓄率。新农保实施之后,60岁以下居民处于参保缴费的阶段,但由于绝大多数居民的新农保缴费额仅有100元,其预期未来产生的养老金收益较小,因此很难通过财富替代效应和降低收入风险的渠道减少居民储蓄。但是,60岁以上居民受到新农保的影响更为直接,他们不需要缴费就可以直接领取养老金,其领取的年养老金绝对数额虽然不大(约 600 元),但占收入的平均比重达到 22.4%,而且立即实现的养老金财富可以有效降低当前的收入风险,因此对消费产生了显著的促进作用(马光荣和周广肃,2014)。

(四)住房

通过城镇居民的微观调研数据和城市宏观数据,杨赞等(2014)测定了对于拥有单套住房和多套住房的家庭的住房与消费的关系,以及住房-消费的区域差异。在中国没有房地产税的情况下,房价升高对单套和多套住房的家庭消费均产生挤压效应。但是由于住房价格波动的区域差异,住房机会成本和使用成本的关系在东、中、西部地区产生差异,住房价格对居民消费的影响在东部呈现挤压效应,在西部呈现财富效应,而在中部则没有显著的作用。

我国边际消费倾向和消费率在进入 21 世纪以来明显下降,边际储蓄倾向和储蓄率则明显上升,呈现阶段性的变化,其中的一个重要原因是 1998 年的住房改革及房地产市场的大发展。此前我国绝大多数家庭的消费是吃穿用等日常消费品,此后买房成为越来越多家庭首要和最大的开支。当现阶段绝大多数家庭买房是为自住(刚需)而非作为资产投资时,房价上涨的强制储蓄(减少现期消费)效应要远远大于房屋资产增值的财富效应,即对消费的挤出效应大于拉动效应。只有当把住房作为投资的中产以上家庭越来越多时,财富效应才可能显现和增加。

三、消费信贷对消费需求的作用和条件

家庭借贷行为对消费支出有显著的正向刺激作用,借贷对消费的影响程度存在显著的地区差异。就全国平均水平而言,城镇家庭每增加 1 元的借贷支出,会产生 1.34 元的消费支出,而东部地区家庭每增加 1 元的借贷支出,则会产生 1.09 元的消费支出,略低于全国水平,可见东部地区家庭借贷对消费产生的乘数效应弱于中西部地区,这是由于中西部地区居民收入较低、资源利用程度不充分、消费金融发展缓慢,所以借贷支出对消费的影响更为突出,或者说边际效应更大。从韩立岩和杜春越(2011)的研究中可以发现,借贷使中西部地区的家庭产生更大的乘数效应,更有力地促进了消费提升。

有关短期消费性贷款对居民消费的影响的研究结果表明,一方面,由于信用卡余额代偿条款中规定了信用卡的偿债顺序,具有优惠利率的信用卡转账金偿还顺序先于具有较高利率的信用卡消费和信用卡提现,因此消费者在转账金还款期内减少了信用卡转账金账户的消费。另一方面,由于具有优惠利率的信用卡余额代偿,实际上是银行提供的低利率无抵押短期贷款,因此在一定程度上降低了消费者面临的短期流动性约束。在信用卡转账金偿付完后,消费者的总消费额显著提高,而且不同类型消费者的消费额波动幅度和调整速度存在一定差异。短期消费性贷款能在一定程度上缓解消费者的流动性约束,从而促进消费。

由于收入水平以及金融发展程度不同,信贷供给门槛具有不同的水平,收入分配状况和整个社会的消费水平变动具有不确定的数量关系。当社会收入水平以及金融发展程度较低造成社会中低收入者和中等收入者都受到信贷供给门槛的制约时,收入不平等程度与消费波动呈现负相关关系;当社会收入水平以及金融发展程度较高造成社会中仅有低收入者受到信贷供给门槛的制约时,收入不平等程度与消费波动呈现出正相关关系。如果金融发展的程度提高,以至于降低信贷供给的门槛,则使更多经济主体能够通过信贷供给平滑消费行为,金融发展和消费需求波动之间呈现负相关关系。

居民在金融市场借贷的难易程度为其消费行为是否受流动性限制的重要指标,在金融市场不完全的条件下,居民当期的收入为多少及其收入的变动趋势常常成为金融机构决定放贷与否的判断标准,因此在金融市场信息不对称的情况下,居民的借贷行为将会受到一些限制,当期收入的多少也就成为决定其消费水平的主要依据。通过进一步分析发现,宏观经济的繁荣或疲弱常常成为居民在金融市场借贷难易程度的关键因素。当宏观经济繁荣时,居民不仅当期工作机会相对增加,而且金融机构也预期居民未来还款能力将随之增强,这样资金放贷行为将趋于宽松,居民比较容易从金融机构贷到消费所需要的足够资金;反之,当宏观经济疲弱时,金融机构担心经济紧缩将影响居民的还款能力,为了避免不良债务的增加,放贷行为将趋于保守,从而增加居民资金借贷的困难性。所以,宏观经济的繁荣或疲弱除了决定居民暂时性收入的高低,其对居民借贷行为的不同约束也会影响消费决策。

四、其他因素

(一) 结构失衡

利率管制是导致当前中国所面临的总需求结构失衡问题的原因之一。就发展模式而言,中国采取的是"高投资驱动型"的增长主义发展模式,政府不仅通过利率管制压低资金成本,而且借助其他手段扭曲了劳动、土地和资源等几乎所有生产要素的价格,以扩大投资规模、加快经济增长。因此,增长主义发展模式天然决定了中国经济的高投资特征。就发展阶段而言,中国仍然处在工业化和城镇化进程中。因为工业化和城镇化都以大量投资为基础,这同样决定了投资率会偏高。工业化使第二产业占比偏高,而第二产业的高资本密集度特征决定了资本的强势地位和劳动的弱势地位,因此国民收入分配格局中劳动份额偏低,从而导致居民部门消费率偏低。就国际分工格局而言,中国凭借低成本优势从事低附加值产品的生产和出口,"出口投资联动机制"推高了国内投资;而国内厂商更多地从事贸易商品的生产,导致教育与医疗等非贸易商品和服务的供给不足,限制了居民家庭的消费行为(陈彦斌等,2014)。

(二) 文化

社会保障支出、金融市场发展与消费率显著正相关,因此加大社会保障支出、加快金融市场发展能够从一定程度上刺激消费。消费文化是解释消费率国别差异的主要因素,儒家文化影响力越强,消费率越低。消费文化主要通过影响居民的自我控制力来影响消费,自我控制力越强,消费率越低。因此从文化角度进行扩大内需政策设计,可以从两方面着手:一方面,可直接从文化角度切入,推行理性消费观念;另一方面,可间接地通过影响居民的自我控制力入手,纠正儒家文化对居民消费的过度抑制。

当经济中存在消费相互攀比时,个体的偏好不仅同他自己的消费量有关,还同他人的消费水平或经济中的平均消费水平有关,个体在做消费-投资决策时,不仅关心他们的绝对消费水平,还关心他们的相对消费水平,从而个体消费可通过影响社会平均消费水平而对他人的消费-投资决策造成影响,即消费存在外部效应。消费攀比的引入提高了经济增长率,攀比程度越高,经济增长率也越高;在较高的攀比程度下,从长期看,经济增长率越高,储蓄率也越高,两者是正相关的。本部分的分析告诉我们,中国当前的高储蓄很大程度上应归因于二十多年来的高经济增长。期望公众能降低储蓄率、大幅提高消费支出,以此缓解供过于求的矛盾,其可行程度并不高。

(三) 金融抑制

就理论而言,以压低利率为主的金融抑制政策至少可以通过两个渠道影响居民消费行为:第一,在金融市场上,穷人往往是存款者,富人往往是贷款者,低利率政策本质上形成了一种穷人补贴富人的"倒挂"机制,导致收入分配不断恶化,而收入差距扩大将导致居民消费率下降。第二,从居民消费行为角度看,利率是居民消费跨期替代的关键决定因素,低利率政策将通过替代效应降低居民消费增长率,同时通过财富效应降低居民消费水平。从经验层面来看,陈彦斌等(2014)通过引入"扭曲税"刻画利率管制,构建了一个含有异质性生产效率冲击与融资约束的动态一般均衡模型,研究发现,利率管制会扩大投资、挤压居民消费。如果进行利率市场化改革,家庭可支配收入将会有所增加,居民部门消费占GDP的比重将会提高4.7个百分点,总需求结构有所改善。

第五节 提高居民消费的量和质

居民消费是稳定中国经济的重要压舱石,如何提升居民的消费率及消费水平是摆在党和国家面前的重要任务。本节将从需求侧来提出提升居民消费率的政策措施,从供给侧来给出促进消费升级、提升消费层次的政策建议。

一、提升居民消费率——侧重需求侧

第一,深化收入分配制度改革。针对国民收入初次分配中存在的"三个集中"现象(即财富不断向政府集中、向资方集中、向垄断行业集中),未来的收入分配体制应该大力提高居民收入在国民财富初次分配中的比重,同时也要在再分配环节中提高中低收入阶层的收入比重,以扩大消费主体和增强居民的消费能力,并在提高居民整体消费的同时,避免收入分配导致的新阶层分化和消费分化现象。内容包括:①打破行业垄断,引入竞争机制,加强对垄断行业收入分配的调节和监督,进一步推进政企分开,建立健全垄断性企业内部分配约束机制和外部调控机制。②实施积极的就业政策,扶持和鼓励再就业,

增加就业资金投入,加强职业培训和就业服务体系建设,加大公共服务投资,提供公益性就业岗位,通过创新金融服务鼓励农民创业增收,最终通过就业增加居民收入进而提高居民消费能力。③充分运用税收政策调节收入分配,包括个人所得税、财产税的征收等,以缓解行业间和社会成员之间收入差距的矛盾。④通过转移支付,提高低收入群体收入、扩大中等收入阶层,进而提高城乡居民的消费能力和消费意愿,具体措施包括提高城市和农村最低生活保障标准,加大对低收入家庭的补贴和救助力度,提高企业退休人员基本养老金水平和优抚对象生活补助标准,促进农村人力资本积累以提高农民综合素质,加大扶贫投入力度。

第二,建立和完善社会保障制度。完善社会保障体系和相关政策,稳定城乡居民消费预期,释放居民的储蓄,对未来扩大消费需求具有重要意义。内容包括:①扩大养老、医疗、失业等社会保障覆盖面,提高统筹层次。②积极落实住房保障政策,完善廉租房和经济适用房制度。③稳步推进城镇医疗卫生体制改革,合理确定药品和医疗服务价格。④加快新型农村合作医疗试点,提高补助标准。⑤建立和完善农村社会保障体系,努力建立农村最低生活保障制度。需要重点解决两个问题:一是尽可能提高社会保障水平,避免由于社会保障缺位形成的对消费需求的长期抑制,目前,中国的社会保障总水平太低,严重抑制了居民的大额资产消费,并使中低收入阶层的消费需求不足,进而导致经济增长缺乏动力;二是尽量扩大社会保障覆盖面,改良过去将保障对象限定为在业和曾经就业的城市居民的做法,把基本养老保险、基本医疗保险、失业保险和最低生活保障四项社会保障制度扩展到城市居民家属、农民工和农村居民。

第三,构建相应的金融机制。内容包括:①逐步放宽行业准入,鼓励中小金融机构发展,促进金融服务创新,提高金融监管的合规性、透明性和公开性,为进一步扩大消费提供良好的金融服务平台。包括鼓励开展与扩大消费相关的金融业务、放松金融渠道和网点设置的限制、启动农村消费金融市场等。②进一步发展消费信贷,降低流动性约束。消费信贷作为启动消费的杠杆,具有直接扩大居民消费的作用。一是可以把中低收入阶层居民的未来收入变现为即期收入,提高即期消费水平,进而起到稳定和提高居民整体平均消费倾向的作用;二是解决大多数城镇居民在消费结构转向"住、行"等升级过程中受到现期低收入水平限制的问题;三是消费信贷的实施,旨在把居民一部分货币积累转用于消费,这不仅能够增加消费总量,还会诱发新的消费热点。因此,未来发展消费信贷要着力于:努力提高中低收入居民的收入水平,增强其借贷消费能力和信心;建立和完善个人资信评估制度与信用担保制度,降低消费信贷的风险;根据经济、社会、区域、人口等特点,不断创新消费信贷品种及发放模式,满足不同人群的需要;建立健全消费信贷的法律法规,使信贷消费双方得到最大限度的法律保护,推动消费信贷的健康发展。

改善城镇居民的养老制度、医疗制度和住房制度,科学合理地把握消费升级和推进社会保障的时机与力度,特别向中西部地区倾斜,通过提高中西部地区的社会保障水平和收入水平而形成促进消费的长期效应;在城镇化进程中,注意控制二三线房价的上升,同时对中西部地区居民的住房贷款提供优惠政策,有条件地放宽家庭借贷限制,通过提高该地区家庭中长期负债水平来达到促进消费、缩小与东部地区差距的目的;增加中西部地区的教育投入,通过优惠政策吸引东部高素质人才支援中西部建设,提高中西部地区人口素质;在中西部地区产业升级和居民收入水平提高的进程中,还应当通过发展保险业稳定地提升居民消费能力。

在中国,目前由于受到户籍、土地、社会保障等制度的制约,农民工进城后不少人最终还是不得不回到家乡。与城市居民相比,城镇移民具有更高的流动性,而且缺乏社会保障,面临更强的信贷约束。因此,城镇移民的边际消费倾向比城市居民更低。鉴于此,本部分所体现的政策启示是应当最大限度地给予已经进城的城镇移民以城镇户籍,或者尽量缩小城镇居民和移民之间在社会保障及公共服务等方面所受待遇上的差异。伴随着城市化和工业化进程的户籍制度改革是促进消费、增强内需的有效手段,关系到中国经济增长方式的转变。当然,户籍制度改革也涉及两亿城镇移民的福祉,而且还会影响即将进城的约四亿农民的未来,它本身也是一个有关公平的问题。

家庭生产性固定资产存在明显的"财富效应",其他资产(如金融资产)却没有,这反映了中国金融市场发展严重滞后的事实。在中国,生产性固定资产往往可以产生相对稳定的收入流,居民也更愿意将其收益用于消费;相反,金融资产收益或者被严重压低(如储蓄存款),或者波动很大(如股票市场),居民在预期不稳定的现实约束下往往不敢将其收益转换为消费。因此,要充分发挥生产性固定资产和金融资产的财富效应,提升居民消费,我们可以从两个方面入手。一方面,我们需要鼓励自主创业和自我雇佣的就业形态,并引导资金进入这些"生产性"部门,在提高这些家庭收入的同时刺激中国居民消费。另一方面,有必要积极推进以利率市场化为主的金融市场改革,让普通居民可以通过金融市场分享经济发展的成果,进而提升居民消费。

二、促进消费升级(提升消费层次)——侧重供给侧

虽然消费是一个需求侧的问题,但是从消费的源头来看,生产什么、怎么生产、为谁生产通常也是一个供给侧的问题。因此,要想促进消费升级、提升消费层次,离不开供给侧的配套改革与政策支持。因此,本节从供给侧角度,为促进消费升级、提升消费层次提出如下政策建议:

第一,健全扩大消费的财政政策。主要是扩大财政在基础设施、社保体系、教育医疗等领域的支出,完善财政支出额配置结构以及中央和地方财权事权合理划分,增强政府财政性消费支出对消费和市场的引导及扶持作用。内容包括:①加快城乡基础设施建设,促进城乡基础设施一体化。包括建设城乡外部联络线、城市路网、城乡公共交通、水利电力等基础设施建设,重点加快农村基础设施建设,比如沼气、饮水安全工程、公路建设、电网等基础设施的建设和经营。②加快建设和完善社会信息技术设施平台,特别是加强通信网络、数字电视的建设,提升信息化水平并形成和扩大新兴消费领域。③继续加大政策性住房投入力度,如廉租房、保障性住房、危房改造等,以稳定房地产价格。④引导大城市规划向多中心和卫星城的城市集群方向发展,促进区域消费需求的整体提

升。⑤坚持把支"农"作为财政投入的重点领域,巩固和强化促进农业生产发展的各项财税体制,完善农业保险保费补贴政策等。⑥继续鼓励以教育、旅游、文化等服务业为主的第三产业的发展,支持居民从事相关产业的工作,提高全社会产业结构的比重并改善居民收入增长及来源渠道。⑦逐步建立直接针对居民消费的财政补贴制度,以鼓励居民特定消费需求,继续推进和完善"家电下乡""汽车下乡"等财政补贴政策,扩大农村消费需求。⑧进一步发挥政府采购对消费市场的引导和示范作用,鼓励绿色消费理念,倡导低碳生活方式,提升居民层次和生活质量。

第二,优化消费的市场环境。营造良好的消费环境,内容包括:①完善价格形成机制,健全和完善消费法律法规体系,加大对市场秩序的整顿和规范。因此,要严厉打击各种不法行为,杜绝各种欺行霸市、假冒伪劣、虚假广告、商业诈骗、霸王条款等行为或现象;加强对售后市场的监管及执行,加强消费者权益保护,特别是要强化对食品、药品等商品和医疗、旅游、休闲、文化等服务市场的监管,保护消费者和经营者的合法权益,为消费者提供安全、透明的消费环境。②大力发展现代流通方式,完善消费市场体系。大力促进消费环境便利化,完善服务功能,进一步规范市场流通秩序,打破地区分割和封锁,破除地方保护、企业垄断以及其他不合理的规定,形成公平、透明、统一开放、竞争有序的市场格局及流通体系。③大力支持建立健全现代消费品营销体系,积极推进消费品领域物流配送、电子商务等现代交易方式和组织形式快速发展,为居民创造快捷、便利的消费环境。④促进商业企业实现业态升级,鼓励专业市场和批发市场的布局调整与改造升级,提升各类市场信息发布、研究设计、商务洽谈和产品展示等功能,建立畅通的流通渠道,打造具有较强综合功能的现代市场体系,为消费的扩张提供一个自由、健全的市场环境。

第三,进一步转变政府职能。转变政府职能主要是借助市场化改革,降低政府各项不合理的资源配置权力,减少政府行政权力对微观市场和微观行为的不合理干预,从而扩大消费需求和提供优质服务。①打破地方保护主义和市场分割,消除地方性准入壁垒和行业壁垒,建立一体化、公平化、自由化的市场体系,清理政府采购与居民消费相关的各项不合理规定及"潜规则",放宽市场准入条件,改善审批及监管模式,破除居民身份限制、消除农民工"半市民化"状态,将居民收入增长、消费需求增加等居民福利或民生指标纳入各级政府政绩考核范围,完善政府的服务型管理体制。②继续强化政府提供公务服务的功能,建立全覆盖、多层次、具有市场竞争和政府监管的医疗、卫生、教育和社会保障体系,有效提高政府对相应公共物品的服务质量,降低居民的生活负担,也让广大城乡居民共同分享社会福利,保障消费需求的不断提高。

2008年以来我国经济增速大幅下滑,内需不足只是问题的表象,不是投资总量不足的问题,供给抑制政策导致的投资结构和供给结构失衡才是问题的本质。采用补贴或者税收优惠等各种转移支付手段刺激居民消费,实施宽松财政政策扩大政府投资支出,或者采用产能调控政策压缩过剩产能,内需不足的矛盾虽一时得以缓解,但这些措施均非治本之道。而改革收入分配制度、缩小收入分配差距、增加居民收入所占比重,虽有利于缓解社会矛盾、促进社会公平，但很可能只会将政府或者企业储蓄转换为居民储蓄，在启动内需方面也难以发挥实质性作用。当务之急是找准居民需求旺盛而供给能力严重不足的国民经济"瓶颈"领域，尽快解除各种供给抑制政策，降低社会资本进入门槛，以市场机制调节和改善社会投资与供给结构。

就现阶段而言，随着居民消费的扩张，经济增长的内生动力得到加强，但是现实中却出现消费需求作用递减，这一问题出现的深层原因是需求结构失衡。在居民收入不断提高的背景下，需求结构失衡很大程度上归结于供给结构失衡，供给侧在消费品的结构和质量方面不能满足居民生活质量提高的需要，从而形成国内产能过剩和国内消费者到国外购买大量消费品的奇怪现象。当前，中国居民消费比例偏低、规模较小，这不仅表现为居民消费比例不断呈下降趋势，而且远远低于世界平均水平，居民消费对经济增长的贡献偏低，是中国经济增长动力不足的根源。因此，扩大居民消费是中国当前及以后相当长的时期内的重要战略方针，但是扩大消费规模应与供给侧结构性改革结合起来。具体措施包括以下方面：努力理顺我国居民收入分配关系，防止居民收入差距过大，从而可以提高居民的购买力水平，完善社会保障制度，改变居民消费预期；积极推进供给侧改革，优化产品质量和结构，使国内供给更好地满足国内需求，增强居民消费对经济增长的拉动作用，从而促进经济可持续发展。

利率管制将会刺激投资、提高总产出、促进经济增长，这应该是中国持续实施利率管制政策的重要原因。但是利率管制会导致总需求结构失衡：一是利率管制压低了资金成本，扩大了投资规模，资本边际产出递减的性质使得政府为实现既定产出目标而增加资本投入，导致投资率偏高；二是利率管制提高了家庭"强制储蓄"的比重，减少了家庭可支配收入，导致居民部门消费率偏低；三是融资约束降低了全社会资本配置效率和生产效率，迫使政府进一步提高利率管制程度以达到增加产出的目的，加剧了总需求结构失衡程度。如果在利率市场化的同时，通过配套金融改革降低私人企业的融资约束，那么不仅能够改善总需求结构，还可以有效避免利率管制对总产出的冲击。因为减弱融资约束能够加速资本流动，缓解国有部门与私人部门之间的资本错配程度，提高全社会的生产效率，降低低效率生产活动对消费的"挤出效应"。

本章总结

自凯恩斯开创宏观消费理论以来，居民消费理论的发展经历了三个重要阶段。第一个阶段是确定性条件下的消费理论，它包括凯恩斯的绝对收入假说和杜森贝里的相对收入假说。20世纪70年代，理性预期假说的出现把居民消费推进到在不确定条件下来进行研究，形成了不确定条件下的居民消费理论，这是居民消费理论发展的第二个阶段。20世纪80年代以后，随着行为经济学的快速发展，居民消费理论进入第三个快速发展阶段。在此期间，越来越多的经济学家开始关注消费者个体的心理特征和社会形态对消费决策的影响，然后通过内省和心理实验引入影响甚至决定消费决策的社会心理动机，发展出了新的基于非完全理性的行为消费理论。

消费不仅能够通过消费总量增长与消费规模扩张来促进经济增长,而且能够通过结构效应,即消费结构的不断优化与升级来促进经济增长。自1998年6月起,中国经济开始出现"供过于求"的现象,内需不足开始成为中国经济增长的顽疾。内需不足的长期存在与地区经济发展不平衡、贫富差距扩大、社会保障制度不完善、教育与医疗制度改革等系列因素密切相关。可喜的是,中国内需不足的问题近年来有所缓和。2018年,全国最终消费对经济增长的贡献率达到76.2%,表明内需正成为新常态下中国经济增长的重要驱动力。

在当前和未来的政策制定中,政府不能忽视内需在拉动经济增长方面的巨大潜力。需要从质和量两个维度提升居民消费对经济增长的贡献和作用。具体来说:第一,打破行业垄断,引入竞争机制,加强对垄断行业收入分配的调节和监督,进一步推进政企分开,建立健全垄断性企业内部分配约束机制和外部调控机制。第二,实施积极的就业政策,扶持和鼓励再就业,增加就业资金投入,加强职业培训和就业服务体系建设,加大公共服务投资,提供公益性就业岗位,通过创新金融服务鼓励农民创业增收,最终通过就业增加居民收入进而提高居民消费能力。第三,充分运用税收政策调节收入分配,包括个人所得税、财产税的征收等,以缓解行业间和社会成员之间收入差距的矛盾。第四,通过转移支付,增加低收入群体收入、扩大中等收入阶层,进而提高城乡居民的消费能力和消费意愿。

核心概念与术语

消费	Consumption
绝对收入假说	Absolute Income Hypothesis
相对收入假说	Relative Income Hypothesis
持久收入假说	Permanent Income Hypothesis
生命周期假说	Life-cycle Hypothesis
随机游走假说	Random Walk Hypothesis
预防性储蓄假说	Precautionary Savings Hypothesis
流动性约束假说	Liquidity Constraint Hypothesis
不确定性	Uncertainty
行为消费理论	Behavioral Consumption Theory
退休消费之谜	Retirement-Consumption Puzzle
中国高储蓄之谜	China's High Saving Puzzle
炫耀性消费	Conspicuous Consumption
经济增长	Economic Growth
消费结构	Consumption Structure
预期	Expectation

计划经济	Planned Economy
生产结构	Production Structure
收入差距	Income Gap
财政政策	Fiscal Policy
家庭资产	Household Assets
养老金	Annuity
教育	Education
医疗保健	Health Care
房价	Housing Price
消费信贷	Loan for Consumption
结构失衡	Structural Imbalance
文化消费	Culture Consumption
金融抑制	Financial Repression
消费升级	Consumption Upgrade
需求侧	Demand Side
供给侧	Supply Side

复习思考题

1. 居民消费理论经历了哪几个阶段？各个阶段的代表性消费理论有哪些？
2. 绝对收入假说、生命周期假说、持久收入假说、预防性收入假说之间存在什么联系与区别？
3. 当前，中国内需开始成为经济增长的主要动力，其背后的驱动因素是什么？
4. 如何进一步提升中国居民的消费能力？
5. 居民消费总量增长与消费结构优化对经济增长的影响有何不同？
6. 身为消费者的你，是如何看待我国扩大内需的问题的？
7. 如果你是一名政府官员，将会如何提高当地的居民消费水平？

主要参考文献

[1] 白重恩,李宏彬,吴斌珍.医疗保险与消费:来自新型农村合作医疗的证据[J].经济研究,2012(2):41—53.

[2] 陈彦斌,陈小亮,陈伟泽.利率管制与总需求结构失衡[J].经济研究,2014(2):18—31.

[3] 方福前.中国居民消费需求不足原因研究——基于中国城乡分省数据[J].中国经济学前沿,2009(4):68—82.

[4] 韩立岩,杜春越.城镇家庭消费金融效应的地区差异研究[J].经济研究,2011(1):

30—42.

[5] 李涛,陈斌开.家庭固定资产、财富效应与居民消费:来自中国城镇家庭的经验证据[J].经济研究,2014(3):62—75.

[6] 马光荣,周广肃.新型农村养老保险对家庭储蓄的影响:基于数据的研究[J].经济研究,2014(11):126—139.

[7] 马双,臧文斌,甘犁.新型农村合作医疗保险对农村居民食物消费的影响[J].经济学(季刊),2011,10(1):249—270.

[8] 彭文生.渐行渐远的红利:寻找中国新平衡[M].北京:社会科学文献出版社,2013.

[9] 杨赞,张欢,赵丽清.中国住房的双重属性:消费和投资的视角[J].经济研究,2014 增1:55—65.

[10] 臧文斌,刘国恩,徐菲,等.中国城镇居民基本医疗保险对家庭消费的影响[J].经济研究,2012(7):75—85.

[11] 张大永,曹红.家庭财富与消费:基于微观调查数据的分析[J].经济研究,2012(S1):53—65.

[12] 邹红,喻开志.退休与城镇家庭消费:基于断点回归设计的经验证据[J].经济研究,2015(1):124—139.

[13] Battistin E., A. Brugiavini, E. Rettore, et al. The retirement consumption puzzle: Evidence from a regression discontinuity approach[J]. American Economic Review, 2009, 99(5): 2 209-2 226.

[14] Chamon M. D., and E. S. Prasad. Why are saving rates of urban households in China rising? [J]. American Economic Journal Macroeconomics, 2010, 2(1): 93-130.

[15] Chung S. H., and R. J. Herrnstein. Choice and delay of reinforcementl[J]. Journal of the Experimental Analysis of Behavior, 1967, 10(1): 67-74.

[16] Deaton A. Saving and liquidity constraints[J]. Econometrica, 1991, 59(5): 1221-1248.

[17] Duesenberry J. S. Income-consumption relations and their implications[J]. In: Income, Employment and Public Policy, 1949.

[18] Friedman M. A theory of the consumption[M]. Princeton University Press, 1957.

[19] Gross D. B., and N. S. Souleles. Do Liquidity constraints and interest rates matter for consumer behavior? Evidence from credit card data[J]. Quarterly Journal of Economics, 2002, 117(1): 149-185.

[20] Gul F., and W. Pesendorfer. Self-control and the theory of consumption[J]. Econometrica, 2004, 72 (1): 119-158.

[21] Haider S., and M. S. Jr. Is there a retirement-consumption puzzle? Evidence using subjective retirement expectations[J]. Review of Economics & Statistics, 2007, 89(2): 247-264.

[22] Hall Robert E. Stochastic implications of the life cycle-permanent income hypothesis:

Theory and evidence[J]. Journal of Political Economy, 1978, 86(6): 971-987.

[23] Hamermesh D. S. Consumption during retirement: The missing link in the life cycle[J]. The Review of Economics and Statistics, 1984, 66(1): 1-7.

[24] Harvey C. M. Value functions for infinite-period planning[J]. Management Science, 1986, 32 (9): 1123-1139.

[25] Keynes J. M. The general theory of employment, interest and money[M]. Macmillan Cambridge University Press, 1936.

[26] Leland H. E. Saving and uncertainty: The precautionary demand for saving [J]. Quarterly Journal of Economics, 1968, 82 (3): 465-473.

[27] Li H., X. Shi, and B. Wu. Retirement consumption puzzle in China[J]. The American Economic Review Papers and Proceedings of the One Hundred Twenty-Seventh Annual Meeting of the American Economic Association, 2015, 105(5): 437-441.

[28] Loewenstein G., and D. Prelec. Anmalies in intertemporal choice: Evidence and an interpretation [J]. Quarterly Journal of Economics, 1992, 107(2): 573-597.

[29] Loewenstein G., and T. O. Rabin. Projection bias in predicting future utility[J]. The Quarterly Journal of Economics, 2003, 118 (4): 1209-1248.

[30] Modigliani F., and R. Brumberg. Utility analysis and the consumption function: An interpretation of cross-section data[J]. In: Kurihara K. K., Eds., Post-Keynesian Economics, Brunswick, Rutgers University Press, 1954.

[31] Phelpsr A. and E. S. Pollak. On second-best national saving and game-equilibrium growth[J]. The Review of Economic Studies, 1968, 35(2): 185-199.

[32] Prelec L. D. Anomalies in intertemporal choice: Evidence and an interpretation[J]. The Quarterly Journal of Economics, 1992, 107 (2): 573-597.

[33] Shefrin H. M., and R. H. Thaler. The behavioral life-cycle hypothesis[J]. Economic Inquiry, 2010, 26(4): 609-643.

[34] Thaler Richard H. Maximization and self-control[J]. Behavioral and Brain Sciences, 1981, 4 (3): 403-404.

[35] Wakabayashi M. The retirement consumption puzzle in Japan[J]. Journal of Population Economics, 2008, 21(4): 983-1005.

[36] Weil P. Precautionary savings and the permanent income hypothesis[J]. The Review of Economic Studies, 1993, 60 (2): 367-383.

[37] Zeldes S. P. Consumption and liquidity constraints: An empirical investigation [J]. Journal of Political Economy, 1989, 97(2): 305-346.

第六章

中国进出口结构演变与对外贸易模式转型

国内市场,只有在国家繁荣、国民收入增加以后才能扩大,这个道理在世界市场上无论是对那些要向外国推销本国货的国家来说,还是对那些准备经营世界贸易的国家来说,都是千真万确的;只有世界繁荣起来,整个世界的市场才能扩大。

——西斯蒙第

通商而出口货溢于进口者利,通商而出口货等于进口者亦利,通商而进口货溢于出口者不利。

——马建忠

令人着迷的是,中国的情况与西斯蒙第所讲的逻辑似乎并不一致。改革开放以来,中国对外贸易的发展,不仅促进了国内经济的发展和繁荣,也让进出口结构发生了变化,逐渐形成了粗放式的、出口导向的对外贸易模式。近年来,中国遭遇的贸易摩擦不断,尤其是 2008 年金融危机以后,国际环境的变化,使中国对外贸易模式面临许多挑战,结构升级和对外贸易转型变得尤为必要和迫切。本章重点讨论中国对外贸易模式转型问题。首先介绍对外贸易演变和进出口贸易模式,然后分析现有的进出口模式对中国经济的影响,最后讨论对外贸易模式的升级和转型。

第一节 对外贸易演变和进出口贸易模式

一、对外贸易的发展与演变

改革开放以来,中国对外贸易发展迅速,成为拉动经济增长的重要因素。中国对外贸易的发展,与经济体制改革和转轨密切相关。在从计划经济向市场经济渐进式改革的过程中,每次重大的制度调整和改革,都释放出巨大的市场活力,带来了对外贸易和经济增长。纵观中国对外贸易的发展,可以依据不同的节点划分为四个阶段。①

(一) 发展外向型经济的探索阶段(1978—1993)

这一时期,中国形成了独特的开放模式,主要以扩大出口和引进外资为主要表征,具体表现为:①在开放目标上,以"出口创汇"为目标,主要是解决国内经济发展的瓶颈问题,即国内的储蓄和外汇的"缺口"问题,鼓励沿海地区发展外向型经济;②利用发达国家或者地区劳动密集型产业转移的机遇,大力吸引外资,结合我国劳动力低廉的价格优势,发展劳动密集型的制造业,扩大其出口,拉动了经济增长;③通过出口退税、本币低估等措施来扩大出口,对加工贸易实行特殊的优惠政策;④为了解决国内资金和技术不足的问题,逐步下放外商投资的项目审批权,为外资企业提供税收减免等优惠,改善投资和生产经营环境。

随着对外开放战略的实施,中国进出口的规模不断扩大。1978—1993 年,中国的 GDP 从 3 679 亿元提高到 35 673 亿元,年均增速达 16.3%;进口总额从 187 亿元提高到 5 986 亿元,年均增速达 28.6%;出口总额从 168 亿元提高到 5 285 亿元,年均增速达 26%。② 同期的进出口增速远远高于同期的 GDP 增速。对外贸易在国民经济中的地位越来越重要,在世界贸易中的地位不断上升,贸易额在世界上的排名从 1978 年的第 32 名上升到 1993 年的第 11 名。

(二) 以制度改革推动贸易发展(1994—2000)

随着社会主义市场经济体制改革方向的确立,中国对外开放进入了加速推进期,先后进行了税制和汇率等制度方面的改革。为了扩大对外贸易发展,必须和国际接轨:一方面,1994 年 1 月 1 日,中国进行了以"外汇并轨"为核心的外汇体制改革,提出建立以市场供求为基础的、单一的、有管理的人民币浮动汇率制度。1996 年 1 月 1 日,中国接受国际货币基金组织(IMF)第八条款规定的义务,实现人民币经常项目下的可自由兑换。另一方面,中国积极参与经济全球化和经济一体化的组织,加速了"复关"和"入世"的进程。1998 年,政府提出了"走出去"发展战略,把"走出去"和"引进来"的战略结合起来,有效地利用国际和国内两种资源、两个市场,逐渐形成了引进和利用外资,以外资带动出口的出口导向模式。在进口政策上,逐渐放宽对进口的限制,积极鼓励引进先进技术和其他国际先进生产要素,带动了国内生产效率的提高,尤其是提高了制造业的劳动生产率;在出口政策上,继续实施出口优惠信贷政策,进一步提高出口退税的税率。

1994—2000 年,中国的 GDP 从 48 637.5 亿元提高到 100 280.1 亿元,年均增速达

---

① 划分四个阶段主要以制度改革和重大事件为依据,划分节点依次是:改革开放、汇率制度改革、中国加入世界贸易组织(WTO)以及 2008 年的全球经济危机。前三个阶段的划分主要参考了张二震和方勇的划分方法(张二震,方勇. 经济全球化与中国对外开放的基本经验[J]. 南京大学学报(哲学·人文科学·社会科学),2008(4):5—13)。

② GDP 和进出口年均增长率是名义增长率,即复合增长率。以下三个阶段的 GDP 和进出口增速也同此。

16.3%;进口总额从 9 960.1 亿元提高到 18 638.8 亿元,年均增速达 19.5%;出口总额从 10 421.8 亿元提高到 20 634.4 亿元,年均增速达 24.6%。同期的进出口增速远远高于同期的 GDP 增速。

从贸易的国(地区)别结构看,20 世纪 80 年代末,中国内地的贸易伙伴以日本、美国和欧盟等为主,90 年代以来,则与第三世界及东欧国家有较多的贸易交流,但到 2000 年,中国内地的前十大贸易伙伴仍然以发达国家或地区为主,比如日本、美国、欧盟、中国香港地区、东盟、韩国、中国台湾地区、澳大利亚、俄罗斯、加拿大,和这些国家或地区的贸易额占中国内地进出口总值的 86%。

这一阶段,中国出口创汇的主力是内资企业,尽管到了 90 年代,外资企业的出口占比虽有了大幅提高,但仍低于内资企业。

(三) 以加入 WTO 为契机,全方位融入世界经济(2001—2007)

2001 年以加入 WTO 为契机,中国进入了对外开放的一个全新阶段,即全方位融入世界经济阶段。在开放目标上,从发展出口导向的外向型经济到全面引进国际先进生产要素,实行"双向开放",全面融入国际分工体系中去。作为 WTO 的正式成员,中国积极遵守国际贸易规则,按照非歧视、更自由、可预见、鼓励竞争等原则,逐步削减贸易壁垒和非贸易壁垒,推动商品和服务贸易、投资和金融等领域的自由化,按照多边自由贸易框架的规定开放市场,并且不断加大对国内有悖于 WTO 原则的政策、法律和法规的清理,试图建立一个既有中国特色,又符合国际规范的对外贸易管理体制。从 2001 年至 2008 年金融危机爆发之前,中国参与国际贸易的方式主要以加工贸易为主,逐渐形成了"两头在外",以加工贸易为主"大进大出"的贸易发展模式。出口的产权主体主要是外资企业,尤其在苏南地区,外向型经济的特点格外显著,外资企业占总进出口的比重甚至达到了 70%。

2001—2007 年,中国的 GDP 从 110 863.1 亿元提高到 270 232.3 亿元,年均增速达 15.3%;进口总额从 20 159.2 亿元提高到 73 300.1 亿元,年均增速达 22.1%;出口总额从 22 024.4 亿元提高到 93 563.6 亿元,年均增速达 24.4%。进出口仍然远高于同期的 GDP 增速。

(四) 金融危机抑制了中国出口(2008 年至今)

2008 年世界金融危机时,世界经济低迷,需求降低,中国出口受到抑制。2009 年,中国的进出口总额遭遇双下降,出现了负增长。为了应对金融危机的冲击,政府对鼓励出口的政策进行了调整,例如,从 2008 年 7 月到 2009 年 6 月不到一年的时间里,相关部门 7 次上调了出口退税的税率,主要涉及中国优势产品、劳动密集型产品、高技术含量产品和深加工在内的产品共计 2 600 多个 10 位税号商品。

2008—2017 年间,中国的 GDP 从 319 515.5 亿元提高到 827 121.7 亿元,年均增速达 11.9%;进口总额从 79 526.5 亿元提高到 1 250 000.0 亿元,年均增速达 6.5%;出口总额从100 394.9亿元提高到1 530 000.0亿元,年均增速达5.7%。和前三个阶段不同的是,这个阶段进出口增速低于同期的GDP增速。在出口增速下降的同时,中国经济增长也步入"新常态",国内低端产能过剩而高端产品难以满足需求的结构矛盾凸显,出口导向型的贸易模式所积累的外汇储备,在金融危机条件下大幅缩水,"大国贸易和小国货币"所带来的成本在提高,贸易结构面临转型升级。

二、进出口贸易结构变化及作用

(一)进出口贸易结构的变化

进出口贸易结构[①]是指一个国家或地区在一定时期内,各类进出口商品在对外贸易中的地位和比例关系,通常以各类商品占出口总值的比重或者进口总值的比重表示。广义的进出口结构不仅包括出口商品结构和进口商品结构,还应该包括进出口的地区结构(国别结构)和所有制结构(或者产权主体结构),以及贸易方式结构(一般贸易和加工贸易)。一个国家或地区的进出口结构状况可以反映出该国或地区的经济技术发展水平、产业结构状况及资源状况等。随着经济发展水平的提高,一个国家或地区的进出口结构会逐渐发生变化,即出现升级与优化。衡量进出口结构的升级和优化方法主要有:首先,可以用初级产品与工业制成品在进出口总额中的占比变化、一般贸易与加工贸易在进出口额中的占比变化、服务贸易与货物贸易在出口额中的占比变化反映结构升级情况。其次,也可基于宏观层面的价值链中分析方法进行衡量。代表性的文献(Koopman-Wang-Wei(KWW),2012)对总出口中包含的国内附加值和国外附加值的分解,采用投入产出模型计算总出口中的国内附加值占比,以比较其在全球价值链中的地位。此外,也有文献从微观层面测度出口贸易的转型升级,即用出口企业一般贸易占比、生产率、价值链地位的变化趋势等进行测度。

1. 初级产品与工业制成品

初级产品指人们通过劳动直接从自然界获得的、尚待进一步加工或已经简单加工的产品,主要包括农、林、牧、渔、矿业产品(如矿石、精矿、籽棉、皮棉等)。按照《联合国国际贸易标准的类》(Standard International Trade Classification,SITC)的分类,初级产品分为食品、饮料、农矿原料、动植物油脂和燃料五大类。工业制成品是指经过复杂加工的工业产品和商品,《中国统计年鉴》中该类包括SITC的后五大分类,依次为化学(成)品及有关产品、按原料分类的制成品(主要内容是轻纺产品、橡胶制品、矿冶产品等及其制品)、机械及运输设备、杂项制品、未分类的其他商品。如表6-1所示,1978年中国初级产品的出口比重为53.5%,2000年下降为10.2%,2008年为5.4%,2017年为5.2%;而工

[①] 关于进出口结构,学界也有不同的理解。有一种观点认为,进出口结构就是对外贸易结构,也有人认为进出口结构是贸易结构的一个方面,因为对外贸易结构不仅包括进出口商品结构,还包括贸易方式、贸易企业的所有制结构以及贸易企业的区域分布结构。

业制成品的出口比重则呈现持续上升的趋势,1978年工业制成品的出口比重为46.5%,2000年为90.0%,2008年为94.6%,2017年为94.8%。

表6-1 中国的初级产品和制成品的出口比重变化　　　　　　（单位:%）

年份	1978	1993	1994	2000	2007	2008	2012	2016	2017
初级产品比重	53.5	18.2	16.3	10.2	5.0	5.4	4.9	5.0	5.2
工业制成品比重	46.5	81.8	83.7	90.0	95.0	94.6	95.1	95.0	94.8

资料来源:根据海关总署的数据计算。

2. 一般贸易与加工贸易

一般贸易是指中国境内有进出口经营权的企业单边进口或单边出口的贸易,按一般贸易交易方式进出口的货物,是正常的国际买卖,是海关的基本监管类型。① 加工贸易是指经营企业进口全部或者部分原辅材料、零部件、元器件、包装物料,经加工或装配后,将制成品复出口的经营活动,即以加工为特征的再出口业务。按照所承接的业务特点不同,常见的加工贸易方式包括进料加工、来料加工、装配业务和协作生产等。加工贸易在我国对外贸易发展中发挥着重要作用,是发挥我国劳动力比较优势的结果。1980—1990年,我国一般贸易出口的比重呈现迅速下降趋势,一般贸易的比重从1980年的93.9%下降为1990年的57.6%;而加工贸易的比重则从1980年的3.6%上升至1990年的40.9%。尤其是20世纪80年代末和90年代初,随着政府对加工贸易实施财税优惠、放宽限制等"以进养出"的贸易战略,加工贸易得到迅速发展。20世纪90年代中期,加工贸易出口比重超过了一般贸易。2000年以后,我国一般贸易比重逐渐保持平稳上升的趋势,加工贸易的比重则呈现下降趋势,但加工贸易比重始终高于一般贸易,一直到2008年,一般贸易比重几乎与加工贸易持平(见表6-2)。

表6-2 一般贸易和加工贸易出口额比重变化　　　　　　（单位:%）

年份	1980	1990	2000	2008	2012	2013	2014	2015	2016	2017
一般贸易	93.9	57.6	42.1	46.4	48.2	49.2	51.4	53.4	53.9	54.4
加工贸易	3.6	40.9	55.3	47.3	42.1	38.9	37.8	35.1	34.1	30.0
其他贸易	2.5	1.5	2.6	6.4	9.7	11.8	10.9	11.5	12.0	15.7

资料来源:根据商务部网站数据计算。

---

① 贷款援助的进出口货物,外商投资企业进口供加工内销产品的料件,外商投资企业用国产材料加工成品出口或自行收购产品出口,宾馆饭店进口的餐饮食品,供应外籍船舶或飞机的国产燃料、物料及零配件,境外劳务合作项目中以对方实物产品抵偿我国劳务人员工资所进口的货物(如钢材、木材、化肥、海产品),我国境内企业在境外投资以实物投资部分带出的设备、物资等,均按一般贸易统计。一般贸易中外商免费提供直接用于生产出口商品所进口的辅料,凡海关监管部门按"一般贸易"管理的,按"一般贸易"统计。

专题 6-1

加工贸易和一般贸易对出口产品结构升级作用的观点分歧

加工贸易和一般贸易作为我国两种主要出口方式,在推动我国进出口贸易发展中发挥着重要作用。随着我国对外贸易顺差的不断增大,2007 年政府有关部门采取限制部分产品出口退税、增设禁止加工贸易商品目录等调控政策,释放出收紧加工贸易的信号,这些政策对缩减贸易顺差起到了一定的作用。随着 2008 年金融危机的爆发,加工贸易的比重呈下降趋势,一般贸易比重再次超越加工贸易,针对此种现象,学界出现了不同的解读。观点的分歧,实际上涉及加工贸易和一般贸易到底谁更有益于我国贸易发展及出口结构的升级这一核心问题。

一、加工贸易不利于我国出口结构升级

理由如下:

(1) 加工贸易的缺陷主要表现为:加工过程附加值低,利润低;企业创新能力低;企业缺少自主知识产权。具体到我国,由于加工贸易区与国内未形成一个统一的市场,使得加工企业无法借助国内市场规模经济的优势,导致加工出口国内产业链条短,产品升级缺少动力。

(2) 从国际产业转移的角度来看,加工贸易的发展是发达国家向发展中国家转移淘汰产业或落后产业的结果,这些产业往往会对承接国家或地区的环境产生负面影响,会过度消耗承接国家或地区的资源(冯雷,2014)。

(3) 根据 Melitz(2003)的研究,出口企业和非出口企业之间存在系统性的生产率异质性,有两个方面的原因("自我选择效应"和"出口学习效应")使得出口企业的 TFP 水平高于非出口企业的 TFP 水平。这一理论预测得到了大多数国家如美国、德国、日本等发达国家以及斯洛文尼亚和智利等发展中国家的经验支持。而中国的经验表明,出口企业的生产率远远低于非出口企业,并且出口量越大的企业效率差距越大,该现象与既有理论和其他国家的特征事实相悖,被文献称为中国出口企业的"生产率之谜"(李春顶,2010)。对我国出口企业的"生产率之谜"的解释中,部分学者的实证经验认为我国的"生产率之谜"主要体现在加工贸易方面,一般贸易中不存在这个问题。

二、加工贸易有利于我国产业结构升级

理由如下:

(1) 改革开放四十多年来我国产业结构的演进和一些企业买入有竞争力的跨国企业的经验,几乎无一例外都是通过加入全球产业链、以"贸工技"和"干中学"来实现产业结构升级和向"中高端"爬升的。因此,参与国际分工、发展加工贸易是我国产业升级的通道之一,加工贸易的萎缩一定程度上阻碍了我国出口产品结构的升级(鲁政委等,2016)。

（2）加工贸易对我国宏观经济稳定有着重要作用。加工贸易顺差占我国贸易顺差的比重始终在50%以上，是我国贸易顺差最重要的来源。如果加工贸易规模不断缩小，而一般贸易的出口竞争力又不能快速提升以抵消加工贸易出口的减少，有可能再现外汇短缺的局面(林桂军和任靓，2016)。

（3）在早期，我国加工贸易生产环节主要处于价值链低端，以OEM（原始设备制造商）代工组装等来料加工为主，附加值较小，位于微笑曲线最低端。但随着进料加工的增长，近几年，我国加工贸易生产环节开始向上游生产环节升级。EXPY（出口复杂度指数）在10年间有很大增长，即出口产品种类越来越多，产品生产的环节分割越来越细，中国的EXPY指数在近几年一直高于世界平均水平(汤碧和陈莉莉，2012)。

资料来源：根据文献整理。

3. 服务贸易与货物贸易

货物贸易表示用于交换的商品主要是以实物形态表现的各种实物性商品的有形贸易。服务贸易①是一国的法人或自然人在其境内或进入他国境内向外国的法人或自然人提供服务的贸易行为。与货物贸易相比，服务贸易一般是无形的，服务的生产和消费通常是同时发生的，难以贮存且存在异质性。

改革开放以来，在我国进出口贸易中，货物贸易在整个进出口贸易中一直占据80%—90%的比重，而服务贸易占比一直较低。服务贸易占比低，意味着我国对外贸易整体水平还处于较低的发展阶段。表6-3表明，2007年以来，虽然我国服务贸易在缓慢提升，但增速不稳定，到2015年提高到15.3%，但2016年和2017年又有所下降。在国际收支方面，货物贸易是顺差，服务贸易是逆差，也在一定程度上反映出我国经济结构升级的滞后性。此外，服务贸易内部结构也存在不平衡，旅游与运输是我国服务贸易的强项，但高端服务业占比和发达国家相比还有很大差距。

表6-3 服务贸易和货物贸易进出口占进出口总额的比重 （单位：%）

年份	2007	2008	2009	2010	2011	2012	2013	2014	2015	2016	2017
服务贸易	10.3	10.6	11.5	10.9	10.3	10.9	11.5	12.3	15.3	15.2	14.5
货物贸易	89.7	89.4	88.5	89.1	89.7	89.2	88.5	87.7	84.7	84.8	85.5

资料来源：根据商务部数据计算。

4. 价值视角下出口贸易的转型升级

出口企业国内附加值率估算一直是国际贸易领域的实践热点和理论难点问题之

---

① 《中国统计年鉴》有关服务贸易的统计："服务进出口"包括运输、旅行、建筑、保险服务、金融服务、电信计算机和信息服务、知识产权使用费、研发成果使用费、视听及相关产品许可费、个人文化和娱乐服务、维护和维修服务、加工服务、其他商业服务、技术相关服务、专业和管理咨询服务、研发成果转让费及委托研发、政府服务等科目。

一。一方面,测算加工贸易出口企业国内附加值率有困难,因为即使在同一个行业内,加工贸易出口厂商使用的生产技术也完全不同于一般贸易出口厂商,特别是当加工贸易出口成为一国的主要贸易方式时,基于传统的投入产出表估算的总体国内附加值率是有偏误的。同时,微观企业数据的收集是制约企业国内附加值率研究的关键难题(Koopman et al., 2012)。另一方面,如何准确测算涉及发展中国家尤其是中国在国际分工中贸易利得的客观评价问题。比如,有些发达国家近年来一直批评中国,认为中国利用廉价劳动力进行生产,不断挤压了别国贸易出口市场。从已有的实证文献看,大部分文献支持中国出口企业的 TFP 和价值链的上升,少数文献则不支持。

(二)进出口对国民经济的作用

伴随着贸易的发展,进出口对国民经济的作用也不断提高,经济发展越来越离不开对外贸易。通常,一国对进出口的依赖程度可以通过一国对外贸易依存度①的高低反映出来。改革开放以来,我国对外贸易依存度在很长一段时间里呈现不断提高的状态(见表 6-4),1978 年为 9.65%,到了 2006 年提高到 64.2%,达到历史最高水平。随着 2008 年金融危机的爆发,我国的出口受到抑制,对外贸易依存度则呈现逐年下降趋势。从对外贸易依存度的结构看,我国的出口依存度一直大于进口依存度,从而反映出国民经济对出口的依赖大于对进口的依赖。

表 6-4　中国对外贸易依存度　　　　　　　　　　(单位:%)

年份	1978	1999	2000	2006	2009	2012	2014	2016	2017
出口	4.6	17.8	20.6	35.4	23.5	23.9	22.3	18.6	18.5
进口	5.1	15.2	18.6	28.9	19.7	21.3	18.7	14.1	15.1
综合	9.7	33	39.2	64.3	43.2	45.2	41	32.7	33.6

资料来源:根据国家统计局的数据计算。

除了对外贸易依存度,还可以通过净出口对 GDP 的贡献率来考察其对国民经济的作用。长期以来,在拉动中国经济增长的"三驾马车"中,净出口发挥着一定作用。

投资、消费、净出口对经济增长的贡献率在不同阶段发挥了不同作用。根据国家统计局的数据,1979—2002 年这 23 年中,消费对 GDP 的贡献最大,2003—2010 年间(除去 2005 年),投资对 GDP 的贡献率最大,2011—2017 年(除去 2013 年),消费再次成为拉动经济增长的主力。出口对 GDP 的贡献起伏比较大,最高的年份对经济增长的贡献率达到 82.9%(1990 年),而在 1985 年则为 -50.9%。2008 年金融危机以来,净出口对经济增长的拉动作用逐渐转弱,2009—2017 年的 9 年中,有 6 年是负数。

---

① 对外贸易依存度,是指一国的进出口总额占该国国民生产总值(GNP)或 GDP 的比重。也可分别计算进口依存度(进口总额占 GDP 的比重)和出口依存度(出口总额占 GDP 的比重)。对外贸易依存度反映的是一国对国际市场的依赖程度,是衡量一国对外开放程度的重要指标。

三、影响进出口的基本因素

（一）资源禀赋

关于资源禀赋如何影响一国的进出口和对外贸易，在理论上也存在分歧。比较具有代表性的理论是要素禀赋理论，该理论是由瑞典的经济学家伊·菲·赫克歇尔（Eli F. Heckscher）和伯蒂·俄林（Bertil Ohlin）提出的，也称赫克歇尔-俄林理论（简称 H-O 理论）。H-O 理论认为，在国际贸易中，一国应该生产和出口较密集地使用其较丰裕生产要素的产品，进口较密集地使用其较稀缺生产要素的产品。简而言之，劳动相对丰裕的国家应当出口劳动密集型产品，进口资本密集型产品；资本相对丰裕的国家应当出口资本密集型产品，进口劳动密集型产品。通过参与国际分工和贸易，国家的福利会得到改善。

H-O 理论在经验检验中遭到了质疑，即所谓的"里昂惕夫之谜"，并以此开启了经济学家新的国际贸易理论探索工作。尽管如此，资源禀赋对一个国家的对外贸易尤其是贸易发展的初期影响还是比较大的，它会直接决定其贸易结构。通常，发达国家资本相对比较丰富，而发展中国家劳动相对比较丰富，所以，发达国家通常出口资本密集型产品，进口劳动密集型产品，而发展中国家则正好相反。还有一些国家，资源禀赋比较单一，在对外贸易中主要依靠这种资源，比如中东石油输出国。实践证明，一个国家不能过度依赖资源，否则就会出现所谓的"荷兰病"和"出口贫困"的现象。

（二）地理因素

关于地理因素对贸易的影响，最早是由 Tinbergen（1962）、Pöyhönen（1963）基于地理距离的视角提出贸易引力模型，该研究证实了国家间贸易流量与两国的经济规模成正比，与两国间的地理距离成反比。双边贸易的引力模型计算公式为：

$$F_{ij} = \frac{G \cdot (M_i^\alpha) \cdot M_j^\beta}{D_{ij}^\theta} \tag{6.1}$$

其中，F_{ij} 表示从出口国 i 国流入进口国 j 国的贸易流量；M_i 和 M_j 分别是 i 国和 j 国的经济总量，一般用 GDP 作为量化指标；D_{ij} 是两个国家之间的地理距离；G、α、β 和 θ 是常数。此外，由于方程式中有乘积的特征，通常作对数线性化处理为：

$$\ln F_{ij} = b + \alpha \ln M_i + \beta \ln M_j - \theta \ln D_{ij} + \mu_{ij} \tag{6.2}$$

McCallum（1995）则在控制经济规模和地理距离的情况下，研究发现两国间贸易量要比一个独立国家内部两个地区之间贸易量小很多，即产生所谓的"边境效应"。因此，地理因素对国际贸易的影响也是显而易见的。

引力模型中所强调的地理位置远近，影响着一国对外贸易伙伴国的选择。通常，一个国家的贸易先在国内范围内进行，进而突破国内界限与周边国家进行，最后才不断扩展到更远的国家。随着交通运输的改变和网络技术的发展，国际贸易越来越突破了地理因素的限制。

(三) 经济因素

经济因素是影响一国对外贸易或者进出口结构的主要因素。在经济因素中比较显著的两个因素是经济发展水平和收入水平。

1. 经济发展水平

一个国家的经济发展水平决定着其进出口的状况,在经济发展初期,一个国家通常出口初期产品或者资源类的产品,进口制成品或者资本密集型产品,随着经济发展水平到一定阶段,进出口结构会逐渐转型升级。而且一个国家对外贸易量的大小也直接和国内经济规模大小,即GDP高低和增长快慢有关,这为上述所提及的贸易引力模型所证实。引力模型认为,两国间的贸易与各自的经济规模成正比,出口国的经济规模反映了其潜在的供给能力,进口国的经济规模则反映了其潜在的需求能力,国家间的供给与需求的相互吸引带动了国际化分工下专业化生产的产品的流动。中国的经验也证实了这一点,即中国早期的贸易主要与周边国家和地区进行,而随着中国经济规模扩大,进出口规模也在扩大,和经济规模较大的国家和地区展开贸易越来越多。经验表明,经济发展水平相当的国家通常会形成水平型分工,开展产业内贸易的可能性比较大,而经济发展水平差距很大的国家通常会形成垂直型分工,开展产业间贸易的可能性比较大。

2. 收入水平

(1) 人均收入。关于收入对贸易的影响,比较有代表性的观点是国际收支阶段理论。萨缪尔森(1952)认为,一国在经济发展进程中国际收支会经过如下几个阶段:不成熟的债务国、成熟的债务国、债务减少国、不成熟的债权国和成熟的债权国。Roldos(1996)认为一国从低收入水平向中等收入水平迈进时,需要进口资本以满足本国发展需要,所以出现经常项目逆差。Chinn and Prasad(2003)认为,如果国际收支阶段论成立,一国相对人均收入和经常项目平衡之间存在U形关系,因为一国在经济起飞时需要举借外债,在经济趋于成熟时开始偿付外债。根据凯恩斯的"绝对收入假说",储蓄和收入成正比,高收入国家对应的是高储蓄。所以据此推测,在其他条件不变时,高收入国家不大可能会出现经常项目逆差。但这一观点并没有在一些国家得到验证。例如,美国是典型的高收入国家,同时也是最大的贸易赤字国之一,一直以来,美国与其主要的贸易伙伴都存在贸易逆差。对此,Deaton(1991)研究发现,当消费者遵循最优消费原则时,储蓄是逆周期的,即当经济下行、收入下降时,为了平滑消费,消费者开始累积资产,储蓄率上升;当经济上行、收入上升时,储蓄率下降。所以,随着收入的增加,储蓄减少,贸易余额可能下降。这在某种程度上解释了部分发达国家收入高、储蓄低、贸易存在逆差的现象。王佳(2017)利用138个国家的面板数据进行实证分析,证实人均收入对经常项目的作用呈倒U形,即对于较低收入国家(地区),人均收入的增加能够起到改善贸易收支的作用,对于较高收入国家地区,人均收入的增加会恶化一国贸易收支。基于居民储蓄的视角,一国经济发展初期,由于社会保障体系落后等因素影响,居民更偏好于预防性储蓄,储蓄率上升,从而贸易余额改善。随着经济发展水平的提高及社会保障体系的完善,居民能够在收入增加时扩大消费支出,储蓄率下降,贸易余额恶化。基于企业储蓄的视角,由于发展中国家的劳动力成本偏低,在生产率提高和资本扩张的过程中,企业利润上升,储蓄率提高,从而能改善一国贸易余额。而当剩余劳动力人口下降甚至消失时,企业劳动力成本上升,利润减少,企业储蓄率也随之下降,从而贸易余额恶化。中国的经验也能够证实,虽然人均收入不高,但是,由于社会保障不完善,预防性的储蓄比较多,加之一些鼓励出口政策的实施,使得我国国际收支长期处于顺差状态。

(2) 收入的需求效应。20世纪70年代以来,随着发达国家之间产业内贸易的增长,学者们开始重新思考贸易产生的原因,认为一个国家的收入分配对需求偏好、需求分布和需求结构产生很大的影响。将需求方面的因素作为贸易产生的原因进行分析,比较有代表性的是瑞典学者林德(Linder)。林德认为,一国对于不同产品的需求取决于这个国家不同阶层的消费者的收入差异,不同的收入分布导致了不同的需求结构,而当两个国家的平均收入越接近、收入分布越相似时,两个国家的需求结构的相似性越高,就会产生越多的"重叠需求",在生产者生产的产品满足本国需求之后,就可以向拥有重叠需求的国家进行出口。Thursby and Thursby(1987)对这一理论进行了验证,使用17个国家1974—1983年间十年的人均收入数据进行分析,最终得出结论:国家间的贸易多发生在人均收入接近的国家。因此,收入水平越相近的国家之间开展贸易的可能性越大,贸易关系也越密切。

(3) 收入分配。关于收入分配对进口的影响,Dalgin et al.(2004)证明收入不均是进口需求的一个重要决定因素,根据美国家庭预算份额与收入之间的相关性,将产品分为"奢侈品"和"必需品"。研究发现,奢侈品的进口随着进口国的收入进口国的收入不平等而增加,而必需品的进口则随着进口国的收入不平等而减少。此外,进口国不平等程度的提高通常导致从发达国家进口的增加,并导致从低收入国家进口的减少。Choi(2009)证实一国收入分配状况与其进口价格的相关性,其利用卢森堡收入研究(Luxemburg Income Study)的数据和贸易品价格来进行验证,发现收入分配越相似的国家,其进口价格的分布也越相似。关于收入分配对出口的影响,Linder(1961)提出在其他条件不变的前提下,一国收入分布不均将会扩大潜在的出口范围,与收入分配均匀的国家相比,会导致与不同收入水平的国家之间更大的需求结构重叠。Mani and Hwang(2004)认为,收入分配不均的持续加重,将增加该国对于低技术产品的需求,而由于对该类产品需求的持续性,将使得该国在低技术产品的生产上具有更大的比较优势,进而固化其生产结构,使得其低技术产品出口增加。

(四) 政策因素

如何通过各种制度安排影响进出口,一直是政策制定者关注的热点话题。制度安排有很多种类,早期的制度设计主要侧重于关税制度,随着世界经济一体化的推进,名目繁多的非关税制度得到重视。无论是关税制度还是非关税制度,影响进出口的制度都可以归为两大类:一类是鼓励出口的制度,另一类是限制进口的制度。

1. 鼓励出口的制度

(1) 汇率制度。当一国国际收支出现逆差时，可以通过汇率的变动进行调节，比较有代表性的理论是弹性分析法。弹性分析法以金本位制崩溃后的浮动汇率制为背景，主要分析了一国当局所实行的货币贬值对该国国际收支差额的影响，着重分析了汇率贬值改善贸易逆差所需的弹性条件和汇率贬值对于贸易条件的影响两个方面。货币贬值能够改善国际收支是建立在进出口和供给弹性、需求弹性都比较大的基础之上的，即当进口商品的需求弹性与出口商品的需求弹性之和大于1时（马歇尔-勒纳条件），一国货币贬值能够起到扩大出口和抑制进口的作用；相反，在进口商品的需求弹性与出口商品的需求弹性之和小于1时，贸易收支恶化。

(2) 出口补贴政策。一国为了扩大出口，通常会对出口企业采取补贴。补贴可以分为三类：被禁止的补贴、可起诉的补贴和不可起诉的补贴。其中，被禁止的补贴有两种：出口补贴和进口替代补贴。出口补贴是指一国政府为了鼓励出口，在出口商品时给予本国出口厂商以现金津贴或财政上的优惠，从而降低出口商品的价格，提高出口商品的国际竞争能力的制度安排。出口补贴分为直接补贴和间接补贴：直接补贴是指政府在商品出口时，直接付给出口商的现金补贴；间接补贴是指政府对某些商品的出口给予财政上的优惠，如退还或减免出口商品需缴纳的各种国内税，对进口原料或半制成品加工再出口给予暂时免税或退还已缴纳的进口税，免征出口税等。

出口退税制度是中国改革开放以来鼓励企业出口的重要制度，从1985年开始几经调整沿用至今，在刺激企业出口方面发挥着重要作用。尤其是2008年金融危机爆发后，出口增速下降，2008—2009年间央行连续7次上调国内出口退税率。2010年7月15日起，部分商品出口退税取消。出口退税对于出口具有较大的影响，出口退税的变动能够迅速影响出口量的增减。

2. 限制进口的制度

进口限制的政策主要是通过关税和非关税壁垒等限制进口的增加，调节国际收支逆差的政策手段。非关税壁垒通常包括进口配额制、进口许可证制、外汇管制、最低限价、歧视性的政府采购和复杂苛刻的技术安全、卫生检疫等。在进口限制政策中，进口配额是比较重要的形式。进口配额是指对进口商品实行直接的进口数量限制。进口配额通常会抬高进口商品的国内价格，当进口数量被限制时，国内需求会超过国内供给加进口，于是，价格不断上升直到市场达到均衡时为止。最终，进口配额抬高国内价格的幅度与达到同样限制进口效果的关税抬高的幅度一样（克鲁格曼和奥伯斯尔德，1998）。由于进口限制调节，国际收支几乎不存在"时滞"，因而一旦开始实施，就会立即影响进口，使进口量下降，从而改善国际收支的逆差状况，而且逆差越大时，进口限制的效果就越明显。

四、对外贸易模式类型与中国贸易模式

(一) 对外贸易模式类型的探讨

关于对外贸易模式，学界有不同的观点。有些文献认为贸易模式就是指进口和出口

什么。例如，保罗·克鲁格曼曾指出"解释贸易模式，即谁把什么卖给谁"。《国际经济贸易百科全书》也基本沿用了克鲁格曼的定义，对外贸易模式是指进出口商品格局，在国际交换中，一国出口什么商品，进口什么商品。也有些文献认为贸易模式从历史的角度看，可分为产业间贸易模式、产业内贸易模式和产品内贸易模式，而从地区的角度，贸易模式可以分为世界贸易模式、区域贸易模式、一国贸易模式（王晓华，2018）；更多的文献将贸易模式理解为进出口方式，如加工贸易模式和一般贸易模式；在政府政策文件中的贸易方式，通常是对进出口方式、外向型增长方式、贸易战略、贸易政策等因素进行综合考量的。本书认为，发展中国家的进出口模式受到其工业化模式和经济增长模式的影响，因为在经济发展和赶超过程中，进出口主要服务于经济增长和工业化的目标，出口什么和进口什么，不仅受到资源禀赋、技术条件等制约，更受到国家发展战略的约束。因此，结合发展中国家的工业化和经济增长方式，把进出口贸易方式、外向型增长方式、贸易战略、贸易政策等因素加以综合，从更宽泛的视角理解发展中国家（包括中国）的对外贸易模式更能反映客观实际。基于上述分析，可以把对外贸易分为以下几种类型：

第一，依据贸易方式在进出口中的地位，可以分为加工贸易主导型和一般贸易主导型的贸易模式，货物贸易主导型和服务贸易主导型的贸易模式。

第二，基于进出口对经济增长、工业化的作用，可以分为进口替代模式和出口导向模式。进口替代模式，又称内向发展模式，是指用本国产品来替代进口品，通过限制工业制成品的进口来促进本国工业化的发展模式。这种模式曾经为一些发展中国家所采用，是指为了实现经济的独立性，摆脱对发达国家的依附，减少或者完全消除商品的进口，国内市场完全由本国生产者供应的战略。进口替代模式的实施，通常伴以贸易保护的政策，因而不利于促进本国劳动生产率的提高和工业技术进步，更不利于本国产品的出口。出口导向模式，也称出口替代模式，是指国家采取鼓励措施促进出口部门的发展，以非传统的出口产品来代替传统的初级产品的出口，扩大对外贸易，使出口产品多样化，以推动工业和整个经济的发展。出口导向模式侧重于出口对经济发展的积极作用，通过对初级产品的深加工，组织产品出口，以代替原先的初级产品的出口。20世纪60年代中期，韩国、新加坡、中国台湾地区和中国香港地区率先从进口替代转向了出口导向，在较短时期内就实现了经济起飞。借鉴它们的经验，20世纪70年代起，马来西亚等东南亚其他国家和地区也纷纷实施这一战略，废除了许多保护主义的政策，大力引进市场机制以促进出口，实现经济发展。出口导向贸易的成功，极大地促进了以"亚洲四小龙"为中心的东南亚诸国或地区的经济发展，尤其是制造业的发展。有鉴于此，国际发展经济学界对出口导向贸易战略给予了高度评价，并以此作为发展中国家或地区首选的贸易模式。

第三，基于贸易增长方式的不同，可以分为粗放型的贸易模式和集约式的贸易模式。粗放型的贸易模式，又称外延式贸易模式，主要以增加要素投入带动低附加值产品的出口和数量扩张为特征；集约式的贸易模式，也称内涵型贸易模式，主要以要素质量提高尤其是技术进步带动高附加值产品的出口和高收益为特征。

（二）中国对外贸易模式

中国从20世纪80年代开始效仿新型工业化国家，实行出口导向发展战略，逐渐从进口替代模式转向了出口导向模式。为了推动经济增长，中国通过开放市场和引入外资，充分利用廉价劳动力的比较优势，逐渐形成了以加工贸易为主，粗放式、出口导向的对外贸易模式。这种模式具有如下特征：①通过引进和利用外资，以外资带动出口的发展模式，外资企业是中国出口的重要主体。②以加工贸易为主，"两头在外""大进大出"的进出口模式。③在进出口中，比较重视出口对经济增长的拉动作用，"千方百计"地扩大出口，保持大量的贸易顺差。④长期以来，我国的自然资源、能源以及环保方面的定价都比较低，加上廉价的劳动力，出口的高增长主要是依靠低廉的要素投入，内部资源消耗大，外部资源依赖程度高，出口产品附加值低，在全球价值链中处于中低端，贸易模式具有明显的粗放式特征。

第二节　现有的进出口模式对中国经济的影响

一、进出口模式与中国奇迹

以加工贸易为主，粗放式、出口导向的对外贸易模式，拉动了经济增长，也创造了中国奇迹。

（一）进出口对经济增长的贡献

关于进出口与经济增长之间的关系，经济学家们迄今为止仍有很大的分歧。主要有三种观点：第一种观点认为进出口对经济增长有拉动作用，是经济增长的"发动机"；第二种是中立观点，认为进出口仅仅是经济增长的"侍女"[1]，一国的经济增长主要是国内因素决定的，对外贸易既不是经济增长的充分条件，也不是必要条件，过分夸大对外贸易的作用对经济增长无益；第三种观点认为出口对经济增长有拉动作用，而进口则不利于经济增长。[2]

基于进出口贸易对经济增长所起的作用不同，世界银行曾将41个发展中国家和地区的贸易发展战略分为四种类型：坚定外向型、一般外向型、一般内向型和坚定内向型。世界银行发现，对外贸易依赖程度较高的国家和地区，比对外贸易依赖程度较低的国家和地区经济发展的速度要快。

自改革开放以来，中国外向型经济发展迅速，尤其在加入WTO后，中国的外贸依存度逐步提高，进出口在经济发展中的作用越来越明显。对外贸易对推动经济增长、拉动

---

[1]　1970年，克拉维斯在《贸易是经济增长的侍女：19世纪与20世纪的相似点》一文中提出，20世纪经济增长较快的国家，国际贸易增长几乎都不显著。

[2]　关于进口不利于经济增长，林毅夫和李永军（2001）建立了一个小型的宏观经济模型来分析进出口贸易对GDP增长的贡献，区分了进出口在经济运行中的不同作用，主要采用支出法，进口仍然是被用作一个减项，测算结果表示进口贸易与经济增长存在负相关关系。

就业发挥了重要作用。通过进口可以增加国内要素供给,进而促进就业增长。每个国家和地区都有各自的比较优势,是存在资源禀赋差异的,进出口可以提高一国或地区稀缺资源的可获得性,从而能够促进一国或地区资源优化配置,更好地发挥比较优势。进出口的发展必定会带动相关产业的发展。加入 WTO 以来,我国在劳动力要素方面有着较强的比较优势,劳动力密集型产品海外需求旺盛,出口量也不断增加,出口促进了我国经济的增长,也促进了就业结构的改善。

(二)进出口与中国技术进步

Grossman and Helpman(1991)详细分析了开放经济中贸易、增长和技术进步之间的关系。根据他们的研究,国际贸易对技术溢出的影响主要表现在四个方面:①国际贸易使一国可适用各种中间产品和机器设备,它们可以是有差异的、互补的。②国际贸易提供了跨国界学习生产方式、产品设计、管理模式和市场条件的途径。这些对于有效地利用国内资源或调节产品组合以使单位投入的产出更大具有促进作用。③国际贸易使得一国可复制他国技术并使其适用于国内企业生产。④国际贸易可提高一国在新技术发展或他国技术仿制上的效率,并由此影响整个本国经济(虎岩,2008)。我国通过进出口影响技术进步的途径表现为:

第一,通过各种优惠政策,鼓励高新技术产业发展和出口。我国外贸出口优惠政策的种类主要有出口补贴、进口替代补贴、出口退税。这些措施的实施在一定程度上保护了国内稚嫩的技术出口产业,同时有利于通过技术外溢吸收国外的先进技术。例如,财政部、国家税务总局关于贯彻落实《中共中央国务院关于加强技术创新,发展高科技,实现产业化的决定》(财税〔1999〕273 号)有关税收问题的通知规定,"外经贸部《中国高新技术商品出口目录》的产品,凡出口退税率未达到征税率的,经国家税务总局核准,产品出口后,可按征税率及现行出口退税管理规定办理退税"。上述政策的实施,使得出口部门能更大程度地利用资源,提高 TFP,促进技术进步。我国的 TFP 近年来稳步上升。

第二,通过开放市场,以市场换技术的战略提高技术水平。为了吸引外资,我国实施了以市场换技术外资政策,通过开放市场换取跨国企业的技术转移。1979 年《中华人民共和国中外合资经营企业法》的颁布,标志着以市场换技术作为一项外资政策在法律上得以确认。该法规要求外国合营者投资的技术和设备,必须确实是适合我国实际需要的先进技术和设备。在技术非常落后的情况下,通过实施以市场换技术的战略,改善国内技术水平较为落后的局面。但是,以市场换技术受到跨国企业技术转移意愿的制约,大多数先进技术转让都发生在跨国企业母、子公司之间,而向中外合资或合作企业转移的通常是标准化的甚至是将要淘汰的技术,同时还受到引进-消化吸收能力的制约。一般而言,通过国际贸易或直接投资获得的只是非核心技术,而核心技术涉及国家的核心竞争力和相关企业生存的商业秘密,通过国际贸易和直接投资很难获得。

第三,通过进口进行学习和模仿。家电业发展之初,就是从全面引进开始的,包括生产技术的引进、生产设备的引进、生产线的引进,甚至零部件也要从国外进口。我国第一个洗衣机品牌——友谊,是引进日本的双缸技术,第一家冰箱企业是从新加坡引进的二手设备和生产线。作为后起之秀,中国企业遵循了引进—吸收掌握—技术创新的路径,即进口先进设备,先进行技术模仿,逐渐掌握技术,再发展到改善技术和自主创新。

(三)进出口与中国国际经济地位

进出口贸易发展不仅带来了中国快速持续的经济增长,也提高了其在国际上的经济和政治地位。

第一,通过与不同发展阶段的国家广泛地进行贸易,改善了国际关系。中国外交部的数据显示,到2018年8月,与中国建交国家的数量已经达到178个,这是中国积极处理国际关系的有效反馈。通过贸易关系改善国际关系是中国的一贯做法。中国通过与发达国家开展产业间的贸易,使双方形成了贸易互补关系;中国也非常重视与其他发展中国家的关系,和它们的贸易不仅存在竞争,而且存在较强的互补性,同其他发展中国家之间的贸易,既有产业间的贸易,又有产业内的贸易。相对其他发展中国家而言,中国在资源类产品上具有比较劣势,而在资本、技术密集型产品和劳动密集型产品上具有比较优势。在2018年的中非合作论坛上,中国承诺将以政府援助、金融机构和企业投融资等方式,向非洲提供600亿美元支持,推动中国企业未来3年对非洲投资不少于100亿美元。同时,免除与中国有外交关系的非洲最不发达国家、重债穷国、内陆发展中国家、小岛屿发展中国家截至2018年年底到期未偿还的政府间无息贷款债务。中国与周边国家的往来日益密切,本国资源得到了充分的利用,还进口了一些本国的稀缺资源,经济实力日益提升,国际经济地位显著提高。

第二,对外贸易提升了中国的政治经济影响力,从世界贸易规则的被动接受者逐渐转变为规则的参与者。中国已加入了100多个政府间国际组织,加入了400多项国际多边条约,从世界规则的被动接受者逐渐转变为规则的参与者。中国在加入WTO之前,主要是世界规则的被动接受者,随着中国加入WTO,从一个多边贸易体制的接受者转变为多边贸易体制的参与者、制定者,成为经济全球化的坚定维护者和推动者。①中国已经是WTO的核心成员(在中国加入WTO之前,WTO的核心成员主要是美国、欧盟、加拿大和日本),在全球多边贸易体制中发挥了相当积极的作用。②上海自由贸易区的建立,意味着中国全方位、深层次、更大程度的开放,助推了中国贸易规则与管理的国际化和标准化。③积极推动区域经济合作,扩大区域贸易和投资,尤其是与中国毗邻的国家和地区建立自由贸易区,不断深化经贸关系,构建合作共赢的周边大市场。④通过"一带一路"倡议的实施和亚洲基础设施投资银行(以下简称"亚投行")的创立,推动了区域经济合作。在2015年12月17日国务院发布的《关于加快实施自由贸易区战略的若干意见》(国发〔2015〕69号)中,提出了要结合周边自由贸易区建设和推进国际产能合作,同"一带一路"沿线国家商建自由贸易区,形成"一带一路"大市场。在开展"一带一路"建设后,中国和沿线国家开展的经贸活动越来越紧密,5年来进出口总额近6万亿美元,对"一带一路"国家投资超过800亿美元。随着亚投行规模的扩大,中国在世界金融领域的话语权有所提升。⑤积极参与发达国家的谈判与合作。从G8到G20,从G20柏林峰会到G20杭州峰会,中国在国际政治经济中的话语权逐渐得到提升。

二、现有模式存在的问题

中国出口导向的贸易模式在2008年金融危机爆发后,由于受到国际市场低迷、需求不稳定、贸易保护主义抬头等多种因素的影响,弊端凸显。

(一) 贸易依存度与贸易摩擦

出口导向的贸易模式,使得中国贸易依存度持续上升,尤其是加入WTO以后,中国的外贸依存度迅速提高,从2000年的40%左右猛升到2006年的65%左右,尽管2008年以来有所下降,但总体较高且波动较大,与世界多数国家同期外贸依存度相对稳定形成了强烈对比。众所周知,过高的贸易依存度可能会引发两个主要问题:一是国民经济更容易受到外部经济环境的冲击,因为经济危机和金融危机传导的一个重要途径就是进出口。二是过高的贸易依存度可能会引发经济安全问题,尤其当技术依存度过高时,核心技术和关键元器件受制于人,更容易引发经济安全问题。

与中国对外贸易快速发展相伴随的问题是贸易摩擦。对外贸易摩擦是指由于贸易活动或与贸易相关的政策、制度等原因引起的国际经济关系紧张及争端事态。近年来,随着中国对外贸易的迅速增长,面临的贸易摩擦越来越频繁。2017年中国共遭遇21个国家(地区)发起的贸易救济调查75起,涉案金额110亿美元。中国已连续23年成为全球遭遇反倾销调查最多的国家,连续12年成为全球遭遇反补贴调查最多的国家。2018年以来,美方挑起了贸易摩擦。在2018年上半年的企业半年报中,就有60余家A股上市公司提到了贸易摩擦,将其作为不确定性及潜在风险。2018年6月1日美国宣布加征关税的中国商品清单,将对500亿美元中国商品加征25%的关税。9月18日,美国再次宣布对中国2 000亿美元出口产品新增关税,使得这次贸易摩擦再次升级,给中国进出口带来了不利影响。

(二) 出口导向模式阻碍中国攀升全球价值链

由于出口导向的作用,很多企业的发展基本都围绕着国际需求开展,而忽略了产业结构的平衡。1978年,中国第一、二、三产业产值占GDP的比重分别为27.69%、47.71%和24.60%;到2018年6月,三次产业产值占GDP的比重分别为6.0%、41.7%和52.3%,三次产业结构呈现不断优化的态势。但是,从中国的出口商品结构来看,到2017年货物贸易占进出口的比重仍然高达84.50%,服务贸易占比为14.50%,这说明中国的出口结构和产业结构存在一定程度的背离。

世界知识产权组织(WIPO)发布的《2017年世界知识产权报告》中显示,在超过400美元的高端手机市场,苹果和三星依然处于主宰地位,市场份额分别达到57%和25%。在这个细分领域,关键的无形资产包括技术、软硬件设计和品牌。苹果公司每售出一部约810美元的iPhone7,约有42%的销售收入归属于苹果公司,这代表了该行业无形资本的高回报率。华为的顶级智能手机价格和销售量都相对较低。这主要是因为中国产品的附加值比较低,缺少世界级品牌。报告指出,中国企业的技术学习方式主要有三种:一是以台湾地区的富士康为代表,为苹果等跨国企业提供生产设备和装配线;二是以华为、中兴、联想等为代表,之前就具有完善的网络通信设备、个人电脑生产线,之后再向智能手机生产延伸;三是一批主要面向国内市场销售低端产品的中国企业,发展初期不需要自身有多少技术积累。这三种方式决定了中国智能手机企业虽然出货量和市场份额快速增长,但在全球价值链中并没有类似于苹果和三星这种跨国企业所拥有的举足轻重的地位。

出口导向发展模式如何影响一国或地区攀升全球价值链?尽管学界存在分歧,但也存在一定的共识,较为一致的观点认为,对于发展中经济体而言,实施"出口导向"发展模式,能够破解国内市场需求不足的硬约束,从而带动经济发展,尤其是在全球价值链分工体系下,融入发达国家跨国企业主导的全球分工体系,能够接受来自跨国企业的指导、帮助和监督,从而实现一定程度的工艺流程升级乃至产品升级(Gereffi et al., 2005; Milberg and Winkler, 2011),但是,也会带来功能升级和链条升级的问题。也有观点认为,出口导向模式对价值链的攀升将产生不利影响(见专题 6-2)。

专题 6-2

出口导向模式对中国攀升全球价值链产生的不利影响

出口导向模式对中国攀升全球价值链会产生不利影响,理由如下:

第一,在全球价值链分工模式下,实施出口导向战略会有碍国内价值链的构建。如果没有国内价值链的支撑,中国等发展中经济体在向全球价值链中高端攀升时,就会与发达国家的跨国企业产生利益上的冲突,发达国家就会利用自身的市场优势和技术优势,对发展中国家的企业进行压榨和低端锁定。而发展国内价值链,将竞争模式从"环节对链条"转变为"链条对链条",通过延长国内价值链,基于国内市场空间的国内价值链的培育可以实现"工艺升级→产品升级→功能升级→链条升级"的价值链升级模式和路径,并将这种学习经验和发展路径应用到参与国际分工中去,才更有利于攀升全球价值链(张少军,2009;柴斌锋和杨高举,2011;刘志彪,2013)。

第二,利用廉价劳动力的比较优势、大量利用外商直接投资及进口高端产品的方式,是中国"低端"嵌入产品内国际分工体系而发展出口导向型经济的典型特征和表现,由此决定了出口产品也以低端为主。这种出口导向型模式严重阻碍了国内生产者服务业的发展。这是因为中国本土产业被发达国家跨国企业在加工制造环节压制,从而导致对生产者服务业需求的严重不足,难以对服务业发展形成有效的市场需求支撑,制约了中国攀升全球价值链的能力(佟大木和岳咬兴,2008;刘书瀚等,2011;巫强等,2011)。

第三,出口导向模式对企业创新能力带来不利影响,从而对攀升全球价值链可能产生阻碍作用。攀升全球价值链,对于发展中国家的本土企业来说,在研究与开发、品牌渠道建设、营销网络构建及售后服务等方面,都可能会遇到问题,尤其是管理能力可能会遇到更大挑战。因此,从这一角度来看,出口导向行为下影响企业进行自主创新的难题是,企业难以撇开眼前利益和规避市场压力,从而在一定程度上弱化了企业攀升全球价值链的能力(王月红和白建武,2010;洪银兴,2011;康志勇,2011)。

资料来源:根据戴翔(2014)等整理。

(三) 贸易大国非贸易强国

从进出口贸易规模来看,中国已经成为名副其实的贸易大国,但是,在科技含量、品牌等方面,与发达国家还有着显著的差别。中国虽然在国际贸易中有着不可替代的地位,但是影响力有限。也就是说,中国是一个贸易大国,却非贸易强国。中国与贸易强国的差距体现在多个方面,具体而言:

第一,经济发展水平的差距。虽然中国的GDP总量居于世界第二,但是,与真正的贸易强国相比,中国的人均GDP一直处于落后水平。世界经济信息网公布的2017年人均GDP世界排名中,中国仅排名第70位。英国、美国、法国、德国、意大利等一些贸易发达国家,不仅经济总量在世界位居前列,人均GDP也远远高于中国,而收入水平的高低直接决定着贸易结构状况。

第二,服务贸易发展相对落后,贸易发展不平衡。当今世界,服务贸易的发展尤为重要。然而,中国的货物贸易与服务贸易发展严重不平衡。虽然近几年中国服务贸易发展速度比较快,但是整体水平与美国等发达国家相比还是有很大差距。WTO公布的2017年全球及各国货物贸易和服务贸易情况中,美国、中国、德国服务进口额分别增长6.8%、3.3%和6.1%,对全球增长的贡献率分别为11.5%、5.2%和6.4%。目前,全球服务业都在不断加快发展,走向国际化的趋势越来越明显。中国的服务业贸易还有很大的上升空间。

第三,中国的世界级品牌数量少之又少。世界品牌实验室发布的2017年世界品牌500强中,谷歌、苹果、亚马逊排前三,美国、英国、法国为第一阵营,中国仅有37个品牌入榜,而美国占据500强中的233席。中国的高端产品很大程度上还依赖进口。

第四,中国的核心技术水平较低。中国的自主创新能力、技术水平一直未跻身国际先进行列,数十年来,中国的制造业始终摆脱不了低端、初级的标签。在通信领域,芯片、半导体加工设备、半导体材料、基带芯片、服务器芯片等方面,中国都缺乏生产能力,这些核心产品主要从博通、英特尔、AMD、高通等公司进口,即使国产化的产品,相关技术与国外的产品差距至少也在两代以上。在信息通信、生物医药、工程机械尤其是精密加工仪器上,中国的核心技术仍然落后,基础积累也严重不足。

(四) 现有模式是否与要素禀赋相匹配? 现有模式是否面临终结?

根据要素禀赋理论,一个国家的贸易模式要与该国的要素禀赋相匹配。改革开放初期,初级产品出口占比较高,随着中国技术水平的提高,工业制成品的比重逐步上升。从2001年开始,中国成为全世界机电出口最多的国家,并连续十几年在机电出口方面保持绝对优势。同时,随着高新技术的发展,中国的比较优势似乎已经不再是传统意义上的廉价劳动力,而逐渐转变为资本和技术密集型产业。那么,中国现有的贸易模式是否与要素禀赋匹配?现有模式是否面临终结?学界对此存在观点分歧。

从全球范围看,出口导向模式曾在许多国家和地区实行过,如日本和"亚洲四小龙"等。这些国家和地区依靠出口带来经济飞速增长,尤其是以制造业的成功而著称。然而,好景不长,不少国家和地区由于进出口失衡,经济也陷入了停滞甚至衰退。近年来,随着中国出口导向模式弊端的显现,一些学者主张出口导向要转向内需主导型的模式(凌永辉和刘志彪,2018;易先忠等,2017)。内需主导型经济是指在现代市场经济条件下,主要依靠国内需求特别是国内消费需求的不断扩大来实现经济增长的经济发展模式,可以降低对外部环境的依赖,内部需求的扩大可以刺激外部商品的进口,有利于提升中国在国际贸易中的地位,使产品结构得以优化,可以更科学合理地控制进出口贸易,有益于减少贸易摩擦,在相对宽松的国际环境中发展经济。政府也认识到了出口主导模式的负面影响,并在2015年提出供给侧改革,供给侧结构性改革旨在调整经济结构,使要素实现最优配置,提升经济增长的质量和数量,转变增长方式。

专题 6-3

现有的贸易模式是否与要素禀赋匹配

第一种观点认为,近年来,要素禀赋对中国出口结构的贡献度有缓慢下降的趋势,出口商品结构与资源禀赋不符。从国家统计局的数据来看,我国出口的是资本密集型产品,而进口的是劳动密集型产品,存在"里昂惕夫悖论"。

第二种观点认为,中国的出口商品结构总体上并没有超越其要素禀赋。不管从绝对要素密集度还是从相对要素密集度看,各工业行业的要素密集度都在变化。具体表现为,随着中国资本的积累,各行业的绝对资本密集度都在上升,但是各行业资本密集度上升的幅度有差异,导致原来的资本密集型行业转变为现在的劳动密集型行业,要素密集度发生逆转。中国的贸易模式与H-O定理的预测相一致。

资料来源:根据相关文献整理得到。

第三节 中国对外贸易模式的升级和转型

一、升级和转型的必要性

对外贸易进程中越来越多的问题不断涌现,对我国的对外贸易提出了挑战,结构升级和转型显得非常必要。

(一)高质量发展的需求

2018年的《政府工作报告》(以下简称《报告》)首次提出高质量发展的要求,"按照高质量发展的要求,统筹推进'五位一体'总体布局和协调推进'四个全面'战略布局,坚持以供给侧结构性改革为主线,统筹推进稳增长、促改革、调结构、惠民生、防风险各项工作""进一步拓展开放范围和层次,完善开放结构布局和体制机制,以高水平开放推动高质量发展"。高质量发展的根本在于经济的活力、创新力和竞争力,供给侧结构性改革是根本途径。《报告》还认为,我国当前已经具备转向高质量发展的必备条件,为了实现经济的高质量发展,外贸转型也迫在眉睫。

改革开放以来,我国的劳动力要素和资源优势得到有效释放,推动了对外贸易的长期高速发展。我国在国际分工和全球价值链体系中的比较优势,也经历了从单纯的自然资源禀赋优势和劳动力成本优势到全要素成本优势的转变。然而,随着国内外经济结构的调整,我国的全要素成本优势渐趋弱化,突出表现为:随着人口红利转折期的到来,劳动力成本比较优势弱化,外贸发展的资源和环境约束日益增强。随着"新常态"的出现,再加上受到国际经济环境的影响,对外贸易发展减速,直接影响到国内经济发展水平。基于此,必须实施对外贸易转型升级,提升国内企业参与国际经济合作的积极性,汲取全球经济发展要素,为贸易增长提供新的空间;实施对外贸易转型升级,优化进出口产品结构,提升高价值产品出口的比重。优化进口结构,提升优质资源和产品进口,以及先进技术的引进力度,大幅提升国内外产品交易均衡,借以达到"互利共赢"的目的。

(二)消费升级的需求

2018年,全国居民年人均可支配收入是 28 228 元。随着收入水平的提高,人们对高端消费、个性化消费的需求日益提高,传统的生存型消费开始让位于发展型、服务型等新型消费,旅游、娱乐、医疗保健等领域的消费呈现爆发式增长,国人对消费的品质和种类要求越来越高。例如,越来越多的人开始从海外代购化妆品、名牌包、奶粉等,甚至去国外打疫苗等。为了满足国内市场的需求,企业的产品需要升级,进口结构也要升级,以满足国内中高端需求,占领国内市场。

为了满足消费升级的需要,首先要转变我国企业锁定的需求目标群体。我国出口的商品主要是一些低技术水平、低附加值的劳动密集型商品,其目标客户群是那些竞争力较弱的生产者和低收入水平的消费者。这些需求的弹性非常大,较容易受外界因素的影响,一旦发生经济危机,受影响最大的就是这些目标群体,因而他们的需求萎缩也十分明显。所以,我国企业应尽快提升原来的目标客户群,将目标客户定位在具备一定竞争力的生产厂商和中高收入的消费者身上,再根据这种目标定位制订企业未来的发展计划,刺激产品技术的改进与服务水平的提升,从而优化对外贸易结构,改善对外贸易状况。其次,扭转国内商品供需结构错位问题。一方面,随着国民经济持续健康发展,我国已形成初具规模的中高收入阶层,该群体的消费需求具有个性化、多样化和高端化的特点,对商品品种、质量、安全以及消费环境的要求更高。另一方面,国内高端商品市场发展不足,未能有效满足中高收入阶层的需求,而且产品质量也令人担忧,导致这部分消费者转向国外消费。因此,企业要尽快认识到国内外需求的升级转变,将产业发展的一部分重心转移到高端需求上来,充实自己,壮大自己,这样才能最终在国际市场上立于不败之地。

（三）环境优化的需求

"低碳经济"是当前世界经济发展中的一个重要趋势，得到了国际社会尤其是主要发达国家的广泛认同。我国作为世界最大的碳排放国之一，面临能源、资源、环境等方面的巨大挑战。

从低碳经济角度观察，我国粗放式、出口导向的贸易模式是一种以大量消耗能源和资源为条件、以大量廉价劳动力投入为支撑、以大量碳排放和环境污染为代价的贸易发展模式，这种模式与低碳经济倡导的低消耗、低排放、低污染、高附加值存在诸多矛盾。从我国的出口产品结构看，以纺织产品、化工产品、纸制品、金属制品等为代表的重污染产品占比依然很大，对我国的水体、大气等生态资源造成了很大的破坏。尤其是"两头在外"的加工模式，生产环节主要在我国，也加剧了资源和环境的矛盾。2013年4月，习近平总书记在视察海南时指出"良好生态环境是最公平的公共产品，是最普惠的民生福祉"。为了保护生态环境、建设"美丽中国"，以生态文明为主线积极推动经济发展方式的绿色转型升级已成当务之急。在这种背景下，要想使我国走上低碳发展之路，必须深刻认识到既有发展模式与贸易模式的不可持续性，面对来自环境方面的挑战，我国应转变对外贸易结构，从依靠低价和数量竞争取胜的高能耗、高污染的粗放型初级对外贸易发展模式走向自主创新、结构优化、均衡协调的较高级对外贸易发展模式。

（四）强国之梦的需求

在党的十九大报告中，习近平总书记提出了"把我国建设成为富强民主文明和谐美丽的社会主义现代化强国"的奋斗目标，并在对外经济领域提出了"推进贸易强国建设"的明确要求。中国和贸易强国还有很大的距离，在新常态下，要想实现贸易大国向贸易强国的转变，必须以"优进优出、优质优价"为升级目标，转变外贸发展方式，推动外贸转型发展。"十三五"时期作为深化改革开放、加快转变经济发展方式的攻坚时期，是我国改变竞争优势、调整产业结构、优化贸易结构的关键时期，对外贸易的转型作为经济结构调整的契机，能够在很大程度上促进国内产业结构的升级，改变资源能源的浪费等问题。同时，投资拉动和出口导向的现状随着外贸转型也将得到很大改善。只有充分利用国内外优势资源，把握我国比较优势的变化，突出新型的竞争优势，才能实现由贸易大国向贸易强国的顺利转变，进而实现我们的强国之梦。

二、升级和转型的目标与内涵

关于中国对外贸易模式的转型，学界对此有不同的理解，有一种观点认为，对外贸易转型就是加工贸易向一般贸易方式转变（孙杭生，2009）；还有一种观点认为，对外贸易转型就是由出口导向模式向内需发展模式的转变。也有人认为，外贸转型升级涵盖两个层面，即"转型"和"升级"。所谓"转型"指的是，出口主体由外商投资企业逐渐转变为本国企业，出口地域由经济发达地区向内陆经济欠发达地区转移。所谓"升级"指的是，出口产品由低端产品、低附加值产品向高端产品、高附加值产品升级,带动整个产业乃至更大范围的产业链的优化(孙国辉,2007)。

我国对外贸易转型的实质,是要通过进出口贸易结构优化,实现我国对外贸易由粗放型向集约型的增长方式转变,提高我国对外贸易的竞争力和品牌力,更多地立足于我国对外贸易方式的转变,以及贸易大国向贸易强国地位的转换。转变对外贸易增长方式是个长期的过程,它不是孤立的,要和我国经济增长方式转变相适应。在对外贸易方式转变中既要发挥比较优势,保持中低端产品及生产环节的国际竞争力,又要提高和实现中高端产品或生产环节的国际竞争力,同时,还要兼顾对外贸易对经济增长的拉动作用及环境问题。因此,转型包括丰富的内涵,主要体现在对外贸易的经济效应、技术效应、结构优化效应、转型升级动力、资源环境支撑等方面。对外贸易的经济效益主要体现在进出口对国民经济的拉动作用上,对外贸易的技术效益是指进出口对我国技术水平提升的影响;对外贸易的结构优化效应体现在商品结构和贸易方式结构上,即出口产品的技术含量和附加值、出口产品在价值链上所处的位置,一般贸易和加工贸易的比重变化等;对外贸易的转型升级动力体现在科技创新上,包括政府职能创新、产业协调创新、企业商业模式创新;对外贸易的资源环境支撑包括环境因素和资源因素两方面。在转型中,要兼顾这些方面。在发展经济的同时注重资源与环境的保护,大力发展绿色经济,走可持续发展道路。

三、转型的机遇与挑战

我国作为世界最大的贸易大国,在未来的贸易结构升级和转型中有机遇,也有挑战。

(一) 转型的机遇

作为发展中的贸易大国,在当下贸易转型的关键时期,仍有许多有利因素和机遇,只要善于把握这些因素和机遇,就会促进我国外贸转型升级的顺利进行。

1. 贸易大国的优势

贸易大国主要体现在贸易进出口的体量上。我国不仅是出口大国,还是一个进口大国。首先,我国作为制造业的出口大国,为全球提供质高价廉的产品,满足世界需要,也为世界承担巨大的环境成本。其次,我国还是一个进口大国,在技术、能源等方面仍依赖进口。我国钢厂原料中90%是进口矿,2017年中国进口铁矿石10.75亿吨[①],占全球海运铁矿石贸易量的比例超过75%,进口国家主要为澳大利亚、巴西、印度,这些国家的经济发展对我国的进口一直存在依赖。"中国制造"增加了全球消费者福利,"中国市场"带动了相关国家的经济发展。

在国际经济学中,大国的优势主要体现于如何利用优势在国际贸易中获得更多的利益。比如,可以利用进口大国的优势获得相关产品的国际定价权,在关税谈判中获得主

---

① 《中国统计年鉴2017》。

导权。改革开放以来的贸易实践证明，我国并没有很好地利用大国优势获得更多的利益。因此，在未来的贸易转型中，我国要充分利用大国优势去进行谈判，以及参与规则的制定。

2. "一带一路"的机遇

"一带一路"倡议的实施，将给我国出口带来新的机遇：第一，将优化我国的出口贸易格局。我国过去的出口格局比较单一，主要是北美、欧洲、日本等国家和地区，"一带一路"不仅促进了我国与发达国家的交流和联系，也加强了与其他发展中国家的合作，降低了我国国际贸易的集中度和贸易的风险。第二，成为拉动我国进出口贸易和对外投资新增长点。"一带一路"沿线的国家众多，大多数国家的基础设施健全，不论是公路、铁路、机场等交通设施，还是各种稀缺的资源，抑或是重要的信息等其他项目的建设都在不断加速发展。"一带一路"将会给相关行业带来巨大的投资发展机会。比如"一带一路"倡议的基础设施建设需要巨额的资金支持。2014年10月，我国提议筹建的亚投行成立，中方认缴资本目标为500亿美元，持股50%，为最大的股东。亚投行可为"一带一路"倡议提供资本互通的渠道，将极大地影响我国对外资本项目格局，成为拉动进出口贸易和对外投资的新增长点。第三，"一带一路"促使我国深度参与经济全球化。"一带一路"倡议体现了以共同发展为核心、以开放包容为特色、以宏观政策协调和市场驱动为两轮的思路，是一种新型的国际合作模式。我国可以通过"一带一路"与周边沿线国家深度合作，从国际市场、资源配置、产业转移等方面更深入地融入全球经济，尤其是那些经济欠发达地区，对这些地区进行投资既有利于东道国的经济发展，同时也能实现本国产业的外部延伸，促进本国产业的结构调整和升级，达到共赢的目的。第四，"一带一路"倡议赋予我国参与国际经济规则重塑的重大机遇，作为"一带一路"倡导国，我国与沿线国家成功开展经济合作的新范式无疑将在未来全球经济规则制定中占有一席之地，有利于掌握规则制定的话语权与主动权（李锋，2017）。

3. 消费需求升级的内生动力

随着人们收入水平的提高和消费能力的增强，我国已形成初具规模的中高收入阶层，该群体的消费需求具有个性化、多样化和高端化的特点，对商品品种、质量、安全以及消费环境的要求更高。但同时国内高端商品市场发展稍显不足，未能有效满足中高收入阶层的需求，导致这部分消费者转向国外消费。比如，日本的马桶盖、大米、电饭煲成为中国游客抢购的热点。此外，韩国的美容产品、澳大利亚的奶粉及保健品、法国的名牌包、瑞士的手表、美国的苹果手机等一些原产地产品成为中国游客海外抢购的"标配"。我国作为制造业大国，生产水平和制造能力虽然已达到较高的水准，但国内产品质量、品种、款式等难以满足国内消费者日益提高的需求，这些都要求国内产业结构升级以满足人们日益增长的中高端消费需求，同时也对我国的对外贸易转型提出了要求。

国内需求升级从以下几个方面对我国的对外贸易转型产生了积极作用：第一，随着国内消费需求的提升,国内中高端商品市场逐步扩大,形成了规模效应,有利于降低生产成本,从而提升我国中高端产品的国际竞争力,有利于我国低端的加工贸易向中高端产品的生产转变。第二,国内对某种商品的典型需求决定厂商是否生产该种商品,只有国内对此种商品需求广泛,厂商才会对其大量生产。国内消费的不断升级,使我国厂商不断发现消费者的新需求,更好地迎合国际需求,为我国的对外贸易转型提供了方向。

4. 国际竞争的倒逼因素

作为制造业大国,我国出口面临国际竞争的制约:第一,贸易保护主义。2008年以来,全球经济复苏乏力,贸易保护主义兴起,出口导向型贸易模式受到抑制。第二,随着劳动力成本的提升,我国劳动密集型产品的比较优势正在逐渐失去,受到越南、墨西哥等国产品的竞争挤压。第三,随着收入水平的提高,国内消费不断升级,国人对消费的种类和质量提出了越来越高的要求,但由于国内的商品不仅种类不足,而且质量和安全问题频发,使得大量的消费外流,在很大程度上挤占了国内消费,对我国将扩大消费作为长期发展战略非常不利。第四,随着关税、配额等传统贸易壁垒受到大幅削减,技术性贸易壁垒成为技术领先国家保护本国产品的有力武器。由于技术壁垒表面上的合理性,我国的出口产品受到限制。上述这些因素都具有"双刃剑"的效应,我们不仅要看到其负面作用,还应该看到其积极效应,即这些因素可以形成"倒逼机制",迫使企业进行技术升级和产品转型,最后带来整个对外贸易的转型和升级。以技术性贸易壁垒为例,大量实践证明,技术贸易壁垒短期内会对出口贸易起抑制作用,但长期却能刺激企业提升技术水平,一旦企业跨越了技术壁垒,其出口数量和价格就会朝理想的目标前进。

(二)困境与挑战

新常态下我国对外贸易转型面临许多挑战,具体包括内部和外部两个方面:

1. 外部因素

在全球经济复苏乏力、外需市场萎缩的情况下,我国的对外贸易也陷入了低增长甚至负增长状态,致使我国对外贸易面临如何协调升级和增长之间的矛盾:一方面,国内经济增长放缓、就业及需求不足等因素要求中国出口必须保持一定的增速;另一方面,粗放式增长方式所带来的问题、各种外部因素所形成的倒逼机制,又要求必须进行贸易升级和转型。

外部因素具体表现为全球经济增长的不稳定性和不确定性、贸易保护主义、中美贸易摩擦、意识形态的对立等。值得注意的是,曾在全球经济发展中起重要作用的欧美国家,却频频引发事端,加深了世界经济的不稳定性和不确定性,如美国实施的贸易保护主义问题,英国脱欧和欧洲国家的政府债务危机问题。美国试图通过贸易保护政策遏制其他国家对其商品的出口,完成其制造业回归和重新振兴,以支撑美国经济增长和解决失业问题。为此,美国对新兴市场国家,以及日本、韩国、欧盟等挑起了多轮贸易争端,最为明显的是,美国为了保护本国企业利益、遏制中国发展,自2018年开始先后对从中国进口的商品征收高关税,中国也为此采用相应的措施,中美两大世界经济体之间的贸易争端加深。

美国"退群"、英国"脱欧"的示范作用,使得很多国家都提高了贸易壁垒和技术壁垒,区域保护主义政策层出不穷。与此同时,一些国家开始强化并滥用贸易法规,加强反倾销与反补贴调查,针对我国的贸易摩擦也越来越多,这些都阻碍了我国对外贸易的转型升级。

2. 内部因素

影响外贸转型的内部因素包括很多,主要包括企业因素、技术因素、政府因素、路径依赖等。

(1) 企业因素。外贸企业是外向型经济的基础,因此,贸易转型从根本上说就是企业技术和产品的升级,提高企业的国际竞争力。世界经济论坛(WEF)在1985年《全球竞争力报告》中指出,企业国际竞争力是指"企业目前和未来,在各自的环境正以比它们国内和国外的竞争者更有价格优势和质量优势地设计生产和销售货物,以及提供服务的能力和机会"。根据1985年《关于产业国际竞争力的总统委员会报告》,企业竞争力是指"在自由良好的市场条件下,企业能够在国际市场上提供良好的产品,好的服务,同时又能提高本国人民生活水平的能力"。Gerry and Scholes(2008)认为,创新、技术、进步、有效地组织活动的经营管理、品牌、产品服务质量是企业竞争力至关重要的来源。我国贸易方式转型受企业因素的制约的主要表现:第一,外向型生产企业核心竞争力总体不强。外贸企业的竞争,重要因素是品牌的竞争,而大多数外贸企业的出口处于低端,尤其是从事"两头在外"的加工贸易企业,产品的附加值更低。在经济全球化下发达国家凭借其资本在我国自主品牌入股,降低了我国企业的控制能力,同时有许多自主品牌被并购。第二,长期以来,我国外贸企业的优势主要是价格优势,随着劳动力成本的提高,价格优势在弱化。同时,单纯的价格优势容易引发倾销,而且容易恶化贸易条件,致使出口贫困现象的出现。第三,大多数贸易企业仍然停留在低附加值的生产制造环节,处于"微笑曲线"的最底端,研发、技术、品牌及营销环节仍然相对薄弱,原始创新和系统集成创新能力不足,大部分企业存在技术依赖,缺乏核心技术,研发水平低,核心专利技术缺失,忽视知识产权的保护和运用,不善于运用专利战略,拥有的自主知识产权少。

(2) 技术因素。在竞争激烈的国际环境中,技术因素尤其是技术创新在一国的经济发展和对外贸易中的作用越来越重要。前述分析表明,粗放式的外贸增长方式形成与我国技术水平落后、技术创新不足有很大关联。长期以来,我国企业偏重于技术设备的引进,而忽视技术的消化、吸收和创新。由于自主创新能力不足,因此我国出口产品技术含量比较低,而且关键技术和高新技术产品(如电子芯片)主要依赖于进口。随着智能时代的到来,我国对电子芯片的需求与日俱增,进口会进一步加大。根据海关总署的数据,截至2018年10月底,我国集成电路进口金额已高达2 071.97亿美元,同比上涨14.5%。这些都将限制我国对外贸易的转型升级。要突破这种限制,从微观的角度看,企业是关键。

我国的出口竞争力根植于企业生产率的提升,出口企业的效率提高,能有效促成我国出口技术复杂度的变迁。根据鲁晓东(2014)的测算,企业的 TFP 每增加 1%,我国出口技术含量将增加约 0.02%。从宏观角度看,国家要提高科学技术研发的投入,重视知识产权的保护。同时,我国对外开放政策需要进行重大调整,将出口政策的重心由数量的刺激转向对企业技术水平提升的支持上。

(3)政府因素。政府因素主要有以下三方面:

第一,一些优惠性政策不利于出口转型升级。作为贸易大国,出口退税政策是一种非常重要的贸易调控手段,然而,由于政策制定的导向作用没有及时调整,因此反而不利于结构升级和转型。例如,我国针对加工贸易和一般贸易制定了完全不同的出口退税政策,其中,一般贸易企业的出口增值税是"先征后返",并且退税的比例一般都低于征收的比例,而加工贸易实行的是"不征不退",即在进口中间品和出口产成品两个环节都不征收增值税,这一方面使得加工贸易的实际税率低于一般贸易,另一方面也保证了加工贸易不受国家出口退税政策调整的影响。自 20 世纪 90 年代起,出于减少贸易摩擦和财政负担的目的,我国不断下调各类商品出口退税率,综合退税率由实施出口退税政策之初的 17% 逐步下降至 2008 年金融危机前的不到 10%。出口退税率的连续、大范围下调,也在一定程度上加大了一般贸易的相对出口成本,间接起到了鼓励加工贸易的作用。这种差异化的出口退税政策是导致加工贸易占比过高的重要原因(范子英和田彬彬,2014)。

第二,与技术创新密切相关的专利、知识产权保护制度政策不健全,不利于贸易结构升级和转型。我国对知识产权和专利的保护程度远远落后于西方很多国家。立法滞后,缺乏配套的法律保障,对新技术的保护范围有限,缺乏实质性的法律保障体系,知识产权的执法力度薄弱,导致知识产权的保护无法达到目的。经验表明,对专利和知识产权保护的淡化,阻碍了企业的技术创新。因为为企业提供专利和知识产权的支持与奖励可以节省企业成本,对企业专利和知识产权的保护会为企业打下一针强有力的镇静剂。在专利层面上给予企业支持、奖励和保护,就会让更多的专利产品得以涌现。

第三,产业政策和贸易政策不匹配,政策的实施效果不甚理想。在我国现行的对外贸易政策体系下,对企业出口的政策支持更多地体现为边境贸易下的出口退税或融资支持,而对内贸易开放和境内贸易政策,以及在人民币汇率、外汇管理、知识产权保护、市场监管等方面还缺乏相对明晰的改革开放措施,虽然在 2008 年金融危机后出台了一些提高贸易结构和贸易质量的政策措施,但由于产业政策和贸易政策不匹配,从而使得国内市场和国外市场存在一定的分割(赵勇和张明霞,2017)。这种分割主要表现为,出口产品的检验标准、技术标准和认证标准通常高于国内生产、销售的产品;一些企业或者产品已经不符合外贸升级转型目标的要求,但仍然享受国内产业政策的支持;中国高技术产品出口中超过 80% 的出口份额都来自外商企业,民族产业发展滞后。

(4)路径依赖。贸易升级和转型意味着从加工贸易向一般贸易转变,出口导向模式向贸易平衡模式转变,实质是粗放式外贸增长方式向集约式增长方式转变。然而,转变外贸增长方式虽然提出了很长时间,但效果不明显,这说明转变是一个漫长而艰难的过程,也意味着由于存在路径依赖,其难以摆脱现有模式的束缚。路径依赖(Path-dependence),是指人类社会中的技术演进或制度变迁均有类似于物理学中的惯性,即一旦进入某一路径,惯性的力量会使其自我强化,就可能对这种路径产生依赖。事实上,我国外贸增长方式转变中确实存在路径依赖问题。第一,就政府而言,现有的政绩考核体系,使得各级政府官员在外贸增长和结构转型权衡中,更愿意选择外贸增长,而为了实现增长的目标,政府更习惯于用奖励政策和优惠政策去刺激一些短期见效的产业或者产品出口,而忽视了结构升级和技术升级这一长期因素,使得贸易增长方式难以实现转变。第二,我国产业发展形成对劳动力、资源、资本、外资的路径依赖,导致自主创新不足。"两头在外"的全球产业布局导致我国的产业发展处于被动地位,其他国家通过设置知识创新障碍和环保技术标准等方式极力压缩我国产业发展的利润空间,我国国内企业举步维艰;处于全球价值链主导地位的国家或跨国企业,可以凭借其在研发设计和营销服务方面的控制力,将重污染产业转移到我国进行生产,导致我国成为污染产业的"避难所",对我国的生态环境造成威胁和破坏。总之,在缺乏核心技术支撑的条件下,我国产业发展必然形成对劳动力、资源和资本的路径依赖,不仅走上了"三高一低"的粗放式经济增长道路,而且形成了产业发展低端锁定的恶性循环。

本章总结

在开放经济条件下,国民经济的增长离不开对外贸易和进出口。自1978年实行对外开放以来,中国的国民经济增长迅速。伴随着经济的增长,中国的对外贸易总量、结构、贸易方式都发生了重大变化。①本章以重大制度改革和事件为依据,分四个阶段分析了中国对外贸易的演变和发展。在不同的发展阶段,尽管对外贸易的政策重点有所侧重,但总体上实施的是鼓励出口的贸易政策,致使出口增速一直高于进口增速。从对外贸易依存度、进出口对国民收入增长的贡献率可以看出,中国已经发展成为外向型的经济体,进出口成为拉动国民经济增长的重要因素。②一国对外贸易发展不仅体现在对外贸易总量增长上,更应反映在结构变化上。对外贸易结构不仅包括进口结构和出口结构,而且包括贸易的地区结构(国别结构)、贸易的所有制结构。随着一国经济和对外贸易的增长,进出口结构也会出现升级。本章通过对中国的初级产品与工业制成品在进出口总额中的占比变化、一般贸易与加工贸易在进出口额中的占比变化、服务贸易与货物贸易在出口额中的占比变化的统计分析,勾勒出中国进出口结构升级的状况。③本章结合发展中国家工业化和经济增长方式,对进出口贸易方式、外向型增长方式、贸易战略、贸易政策等因素进行了综合考量,从更宽泛的视角把中国的对外贸易模式概括为以加工贸易为主、粗放式、出口导向的对外贸易模式。④中国对外贸易模式尽管带来了经济增长的奇迹,但也存在以牺牲资源环境为代价、产品附加值低、以量取胜、核心技术水平较低、服务贸易落后等问题。随着2008年金融危机的爆发,由于受到国际市场低迷、需求不稳定、贸易保护主义抬头等多种因素的影响,中国对外贸易模式的弊端凸显,和高质量发展、环境优化、强国之梦等目标相悖,转型和升级变得非常迫切。⑤中国的对外贸易转型实质,是要通过进出口贸易结构优化,实现对外贸易由粗放型向集约型的增长方式转变,提高对外贸易的竞争力和品牌力,实现贸易大国向贸易强国地位的转换。转型和升级要充分利用好"一带一路"倡议的优势、大国优势、国际竞争的倒逼机制,也要正视各种挑战。转变外贸增长方式在中国虽然已经提出很长时间,但效果不明显,这说明转变是一个漫长而艰难的过程,也意味着存在路径依赖。

核心概念与术语

对外贸易结构	Foreign Trade Structure
一般贸易	General Trade
加工贸易	Processing Trade
引力模型	Gravity Model
外贸依存度	Dependence on Foreign Trade
贸易模式	Pattern of Trade

复习思考题

1. 衡量一国进出口升级有哪些指标?请结合中国实际进行分析。
2. 从理论和经验两个方面分析中国出口企业是否存在"生产率之谜"。
3. 试分析出口导向模式对攀升全球价值链所产生的不利影响。
4. 你认为影响中国对外贸易转型的主要因素是什么?

主要参考文献

[1] 保罗·克鲁格曼,毛瑞斯·奥伯斯尔德.国际经济学[M].第五版.北京:中国人民大学出版社,1998.
[2] 柴斌锋,杨高举.高技术产业全球价值链与国内价值链的互动——基于非竞争型投入占用产出模型的分析[J].科学学研究,2011(4):533—540.
[3] 陈传兴.出口导向型发展模式的战略性调整[J].中国经贸,2007(9):22—26.
[4] 陈飞翔,吴琅.由贸易大国到贸易强国的转换路径与对策[J].世界经济研究,2006(11):4—10.
[5] 陈寿琦.国际经济贸易百科全书[M].天津:天津科技翻译出版公司,1991.

[6] 程文先,樊秀峰.全球价值链分工下制造企业出口附加值测算——来自中国微观企业层面数据[J].中国经济问题,2017(4):54—67.

[7] 戴翔."出口导向"特征缘何阻碍中国攀升全球价值链?——基于"生产—消费"分离成本作用机制分析[J].国际经贸探索,2014(8):18—28.

[8] 范子英,田彬彬.出口退税政策与中国加工贸易的发展[J].世界经济,2014(4):51—70.

[9] 冯雷.进口贸易是通向贸易强国的关键——转变外贸发展方式的战略研究[J].中国经贸,2014(12):51—56.

[10] 冯诗博.中国进出口结构与"里昂惕夫之谜"——以2012年为例[J].现代经济信息,2016(8):146.

[11] 洪银兴.以创新支持开放模式转换——再论由比较优势转向竞争优势[J].经济学动态,2010(11):27—32.

[12] 虎岩.我国进口贸易的技术溢出效应研究[D].同济大学,2008.

[13] 康志勇.出口贸易与自主创新——基于我国制造业企业的实证研究[J].国际贸易问题,2011(2):35—45.

[14] 郎丽华,张连城.现阶段粗放型贸易模式存在的必然性及其现实意义[J].经济学动态,2012(12):27—31.

[15] 李春顶.中国出口企业是否存在"生产率悖论":基于中国制造业企业数据的检验[J].世界经济,2010(7):64—81.

[16] 李锋.一带一路推进过程中的投资规则构建[J].经济体制改革,2017(1):58—63.

[17] 林桂军,任靓.加工出口下滑在动摇我国出口政策模式的基础[J].中国经贸,2016(10):4—13.

[18] 林毅夫,李永军.必要的修正——对外贸易与经济增长关系的再考察[J].国际贸易,2001(9):22—26.

[19] 林毅夫,苏剑.我国经济增长方式的转换[J].管理世界,2007(11):5—13.

[20] 凌永辉,刘志彪.中国服务业发展的轨迹、逻辑与战略转变——改革开放40年来的经验分析[J].经济学家,2018(7):45—54.

[21] 刘书瀚,贾根良,刘小军.出口导向型经济:我国生产性服务业落后的根源与对策[J].经济社会体制比较,2011(3):138—145.

[22] 刘志彪.战略理念与实现机制:中国的第二波经济全球化[J].学术月刊,2013(1):88—96.

[23] 鲁晓东.技术升级与中国出口竞争力变迁:从微观向宏观的弥合[J].世界经济,2014(8):72—99.

[24] 鲁政委,李苗献,蒋冬英.中国加工贸易政策:演变与反思[J].金融市场研究,2016(8):21—26.

[25] 邱斌,唐保庆,孙少勤,等.要素禀赋、制度红利与新型出口比较优势[J].经济研究,2014(8):107—119.

[26] 盛斌,马盈盈.中国服务贸易出口结构和国际竞争力分析:基于贸易增加值的视角[J].东南大学学报(哲学社会科学版),2018(1):39—48.

[27] 苏庆义.贸易结构决定因素的分解:理论与经验研究[J].世界经济,2013(6):36—58.

[28] 孙国辉.我国加工贸易转型升级机制的研究[J].经济管理,2007(8):78—81.

[29] 孙杭生.我国加工贸易转型升级问题研究[J].经济问题探索,2009(4):65—69.

[30] 汤碧,陈莉莉.全球价值链视角下的中国加工贸易转型升级研究[J].国际经贸探索,2012(10):44—55.

[31] 佟大木,岳咬兴.出口导向加工贸易政策对产业升级的影响——基于ICT产品进出口数据的实证分析[J].国际经贸探索,2008(8):17—21.

[32] 王佳.人均收入是怎样影响贸易收支平衡的——基于138个国家的面板数据分析[J].经济问题探索,2017(1):91—98.

[33] 王晓华.开放经济下我国贸易增长模式研究[M].北京:中国水利水电出版社,2018.

[34] 王月红,白建武.从出口导向政策到自主创新竞争优势转换的思考[J].福建论坛(社科教育版),2010(6):14—18.

[35] 王允贵.贸易条件持续恶化——中国粗放型进出口贸易模式亟待改变[J].国际贸易,2004(6):14—16.

[36] 巫强,刘志彪,江静.扩大内需条件下长三角提高对外开放水平的新战略选择[J].上海经济研究,2011(10):21—28.

[37] 易先忠,包群,高凌云,等.出口与内需的结构背离:成因及影响[J].经济研究,2017(7):79—93.

[38] 张二震,方勇.经济全球化与中国对外开放的基本经验[J].南京大学学报(哲学·人文科学·社会科学),2008(4):5—13.

[39] 张少军.全球价值链与国内价值链——基于投入产出表的新方法[J].国际贸易问题,2009(4):108—113.

[40] 张欣,李秀敏,穆晓菲.按收入水平划分的贸易结构及其对中国要素收入分配的影响[J].税务与经济,2015(3):26—30.

[41] 张幼文.我国外贸依存度提高的影响与对策[J].国际贸易问题,2004(8):5—11.

[42] 赵勇,张明霞.金融危机后的中国对外贸易政策:特征、成效及问题[J].新视野,2017(3):35—41.

[43] Choi Y.C., D. Hummels, and C. Xiang. Explaining import quality: The role of the income distribution[J]. Journal of International Economics, 2009, 77(2): 293-303.

[44] Deaton, Angus. Saving and liquidity constraints[J]. Econometrica, 1991, 59: 1221-

1248.

[45] Dalgin M., D. Mitra, and V. Trindade. Inequality, non-homothetic preferences, and trade: A gravity approach[R]. National Bureau of Economic Research, 2004.

[46] Gene M. Grossman, and E. Helpman. Innovation and Growth in the World Economy[M]. MIT Press, 1991.

[47] Gereffi G., J. Humphrey, and T. Sturgeon. The governance of global value chains[J]. Review of International Political Economy, 2005, 12(1): 78-104.

[48] Gerry J., and K. Scholes. Exploring corporate stategy: Text and Cases[M]. Pearson Education Ltd., Harlow, 2008.

[49] G. M. 格罗斯曼, E. 赫尔普曼.全球经济中的创新与增长[M].中国人民大学出版社, 2009.

[50] Gordon Hanson H. 中国的出口模式:似曾相识[J].经济学(季刊),2016(3): 1275—1302.

[51] Jerry G. Thursby, and Marie C. Thursby. Bilateral trade flows, the linder hypothesis, and exchange risk[J]. Review of Economics & Statistics, 1987, 69(3): 488-495.

[52] John McCallum. National borders matter: Canada-US regional trade patterns[J]. The American Economic Review, 1995, 85(3): 615-623.

[53] Linder Staffan Burenstam. An essay on trade and transformation[M]. Almqvist and Wiksells, Uppsala, 1961.

[54] Mani, A. and J. Hwang. Income distribution, learning-by-doing, and comparative advantage[J]. Review of Development Economics, 2004, 8(3): 452-473.

[55] Marc J. Melitz. The impact of trade on intra-industry reallocations and aggregate industry productivity[J]. Econometrica, 2003, 71(6): 1695-1725.

[56] Menzie D. Chinn, and Eswar S. Prasad. Medium-term determinants of current accounts in industrial and developing countries: An empirical exploration[J]. Journal of International Economics, 2003, 59(1): 47-76.

[57] Milberg W., and D. Winkler. Economic and social upgrading in global production networks: Problems of theory and measurement[J]. International Labour Review, 2011, 150 (3-4): 341-365.

[58] Muhammed Dalgin, Vitor Trindade, Devashish Mitra. Inequality, Non homothetic preferences, and trade: A gravity approach[J]. Sourthern Economic Journal, 2008, 74(3): 747-774.

[59] Pöyhönen P. A tentative model for the volume of trade between countries[J]. Weltwirtschaftliches Archiv, 1963, 90: 93-100.

[60] Koopman R., Z. Wang, and S. Wei. Estimating domestic content in exports when pro-

cessing trade is pervasive[J]. Journal of Development Economics, 2012, 99(1), 178-189.

[61] Roldos J. Human capital, borrowing constraints, and the stages of the balance of payments[J]. Manuscript, IMF, 1996.

[62] Tinbergen J. J. Shaping The World Economy: Suggestions for An International Economic Policy[R]. Twentieth Century Fund, 1962.

[63] US Government Printing Office. President's commission on industrial competitiveness. Global Competition: The New Reality. Report Vol. I. Washington, 1985.

[64] Yo Chul Choi, D. Hummels, and C. Xiang. Explaining import quality: The role of the income distribution[J]. Journal of International Economics, 2009, 78(2): 293-303.

第七章

通货膨胀与货币政策

> 政府所提出解决问题的办法,通常都跟问题本身一样差劲。
>
> ——米尔顿·弗里德曼

本章探讨的主题是货币、通货膨胀与货币政策。现代经济是货币经济,货币表现在经济的方方面面。本章在货币与货币制度的基础上主要讨论通货膨胀、利率、货币政策、货币与金融危机等几个问题。

第一节 货币与货币制度

一、货币与货币职能

货币是购买货物、保存财富的媒介,是财产所有者与市场关于交换权的契约,从根本上说是所有者相互之间的约定。货币与非货币性金融资产的区别在于货币具有最好的流动性,而不具备收益性。货币的契约本质决定了货币可以有不同的表现形式,如一般等价物、贵金属货币、纸币与电子货币等。定义货币的一个相对简单的方法是从显而易见的现金开始,并且那些可以完全替代现金的资产也可以被当作货币,即 M1。但是大多数的中央银行(以下简称"央行")也会关注更广义的货币总量(M2,M3,M4),将包括定期存款在内的一些拥有正利率的资产包含在内,也称为"准货币"。

货币职能是指货币本质的具体体现。货币的职能定义在经济学文献中是很普遍的。一般认为,货币具有价值尺度、流通手段、贮藏手段、支付手段和世界货币五大职能。货币的这五大职能是随着商品经济的发展而逐渐形成的。其中,价值尺度和流通手段是货币最基本的职能。

专题 7-1

"数字货币"是不是货币？

数字货币是电子货币形式的替代货币。数字金币和密码货币都属于数字货币。它不同于虚拟世界中的虚拟货币，因为它能被用于真实的商品和服务交易，而不局限在网络游戏中。目前全世界发行的有上百种数字货币，比重较大的有比特币、莱特币、无限币、天元仙宝（天元币）等。

美国经济学家保罗·克鲁格曼曾对数字货币的货币性质提出质疑，他表示数字货币创立之初是为了简化各类电子交易，而当前除去交易所中人们对数字货币的竞价，现实中的交易几无发生，这引发了他的质疑，如果数字货币没有用于交易，那它实际上是一种货币吗？

2013年，中国人民银行等五部委发布的《关于防范比特币风险的通知》（银发〔2013〕289号）中就明确了比特币的性质，认为比特币不是由货币当局发行的，不具有法偿性与强制性等货币属性，并不是真正意义上的货币。从性质上看，比特币是一种特定的虚拟商品，不具有与货币等同的法律地位，不能且不应作为货币在市场上流通使用。

货币的交易是否意味着价值的传递？倘若如此界定，那么货币本身应当有价值。数字货币本身不过是区块链在记账，在本质上并没有进行价值的传递。许多信仰数字货币有价值的人喜欢用共识来解决数字货币的一切问题，简单来说，就是你相信它，它就是有价值的。那么共识真的有价值吗？

首先，虚拟货币并不是法定货币，不具备明确的价值基础，作为价值尺度和流通手段，自出现以来暴涨和暴跌的情形时有发生，如果不加以规范，只能沦为投资者投机的工具。其次，虚拟货币的数量是可以通过技术人员修改代码而增加的，如果继续任其在平台上兑换，国际货币体系很可能会混乱。同时，虚拟货币的兑换很有可能滋生套利行为，假如将人民币换成比特币，再将比特币换成其他国家的货币，就很容易造成资本外逃。

另外，央行规定的"数字货币"是法定的"数字货币"，是有特殊规定的，可以被定义为狭义的"数字货币"，具有货币的职能，不同于我们平时使用的广义的"数字货币"概念。所以，我们也需要区分"数字（电子）货币"与"货币的电子化"。货币的电子化是货币的形式变化，是央行授权的，行使了与货币相同的职能。

二、货币供应量与货币乘数

一个经济中可以得到的货币量即为货币供给量。在货币量中最显而易见的资产就是通货，即未清偿的纸币与硬币之和，用于日常交易的交换媒介。第二种用于交易的资产是活期存款，即人们在自己的支票账户中持有的资金。由于活期存款交易的便利性，在衡量货币量时，一般将活期存款加到通货中。在活期存款的基础上，许多其他很容易用于交易的资产也应被包括在货币量中。目前货币供应量的衡量指标(见表7-1)一般用 M0、M1、M2 等来表示。

表 7-1　货币衡量指标

货币口径	包括的资产
M0	通货
M1	M0+活期存款+旅行支票+其他支票性存款
M2	M1+货币市场共同基金余额+储蓄存款+小额定期存款

图 7-1 为 1999—2016 年的货币供给量变化。自 1994 年以来,我国的货币供应量各数据总量都呈现出增长趋势,其中 M0 的增长幅度最为平缓,M1 的增长幅度居中,M2 的增长幅度最大,2016 年已经达到 1 550 066.7 亿元,是 1990 年 15 293.4 亿元的 100 倍。M2 的增长率(见图 7-2)水平自 1996 年以来一直处于 10%—20% 较为平稳的水平,但在 2008 年金融危机爆发之后,出现过一个短暂的大幅上升过程,最高增幅达到了 28.5%。M1 的增长率增长趋势与 M2 较为一致,但是 2015 年之后有明显上升趋势,超过了 M2 的增长率。M0 的增长率趋势与 M1、M2 较为一致,但是增长率较低,且近几年处于不断下降的趋势,这与现实经济活动中流通支付手段的改进有关。

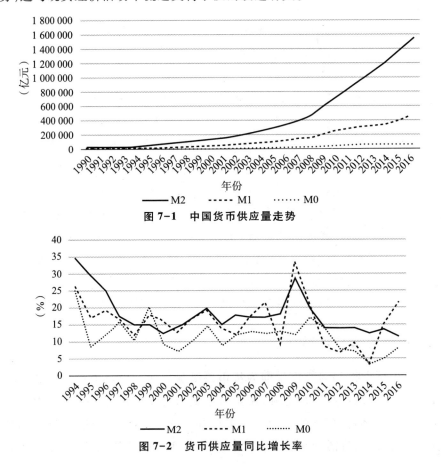

图 7-1　中国货币供应量走势

图 7-2　货币供应量同比增长率

货币乘数是一个描述货币存量和基础货币量关系的系数,在最简单的形式中:

$$\text{货币乘数} = m = \frac{M}{B} \tag{7.1}$$

这可以被认为是货币存量 M1 和基础货币(B)决定等式的简单同义重复。如前所述,货币存量 M 由现金(C)和存款(D)组成:

$$M = C + D \tag{7.2}$$

现金持有量与存款的关系(C/D)被称为现金持有率(b)。这样就有:

$$M = bD + D = D(b+1) \tag{7.3}$$

基础货币可以表示为现金持有量(C)和商业银行存款准备金(R)的总和:

$$B = C + R \tag{7.4}$$

将商业银行存款准备金与存款的关系(R/D)用存款准备金(r)表示,于是有:

$$B = bD + rD = D(b+r) \tag{7.5}$$

这样即可得到货币乘数为:

$$\frac{M}{B} = m = \frac{1+b}{b+r} \tag{7.6}$$

没有银行会将储蓄100%用于准备金,即存款准备金率总是小于1,所以货币创造乘数将总是大于1。由以上所有公式可以看出,准备金是银行创造货币的基础,央行正是通过控制准备金的供给来调节整个货币供给的。

三、货币政策简介与货币政策分类

货币政策指央行通过控制货币供应量以及通过货币供应量来调节利率进而影响投资和整个经济以达到一定经济目的的行为。这主要是凯恩斯的观点,也是西方目前的主流观点。货币政策的实质是国家对货币的供应根据不同时期的经济发展情况而采取"紧""松"或"适度"等不同的政策趋向,通过调节国民收入以达到稳定物价、充分就业的目的,实现经济稳定增长。

根据对总产出的影响,可把货币政策分为两类:扩张性货币政策和紧缩性货币政策。扩张性货币政策是通过增加货币供给来带动总需求的增长。货币供给增加时,利息率会降低,取得信贷更加容易,进而促进投资和消费,增加总需求,提高均衡产出。因此,经济萧条时多采用扩张性货币政策。反之,紧缩性货币政策是通过削减货币供给,限制信贷,利率也会随之提高,进而降低总需求水平和均衡产出。因此,在通货膨胀严重时,多采用紧缩性货币政策。

一般来说,货币当局常采用的货币政策工具包括再贴现率、法定准备金率及公开市场业务等。再贴现率是央行对商业银行及其他金融机构的贷款或者说放贷利率,当央行提高再贴现率时,存款货币银行借入资金的成本上升,基础货币得到收缩,反之亦然。变动法定准备金是央行调整货币供给最简单的方法。若央行采取紧缩政策,提高法定存款准备金率,则限制了存款货币银行的信用扩张能力,降低了货币乘数,最终起到收缩货币供应量和信贷量的效果,反之亦然。公开市场业务是中央控制货币供给最重要也是最常用的工具。央行在公开市场开展证券交易活动,其目的在于调控基础货币,进而影响货币供应量和市场利率。此外,央行利用自己在金融体系中的特殊地位进行道义劝告也是重要的货币政策工具。

我国的货币政策可以分为稳健的货币政策和非稳健的货币政策。所谓稳健的货币政策,是指以币值稳定为目标,正确处理防范金融风险与支持经济增长的关系,在提高贷款质量的前提下,保持货币供应量适度增长,支持国民经济持续快速健康发展。稳健的货币政策是具有中国特色的一种提法,它讲的是制定货币政策的指导思想和方针,它不同于经济学教科书关于货币政策操作层面的提法(如"宽松的"货币政策、"中性的"货币政策或"紧缩的"货币政策)。稳健的货币政策与稳定币值目标相联系,它包含既防止通货紧缩又防止通货膨胀两方面的要求,不妨碍根据经济形势需要对货币政策实行或扩张或紧缩的操作。具有中国特色的稳健的货币政策是1998年以后逐渐形成的。

第二节 货币政策效果与通货膨胀

一、货币政策与通货膨胀的关系

人们持有货币是为了购买产品和服务。他们为进行交易所需要的货币越多,相应地所持有的货币就越多。因此,经济中的货币量与交易中交换的货币量相关。交易量与货币之间的关系表示为如下方程,称为数量方程:

$$货币 \times 货币流通速度 = 价格 \times 交易量$$
$$M \cdot V = P \cdot T \tag{7.7}$$

其中,M 为货币量;V 为货币的交易流通速度,它衡量货币在经济中的流通速度;P 为交易价格;T 代表某一时期的交易总量。

当研究货币在经济中的作用时,交易次数是难以衡量的,为了解决这个问题,交易总量 T 被替换为经济中的总产出 Y。数量方程就变为:

$$货币 \times 货币流通速度 = 价格 \times 产出$$
$$M \cdot V = P \cdot Y \tag{7.8}$$

其中,Y 是产出量,是实际 GDP,P 是 GDP 平减指数,$P \cdot Y$ 是名义 GDP。

由于通货膨胀率是价格水平的百分比变动,所以这种价格水平的理论也是一种通货膨胀率的理论。用百分比变动的形式可把数量方程写为:

$$M \text{ 的百分比变动} + V \text{ 的百分比变动} = P \text{ 的百分比变动} + Y \text{ 的百分比变动} \tag{7.9}$$

其中,P 的百分比变动为通货膨胀率;M 的百分比变动由央行控制;一般我们假设货币流通速度 V 保持不变,所以货币流通速度的百分比变动是 0;产出 Y 的百分比变动取决于生产要素和技术进步,就目前而言,我们把产出 Y 的百分比变动视为给定。

因此,货币数量论说明,控制货币供给的央行能够最终控制通货膨胀率。如果央行保持货币供给稳定,则价格水平也将稳定。如果央行迅速增加货币供给,则价格水平也将迅速上升。

二、货币政策的收益

央行实施货币政策,是为了在宏观层面调控经济,使得经济体的各项经济活动能够按序进行,提高整体经济运行效率,最终在国家层面上获得收益。

对于货币政策的收益,最突出的学派就是凯恩斯主义,凯恩斯主义者认为通过相机抉择的货币政策可以调节宏观经济,实现经济效益的提升。

三、货币政策的成本

通过货币数量论,我们知道货币供给量的增加会如何引起通货膨胀,进而对物价水平产生影响。而通货膨胀会带来预期到的成本和未预期到的成本。其中,预期到的成本包括:由通货膨胀税产生的人们持有货币量的扭曲;高通货膨胀引起企业更经常地改变它们的标价,即菜单成本;面临菜单成本的企业会频繁更改价格使得相对价格变化更大;等等。未预期到的通货膨胀税包括:个体之间的财富再分配;损害依靠固定养老金生活的人的利益;等等。

此外,货币政策的成本还可以体现在一些具体问题上,包括产能过剩、收入分配差距扩大以及铸币税等方面。

产能过剩:当经济处于低迷状态时,政府往往选择采用扩张性货币政策,提高货币供给量,使得大量的货币流入市场以刺激需求。2008年次贷危机之后的一段时间,我国一直采用稳健和扩张的货币政策试图刺激内需、拉动经济增长。流入市场的货币没有得到有效配置,而是有一大部分进入钢铁、水泥、煤炭等传统高利润行业的大规模国有企业中,使这些行业的产能大幅增长,而公众对这些工业产品的需求却没有显著提高,因此出现了严重的产能过剩。

收入分配差距:货币当局采用扩张性或者宽松稳健的货币政策,可能通过资产组合渠道、收入渠道、金融参与渠道、资本积累渠道等影响到财富在个人之间的分配。高收入群体的资产配置中,房产、股票、投资占据了较大的比例,且收入较为灵活,较大部分依赖于浮动收入即投资收入,通货膨胀对这些资产的价值和收入影响较小,他们的财富随着通货膨胀率的上升而上升;然而低收入群体的资产则多是由现金与活期存款组成的,而且他们的收入主要依赖于固定的工资部分,存款的利息上升空间有限,当通货膨胀率上升时,存款和实际收入都会发生贬值。

铸币税:在很多教科书中不是说"铸币税的危害",它的称呼是"通货膨胀的成本",通过扩张性的货币政策,即发行货币,政府实现了国内各部门之间的资源再分配,使得公众的一部分资源转移到政府手中,体现为社会福利的净损失,这会造成公众的不满,从而成为巨大的成本。

专题 7-2

铸币税

铸币税的标准定义就是政府从发行货币中获得的收入。铸币税的原始含义和我们现在意义上的是不一样的。铸币税的原始含义是在金属本位制下一个国家在铸币时所收取的费用，国家依托政府可以垄断货币发行权。当然，历史上有很多国家赋予民间机构铸币的情况，不论是国家还是民间机构，铸币都有成本，也就是说在原始意义上，铸币税就是弥补发行货币的成本。或者说，金属转换成金属货币需要铸造工艺，而这个工艺是有成本的，且国家收取这样一种税是合理的。

我们现代意义上的铸币税主要是指在非信用货币或者说法定货币（非兑换货币制度）下，国家垄断了货币发行权，通过发行货币而得到的收入。这与原始意义上国家收取铸币税的原理是不一样的。在纸币制度下，由于纸币发行的成本很低，因此，如果国家没有在信用基础上发行货币就导致了一个成本，这个成本是公众所隐性支付的，我们称之为铸币税。铸币税的一个典型表现就是基础货币增加，也就是说政府从发行货币中获得一笔收入，这笔收入相当于税收。铸币税可以使用很多经济学方法计算出来。

在现代纸币制度下有一个与基础本位制不同的特点，就是纸币制度下政府从发行货币中所得到的收入和成本差额，有些时候我们可以忽略这个成本，这是因为纸币发行的成本很低，可以认为是零，这样政府发行货币获得的收入本身就是税收额度。这里需要明确一点，并不是说政府只能在信用货币下收取铸币税，在金属本位币制度下政府也可以得到铸币税，这种表现形式是政府发行机构可以减少铸币中的金属含量获得铸币税，这个问题与我们今天探讨的纸币问题相距较远，就不多论述了。

与铸币税相关的一个更常用的概念叫通货膨胀税。它的含义更直接，就是国家通过发行纸币导致物价上涨（也就是通货膨胀），使持有货币的人财富贬值，这也相当于对持有货币的人收取了一种税。通货膨胀税和铸币税是存在不同之处的，但是它们的关联也很密切，如果我们需要做区分，可以这样区分：所谓铸币税就是政府从发行货币中得到的收入，而通货膨胀税是说政府发行货币之后转换成通货膨胀时才能衡量的收入。从概念范围区分，铸币税要大于通货膨胀税，两者未必是一致的，如果粗略地衡量，由于政府增发货币主要表现为通货膨胀，所以我们可以把两者划一，也就是说铸币税和通货膨胀税具有同一个经济含义。

专题 7-3

恶性通货膨胀的危害

所谓恶性通货膨胀（Hyperinflation），是一种不能控制的通货膨胀，指的是在物价急速上涨的情况下，货币很快失去价值。在恶性通货膨胀下，鞋底成本、菜单成本都变得更大了，相对价格也不能正常地反映真实的稀缺性，并且会扭曲税收系统。恶性通货膨胀是由于货币供给过度增长造成的。当央行发行货币时,价格水平上升。如果央行以足够快的速度发行货币,结果就是恶性通货膨胀。为了遏制恶性通货膨胀,央行必须降低货币增长率。

但是,这个回答并不完整,因为它没有回答这样一个问题:在恶性通货膨胀的经济中,央行为什么选择发行这么多货币?为了解决这个深层次的问题,我们必须把注意力从货币政策转向财政政策。大多数恶性通货膨胀都开始于政府税收收入不足以抵补其支出的时候。虽然政府也许倾向于通过发行债券来为这种预算赤字融资,但它可能发现无法借到钱,也许是因为借贷者把政府看作不良的信贷风险来源。为了弥补赤字,政府转向它能支配的唯一机制,即印发钞票,引致迅速的货币增长和恶性通货膨胀。

一旦恶性通货膨胀发生,财政问题将变得更加严重。由于征收税款的滞后,实际税收收入随着通货膨胀率的上升而减少。这样,政府依赖铸造税的必要性就自我强化了。迅速的货币制造引起恶性通货膨胀,恶性通货膨胀引起更大的预算赤字,更大的预算赤字又引起更快的货币制造。

恶性通货膨胀的结束总是与财政改革并行的。一旦问题严重到显而易见,政府就会下决心减少政府支出和增加税收。这些财政改革降低了对货币铸造税的需要,从而允许降低货币增长速度。因此,即使通货膨胀在任何地方都是一种货币现象,恶性通货膨胀的结束常常也是一种财政现象。

第三节 利率与利率市场化

一、利率的决定理论

利率决定理论也经历了古典利率理论、凯恩斯利率理论、可贷资金利率理论、IS-LM利率分析。

古典利率理论又称实物利率理论,是指从19世纪末到20世纪30年代的西方利率理论,其认为利率由储蓄与投资决定。古典利率理论认为,利率具有自动调节经济,使其达到均衡的作用。当储蓄多于投资时,利率下降,人们自动减少储蓄,增加投资;当储蓄少于投资时,利率上升,人们自动减少投资,增加储蓄。古典利率理论是一种局部的均衡理论。储蓄和投资都是利率的函数,利率的功能仅在于促使储蓄与投资达到均衡。

凯恩斯认为利息完全是一种货币现象,利率的高低由货币的供求来决定,在此基础上建立了货币供求论分析利率的决定因素。凯恩斯利率理论的基本要点主要包括以下几个方面:

第一,利率是由货币需求和货币供给所决定的。这与古典利率理论强调储蓄、投资等实物因素决定利率的观点相反,其强调的是货币因素对利率的影响。

第二,货币需求取决于人们的流动性偏好,而利息就被定义为人们放弃流动性偏好的报酬。在现代货币信用制度中,由于未来的不确定性,人们对货币具有流动性偏好,即考虑持有财富的形式时,大多倾向于选择货币,其动机包括:①交易动机,人们持有货币以备日常之需,它与收入成正比;②预防动机,人们为应付紧急需要而保有一部分货币,它也与收入成正比;③投机动机,人们持有货币以备将来投机获利,它是利率的减函数。

第三,货币供应是由央行决定的外生变量,而利率取决于货币的供求均衡点。当人们的流动性偏好增强时,愿意持有的货币数量增加,当货币供应不变时,利率就会上升;反之,当货币需求减少而货币供应不变时,利率就会下降。

第四,提出流动性陷阱,即当利率下降到一定程度时,人们愿意持有无限多的货币而不愿持有有价证券,故央行无法通过继续发行货币降低利率。

可贷资金利率理论是在 20 世纪 30 年代提出来的,其主要代表人物是剑桥学派的罗伯逊(Robertson)和瑞典学派的俄林(Ohlin)。该理论试图在利率决定问题上把货币因素和实质因素结合起来考虑,完善古典学派的储蓄投资理论和凯恩斯流动性偏好利率理论,认为利率不是由储蓄与投资所决定的,而是由借贷资金的供给与需求的均衡点所决定的。利率是使用借贷资金的代价,影响借贷资金供求水平的因素就是影响利率变动的因素。借贷资金的供给因此与利率成正函数关系,而借贷资金的需求则与利率成反函数关系,两者的均衡决定利率水平。

可贷资金利率理论批判地继承了前人的研究成果,使利率决定理论研究取得了较大的进展。但是该理论存在一个明显的缺陷,那就是没有考虑收入因素对利率的影响。由英国经济学家希克斯(Hicks)首先提出、美国经济学家汉森(Hanson)加以发展而形成的 IS-LM 模型,充分考虑了收入在利率决定中的作用,从而促进了利率决定理论的发展。IS-LM 分析模型是从整个市场全面均衡来讨论利率的决定机制的。该模型的理论基础有以下几点:

第一,整个社会经济活动可分为两个领域:产品领域和货币领域。在产品领域中要研究的主要对象是投资 I 和储蓄 S,在货币领域中要研究的主要对象是货币需求 L 和货币供给 M。

第二,产品领域均衡的条件是投资 $I=$ 储蓄 S,货币领域均衡的条件是货币需求 $L=$ 货币供给 M,整个社会经济均衡必须在实际领域和货币领域同时达到均衡时才能实现。

第三,投资是利率 r 的反函数,即 $I(r)$;储蓄是收入 Y 的增函数,即 $S(Y)$。货币需求可按不同的需求动机分为两个组成部分 $L1$ 和 $L2$,其中,$L1$ 是满足交易与预防动机的货币需求,它是收入的增函数,即 $L1(Y)$;而 $L2$ 是满足投机动机的货币需求,它是利率的反函数,即 $L2(i)$。货币需求 $L=L1+L2$;货币供给 M 在一定时期由货币当局确定,因而是经济的外生变量。

根据以上条件,必须在产品领域找出 I 和 S 相等的均衡点的轨迹,即 IS 曲线;在货币领域找到 L 和 M 相等的均衡点的轨迹,即 LM 曲线。由这两条曲线所代表的两个领域同时达到均衡的点来决定利率和收入水平,此即 IS-LM 模型。其中,IS 曲线是产品市场均衡时利率与收入组合点的轨迹,$S=I$ 是产品市场均衡的条件。

二、利率与货币政策

利率与货币政策之间的关系一直是货币经济学研究的热点。绝大多数经济理论认为货币政策是通过其对市场利率产生效应而传递给经济活动的。各国的货币政策制定者一般将短期利率作为其主要操作工具,通常是由央行将再贴现率、公开市场操作、法定准备金率作为货币政策运作工具。

再贴现率是央行对商业银行及其他金融机构的放款利率。公开市场购买可以扩大准备金和基础货币规模,从而增加货币供给和降低短期利率。公开市场出售会减少准备金和基础货币,进而减少货币供给和提高短期利率。提高法定准备金率还会增加准备金需求,提高基金利率。相反,降低法定准备金率会扩张货币供给,导致基金利率下跌。

央行通过执行货币政策进行利率调节使货币供给和需求达到均衡,以实现高就业率、经济增长、物价稳定、利率稳定、金融市场稳定和外汇市场稳定。

专题 7-4

中国的利率市场化进程

中国已经在形式上完成了利率的市场化。具体来说,中国利率市场化改革的政策进程如表 7-2 所示。

表 7-2 中国的利率市场化演变

时间	利率市场化举措
1996 年 6 月 1 日	放开银行间同业拆借市场利率
1997 年 6 月	银行间债券市场正式启动,同时放开了债券市场债券回购和现券交易利率
1998 年 3 月	改革再贴现利率及贴现利率的生成机制,放开了贴现和转贴现利率
1998 年 10 月	将金融机构对小企业的贷款利率浮动幅度由 10% 扩大到 20%,农村信用社的贷款利率最高上浮幅度由 40% 扩大到 50%
1999 年 9 月	允许县以下金融机构贷款利率最高可上浮 30%,将对小企业贷款利率最高可上浮 30% 的规定扩大到所有中型企业
1999 年 10 月	对保险公司大额定期存款实行协议利率,对保险公司 3 000 万元以上、5 年以上大额定期存款,实行保险公司与商业银行双方协商利率的办法
2000 年 9 月 21 日	实行外汇利率管理体制改革,放开了外币贷款利率;300 万美元以上的大额外币存款利率由金融机构与客户协商确定
2002 年 3 月	将境内外资金融机构对中国居民的小额外币存款,纳入中国人民银行现行小额外币存款利率管理范围,实现中外资金融机构在外币利率政策上的公平待遇

（续表）

时间	利率市场化举措
2002年9月	扩大农村信用社利率改革试点范围,进一步扩大农村信用社利率浮动幅度;统一中外资金融机构外币利率管理政策
2003年7月	放开英镑、瑞士法郎和加拿大元的外币小额存款利率管理,由商业银行自主决定
2003年11月	对美元、日元、港币和欧元的小额存款利率实行上限管理
2004年1月1日	商业银行、城信社贷款利率浮动区间上限扩大到贷款基准利率的107倍,农信社贷款利率浮动区间上限扩大到贷款基准利率的2倍,金融机构贷款利率浮动区间下限保持为贷款基准利率的0.9倍不变
2004年10月29日	不再设定金融机构人民币贷款利率上限及贷款利率下限
2005年9月20日	商业银行被允许决定除定期和活期存款外的6种存款的定价权
2006年8月	将商业性个人住房贷款利率浮动扩大至基准利率的0.85倍
2008年10月	将商业性个人住房贷款利率下限扩大至基准利率的0.7倍
2012年6月	存款利率浮动区间的上限调整为基准利率的1.1倍;贷款利率浮动区间的下限调整为基准利率的0.8倍
2013年7月	全面放开金融机构贷款利率管制。将取消金融机构贷款利率0.7倍的下限,由金融机构根据商业原则自主确定贷款利率水平
2014年11月	存款利率浮动区间的上限调整至基准利率的1.2倍,一年期贷款基准利率下调0.4个百分点至5.6%;一年期存款基准利率下调0.25个百分点至2.75%,并对基准利率期限档次作适当简并
2015年5月11日	自2015年5月11日起,中国人民银行决定金融机构存款利率浮动区间的上限由存款基准利率的1.3倍调整为1.5倍
2015年8月26日	自2015年8月26日起,中国人民银行决定放开一年期以上(不含一年期)定期存款的利率浮动上限,标志着中国利率市场化改革又向前迈出了重要一步
2015年10月24日	自2015年10月24日起,中国人民银行决定对商业银行和农村合作金融机构等不再设置存款利率浮动上限

第四节 货币政策的有效性与传导机制

一、中国货币政策回顾

中国人民银行是中华人民共和国的中央银行(以下简称"我国央行"),在国务院领导下,制定和执行货币政策,防范和化解金融风险,维护金融稳定,促进金融业协调健康发展。我们认为,《中华人民共和国中国人民银行法》对我国央行职能的概述可以简要分为三大类,一是制定和执行货币政策的职能,二是防范和化解金融风险并维护金融稳定的职能,三是提供金融服务职能。

我国央行货币政策概括为四个年度目标:经济增长、物价稳定、充分就业、国际收支平衡;一个中期目标(隐性目标):金融稳定;两个转轨时期特殊目标:发展金融市场和金融改革开放。目前,我国正处于由数量型中介目标逐渐向价格型中介目标转变的过程中,我国央行数量型货币政策中介目标是 M2 增速和社融增速,价格型中介目标是我国央行政策利率曲线和汇率价格,我国货币政策中介目标框架正在由数量型向价格型转变,价格型中介目标目前仍然处在辅助地位。

2016 年第一季度,我国央行将差别准备金动态调整机制"升级"为宏观审慎评估(MPA),2016 年第四季度货币政策执行报告提出了"双支柱"概念,MPA 已成为"货币政策+宏观审慎政策"双支柱的金融调控政策框架的重要组成部分。2017 年,党的十九大正式提出建立完善货币政策与宏观审慎双支柱。十九大报告强调要加快完善社会主义市场经济体制,健全货币政策和宏观审慎政策"双支柱"调控框架,深化利率和汇率市场化改革。我们认为,我国央行一直在打造货币政策和宏观审慎评估双支柱体系,目的便是分流金融稳定目标给宏观审慎评估,从而减少货币政策的压力。

我国央行实行货币政策多目标制度,这是我国货币政策基调判断的核心背景和难点。李超(2018)按照多目标和操作工具两条主线进行分类,将我国货币政策分为两大类、六小类,分别是稳健的货币政策(稳健略紧缩、稳健略宽松、稳健中性和稳健灵活适度)和非稳健的货币政策(适度宽松和从紧)。1984 年以前我国央行与商业银行的职能并没有分开,因此当时的货币政策并不具有实际的研究意义。1984 年到 20 世纪 90 年代初,我国经济经历了高速的发展阶段,为了配合高速的经济增长带来的投资和消费需求,我国央行在这一阶段投放了大量货币,使得通货膨胀率迅速上升。这一阶段的货币政策主要以信贷总量和现金总量为中间目标。1992—1997 年这一阶段我国的经济发展过热,通货膨胀率居高不下,经济秩序混乱。为了抑制过高的通货膨胀率以及平衡国际收支,我国在这一阶段实施的是紧缩性货币政策,并且逐步转换为以货币供应量为中介目标。1998 年中国银行取消了对商业银行贷款的限额管理,开始实施现代意义上的货币政策。1997 年亚洲爆发了金融危机,我国经济进入了紧缩期,面对严峻的形势,我国采取了维持汇率稳定的稳健的货币政策。2003—2018 年的 15 年中,只有两个时间段我国央行没有使用"稳健"的货币政策,分别是 2007—2008 年全球金融危机爆发之前使用了从紧的货币政策,以及 2008 年全球金融危机爆发至 2009 年使用了适度宽松的货币政策表述。

2003—2006 年,我国的货币政策较为稳健,但是经历了稳健略紧到稳健中性再重回稳健略缩紧的过程。2007 年到 2008 年金融危机爆发以前,我国的货币政策从稳健转为从紧,连续快速提升准备金率并且加息以维持物价稳定。在金融危机爆发之后一直到 2009 年,为了稳定经济增长、保证就业,我国央行采取了适度宽松的货币政策。之后货币政策重新回归稳健,我国央行采用了稳健中性、稳健宽松以及稳健灵活适度的货币政策。也就是说,我国央行 2003—2018 年的货币政策可以分为稳健和非稳健两大类。

二、关于货币政策的有效性的不同观点

所谓货币政策有效性,特指的是货币政策能否稳定产出等实际经济变量,与能否促进经济增长并无直接关系。货币政策是否有效,主要取决于三个条件:货币能否系统地影响产出;货币与产出之间是否存在稳定联系;货币当局能否如其所愿地控制货币。

关于货币政策的有效性,凯恩斯学派和货币学派的观点是对立的。前者认为利率是影响货币政策最终目标的主要因素,央行应该根据经济形势的变化,灵活地选择货币政策工具,以实现充分就业,保持经济稳定。而货币学派则强调货币供应量的作用,认为相机抉择的货币政策从长期来看是无效的,央行应该确定固定的货币供应增长率,以这种"单一规则"保持物价稳定。

凯恩斯学派认为相机抉择的货币政策虽然存在时滞,但它可以系统地影响产出等实际经济变量,即货币政策是有效的。这主要包括以下几方面的内容:

第一,由于经济运行不稳定,必须有相机抉择的货币政策。根据凯恩斯学派的理论,市场经济的运行很不稳定,长期增长速度与短期增长速度往往互相背离,这就导致经济的波动。若短期经济增长速度超过长期增长速度,社会的有效需求超过有效供给,就会造成通货膨胀;反之,社会有效需求少于有效供给,又会造成经济萧条和失业。因此,他们主张采取财政政策和货币政策,以发挥稳定经济、保证充分就业的作用。因为这种调节是针对不同的经济形势采取的,所以称为"相机抉择"的政策。相机抉择的货币政策是指在经济萧条时,采取宽松的货币政策,扩大货币供应量、降低利率,以刺激有效需求,增加就业机会,促进实际产出;反之,在经济增长过快、出现通货膨胀时,采取紧缩性货币政策,减少货币供应量、提高利率,以抑制有效需求,限制投资和消费的增长。据此调节货币数量,影响经济运行,抵消非货币因素引起的经济周期性波动,实现国民经济的稳定运行。

第二,相机抉择的货币政策可以有效地稳定经济运行。凯恩斯学派认为,私有经济本身不具有自动稳定的功能,相反,市场经济中存在的不确定因素必然会导致需求扰动。如果听任自然,就会产生繁荣和衰退交替的周期性经济波动。在相机抉择的货币政策规范倡导者看来,货币政策本身具有一种能动性的短期经济稳定作用,货币当局被赋予广泛的权力,它可以根据自己的主观判断权衡取舍,通过"逆经济风向行事"的"反经济周期"行动来抵消波动,稳定经济运行。

第三,货币政策存在时滞。货币政策的时滞与货币政策有效性有着密切关系。对凯恩斯主义者来说,由于他们断言货币政策的传导过程是间接的(即通过利率的变化间接影响实际经济变量),而财政政策是直接的,因此他们认为,货币政策至少需要一年时间,才能显示出其作用和效果;其全部效果发挥出来则需要四年的时间,也就是说,货币政策收效比较慢,而财政政策收效比较快。虽然他们承认货币政策具有较长的时滞,但他们仍然坚持货币政策的有效性,即货币政策在经过一段时间之后可以比较有效地影响实际经济变量,稳定经济运行。

而货币学派虽然认为货币政策的收效比财政政策要快,但是由于长而不确定的时滞的存在和人为判断失误等因素,相机抉择的货币政策往往不能稳定经济,反而成为经济不稳定的制造者,即货币政策在长期是无效的。他们是从下面几个方面阐明其政策观点的:

第一,货币学派相信经济本身存在自动调节功能,在没有央行旨在稳定经济的政策行动情况下,产出可以自动达到充分就业的产出水平。理论上,经济会表现出一种固有的自我调节机制,随着时间的推移,它可以自动消除通货紧缩和通货膨胀缺口,这一机制源于工资和价格水平具有伸缩性。在目前经济不景气的情况下,非自愿失业的存在意味着劳动力市场处于非均衡状态。由于在现行工资率水平上存在劳动力过度供给,因此工资趋于下降,工资的下降使厂商的投资意愿增强,从而扩大了社会总供给。只要失业率超过自然失业率,也就是说,只要存在劳动力过度供给,这一过程就将继续。在时间充分和劳动力市场完全竞争的情况下,紧缩缺口会自动消失。类似的过程也可以使通货膨胀缺口在不借助货币政策和财政政策的情况下自动消失。

第二,货币学派认为用来操纵社会总需求的相机抉择不起作用,这是由于货币政策的时滞和经济生活中所存在的不确定性造成的。他们还认为这种相机的货币政策无助于稳定产出和就业,并可能导致很严重的通货膨胀。货币政策制定者面临的主要问题是经济对政策变化做出反应的时滞较长而且易发生变化,另外就是经济预测技术水平低。货币学派认为这给有效地执行反周期货币(和财政)政策带来了巨大的困难。时滞的存在使得积极地运用货币政策和财政政策变得更为复杂。据估计,货币政策的时滞需要1—2年。另外,微观主体的预期作用以及其他一些政治经济因素的影响也制约了货币政策效果的实现。货币主义者认为货币政策的这些问题是难以克服的。一般来讲,固定货币规则的运用要大大优于相机抉择的货币政策,他们相信即使央行意识到了其稳定经济的主要责任,并对其行动进行了调整,该规则也是最优的。

第三,与上述观点相适应,货币学派主张放弃"相机抉择"的货币政策,而采用"单一规则"的货币政策。他们认为虽然货币政策在长期内并不能影响实际经济变量,即货币政策长期无效,但固定的货币规则可以促进形成稳定的经济环境,提高人们的信心,从而有助于长期计划和投资。弗里德曼指出美国历史上所有主要的通货膨胀都与货币供给速度加快有关。同样,所有严重的经济收缩都伴有货币供给的绝对减少或者货币供给增长速度的明显放慢。

三、货币政策传导的渠道

货币政策传导有三种重要的渠道:

第一,货币数量论渠道,它依赖于货币供应量对宏观经济需求方面的直接影响。

第二,利率渠道(总需求渠道),它依赖于利率结构的改变和这种改变对投资以及总需求(IS/LM 模型,托宾 q,收益率结构)其他组成方面的影响。

第三,预期渠道,这一渠道首先依赖于工资谈判中通货膨胀对预期的影响。我们经常通过供给方面起作用的菲利普斯曲线来描述这种机制。

我们将会发现这三种货币政策的传导机制都可以在实践中一一观察到。在任意时刻,这三者的主要关系取决于具体的制度环境和央行的经济政策目标。对于对外开放的小型经济体来说,除了这三条传导渠道,还要加上一种建立在购买力平价理论基础上的汇率渠道。

专题 7-5

"供给侧结构性改革"中的货币政策取舍

供给侧结构性改革的要义是,从短期的需求管理转向中长期的供给管理;从靠出口、投资、消费这"三驾马车"拉动需求转向发挥企业和个人的创造性、主动性,解决经济的中长期健康和可持续发展问题;从短期的政策调整转向中长期的制度变革和完善。最重要的是,继续贯彻十八届三中全会提出的"使市场在资源配置中起决定性作用",简政放权,凡是市场能更好发挥作用的坚决还给市场。

供给侧结构性改革从宏观视角来看,就是改善供给质量和结构,提高 TFP,让人力资源、资本提升、技术进步三大生产要素能够更好地得到利用。从微观角度来看,供给侧结构性改革要实现"微观政策要活",依据行业的具体情况,即该行业需求已经基本饱和还是需求仍有较大增长空间,通过"去产能"或"补短板",把供给作为主攻方向,达到适应需求或是激活需求的目的。

以供给侧结构性改革为主线的宏观调控体系逐渐形成,其具体任务就是"去产能、去库存、去杠杆、降成本、补短板",被简称为"三去一降一补",同时形成了"宏观政策要稳、微观政策要活、产业政策要准、改革政策要实、社会政策要托底"的五大政策支柱。在供给侧结构性改革的"三去一降一补"中,有一系列宏观经济政策的组合,这其中,货币政策理应发挥其应有的重要作用。

首先,货币政策目标问题。本轮国际金融危机后,国际上越来越多的央行开始重视金融稳定职能,推出宏观审慎政策,把防范系统性金融风险、维护金融稳定列为重要的货币政策目标。我国央行一直采取多目标制,包含保持价格稳定、促进经济增长、促进就业和保持国际收支平衡四大目标。多目标之间存在取舍问题,货币政策必须审慎,在多目标之间取得微妙的平衡。在"三去一降一补"中,也存在货币政策目标取舍问题。去产能需要适度扩大总需求,防止经济过度下滑;去库存需要较为宽松的货币信贷条件;降利息与融资成本需要较为充裕的流动性,却可能导致加杠杆。货币政策必须在防止资产泡沫、加杠杆与去库存之间取得平衡。我们认为,当这些目标之间存在冲突时,应在控制资产泡沫、防止加杠杆的前提下,以时间换空间,在较长的时间内化解高库存问题。

其次,供给改革和需求管理。货币政策是进行总需求管理的主要手段之一。推进供给侧结构性改革,不代表完全放弃需求管理。需求管理侧重于提高有效需求,属于短期调控政策,以熨平经济波动,随着时间的推移,政策效应会趋向于弱化;供给侧改革着眼于解决经济的结构性问题,优化资源配置,激发经济的内生增长动能,提高 TFP,属于长期战略设计。经济政策偏重供给侧还是需求侧并不是非此即彼的二元选择,供给侧改革离不开稳定的宏观环境。就货币政策来说,主要目的是营造稳定、适宜的货币金融环境,应当保持审慎和稳健,需要保持灵活适度。

最后,总量政策和结构性工具。货币政策是调节总需求的手段,是总量政策,传统的降息降准、通过公开市场操作、再贷款工具注入流动性都是作用于整个金融体系的,也被称为"大水漫灌"。货币政策的定向工具有结构性引导作用,主要是为了满足国民经济重点领域、薄弱环节、特定社会事业的资金需求。结构性工具有定向降准、特定目的再贷款、信贷政策等,本着"有保有压、有扶有控"的原则向特定领域提供金融支持。但结构性工具与总量工具并不是完全割裂的。在完善市场中,总量工具一定会达到结构上的最优使用,因此,注重结构性工具不过是承认现行的市场体制存在各种弊端罢了。况且,过度使用结构性工具同样会造成总量过多,干扰市场机制发挥应有的作用。在市场不完善的情况下,只注重总量工具又会使杠杆率和债务水平进一步攀升,资产泡沫越来越大,甚至加大本币的贬值压力和潜在的金融风险。"三去一降一补"任务需要稳定的宏观环境,应当协调总量工具与结构性工具的使用,作为总量政策的传统货币政策工具需要谨慎使用,结构性工具的使用也要注意量的问题。

稳健的货币政策要灵活适度,为结构性改革营造适宜的货币金融环境,降低融资成本,保持流动性合理充裕和社会融资总量适度增长;扩大直接融资比重,优化信贷结构;完善汇率形成机制。我国存款准备金率还处于高位。商业银行上缴存款准备金得到的利率很低,而央行以各种短期工具给商业银行的"便利"则要收取高得多的利息。以便利工具替代存款准备金率下调,短期内可以理解,长期则不可取。资金外流、外汇储备减少,也要求存款准备金率下调,以补充外汇占款减少带来的流动性不足。

第五节 货币政策规则

一、"按规则办事"还是"相机抉择"

所有关于最优货币政策制度框架的讨论,一般都是从货币政策应遵循规则还是相机抉择这一传统争论开始的。该争论关注的是这样一个基本问题:央行是否应该被赋予"依据自己的判断、不受到任何其他约束的决策权或执行权",或者说在中央银行法的法条中制定某些程序性"规则"(即"一套确立的行动指导方针或规定")是否可取。这些规则实际上能够把央行决策制定者变成(依照规则行事的)"半自动机器人"。

"规则"被定义为一种从外界强加给央行的、具有法律条款(一般是中央银行法)性质的规定。它的主要作用是限制政策制定者的相机抉择权。关于"遵循规则还是相机抉择"的讨论的起源,可以追溯到19世纪初期"银行学派"和"通货学派"支持者之间展开的大讨论。银行学派的经济学家认为纸币发行量应该严格遵照央行的黄金储备量,但是通货学派的追随者却认为即使没有严格遵循上述规则,纸币供应量也可以以某种方式与宏观经济稳定性相协调。

在保证较高程度相机抉择的中央银行法规中,《美国联邦储备法》是一个很好的案例。该法案简单明了地列举了不同的宏观经济目标,并且允许美国联邦储备委员会和联邦公开市场委员会的成员就这些目标的权重以及具体的货币政策策略进行相机抉择。从美国 1950—1966 年以及 1985—2000 年的货币政策执行情况来看,这样一种相机抉择的政策从一开始就能带来好的结果。

那么坚持遵循规则的理由是什么呢？我们必须区别传统的和现代的观点。传统讨论基于这样一个假设,即政策制定者要么不能很好地胜任,要么不关心社会福利最大化。而现代讨论则试图以博弈论为基础来说明,即使政策制定者是完美的,也需要规则。

Eucken(1975)简明扼要地提出了有关货币规则必要性的传统论据。欧肯(Eucken)赞成限制央行相机抉择的权力。经验表明,一部给予货币当局自由干预权力的货币法规,不言而喻地认同了央行具有超越一般正当范围的更大权力。而认识的局限性、在面对来自各方利益集团和公众舆论压力时的力不从心,以及错误的理论都会影响到货币当局的判断,构成货币当局实现其法定目标的巨大障碍。尤其在当今社会,还存在一个巨大的风险,即一部结构不完全的货币法规可能被滥用而导致通货膨胀。

上面这段话包含两个重要假定,它们是得出某一货币规则具有必要性的传统判断依据:首先,央行可能无法以令人满意的方式,利用其相机抉择的权力来实现其设定的宏观经济目标。其次,即使央行能够有效地控制经济运行,原则上也不能期望它在做出决策时会把整个经济的福利考虑在内。因此,机械地假定央行是一个"仁慈的独裁者"可能是错误的。相反,我们应该设想货币政策决定的内容被深深打上了某些利益集团的印记,这些利益集团在影响政治决策过程中比其他利益集团处于更加有利的位置,这就是从政治-经济角度对货币政策应遵循规则进行的辩护。

如果按照上述支持"严格规则"的理由,很明显,其制度安排必须满足几个完全不同的条件。

第一,规则必须具备简易性。由于该规则以法律形式出现,因此,它至少要简单到能够为部分立法者和法官(如出现触犯该规则的情形)所理解。

第二,规则必须具备稳定性。它必须从起草之日起始终保持一致。频繁地修订规则需要过多的议会立法时间,且难以保证需要修订的规则及时出台。

第三,规则必须具有灵活性。货币政策传导过程的不确定性要求一项规则应该具有足够应付各种冲击的灵活性。

二、央行独立性与通货膨胀

央行的独立性主要体现在三个方面:

第一,目标的独立性。它可以指央行在所有方面都具有自由选择权,也可以指央行只能在某些方面具有自由选择权。货币政策目标的定义不仅包括在价格和名义 GDP 之间进行选择,还包括实现这些目标所需要的时间的定义、具体指数的定义、它们的数量目标值以及免责条款的定义等。

第二,工具的独立性。工具的独立性是指央行能够在没有任何干预的情况下设定其操作目标。它包括三个主要的部分:

(1)把调控短期利率作为货币政策最重要的操作目标。

(2)调控汇率,可将汇率作为辅助操作目标,特别是在相对开放的经济体系中。

(3)限制央行向政府发放贷款,这种贷款可能损害央行对基础货币的控制,进而损害对短期利率的调控。

第三,人事的独立性。减弱政府对央行行长的影响。许多文献对央行独立性的研究中,得出以下结论:政治和经济独立性与通货膨胀率呈负相关关系。尽管不同形式的独立性可能与通货膨胀率有着或强或弱的显著关系,经济学家仍然没有发现政治和经济独立性指数与实际 GDP 增长率之间的显著关联。基于这个原因,他们得出以下结论:"拥有一个独立的央行几乎就像拥有一顿免费午餐,给经济运行带来了好处却没有明显的成本。"

许多深入的研究都支持这一发现,独立性总是表现出与通货膨胀率水平具有负相关性,而与实际增长没有明显关联。如图 7-3 所示,1955—1988 年,西方主要发达国家的平均通货膨胀率与 Alesina and Summers(1993)使用的独立性指数之间存在明显的负相关关系。与之相反,平均实际增长率与央行独立性之间没有系统性关联。

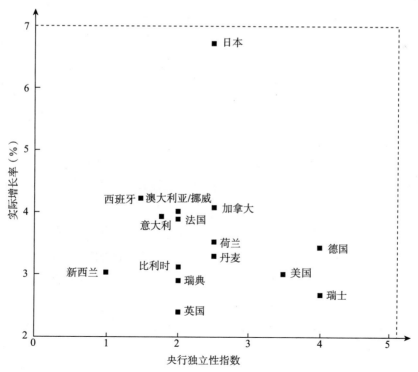

图 7-3 实际经济增长率与央行独立性

所有央行独立性与通货膨胀关联性研究面临的一个理论问题是,只有一国政府为了降低失业率而倾向于奉行通货膨胀政策时,央行独立性才是必要的。一个政治上具有依赖性的央行只有在以下情况下才会出现"通货膨胀差":①该国失业问题严重;②通货膨胀不被认为是和失业同样严重的问题;③政府害怕不能连任以至于依赖短视战略。

换句话说,如果一国的失业率很低,公众普遍偏好价格稳定,政治环境又非常稳定,则即使央行完全依赖政府,通货膨胀差也不太可能出现。这种情形很典型的案例是法国和日本。虽然两国的央行分别在1993年(法兰西银行)和1998年(日本银行)才具有独立性,但是两国在20世纪80—90年代都奉行以稳定为导向的货币政策。如今,几乎各国对价格稳定的偏好都非常高,因此,可以认为,央行独立性不再是必要的。但是,过去50年的经验表明,即使在经历了很长一段低通货膨胀时期之后(20世纪50—60年代),通货膨胀突然爆发的可能性仍然存在。所以有所准备总是好的。

三、货币政策的几个典型规则

由于所有"模型所不能囊括的信息"都必须以某种方式进行处理,因此央行就需要找到一种相对简单的经验法则,使它能够检验一个大型的经济计量模型所得出结论的合理性。近几年来,对这种"单一规则"的讨论非常热烈,这主要源于 Taylor(1993)———一篇开创性论文。

很显然,即使是一种"单一规则",也需要有其理论根据。下面讨论的规则建立在传导过程的各种不同理论的基础之上。如前所述,规则也可以根据设定的传导过程的层次进行分类。

(1)通货膨胀目标制(Inflation Targeting),为货币政策最终目标提供了一套规则。可以把它理解成一种建立在总需求渠道基础上的通货膨胀预测目标制,或者建立在预期渠道基础上的通货膨胀预期目标制。

(2)名义收入目标制(Nominal Income Targeting),其主要特点类似于通货膨胀目标制,但它通常被错误地认为是货币供应量目标制的近似替代。

(3)货币供应量目标制(Monetary Targeting),它为中介目标提供了一套规则,它是建立在货币数量论的基础上的。

(4)汇率目标制(Exchange Rate Targeting),这种目标制使用了购买力平价的理论框架和非套补利率理论。依据其采用的具体策略的不同,可以把它看作一套中介目标或操作目标的规则。

(5)泰勒规则(Taylor Rule),是为操作目标层次设计的,它依赖总需求渠道并通过利率结构的变化来传导。

第六节 货币与金融危机

一、金融危机简介

金融危机是指金融资产、金融机构、金融市场的危机,具体表现为金融资产价格大幅下跌、金融机构倒闭或濒临倒闭、某个金融市场如股市或债市暴跌等。金融可以分为货币危机、债务危机、银行危机、次贷危机等类型。金融危机是金融领域的危机。由于金融资产的流动性非常强,因此,金融危机的国际性非常强。金融危机的导火索可以是任何国家的金融产品、市场和机构等。

金融危机的特征是人们基于经济未来将更加悲观的预期,整个区域内货币币值出现较大幅度的贬值,经济总量与经济规模出现较大幅度的缩减,经济增长受到打击,往往伴随企业大量倒闭的现象,失业率上升,社会普遍出现经济萧条,有时甚至伴随社会动荡或国家政治层面的动荡。

比较典型的金融危机就是2008年美国金融危机。从美国次贷危机引起的华尔街风暴,最终演变为全球性的金融危机。这个过程发展之快,数量之大,影响之巨,可以说是人们始料不及的。大体上说,这次危机可以划分为三个阶段:第一个阶段是债务危机。借了住房贷款的人不能按时还本付息引起的问题。第二个阶段是流动性危机。一些金融机构由于债务危机导致不能及时拥有足够的流动性应对债权人变现的要求。第三个阶段是信用危机。人们对建立在信用基础上的金融活动产生怀疑,造成危机。

二、货币政策与金融危机的关系

经济学家针对不同时期各种类型金融危机发生的机理和治理对策提出了各种不同的观点,形成了许多经典的金融危机理论。现有解释金融危机的理论主要基于以下四个不同角度:从早期货币经济周期的角度,以奥地利学派和货币主义者为代表,明确研究货币政策在金融危机爆发与预防、应对中的作用;从早期经济周期运动中基于企业负债的角度,以金融不稳定理论为代表;从金融市场投资者与政府进行理性博弈的角度,以第一代、第二代货币危机理论为代表;从金融市场信息不对称的角度,以第三代金融危机理论为代表。

奥地利学派认为,自由放任主义、不干预政策应该是政府应对危机和萧条最彻底的政策措施。他们主张"货币非国有化",反对政府垄断货币发行权。他们认为,央行管理下的银行相比不受管制的私营银行更容易引发通货膨胀,进而提出政府唯一可以而且应该做的是大幅降低税收和预算开支,从而减少政府行为对储蓄和投资以及整体经济的影响。

货币主义者认为,金融危机受货币政策的影响而发生变化。在宽松货币政策期间,经济金融各个环节流动性相对充裕、货币供需矛盾较小、金融系统相对平稳运行,金融危机爆发的可能性较小。当货币政策紧缩时,金融系统各个环节都会出现各种流动性问题,货币出现严重的供需缺口,导致金融系统不稳定性增加、金融风险骤然上升,并最终可能引致金融危机的爆发。他们主张央行积极采取反周期货币政策控制货币供应量,提倡央行发挥最后贷款人的职能,以避免银行恐慌以及随之而来的金融不稳定。

美国经济学家欧文·费雪(Irving Fisher)最早提出债务-通货紧缩理论,认为过度负债和通货紧缩是金融危机与经济危机发生的根源,是金融危机和经济危机的最主要因素。具体来说,费雪认为在经济繁荣阶段,由于商品市场和资本市场繁荣、投资获利机会增加,企业和个人倾向于进行大规模的投资和投机,诱使负债大量增加,最终金融体系进入过度负债阶段。只有等待过度负债消除(破产)或者通过扩张性货币政策提高物价水平,才能使危机得以逆转。

20世纪70年代以后,随着布雷顿森林体系的崩溃,资本自由化趋势加强,货币汇率危机加剧且普遍化。同时,西方经济陷入滞胀,经济学中出现了理性预期革命,为理性投机攻击模型的产生提供了现实基础和客观条件。查尔斯·金德尔伯格(Charles Kindelberger)认为,良好的货币政策能有效降低或者缓解资产价格泡沫和金融危机的程度。当金融危机发生时,需要央行以最后贷款人身份提供流动性支持。他同时指出,长期来看,即使货币供应量与经济需求非常适应,即使金融体系仍然存在足够的流动性,也可能发生金融危机。也就是说,货币政策不可能完全消除金融危机。

20世纪80年代以后,随着金融危机表现形式和特征的日益复杂化,一些西方学者以不对称信息理论为基础,将货币主义的金融周期理论和海曼·明斯基(Hyman Minsky)的金融不稳定理论进行综合,试图解释20世纪30年代以来的各种金融危机现象。不对称信息角度下的理论不仅强调经济政策和汇率制度的宏观分析视角,同时也强调逆向选择和道德风险下微观经济主体在金融危机中的作用。

从研究内容来看,关于金融危机与货币政策关系的理论研究尚没有一个系统而明确的分析框架,学者们的研究往往是针对其中某一个具体而非全面的问题。

本章总结

本章首先简要介绍了货币的定义、职能与货币制度。货币的定义与职能是区分货币与其他金融资产的关键,了解货币制度是理解整个货币经济的基础。之后探讨了通货膨胀与利率问题。通货膨胀与利率是货币在经济中的具体体现,也是重要的宏观经济学指标。然后,本章探讨了货币政策的诸多方面(包括货币政策的收益与成本、货币政策的规则、货币政策的传导机制与有效性)。政府和央行调控经济的主要手段就是货币政策,因而,了解货币政策的诸多方面是分析宏观调控的重要内容。最后,本章简要分析了货币与金融危机的关系问题。

核心概念与术语

货币	Money
数字货币	Digital Money
货币供给量	Measure of Money Supply
货币乘数	Money Multiplier
基础货币	Base Currency
货币政策	Monetary Policy
货币政策工具	Instruments of Monetary Policy
法定准备金	Legal Deposit Reserve
公开市场业务	Open Market Operation
通货膨胀	Inflation
货币流通速度	Velocity of Money Circulation
货币政策成本	Welfare Costs of The Inflation
铸币税	Seigniorage
法定货币（非兑换货币）	Fiat Money
通货膨胀税	Inflation Tax
恶性通货膨胀	Hyperinflation
利率	Interest Rate
货币需求	Demand for Money
宏观审慎评估	Macro-Prudential Assessment
双支柱	Double Pillars
单一规则	Single Rules
相机抉择	Discretionary Monetary Policy
时滞	Time Lag
汇率	Exchange Rate
供给侧结构性改革	The Structural Reform of Supply-side
按规则办事还是相机抉择	Rules Versus Discretion
央行独立性	Central Bank Independence
通货膨胀目标制	Inflation Targeting
名义收入目标制	Nominal Income Targeting
货币供给量目标制	Money Supply Targeting
汇率目标制	Exchange Rate Targeting
泰勒规则	Taylor Rule
布雷顿森林体系	Bretton Woods System
金融危机	Financial Crisis

复习思考题

1. 我国央行的货币政策工具、传导机制与发达经济体央行的有何不同？
2. 货币创造乘数与金融危机有何关系？
3. 什么叫铸币税？它与通货膨胀之间的关系如何？
4. 利率决定机制是什么？不同学者对它的观点与评价有哪些？
5. 电子货币与货币的电子化的区别是什么？

主要参考文献

[1] 金德尔伯格.疯狂、惊恐和崩溃：金融危机史[M].中国金融出版社,2017.

[2] 李超.2003 货币政策十五年回顾——至今央行货币政策状态的归纳总结[R].华泰证券研究,2018.

[3] 欧文·费雪.繁荣与萧条[M].商务印书馆,2018.

[4] Alesina A., and L. H. Summers. Central bank independence and macroeconomic performance: Some comparative evidence[J]. Journal of Money Credit & Banking, 1993, 25(2): 151-162.

[5] Simons Henry C. Rules versus authorities in monetary policy[J]. Journal of Political Economy, 1936, 44(1): 1-30.

[6] Taylor J. B. Discretion versus policy rules in practice[C]. Carnegie-Rochester Conference Series on Public Policy, 1993.

[7] Walter Eucken. Grundsätze der Wirtschaftspolitik[M]. J. C. B. Mohr (Paul Siebeck) Tübingen, 1975, 1-396.

其他参考文献

1. 博芬格.货币政策：目标、机构、策略和工具[M].北京：中国人民大学出版社,2013.
2. 卡尔·瓦什.货币理论与政策[M].第三版.上海：格致出版社,2012.
3. 李东荣.互联网金融发展将对货币政策的有效性带来深远影响[W].第一财经,2016-09-23.
4. 扩展和交叉：金融危机、宏观审慎监管与货币政策
5. 李波等.双支柱调控框架[R].中国金融四十人论坛网站,2017-10-23.

财政政策与政府资产负债表

> 取于民有度,用之有止,国虽小必安;取于民无度,用之不止,国虽大必危。
>
> ——管仲

> 农工商之政策,惟借税法为操纵,或轻减以奖励之,或重征以抑制之,盖未有不顾农工商之痛苦,而纯然以收入之目的,为征税之标准。猥曰苟且以济国用者也。
>
> ——张謇

国民经济管理的一个重要内容是财政政策的制定、实施和调整,以及与之相关的政府资产负债表的管理。本章系统地介绍了财政政策的基本含义和内容、宏观经济理论中的财政政策,以及政府资产负债表的意义。基于以上经济理论,我们结合我国的财政政策施行,以及政府资产负债表的结构和经济含义介绍财政政策在我国宏观调控体系中的重要作用。通过本章的学习,希望读者能够形成对于财政政策和国家资产负债表的综合认识,了解宏观调控的财政手段的实施方式和需要注意的核心问题。

第一节 财政政策的基本含义和内容

一、国内总支出中的财政支出

(一) 财政支出的定义和方式

国内总支出在概念上是 GDP 的一个衡量维度,反映了从支出角度理解的一个国家在一段时间(一般在现实中考察一年)的总产出水平和分配情况。从国民经济整体的角度,一个国家的国内总支出可以分成四个部分:居民消费、社会投资、政府购买和净出口。其中的政府购买加上在以下公式中未出现的转移性支出就是财政支出。

$$\text{国内总支出} = \text{居民消费} + \text{社会投资} + \text{政府购买} + \text{净出口}$$
$$\text{财政支出} = \text{政府购买} + \text{转移性支出}$$

财政支出又称公共财政支出，也指在市场经济条件下，政府为提供公共产品和服务，满足社会共同需要而进行的财政资金的支付。财政支出的具体组成有多种分类方法。按经济性质将财政支出分为生产性支出和非生产性支出。生产性支出指与社会物质生产直接相关的支出，比如支持农村生产支出、农业部门基金支出、企业挖潜改造支出等；非生产性支出指与社会物质生产无直接关系的支出，比如国防支出、武装警察部队支出、文教卫生事业支出、抚恤和社会福利救济支出等。财政支出又可以分为购买性支出和转移性支出。购买性支出又称消耗性支出，是指政府购买商品和劳务的支付，包括购买进行日常政务活动所需要的或者进行政府投资所需要的各种物品和劳务的支出；转移性支出是指政府按照一定方式，将一部分财政资金无偿地、单方面转移给居民和其他受益者，主要由社会保障支出和财政补贴组成。它是政府的非市场性再分配活动，对收入分配的直接影响较大，执行收入分配的职能较强。在本章的讲述中，我们着重关注政府购买（或购买性支出）这一类财政支出。

财政支出的方式和途径，可以按照是否有回报分为无偿拨款和有偿使用两种。无偿拨款指财政资金在上下级财政之间的无偿调拨，财政资金从财政部门向付款单位的无偿调拨，以及财政资金从财政部门向用款单位的无偿转移，在大多数国家都是财政支出最基本的方式；有偿使用主要指以借出财政周转金和财政周转金放款这两种方式供应财政资金。财政周转金是指国家预算采用信用形式安排支出，到期回收周转使用的基金。目前采用的周转金类型主要有小型技术措施贷款基金、支农周转金、环境保护和治理基金、城市公用事业发展基金、科学技术发展基金等。财政周转金是财政资金的一个组成部分，是财政部门分配财政资金的一种辅助形式。设置财政周转金的目的是调动用款单位的积极性，促使用款单位合理、节约使用资金，提高资金使用效益。

（二）财政支出的具体内容和新趋势

我国财政支出的内容十分丰富，主要类型包括：基本建设支出、企业挖潜改造资金、地质勘探费用、科技三项费用、支援农村生产支出、农林水利气象等部门的事业费、工业交通商业等部门的事业费、文教科学卫生事业费、抚恤和社会福利救济费、行政事业单位离退休支出、社会保障补助支出、国防支出、行政管理费、政策性补贴支出，以及债务利息支出等。

随着我国经济的不断发展和经济结构的转型升级，为了适应经济发展和人民生活水平提升所提出的新要求，财政支出的具体形式也需要有所创新。一个比较突出的例子就是过去一段时间以来，在互联网基础设施建设上的财政支出不断提高。互联网基础设施建设的关键指标包括互联网光缆长度、互联网宽带接入端口数量（见图 8-1）、移动电话基站总数、互联网数据中心发展情况等。2010—2017 年，这几项指标都出现了突飞猛进的增长，显示了我国政府在互联网经济方面做出的较大投入。根据中国互联网络信息中心的报告,截至2017年第二季度,我国光缆线路总长度达3 606万千米,其中新建光缆线路564万千米,建设光缆长度保持较快增长态势;截至2017年11月,互联网数据中心部署的服务器数量达到116万台,同比增长33.6%。这在很大程度上表明我国财政支出的具体形式随经济发展状况而不断调整变化。

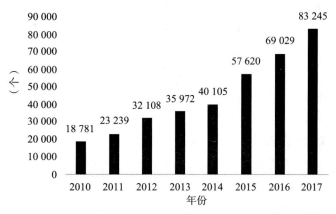

图8-1 互联网基础设施指标:宽带接入端口数量

资料来源:根据公开资料整理。

专题8-1

PPP与财政支出

在财政支出的具体形式上,过去一段时间里我国还开展了一些新的制度创新。政府和社会资本合作(Public-Private Partnership,PPP)就是一种结合了财政支出和私人投资的公共基础设施运作模式。PPP模式鼓励了私营企业、民营资本与政府进行合作,参与公共基础设施的建设。政府采取竞争性方式选择具有投资、运营管理能力的社会资本,双方按照平等协商原则订立合同,由社会资本提供公共服务,政府依据公共服务绩效评价结果向社会资本支付对价。为了更好地规范PPP项目,2015年财政部印发《政府和社会资本合作项目财政承受能力论证指引》(财金[2015]21号,以下简称《指引》),明确提出每一年度全部PPP项目需要从预算中安排的支出责任,占一般公共预算支出比例应当不超过10%,也就是俗称的"10%红线"。根据《指引》精神,在PPP项目中,政府的责任主要包括股权投资、运营补贴、风险承担、配套投入等,而规范的PPP项目不纳入政府债务的性质也使得各级政府尤其是地方政府对于PPP项目产生了很大的热情。然而PPP发展过程中也出现了诸多乱象,包括"明股实债"、固定回报和保底承诺、关联交易、标的不明和政府隐性担保等诸多问题。这就在一定程度上说明,在制度创新的过程中需要不断进行理论探究并加强监管,通过理顺政企关系引导和促进社会资本与财政支出在公共基础设施上的良性运作。

二、财政收入

前文给出的国内总支出公式中同样蕴含财政收入的概念,中介渠道是居民消费。居民根据可支配收入决定消费量,而可支配收入等于总收入减去所有税收。这里的税收包括个人和公司所得税以及销售税,在国民总支出方程里可以加总在一起考虑。税收就是财政收入最主要的组成部分,在基础性的宏观经济学模型里可以等同于财政收入。

居民可支配收入 = 国内总收入 - 所有税收

财政收入 = 所有税收 + 税收外收入

财政收入,是指政府为履行其职能、实施公共政策、提供公共物品与服务的需要而筹集的一切资金的总和。财政收入是衡量一国政府财力的重要指标,政府在社会经济活动中提供公共物品和服务的范围及数量,在很大程度上取决于财政收入的充裕状况。按照政府取得财政收入的形式进行分类,财政收入一般分为税收收入、国有资产收益、国债收入、收费收入及其他收入。对于大部分国家来说,最主要的财政收入就是税收收入。

财政收入中的税收指的是政府为实现其职能的需要,凭借其政治权力,并按照特定的标准,强制、无偿地取得财政收入的一种形式,它是现代国家财政收入最重要的收入形式和最主要的收入来源。"强制"和"无偿"是税收的两个核心特征。在我国,税收收入按照征税对象可以分为五类税,即流转税、所得税、财产税、资源税和行为税。其中流转税是以商品交换和提供劳务的流转额为征税对象的税收。流转税是我国税收收入的主体税种,主要包括增值税、营业税、消费税、关税等。我国在21世纪初进行的一项重要税收改革就是从营业税向增值税的"营改增"改革。所得税是指以纳税人的所得额为征税对象的税收,国家已经开征的所得税有个人所得税、企业所得税。财产税是指以各种财产(动产和不动产)为征税对象的税收,对于财产税中房地产税的讨论也是当前我国税收体系的改革重点和难点。除了税收,财政收入还包括国有资产收益、国债收入和收费收入等种类。需要注意的一点是,转移性收入也是财政收入的一种。

专题 8-2

"营改增"改革

"营改增"指的是以前缴纳营业税的应税项目改成缴纳增值税。从2012年1月1日开始,我国开始进行以"营改增"为核心的税制改革。营业税和增值税是我国两大主体税种。与传统上对大多数服务类企业征收的营业税相比,增值税在很大程度上减少了重复征税,征税范围更加精确地定位于生产服务环节的增加值部分,从经济学理论的角度来说更加合理。"营改增"在我国的展开,大致经历了以下四个阶段:

起步阶段:2011年,经国务院批准,财政部、国家税务总局联合下发营业税改增值税试点方案。从2012年1月1日起,在上海交通运输业和部分现代服务业开展"营改增"试点。

发展阶段:自2012年8月1日起至2012年年底,国务院将"营改增"试点扩大至8省市;2013年8月1日,"营改增"范围已推广到全国,广播影视服务业被纳入试点范围。

扩围阶段:2014年1月1日起,将铁路运输和邮政服务业纳入"营改增"试点,至此交通运输业已全部纳入"营改增"范围。

全面阶段:2016年3月18日召开的国务院常务会议决定,自2016年5月1日起,我国将全面推开"营改增"试点,将建筑业、房地产业、金融业、生活服务业全部纳入,至此,营业税退出历史舞台,增值税制度将更加规范。

"营改增"是自1994年分税制改革以来财税体制的又一次深刻变革。截至2015年年底,"营改增"累计实现减税6 412亿元。然而,"营改增"的过程正如其他经济制度改革的过程一样,在实际操作中也不可避免地出现了一些问题。袁春兰(2014)指出,"营改增"后,企业取得的营业收入中不再包含税款,入账的收入金额会变小。服务业在购入材料、设备、劳务时,只有取得合规票据才能将进项税额进行抵扣,计入各项设备、劳务的成本降低,反映在资产负债表上是资产方金额下降,但是企业周转中出现拖延付款现象,负债方金额不断增加,形成借贷不平衡状况。此外,服务企业在经营的各个环节都会发生采购,增值税必须先行交付,服务企业必须垫付这部分资金,这些对服务企业的资金流动产生了较大影响,在一定程度上加剧了服务企业流动资金匮乏的局面。总体说来,在"营改增"初期,出现了一定程度税负加重的情况,也有企业反映现金流压力较大。相信随着此项改革的不断深入和制度优化,企业面临的实际税负会合理下降,"营改增"的减税目标能够逐步实现。

专题8-3

关于房产税的大讨论

1986年9月15日,国务院正式发布了《中华人民共和国房产税暂行条例》(以下简称《暂行条例》),从当年10月1日开始施行,房产税在全国范围内全面征收。根据《暂行条例》的规定,房产税是以房屋为征税对象,以房屋的计税余值或租金收入为计税依据,向房屋产权所有人征收的一种财产税。根据《暂行条例》和2011年1月8日公布的《国务院关于废止和修改部分行政法规的决定》,当前我国房产税征收的对象是办公、厂房、经营性用房等房产,对于居民个人居住用房产尚不征收。

1998年7月3日,国务院发布《关于进一步深化城镇住房制度改革加快住房建设的通知》(国发〔1998〕23号),宣布停止"实物分房",明确了城镇住房的市场化、货币化、商品化改革方向。过去20年里,我国的商品房(指居住用商品房)市场迅速发展壮大,房价迅速上涨,商品房作为个人资产和投资品的价值不断上升。从这个角度来说,对于商品房征收一定额度的房产税是房地产发展的内在要求。鉴于房产税在全国推行难度较大,我国政府决定从个别城市开始试点。2011年1月28日起,上海、重庆两市开始试点房产税,征税对象为二套房起征(上海)和独栋商业住宅(重庆),计税依据为房屋实际交易价格而非市场价格或房产估值。具体征收的过程中,遇到了许多现实的问题,比如根据作者的调研,重庆部分区域的税务工作人员反映,征收房产税的实际成本显著高于实际获得的税收收入。2017年12月20日,财政部部长肖捷在《人民日报》撰文称,针对包括房产税在内的税种,要力争在2019年完成立法程序,2020年完成"落实税收法定原则"的改革任务。但是房产税"何时收""怎么收""对谁收"等一系列问题仍然是社会讨论的热点。

陈多长和踪家峰(2004)基于现代资产价格的理论分析表明,房产税会降低住宅资产的长期均衡价格,短期效果是提高房租、降低均衡住房供给量,且有效率损失。住宅转让所得税降低了住宅资产价格,具有抑制房地产投机的功能,但其效果取决于能否设计出一种甄别投机与投资(或自住)交易的机制。他们建议,房产税的征收应该实行购买意图歧视,即打击投机、保护投资和自住,建议针对住宅投资(或自住)交易和投机性交易课征差异性房产税,即对投机性交易适用从高税率,对持有期超过3年或5年的可以退还高出的房产税额。贾康(2011)通过研究美国房产税并与中国现行房产税征收模式进行比较指出,当前我国现实房产税制主要有以下弊端:征税范围过窄,计税依据不合理,房地产税费具体细节过于混乱。他还指出,开征新房产税不仅涉及现有房地产税收体系的重新调整,还涉及分级分税财政体制改革的深化,应统一房地产税制,并逐步扩大税基和征收范围,并借鉴美国等发达国家经验,把房地产税培育成为地方政府的一个主体税种。况伟大等(2012)对于23个OECD国家住房市场数据的实证考察说明,房产税对房价具有显著负向作用,但是预期的作用比房产税对房价的影响更大,因此改变房价增长预期、抑制投机的政策比房产税更有效。此外他们还发现,房价主要是由收入和人口决定的,房价仍未脱离基本经济面。他们对于OECD国家平均房产税税率的研究表明,地方政府不大可能通过大幅提高房产税税率来实现抑制房价的目的,房产税更多地被用于解决地方财政收支问题,这与贾康(2011)的结论是高度一致的。

总结我国房产税的征收实践和已有文献,我们可以得到以下几点结论:第一,从总体上看,房产税作为一种财产税,在国际上主要被用于平衡地方财政收支。第二,通过征税控制房价增长的可能性微乎其微。第三,对于大部分征收房产税的国家,实际征收的房产税税率是相对较低的(OECD国家的平均税率不到3%),因此居民对于房产税不应有不必要的恐慌。第四,通过设置差异性税率能够在很大程度上打击房地产投机行为,对于实现习近平总书记所说的"房子是用来住的,不是用来炒的"的发展目标能够起到一定作用。

三、财政盈余和财政赤字

财政支出和财政收入是财政政策最主要的两种形式。从资金流量表的角度,财政支出所代表的是从政府部门流出到其他社会经济部门的资金,而财政收入则是其他社会经济部门以税收等形式流入政府部门的资金。二者之间的平衡关系反映了一个国家的基本财政状况和实施宏观经济政策的能力大小。一般说来,如果一个财政年度内政府的财政支出等于财政收入,我们就认为政府实现了财政平衡。如果财政收入大于财政支出,则称政府具有财政盈余。如果财政支出大于财政收入,则称该国政府具有财政赤字。如果一国政府出现财政赤字,一般来说就需要通过举债(最常见的形式是发行国债)来为高于财政收入的财政支出融资。

总体来说,一个国家的财政收入和支出的相对水平反映了其财政健康程度。财政盈余意味着财政收入大于财政支出,也就是说有一部分财富被以政府储蓄的形式储存起来了。政府储蓄对于现实经济有着两个方面的意义。首先,政府储蓄可以在需要时被用于增加财政支出,避免在需要支出时政府缺少财源的问题;其次,财政盈余越多,被储存的财富就越多,这部分财富在很大程度上没有被投入社会生产过程,对于经济增长几乎没有什么贡献。因此,财政盈余的状态一般又被称为紧缩性财政政策。

与财政盈余相比,财政赤字作为一种经济现象更为人所熟知。财政赤字指一个国家的年度财政收入低于财政支出的现象。与个人的收入不及支出出现的赤字不同,财政赤字在很多情况下是一国或地区政府选择的结果。通过保持一定的财政赤字,政府可以实现更高的财政支出尤其是公共投资,如果能够带来比较高的总收入增长,那么新增的税收可以被用于政府因为借债所需要支出的利息和本金。宏观经济学理论和许多国家的增长实践都表明,适当的财政赤字对于经济增长有显著的正面影响。当然,财政赤字规模不能无限扩张。财政赤字规模太大尤其是在贷款人为国外投资者的情况下,可能会导致短期内严重的资本外流,对于本地资产价格、本币汇率乃至社会投资和经济增长都可能产生极大的负面影响。2012—2013 年的欧债危机就是一个突出的例子。

四、财政预算的概念和内容

一个政府的财政收支可以根据其是否在事先制订的基本财政收支计划内分为预算内收支和预算外收支。预算是对未来一定时期内收支安排的预测和计划。它作为一种管理工具,在日常生活乃至国家行政管理中被广泛采用。就财政而言,财政预算就是由政府编制,经立法机关审批,反映政府一个财政年度内收支状况的计划。

财政预算一般由财政预算收入和财政预算支出组成。财政预算收入主要是指部门所属事业单位取得的财政拨款、行政单位预算外资金、事业收入、事业单位经营收入、其他收入等;财政预算支出是指部门及所属事业单位的行政经费、各项事业经费、社会保障支出、基本建设支出、挖潜改造支出、科技三项费用及其他支出。通过公开财政预算这一政府的年度财政计划,政府把未来一段时间财政政策的基本思路向社会公布,可以帮助企业和居民形成对于经济增长及政府财政行为的正确预期,引导宏观经济向正确的方向运行。在下一节,我们会系统地梳理已有的财政政策与经济增长和经济波动的文献,以帮助读者理解财政政策在国民经济管理中的正确运用。

专题 8-4

欧债危机的前因后果

欧洲主权债务危机，简称"欧债危机"，是指2008年金融危机之后欧洲部分国家因在国际借贷领域中大量负债并超过了其自身清偿能力，造成无力还债或者必须延期还债的情况。2009年12月，欧债危机最早在希腊凸显。截至2010年4月底，其已经蔓延至欧元区内经济实力较强的葡萄牙、意大利、爱尔兰和西班牙（与希腊一起，被国际评级机构称为"PIIGS"）。此后，法国和德国两个欧元区的核心国家也受到危机的影响。2012年年初，标准普尔宣布将法国等9国主权信用评级下调，法国主权信用被踢出AAA级。至此，由希腊开始的主权债务危机已演变成一场席卷整个欧洲的主权债务危机。

此次欧债危机一共可以分为三个阶段。第一阶段的标志性事件为希腊债务危机。2009年10月初，新一届希腊政府宣布2009年政府财政赤字和公共债务占GDP的比例预计分别达到12.7%和113%，远超欧盟《稳定与增长公约》规定的3%和60%的上限，希腊债务危机由此拉开序幕。随后几个月，全球三大评级机构标准普尔、穆迪和惠誉分别下调希腊的主权债务评级。2010年5月底，惠誉宣布将西班牙的主权评级从AAA级下调至AA+级，至此，希腊债务危机扩大为欧洲债务危机。2010年5月10日，欧盟27国财长被迫决定设立总额为7 500亿欧元的救助机制，帮助可能陷入债务危机的欧元区成员国，防止危机继续蔓延。这套庞大的救助机制由三部分资金组成，其中4 400亿欧元将由欧元区国家根据相互间协议提供，为期3年；600亿欧元将以欧盟《里斯本条约》相关条款为基础，由欧盟委员会从金融市场上筹集；此外IMF将提供2 500亿欧元。

欧债危机第二阶段以爱尔兰债务危机为起点。2010年9月底，爱尔兰政府宣布，预计2010年财政赤字会骤升至GDP的32%，到2012年爱尔兰的公共债务与GDP相比预计将达到113%，是欧盟规定标准的2倍。2010年11月2日，爱尔兰5年期债券信用违约掉期（CDS）费率创历史新高，爱尔兰债务危机全面爆发，并迅速扩大了影响范围。爱尔兰政府最初否认申请援助，后来无奈承认爱尔兰债务危机进一步升级。欧盟27国财长讨论后决定正式批准对爱尔兰850亿欧元的援助方案，不过，爱尔兰得到援助须接受苛刻的财政条件，即大力整顿国内财政状况、大幅削减政府财政预算，以达到欧盟规定的水平。

欧债危机第三阶段的焦点是葡萄牙和西班牙。2007—2008年金融危机后葡萄牙经济下滑，2009财政年度财政赤字占GDP的9.4%，大大超出欧盟规定的3%的上限，这一比例是继希腊、爱尔兰和西班牙之后的欧元区第四高。西班牙的首要问题是总额达1万亿欧元的公共债务规模，IMF预计到2014年西班牙债务占GDP的比例会达到80%（实际上2014年西班牙债务占比确实达到了这一水平）。之后欧元区第三大经济体意大利也受到波及，整个欧元区都出现利率上升趋势。2015年后，欧债危机逐渐缓解，对于欧债危机的讨论却一直在继续。

欧债危机的爆发和欧洲各国的财政政策选择有着十分密切的关系。这里以最早出现欧债危机、情况也最严重的希腊为例说明。希腊的地下经济规模世界闻名，据世界银行《2003年世界发展报告》，希腊地下经济占GDP总量的比例高达35%左右，希腊政府每年因偷逃税行为损失的财政收入至少相当于GDP的4%。与希腊不同的是，爱尔兰采取了低税率政策来吸引外商投资，其企业税率只有12.5%，而德国是30%，法国是33%。低税率一方面减少了政府收入，另一方面在经济繁荣时期导致过大的货币流动量，使得经济泡沫化，而在次贷危机爆发后，FDI的流出更对经济造成了较大打击。此外，希腊90%的家庭财富是以房地产形式存在的，私人住宅投资占希腊投资的20%左右。在经济发展过程中，西班牙同样出现了房地产泡沫。金融危机前的2007年，西班牙的地产产值占到当年GDP的17%、税收的20%，建筑业从业人员占全国就业人数的12.3%。西班牙外资12个月累计投资房地产总额占GDP的比例在2003年一度达到90%，经济危机爆发后，FDI大量流出。

此外，欧元区作为促进其成员国间的经济一体化的货币联盟，在财政政策上却没有任何统一性。欧元区实施统一的货币政策后，成员国没有独立的货币政策，但是财政政策仍由各国政府独立执行。这就形成由超越国家的欧洲央行执行货币政策、由各国政府执行财政政策的宏观经济政策体系，这一体系也成为欧元区运行机制中最大的不足。欧洲央行的目标是维持低通货膨胀，保持欧元对内币值稳定。而各成员国的财政政策则着力于促进本国经济增长、解决失业问题等，在失去货币的独立性之后，成员国只能采用单一的财政政策应对各种冲击。这就意味着欧洲央行和各国政府财政政策的目标是不一致的，这种不一致性导致无论是统一的货币政策还是分散的财政政策的效果都大打折扣。事实上，在加入欧元区之前，希腊、爱尔兰等国的政府赤字本就偏高，加入欧元区后这些国家并没有实施紧缩政策、削减赤字，却利用较为低廉的融资成本大举扩张财政预算，以刺激本国的经济发展。在次贷危机爆发后，由于缺乏独立的货币政策，刺激经济、解决就业的重任就完全落在了财政政策上，政府不得不扩大财政开支以刺激经济，结果造成赤字更加严重。

为了解决欧债危机，欧盟和欧元区成员国采取了多种经济政策和手段。2010年3月25日，欧元区成员国就希腊债务危机提出了一项由IMF一起参与的"自愿双边贷款救助计划"，但是这项计划的实施是以欧元的稳定为前提的，因此很难被实际实施。2010年4月11日，欧元区财长就一项针对希腊危机的三年救助方案的细节达成一致，三年总金额为1100亿欧元。第一年救助总额达到450亿欧元，其中2/3由欧元区成员国承担，而其余的150亿欧元由IMF支付。德国2010年承担的金额达到84亿欧元。在该方案公布后，希腊又可以从国际金融市场筹措到资金，以解决国内巨大的债务问题，但它为此要支付更高额的利息。为防止债务危机进一步蔓延，维持欧元及欧元区经济的稳定，欧盟再次重拳出击。2010年5月10日，欧盟出台了总额为7500亿欧元的救助机制，试图为可能步希腊后尘的其他欧元区国家构筑一道"防洪堤"，以遏制危机的发展，保持欧元区的稳定。

在国家层面，主要债务国为避免长期的财务赤字带来无法偿付的债务负担，纷纷开始出台以降低财政支出、提高财政收入为主要手段的财政紧缩计划。对于已经深陷债务危机的希腊来说,开源节流是目前的头等大事。一是只有这样才能获得欧盟的援助;二是也只有这样,才能真正走出危机。因此希腊政府也推出了数额达 300 亿欧元的节支计划,包括公务员工资制度改革、养老金改革等,争取将赤字降低 6.5 个百分点。意大利推出了高达 10 亿欧元的节支计划,争取让 2009 年的财政赤字从 5.3% 降到 3% 以下,到 2012 年缩减国家支出 240 亿欧元。此外,计划还包括将继续加大对偷税的打击力度,未来三年的公务员将不加薪,减少官僚主义作风等。此次债务危机中受影响较小的英国也面临债务不断上升的问题。英国政府的公共债务截至 2010 年 1 月底总计达 8 485 亿英镑,占 GDP 的 60% 以上,因此面临 3A 评级被下调的风险。其负债规模几乎相当于希腊、葡萄牙、爱尔兰及西班牙四国债务的总和。因此英国政府也推出了 6 240 亿英镑的节支计划,其中包括缩减公共事务支出等。葡萄牙、西班牙及爱尔兰也相继推出了自己的节支计划,都力争达到欧盟稳定公约中规定的标准。

事实上,时至今日,欧债危机的阴霾尚未完全从欧洲散去,其中的一个后果就是"英国脱欧"。基于历史与地理的原因,19 世纪晚期以来,英国一直奉行对欧洲大陆事务不干预政策,被称为"光荣的孤立"。"疑欧"的历史传统及和欧洲大陆经济发展相异的模式使英国长期和欧洲大陆若即若离。在"疑欧"人士看来,欧盟未来的一些政策趋势可能损害到英国的利益,而本次欧债危机的蔓延,不仅使英国的疑欧之心快速发酵,也加快了英国的脱欧脚步。与此同时,欧盟其他国家的民众也对英国渐生不满,认为英国不仅否决欧元,不参加欧盟的危机救助方案,还反对一切金融监管政策,因此认为英国脱欧对欧盟的发展来说反而是好事。2013 年 1 月 23 日,英国首相卡梅伦正式就英国与欧盟关系前景发表讲话,承诺如果他赢得预定于 2015 年举行的大选便会就脱欧问题举行全民公投。2016 年 6 月 23 日,脱欧公投正式开始,最终的计票结果,支持脱欧选民票数占总投票数的 52%。2020 年 1 月 23 日,英国正式脱欧。英国脱欧对整个欧盟是一个警醒,在一定程度上说明欧元区这种纯粹的货币联盟在没有适当的财政政策协调下是难以长期维系并发挥稳定区域经济的关键作用的。

第二节 宏观经济理论中的财政政策

财政支出和财政收入作为政府调节国民总支出的两种手段,对于经济增长有着十分关键的作用。从国内总支出的公式来看,政府增加财政支出能够增加社会总支出,拉动整体经济上行。在不考虑用途的情况下,增加税收会降低居民部门的可支配收入,进而影响居民的消费、储蓄和投资决策。对于财政政策的有效使用是国民经济管理的重要内容。

一、财政收入和财政支出的经济增长效应

史官清和邓鸿丽(2013)系统地梳理了财政政策影响经济增长质量的理论和实证文

献。他们发现,已有文献在分析财政政策对于经济增长质量的影响时,大多关注财政政策对下列经济现象及其相关指标的影响:贫困、不平等、环境质量和失业。

首先是贫困。通过对国际范围内农业和食品行业补贴的增长效应进行分析,已有文献的结论是,农业补贴导致经济效率低下、增加结构性不平等并诱使寻租行为的发生,政府预算支出往往用于非生产性活动。对于能源补贴的分析也得到类似的结论,那就是,这种补贴并没有达到保护穷人免受能源价格上涨影响的期望,更多的补贴收益被富有阶层获得。一般意义上的社会支出的分布更加平均,并没有显著偏向富人,穷人至少获得了一部分社会项目的好处,因此,在总体上以教育、卫生为主要形式的政府支出对减少贫困和增加人均 GDP 有显著的正向影响。也有学者如 Robalino and Warr(2006)指出,至少有部分国家的实践表明,保持税收总量不变,通过改变税收结构能够降低贫困率,但是可能会受到一些社会上非贫困群体的抵制。此外,政府通过把财政支出结构向健康和农业等方面倾斜(不是以农业补贴的形式),同样可以显著降低贫困水平。

其次是不平等。然而,这一渠道尚未引起世界各国政府的足够重视。世界银行的一项研究指出,在很多国家的税制改革过程中,都并未足够重视税收在调节收入分配不平等中的作用,导致一些国家采取了非累进的税制,当然此类税制显著不利于收入不平等的改善。财政政策的各项工具中,关于税收和公共支出对于经济增长的收入分配效应,学界存在一定的争议,但是大多数研究都认为这一效应在短期和长期的不同时间维度下具有不同的效果。而对于不包括在政府购买内的转移支付,大部分文献都认为因为转移支付对于个体经济行为的扭曲相对较小,转移支付至少在中长期能够发挥显著降低不平等的作用。

再次是环境质量。Romer(1990)的内生性经济增长理论研究表明,可以将环境质量作为增长的决定因素内生化,通过影响人力资本积累等渠道影响一个国家的经济增长速度。Fullerton and Kim(2008)的研究表明,环境政策严格化,例如以征收污染减排的环境税或者相应投资补贴的形式进行干预,有可能推动长期性的经济增长。这一研究和其他相关研究为征收"碳排放税"提供了一定的理论支持。2008 年 11 月,欧盟通过法案决定将航空领域纳入碳排放交易体系并于 2012 年起实施,并声称此举是为了对抗全球气候变暖。目前我国尚未全面征收碳排放税,但是在可见的未来对于这一税种的讨论将不会停止。

最后是失业。促进就业、降低失业率是国家宏观经济调控的重要目标之一。根据经典的凯恩斯理论,政府增加支出能够提高社会总需求从而降低失业率,问题的关键在于这一效果是否可以维持到中长期,以及扩大财政支出的成本是什么。如果扩大财政支出是通过征税实现的,那么更高的财政支出的必然结果就是更低的私人支出(挤出效应),因此对于经济增长可能也有负面影响。已有文献对于这一渠道的分析相对较少,后续研究还有较大的拓展空间。

通过对已有研究的梳理可以看到,目前研究财政政策和经济增长关系的文献的结论并不统一。除了认为转移支付能够在很大程度上通过降低贫困影响中长期增长率,财政政策对于经济增长的综合影响的方向是不确定的。作为国民经济管理的重要手段,如何通过调节财政政策影响经济增长是一个非常值得深入研究的重要问题。

二、财政政策调节经济周期

(一) 财政政策的作用和特点

财政政策的一个十分重要的作用就是平滑经济周期。凯恩斯宏观经济理论和后续的大多数主流宏观经济理论都认为,合理有效的财政政策能够在很大程度上起到平滑经济周期的作用。在经济下行期通过政府借债的方式增加政府支出,在经济过热时通过增加税收的方式降低私人支出,都能够显著缩减经济周期的规模和缩短持续时间。[①] 相对于同样被用于平滑经济周期的货币政策,财政政策至少具有以下几个方面的特点:

第一,相比货币政策,财政政策对于实体经济的调节作用更为直接。财政政策的许多作用手段都直接体现政府的调节意志,直接帮助政策目标的实现,如财政投资性支出可以直接调节投资规模和结构,消费性支出可以直接调节消费规模和结构等,政策意图的传递环节少,调节时滞短,调节结果具有较强的确定性(李艳,2016)。

第二,财政直接参与国民收入的分配,并对集中起来的国民收入在全社会范围内进行再分配。因此,正如第一节中所论证的一样,财政政策可以从收入和支出两个方向上影响社会需求的形成,因此具有更强的可操作性。

第三,从总体上讲,财政政策的作用周期要长于货币政策,对于经济周期的平抑作用更加持久。当然,这也在一定程度上导致财政政策对于经济冲击的反应没有货币政策那么快。

第四,财政政策对于物价的调节作用远小于货币政策,因此当出现物价的非理性变动时,财政政策应该和货币政策相互配合,共同发挥作用。

(二) 关于财政政策与经济周期的大讨论

研究财政政策和经济周期(经济波动)之间的文献堪称汗牛充栋。过去半个世纪里,对于财政政策能否发挥稳定经济周期的作用,产生了一些质疑(裴育和李永友,2007),质疑的核心是政府是否应该在财政自动稳定器和相机抉择之间进行取舍。

财政制度的自动稳定器指的是国民经济中无须政府经常变动具体政策就可以有助于经济自动趋向稳定的财政政策。自动稳定器的突出代表是个人和企业所得税、失业补助和其他福利转移支付。在经济下行时期,个人收入和企业利润减少,政府所得税收入自动减少,从而相应增加了消费和投资,特别是在存在累进税率的情况下。与此同时,还是在经济下行期,随着失业人数的增加,政府失业救济金和各种福利支出必然要增加,财政支出会相应增长,政府会自动选择更大的财政赤字,这些政策将刺激个人消费和促进投资。

与自动稳定器相对应的是相机抉择的财政政策。此类政策(包括财政收入和财政支

---

① 当然,准确施行财政政策的基础是能够准确判断当前国民经济处于过热还是过冷的状态。对于这一问题的分析需要基于更加全面的长期经济增长有关的研究,在本章中不做展开。

出)指政府根据一定时期的经济社会状况,主动灵活地选择不同类型的逆经济周期的财政政策工具(如在经济下行时开展大规模公共投资),干预国民经济运行进程,进而实现财政政策稳定经济周期的目标。在 20 世纪的历史进程中,有多次政府采取相机抉择的财政政策应对大规模经济金融危机的例子,其中最为突出的就是 20 世纪 30 年代应对大萧条的罗斯福新政。为了应对大萧条,罗斯福当选美国总统后在 1933—1941 年推行了被概括为"3R"——复兴(Revival)、救济(Relive)、改革(Reform)的经济政策,新政的具体内容包括:调整农业政策,给减耕减产的农户发放经济补贴,以提高并稳定农产品价格;推行以工代赈,政府投资建设基础设施工程,受赈济者参加工程建设获得劳务报酬,以此取代直接救济;大力兴建公共工程,增加就业,刺激消费和生产;建立社会保障体系,为人民发放救济金;等等。然而,过去 100 年也不乏采取相机抉择的财政政策后造成或加重经济萧条的例子,如部分拉丁美洲国家 21 世纪初的经济金融乱象,就是民选政府过度进行财政支出或建立和维持财政收入难以支撑的高福利体系的结果。

关于自动稳定器的作用,学术界比较一致的观点是其有助于减缓经济波动,但更重要的一点是,自动稳定器不可能逆转经济运行的基本方向,因此只能在一定程度上减缓而不能消除经济波动。在现实中,政府采用的自动稳定财政工具能够应对何种类型的外在冲击?经典的凯恩斯宏观研究指出,如果在现实中出现的是需求冲击,那么自动稳定器能够起到稳定产出和物价水平的作用;但是如果出现的是供给冲击,自动稳定器虽然可以稳定产出,但可能导致通货膨胀更大程度地偏离目标水平,因此需要货币政策配合调节。在供给冲击情况下,降低税率有助于产出稳定,而在需求冲击下,降低税率则有助于稳定通货膨胀,降低税率和救济水平反而不利于产出稳定。由此做出的一项推论就是,财政制度的设计在很大程度上取决于一个国家财政当局的主要目标和经济遭遇冲击的类型。

与自动稳定器相对,财政当局准确实施相机抉择的财政政策面临三个主要问题。第一个问题是财政支出和税收的力度应该有多大。由于私人部门的需求对于财政政策十分敏感,因此财政政策的力度略有变化,对于实体经济的影响就十分显著。第二个问题是当经济处于非充分就业状态、通货膨胀率高于目标通货膨胀率时,财政政策在产出稳定与通货膨胀目标之间就将面临两难选择。第三个问题是在现实中政府具体选择什么样的政策工具。这种困难首先是由于相同力度的不同政策工具之间的稳定效果存在较大的差异,其次更重要的是,由于不同政策工具的作用时滞有所不同,对于这些时滞,政府在实施政策前也很难准确把握。由于政策工具的选择往往与一定的分配结构相关联,因此,工具的选择实际上就可能表现为不同利益集团相互妥协的结果,这种现象在资本主义国家更为明显。从选举开始,各个财团就通过扶持受其控制的候选人以保证符合其目标的财政政策被真正推行,而这些财政政策对于整体来说往往不是最优的选择。此外,财政政策的内在时滞将可能使相机抉择表现出顺周期特征,从而造成经济出现更大的波动。

国民经济学界的普遍观点是,如果将自动稳定器和相机抉择两种政策调控机制进行对比,相对于相机抉择机制,依赖于自动稳定机制的财政政策更具有可预测性,而这一点对确定市场预期来说尤为重要。然而,随着全球化的不断深化,全球经济越来越成为一个不可分割的整体,任何一个国家所面临的内外冲击(并不限于经济冲击,也可能是地缘政治或者社会冲击)都不断增加,这些冲击本身互相加强、互相作用,使得现实中国民经济波动的复杂程度和频繁程度都要远超以往。这就在一定程度上说明政府应该保持一定的相机抉择空间,以应对可能出现的复杂情况。郭庆旺等(2007)对于我国 20 世纪 90 年代到 21 世纪初的宏观经济运行与财政政策的分析表明,我国财政支出政策的相机抉择变化比较符合凯恩斯经济周期理论所强调的"逆势而动"的特点,且有助于实体经济稳定,但加剧了通货膨胀波动;税收政策的相机抉择变化不符合宏观经济运行的需要,并在一定程度上加剧了实体经济的波动,但有助于价格稳定。从总体上看,我国财政政策总体上具有显著的、持续时间较长的"凯恩斯效应",既能有效拉动民间消费,进而增加总需求,又能依据宏观经济形势做出适时转变。同时,根据他们的分析,我国应尽快建立和完善宏观经济监控体系,从而为宏观经济政策措施的科学制定和适时推出提供良好的依据,同时政府还应加大财政预算体系建设力度,以减少政府行为和政策选择的随意性。

第三节　政府收支存量:公共资产负债表的视角

一、公共资产负债表的重要意义

政府或公共部门的资产负债表能够全面反映公共财富的情况。公共部门资产负债表包含政府控制的全部累积的资产和负债,因此能够反映除债务和赤字以外更全面的财政存量状况。与此同时,更好的资产负债表管理能够使国家和地区提高收入,降低风险,并改善财政决策。一些实证证据显示,金融市场越来越关注政府整体的资产负债表,强健的资产负债表能够加强经济韧性。

公共财富估计值能够全面反映公共资产和负债的情况。在自然资源丰富的大国,公共财富还包括该国拥有的大量的自然资源。承认这些资产,并不意味着否定广义政府公共债务标准衡量指标显示的脆弱性。政府资产净值,即资产与负债之差,平均而言是正的,但是净值不反映国家未来的征税能力,因此,跨期的资产负债表分析(将当前的财富与未来的收入和支出结合起来)很重要。不过,资产负债表保持稳健本身并不是财政政策的最终目的,如何通过财政政策实现主要的公共财政目标才是解读政府资产负债表的正确视角。由于资产负债表估计值可能涉及各种数据质量问题,对许多资产和负债进行衡量和定值存在挑战,因此,改善公共部门会计标准也是非常重要的制度改进。

全球金融危机已经过去十多年,虽然总体上说,各国的平均财政赤字已减少,至少在受危机影响最大的发达经济体是这样,但是 IMF 2018 年的财政监测数据显示,其具备时间序列数据的 17 个样本国家的财务净值仍比危机前低 11 万亿美元(或者 GDP 的 28%)。相比仅依赖赤字和债务的衡量指标,资产负债表方法能够揭示公共投资和公共财富创造上更细微的差别,因此是进行财政政策分析时不可忽视的一种方法。2007—

2008年全球金融危机的经验表明,通过削减债务和投资高质量资产来对各级政府资产负债表进行重建十分重要。

政府一旦了解了公共资产的规模和性质,就可以着手更有效地管理这些资产。事实上,改善资产管理带来的潜在收益相当大。根据IMF的预测,一个中等收入国家仅从非金融公共公司和政府金融资产中获得的额外收入每年就可能高达GDP的3%,这就相当于发达经济体每年征收的公司税,也和中国当前的财政赤字水平相似。此外,政府非金融资产也可能带来相当大的收益。

作为国民统计核算的一个重要组成部分,编制可靠的公共资产负债表有相当大的挑战,但许多国家(不仅仅是具备高质量数据的发达经济体)都能够从公共资产负债表分析中获取关于公共财政情况的重要信息。然而,目前只有少数国家采用公共部门资产负债表方法。事实上,即使在面临数据约束的环境下(如冈比亚),或在复杂的新兴市场经济体(如印度尼西亚),仍可以对资产负债表进行估计。由于会计和统计标准的运用存在显著差异,因此应谨慎对待估计结果。

IMF对于公共资产负债表的案例研究提供了广泛适用的经验教训。首先,资产负债表的资产方和负债方都很重要。除负债外,各国政府还应充分考虑政策对资产和非债务负债的影响。这也适用于风险管理,因为资产价值的变化能够产生显著的财富效应。其次,在广义政府范围之外有大量财政活动发生,有必要将公共公司(如我国的国有企业和地方政府融资平台)纳入财政政策分析,以便更有效地评估和管理财政风险。最后,将当前公共财富水平与长期财政预测进行比较,可以看出在人口快速老龄化的社会中,政府能否有效应对不断增加的人口压力。人口增长的财政压力不通过资产负债表分析是无法准确掌握的,现有财政政策研究的重视程度还明显不够。

除上述方面之外,资产负债表分析还因其对公共财富的全面关注而使政策讨论更加充实。公共资产是重要的资源,政府如何使用和报告这些资源非常重要,不仅是出于财务原因,而且是为了改善服务的提供,防止因透明度缺失而导致的资源使用不当。2018年新西兰的议会讨论以及英国政府对财政风险报告做出的反应就说明了这一点。这两个国家的经历显示,公布资产负债表信息能够增强政策讨论,促进探讨如何更好地运用公共财富来实现经济和社会目标。

二、预算软约束的中国表现

预算软约束由匈牙利经济学家雅诺什·科尔奈(Janos Kornai)提出,指的是一个预算约束体的支出超过它所能获得的收益时,预算约束体没有因被清算而破产,而是被支持体救助得以继续存活下去。

对于我国经济来说,预算软约束的表现形式就是政府的财政政策被看作国有企业运营的隐性担保。国有企业一旦发生亏损,政府将对其追加投资、增加贷款、减少税收,并提供财政补贴以维持其运营。当一个国有企业收不抵支时,它没有被清算,而是被救助得以继续存活。

已有文献发现,当面临预算软约束时,地方政府就会过度借款并增加财政支出,但是对于其投资项目的质量则较少关注。周航和高波(2017)指出,在我国,预算软约束和财政分权之间有着十分密切的关系。我国改革开放早期的预算软约束问题主要是指计划经济体制下政府对国有企业的扶持使得国有企业产生道德风险问题。而在我国进行财政分权改革之后,地方政府对中央政府援助的预期,使其更偏向于将地方财政收入投向只能提高本地居民效用的公共支出,而将中央政府的援助资金用于存在溢出效应的公共品支出。财政分权改革后,地方政府拥有不适当的经济事务自主权是导致地方财政预算软约束的重要原因。地方公共品供给与需求均衡才能使社会总效用达到最优,但是由于经济激励和政治激励的存在,地方政府的支出经常是刺激短期经济增长的冲动所致,导致的结果就是,无论是在衰退期还是繁荣期,我国地方政府都会实施"扩张偏向型"的财政政策,因此导致地方债务规模不断扩大,引发地方政府通过举债超额支出。在我国,地方政府往往通过"自下而上"的方法倒逼中央政府予以补贴,进而突破预算限制,导致对"土地财政"的依赖,也使地方隐性债务加重。在专题8-5中,我们会进一步分析我国的地方政府债务情况。

很多学者指出,预算软约束是国有企业改革几十年来踟躇不前的根本原因。这个毒瘤不仅存在于国有企业之中,而且已经广泛渗透到房地产与金融领域。在某种程度上,预算软约束已经成为高房价、高杠杆、高投资、高负债的幕后推手。部分地方政府投资没有遵守财政政策投资的边界,从传统意义上的公共领域扩展到追求利润的市场领域,由于其具有的行政权力可以以较低的成本获得社会企业的发展资源和金融资源,因此,为了能够真正让财政资源用到实处,发挥财政政策调节国民经济的关键作用,降低政府财政政策对于市场经济的扭曲,还需要从根源上破解预算软约束的问题。

对于如何逐步化解预算软约束,经济学界目前给出的建议主要集中在以下几个方面:

第一,在财政分权的制度下,预算软约束虽然不可完全避免,但中央政府可以通过惩罚性政策使地方政府举债行为更有效率。惩罚性政策指中央政府通过增加对未举债地方政府的补贴,增加举债地方政府所在地区的税负,降低这些地区官员的晋升概率,通过约束、修正官员使用财政政策的政治激励,达到比较有效的惩罚效果。惩罚性政策如果实施得当,可以达到抵消预算软约束带来的债务融资机会成本下降,虽然未必能使地方政府举债的效率达到最优,但能在一定程度上减少社会福利损失。

第二,进一步推进供给侧结构性改革。通过供给侧结构性改革充分发挥企业这个市场主体的核心作用,基于市场原则调动企业自主改革和创新的积极性。在对包括国有企业在内的非金融企业去杠杆过程中,要强化企业预算"硬"约束,减轻乃至消除价格扭曲。对于存量债务,要加强预算与成本控制,多采用退出、并购、重组等市场化、法治化方式进行化解;对于增量债务,要尊重市场定价,规范企业发债、举债行为,完善对企业的信用评级和信息披露机制。同时,深化国有企业产权改革和治理机制改革,提高国有企业的价格敏感性,释放经济活力。

第三,加快《中华人民共和国预算法》(2018年修正)的贯彻落实,推进政府会计改革,推动财政预算的公开透明(郭月梅和欧阳洁,2017)。作为财政收入的重要组成部分,非税收入的设立、征管、使用情况同样应逐步向全社会公开,并就公开的内容、时间及具体的解释说明做出全面的细化规定。同时,应积极推进政府会计改革,健全相关制度规范,用以科学引导与约束地方政府的财政信息公开,保障信息公开的全面性、真实性和可靠性。通过权责发生制核算基础的引入,反映和披露预期的、隐性的非税收入,为实现财政透明与非税收入的合理增长提供数据支撑。

第四,从中长期的角度,逐步构建相互匹配的财政权责结构,改变以GDP增长为主导的政绩考核机制,抑制不合理的公共投资冲动。要牢牢把握深化财税体制改革的契机,在激励与规制相容的原则下合理划分各级政府间的财权与支出责任,缓解财政压力。这对于我国现行的税收体制是一个极大的挑战,要求各级政府协同合作,从根本上改变传统意义上地方政府所面临的经济激励和政治激励带来的财政政策扭曲,实现财政收入和支出(包括预算内和预算外)的良性运转,因此也是最为重要的改革目标。

专题 8-5

我国的地方政府债务情况

2007—2008年国际金融危机之后,为了应对危机带来的负面冲击,我国采取了总规模接近4万亿元的财政投资计划,这一计划在短期内(2008—2011)发挥了稳定经济增长的作用,但同时也导致我国政府债务,尤其是地方政府债务迅速上升。2013年起,我国地方政府的真实债务情况成为国内外学界、政界和金融市场关注的焦点。2018年,国家审计署组织各方人手,在全国范围内对地方政府债务(尤其是隐性债务)规模进行了全面摸底,此次摸底是2013年之后的第一次地方政府债务摸底,对于了解我国真实政府债务状况具有非常重要的意义。地方政府债务分类如表8-1所示。

表8-1 地方政府债务分类

名词	定义
地方政府债务	地方政府负有偿还责任的债务,包括地方政府债券
地方政府或有债务	2015年之前,除了地方政府负有偿还责任的债务,地方政府债务还包括负有担保责任的债务、可能承担一定救助责任的债务,后两项又称为或有债务
地方政府隐性债务	目前,地方政府或有债务已经明确不被认定为地方政府债务,因此继续使用"或有债务"一词欠妥。但在投资者看来,一些地方融资平台以及国有企业债务仍然有地方政府的信用背书。因此,可以将这类债务统称为"地方政府隐性债务"

资料来源:苏宁金融研究院。

根据地方政府债务的一般定义,地方政府债务主要可以分为直接债务和隐性债务。直接债务指地方政府发行的债券,以及尚未置换成债券的存量债务(地方政府及其融资平台在2015年之前举借银行贷款等债务)。隐性债务包含的内容更加复杂,一般来说至少包括地方政府融资平台债务、PPP和棚户区改造债务等内容。对于国有企业债务的处理方式国际上有多种方法,考虑到地方政府对于区域性国有企业的债务可能需要承担救助的责任,一般我们将国有企业债务也看作地方政府隐性债务的一种。

目前来看,地方政府直接债务的计算相对容易,苏宁金融研究院预测2018年地方政府直接债务余额为17.2万亿元(包含少量未来得及置换的非债券形式债务)。财政部2018年5月16日公布的统计数据显示,截至2018年4月末,全国地方政府债务余额为166 101亿元,控制在全国人大批准的限额之内,对于我国地方政府直接债务的预测维持在16万亿—18万亿元。各类公共债务占GDP的比重如图8-2所示。

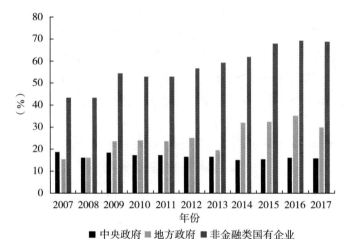

图8-2 各类公共债务占GDP的比重

资料来源:国际清算银行(BIS)和作者的估算。

地方政府隐性债务的估计是计算地方政府债务的难点。由于统计口径、认定标准、实际数据等存在诸多争议和困难,目前似乎没有人能够确认隐性债务的真实情况。不过,学界和业界为此进行了很多尝试。已有的比较权威的对于2017年地方政府隐性债务规模的预测中,最高的估计数来源于清华大学经管学院中国财政税收研究所的预测——47万亿元,最低的是IMF的预测——19万亿元。相对于直接债务,地方政府隐性债务造成的潜在问题很可能更大。除了规模巨大,更严重的问题是地方政府与这些债务名义上的分割,与它们所背负的隐性偿债压力之间的矛盾。如果说我国地方政府和国有企业之间存在预算软约束的话,那么对于债务就存在类似的"偿债软约束",长期来看金融风险较高。

为了化解我国地方政府面临的债务困境尤其是隐性债务风险,已有研究认为至少可以从以下几个方面做出努力:第一,盘活政府资产存量,通过清理核实土地使用权、国有股权、固定资产、特许经营权等政府资产,优先处置闲置资产及债务对应资产用于偿债。通过推广资产证券化为政府投资建设项目筹集建设资金,使基础资产具有政府担保的性质,降低基础资产的信用风险。第二,将隐性债务逐步转变成合理可控的显性债务,逐步提升地方政府的良性债务占比。逐步将部分期限短、成本高的债务置换成地方政府债券,提升地方政府的良性债务占比,有利于化解债务风险,提升地方政府直接负债的规模和置换能力。第三,实现市场化投融资及不良债务的迅速重组。通过阶段性的政府性债务剥离、资产整合、债务重组和股权结构调整优化,逐步实现地方政府融资平台公司转型,打造新型混合所有制市场主体,使其发展成为国有资本投资运营的良性主体。

第四节 财政政策与宏观调控

一、宏观经济调控的基本概念

宏观经济调控是政府运用政策、法规、计划等手段对经济运行状态和经济关系进行调节与干预,以保证国民经济的持续、快速、协调、健康发展。逆周期宏观调控,是政府宏观调控的本质;以稳定经济发展的关键指标目标,是政府宏观调控的核心;充分利用各级政府的财政手段,是政府宏观调控的主要途径;常态化的政府宏观调控是社会主义市场经济体制的本质特征之一。表8-2中,作者按照经济、法律和行政三个类型列出了宏观调控的主要手段及其区别和联系。

表8-2 宏观调控的主要手段

		经济手段	法律手段	行政手段
区别	含义	是国家运用经济政策和计划,通过对经济利益的调整来影响和调节经济活动的措施	是国家通过制定和运用经济法规来调节经济活动的手段	是国家通过行政机构,采取带强制性的行政命令、指示、规定等措施,来调节和管理经济的手段
	内容	1.财政政策、货币政策是最常用的经济手段; 2.制定和实施经济发展规划、计划等	1.经济立法; 2.经济司法活动	行政命令、指示、规定等措施
	特点	1.宏观性; 2.战略性; 3.指导性; 4.间接性	1.强制性; 2.统一性; 3.权威性	1.直接性; 2.迅速性; 3.强制性
	典例	1.制订经济发展规划; 2.实施与经济发展相适应的财政政策和货币政策; 3.提高农产品最低收购价	1.制定价格法、物权法; 2.依法审理经济纠纷案件; 3.打击贪污受贿、走私贩私	1.政府下令关闭污染严重的小煤窑、小油田; 2.物价部门对擅自调价的楼盘进行封盘查处
联系		1.三者各有所长、各具特色,相互联系、相互补充; 2.国家宏观调控应以经济手段和法律手段为主,辅以必要的行政手段,充分发挥客观调控的总体功能		

东西方学界对于我国推行的宏观调控的理解有很大不同。从国民经济学的角度,国内学界对于宏观调控的理解大多认为其重点在"调",通过以财政政策为核心的政策体系确保国民经济的正确、高效运行。而西方经济学界对于我国宏观调控的认识大多集中在"控"上,很多国外专家学者,包括一些在宏观经济领域取得突出成就的资深专家,对于我国宏观经济调控的理解还停留在"政府制订计划安排实际生产"的层面上,并不真正理解改革开放后我国经济的宏观调控体系。这种理解上的差异导致西方学界在我国宏观调控的实施目的和操作方式上存在不少错误认知。从这个角度来说,国内的国民经济学学者应该更加系统地研究我国的宏观调控实践,尤其是宏观调控的财政手段,并提出能够为国际主流经济学界所了解的宏观经济调控理论和可供推广的调控经验。

二、我国宏观调控中财政政策的作用和主要历程

(一)财政政策的重要作用

1978年改革开放后,我国经济实现了长达四十多年的稳定高速增长。1978—2017年,我国GDP从2 943亿美元增长到10.2万亿美元(按照2010年不变价美元计算),年均增长率超过9.5%。同期,人均GNP从307美元增长到7 329美元,年均增速达8.5%。不论与同时期的其他国家相比,还是与历史上的其他高成长经济体相比,我国经济过去四十多年增长速度的稳定性都是难得一见的,这很大程度上可归因于宏观调控尤其是财政政策所发挥的作用。

一般来说,高速增长和高通货膨胀往往相伴而生。在经济高速增长时期,投资增速处于高位,对原材料的需求较大,在一定程度上造成较高的通货膨胀压力。一旦通货膨胀过高,往往意味着实际经济增速高于潜在增长率,对要素进行了过分使用,之后则会伴随经济增速的衰退。所以,高通货膨胀往往与经济增速的波动相关联,从这个角度上来说,经济增速稳定往往也意味着通货膨胀稳定。

但是对于我国来说,高通货膨胀的压力并不仅仅来自经济增速本身,转轨时期较为复杂的经济体系造成了独特的通货膨胀压力。从经验上来讲,计划经济体通常供给较少,由政府计划进行分配,整个经济体没有价格或价格被人为压低,当由计划经济向市场经济转型时,被政策压低的价格倾向于快速上升,往往会造成较高的通货膨胀。高通货膨胀造成币值不稳,不利于经济增长,产品相对价格的过快变化有可能造成社会财富分配的扭曲,甚至引发较为严重的社会问题。相对于其他转轨国家而言,我国的通货膨胀水平得到了较好的控制。

此外,我国改革开放四十多年以来,在宏观调控的财政政策影响下,未发生过真正的经济危机,也比较成功地应对了外部冲击的干预,为世界经济的稳定做出了贡献。改革开放以来,我国实际GDP增长率最低值为1990年的3.9%,未出现过经济总量的收缩。反观日本、韩国、俄罗斯、巴西等国,第二次世界大战后均出现过经济总量的负增长,即使是在1960—1980年韩国、日本的高速增长时期,其实际GDP同比增速亦出现过负值。

(二）改革开放至今的财政政策历程

在改革开放之后的前十年里,由于我国国民经济仍具有较强的计划经济性质,因此财政政策能够起到直接调节社会固定资产投资总量的关键作用。改革开放初期,财政政策的主要作用是防止经济过热。1979年,政府相继提出了"调整、改革、整顿、提高"的八字方针和十二条原则进行调控,为防止经济过热,通过紧缩财政压缩固定资产投资,降低投资需求。提出基本建设规模必须同国家的财力物力相适应,避免基本建设的盲目扩大。压缩基本建设规模,停建、缓建了一批不具备条件的建设项目。坚决缩短基本建设战线,使得建设规模同钢材、水泥、木材、设备、资金的供应可能相适应。1985年,为了应对固定资产投资上升太快和通货膨胀的迅速上升,国务院发布《关于控制固定资产投资规模的通知》,要求固定资产投资规模必须严格控制,各部门各地区实行行政首长负责制,每个季度检查一次固定资产投资规模情况并上报国务院。对基本建设坚决实行"三保三压"的方针,即保计划内建设,压计划外建设;保生产性建设,压非生产性建设;保重点建设,压非重点建设。在紧缩性的政策调控下,经济过热的态势得到一定的控制。1986年,实际GDP的增速下降为8.9%,CPI增速下降为6.5%。1986—1987年,固定资产投资完成额同比增速分别为22.7%和21.5%,比1984—1985年的28.2%和38.8%有比较明显的下滑。1988年,国家为了抑制经济过热,同样采取了紧缩性的财政政策,在国家层面压缩基本建设和投资规模,压缩、清理和停建固定资产投资,使其同实际的基础供给能力相适应。1988年,开始压缩固定资产投资规模,停止计划外建设项目的审批。1988年9月底至1989年2月底,全国停建、缓建固定资产投资项目18 000个,压缩1988年后几年的投资647亿元,占全部项目剩余工作量的12%。整顿经济秩序,克服生产、建设、流通、分配领域的严重混乱现象,并进行税收、财务、物价大检查,有效地抑制了当时的经济过热现象。

20世纪90年代后期,我国国民经济的突出问题从经济过热转变成经济下滑,同时随着我国的社会主义市场经济制度逐渐完善,宏观调控的财政政策的具体实施方式也和以往有所不同。1998—1999年,受亚洲金融危机影响,我国的经济增速出现明显下滑,物价水平下降并出现了改革开放以来的第一次通货紧缩。从1998年开始,国家实施积极的财政政策和稳健的货币政策,以刺激有效需求,平衡供需之间的矛盾。积极的财政政策经由鼓励固定资产投资,通过乘数效应拉动经济的增长;通过适度扩大财政赤字,增发国债来满足基础设施投资资金的需求。1998年财政赤字增加到1 500亿元,1999年达到1 800亿元。其中,1998年国债投资1 000亿元,1999年国债投资1 100亿元。国债筹资主要用于基础设施的建设投资,使得在建项目尽快建成投产,而不是用于工业生产投资的重复建设,以防加剧供需矛盾。在税收方面,对固定资产投资方向调节税按现行税率减半征收,并从2000年1月1日起暂停征收。通过出口退税的方式来鼓励和促进出口,通过税收优惠的方式来吸引外商到国内进行投资。1999年1月和7月,我国两次提高出口退税率,综合退税率达15.51%。此次宏观调控取得了良好的效果。1998年和1999年的实际GDP增长率分别为7.8%、7.7%,虽然没有达到8%,但这是在国际金融危机导致的外需急剧下降、1998年洪水灾害的情况下取得的,来之不易。据估计,1998年积极的财政政策拉动经济增长1.5个百分点,1999年拉动经济增长2个百分点(朱镕基,2011)。2000年,实际GDP的增速回升至8.5%,经济增速开始进入回升通道,而此次宏观调控对后续的经济稳定和回升起到了重要作用。

2003—2007年,为了防止经济再次进入过热尤其是投资增长过度,我国政府实行稳健的财政政策,优化投资结构。一方面,缩减国债发行量,2003—2007年,连续调减长期建设国债发行量,累计减少发行国债1 000亿元。另一方面,在调整财政支出结构、减少投资、拉动效应大的建设项目投入的同时,增加对三农、科技、社会保障等公共服务方面的支出,2003—2007年中央财政用于"三农"的支出五年累计达1.6万亿元,且大幅增加了社会保障投入,扩大了教育方面的支出。同时,税收方面,取消或降低高耗能、高排放和资源性产品的出口退税,降低进口关税,减轻出口拉动带来的压力。

2007—2008年国际金融危机爆发后,为了应对危机对经济带来的不利冲击,我国政府及时调整宏观调控政策的总基调,从2008年年初的"双防"(防止经济过热、防止明显的通货膨胀)转变为年中的"一保一控"(保增长、控物价),之后又转变为2008年第四季度的"一保一扩一调"(保增长、扩内需、调结构),其中最重要的手段就是通过实施积极的财政政策保增长扩内需。

2008年11月的国务院常务会议通过了扩大内需和促进经济增长的十项措施,计划实施总额为4万亿元的"一揽子"投资计划,大规模增加政府支出和实行结构性减税。在增加铁路、公路、轨道、机场、水利等基础设施投资的同时,对灾后重建、保障性住房、农村民生工程、社会事业进行投资,并将中央投入资金用于补贴家电下乡,促进农村消费的增长。这一计划虽然在很大程度上实现了保增长的目标,但也带来一些中长期问题,我们在上一节中分析的地方政府债务问题和目前在一定程度上制约我国金融市场有效资源配置的影子银行问题就是其中两个比较突出的例子。

三、我国运用财政政策进行宏观调控的经验总结

通过系统地梳理我国运用财政政策进行宏观调控的基本历程,我们至少可以得出以下两个方面的重要经验:

第一,国民经济无疑存在周期性波动,集中体现为:当经济过"冷"时,新投资主体进入慢;当经济过"热"时,落后经济主体退出慢。对于发展中国家而言,总体上更容易出现的情形是经济过热。导致经济过热的原因是综合的,虽然有一定的体制原因,但市场经济中存在的普遍性原因更值得重视,那就是政府、投资者和企业家的非理性。我国宏观经济调控的历程表明,面对经济过热和产能过剩,政府"看得见的手"应当帮助市场"看不见的手"加快落后产能退出和市场出清。正确运用的财政政策能在加快落后产能退出和市场出清方面发挥重要作用,因此无论在经济过冷还是过热时都应是政府优先考虑使用的政策手段。

第二,更加具体地说,财政政策应当真正发挥逆周期的宏观调控职能。根据当前我

国国民经济的基本发展情况,财政政策至少可以在以下几个方面发挥作用(徐忠,2018):一是对小微企业、创新企业的减税政策要落到实处。二是在控制新增地方政府性债务规模的同时,保证中央财政赤字被充分利用,财政资源被用到实处。三是金融去杠杆面临资本不足的约束,必须以财政资金充实国有金融机构的资本金,并完善公司治理,这样才能保证金融服务实体经济的能力不被削弱。改进我国宏观调控的财政政策的治本之策,是加速推进中央与地方财政关系的改革,这对解决地方政府性债务风险、房地产泡沫问题至关重要。

本章总结

国民经济管理的一个重要内容是财政政策的制定、实施和调整,以及与之相关的政府资产负债表的管理。财政政策的基本含义是国家制定的指导财政分配活动和处理各种财政分配关系的基本准则。财政政策包括财政支出和财政收入。财政支出指的是一个国家或地区的各级政府购买的产品和服务。财政支出又称公共财政支出,是指在市场经济条件下,政府为提供公共产品和服务、满足社会共同需要而进行的财政资金的支付。财政收入是指政府为履行其职能,实施公共政策和提供公共物品与服务的需要而筹集的一切资金的总和,是衡量一国政府财力的重要指标。政府在社会经济活动中提供公共物品和服务的范围及数量,在很大程度上取决于财政收入的充裕状况。

财政支出和财政收入是财政政策最主要的两种形式。从资金流量表的角度,财政支出所代表的是从政府部门流出到其他社会经济部门的资金,而财政收入则是其他社会经济部门以税收等形式流入政府部门的资金。二者之间的平衡关系反映了一国的基本财政状况和实施宏观经济政策的能力大小。如果一个财政年度内政府的财政支出等于财政收入,我们就认为政府实现了财政平衡;如果财政收入大于财政支出,则称政府具有财政盈余;如果财政支出大于财政收入,则称该国政府具有财政赤字。如果一国政府出现财政赤字,一般来说就需要通过举债(最常见的形式是发行国债)来为高于财政收入的财政支出融资。

一个政府的财政收支可以根据其是否在事先制订的基本财政收支计划内分为预算内收支和预算外收支。预算是对未来一定时期内收支安排的预测、计划。它作为一种管理工具,在日常生活乃至国家行政管理中被广泛采用。就财政而言,财政预算就是由政府编制、经立法机关审批,反映政府一个财政年度内的收支状况的计划。通过财政收入和财政支出,一国政府能够调节短期经济波动,同时对于中长期经济增长水平产生影响。

政府或公共部门的资产负债表能够全面反映公共财富的情况。公共部门资产负债表包含政府控制的全部累积的资产和负债。作为国民统计核算的一个重要组成部分,编制可靠的公共资产负债表有相当大的挑战,但许多国家(不仅仅是具备高质量数据的发达经济体)都能够从公共资产负债表分析中获取关于公共财政情况的重要信息。我国的财政政策除了在公共资产负债表的管理上有待加强,还存在预算软约束与地方政府债务太高的问题。

宏观调控是政府运用政策、法规、计划等手段对经济运行状态与经济关系进行调节和干预,以保证国民经济的持续、快速、协调、健康发展。财政政策是政府实施宏观经济调控的关键手段。过去几十年我国改革开放的历程充分证明,面对经济过热和产能过剩,政府"看得见的手"应当帮助市场"看不见的手"加快落后产能退出和市场出清。正确使用的财政政策能在加快落后产能退出和市场出清上发挥重要作用,因此无论是经济过冷还是过热时都应是政府有限考虑使用的政策手段。更加具体地说,财政政策要真正发挥逆周期的宏观调控职能。

核心概念与术语

财政政策	Fiscal Policy
财政支出	Fiscal Expenditure
财政收入	Fiscal Income
公共资产负债表	Public Balance Sheet
预算软约束	Soft Budget

复习思考题

1. 财政政策的目标是什么?
2. 预算外财政收支是否重要?为什么?
3. 财政政策能够起到平滑经济周期的作用吗?
4. 财政政策对于经济增长有何影响?
5. 构建公共资产负债表有什么意义?
6. 什么是预算软约束?我国出现预算软约束的原因是什么?
7. 宏观调控中的财政手段有哪些?
8. 改革开放以来我国政府实施的宏观调控的财政手段是否有效?
9. 财政政策为什么能够起到逆经济周期的作用?

主要参考文献

[1] 陈多长,踪家峰.房地产税收与住宅资产价格——理论分析与政策评价[J].财贸研究,2004(1):57—60.

[2] 陈会玲,魏世勇.城镇化水平与地方政府债务规模关系的理论与实证研究[J].金融经济学研究,2018(3):104—115.

[3] 郭庆旺,贾俊雪,刘晓路.财政政策与宏观经济稳定:情势转变视角[J].管理世界,2007(5):7—15.

[4] 郭月梅,欧阳洁.地方政府财政透明、预算软约束与非税收入增长[J].财政研究,2017(7):73—88.

[5] 贾康.房产税改革——美国模式和中国选择[J].人民论坛,2011(2):48—50.

[6] 况伟大,朱勇,刘江涛.房产税对房价的影响——来自OECD国家的证据[J].财贸经济,2012(5):121—129.

[7] 李艳.减税与税制改革协调并进的政策建议[J].中国财政,2016(20):63—65.

[8] 裴育,李永友.财政政策的两难选择——自动稳定器与相机抉择[J].中国行政管理,2007(1):74—78.

[9] 史官清,邓鸿丽.财政政策影响经济增长质量的文献综述[J].经济研究参考,2013(30):54—57.

[10] 徐忠.在当前形势下,财政政策大有可为[EB/OL],一财网,2017-7-13,https://baijiahao.baidu.com/s?id=1605871453603674563&wfr=spider&for=pc.

[11] 袁春兰.服务业"营改增"的经济学分析[J].现代商业,2014(28):59—60.

[12] 周航,高波.财政分权、预算软约束与地方政府债务扩张[J].郑州大学学报(哲学社会科学版),2017(2):55—61.

[13] 朱镕基.朱镕基讲话实录(第三卷)[M].北京:人民出版社,2011.

[14] Fullerton D., and S. R. Kim. Environmental investment and policy with distortionary taxes, and endogenous growth[J]. Journal of Environmental Economics and Management, 2008, 56(2): 141-154.

[15] Robalino D. A., and P. G. Warr. Poverty reduction through fiscal restructuring: An application to Thailand[J]. Journal of the Asia Pacific Economy, 2006, 11(3): 249-267.

[16] Romer P. M. Endogenous technological change[J]. Journal of Political Economy, 1990, 5: 71-102.

其他参考材料

我国地方政府债务现状分析,http://www.sohu.com/a/235886407_726670

中国政府负债率到底有多高,http://finance.sina.com.cn/china/2018-07-31/doc-ihhacrce4202029.shtml

2017年中国财政收入来源及财政支出投向情况分析,http://www.chyxx.com/industry/201804/630751.html

十五张图和两张表格看懂2017年财政预算和执行,http://finance.sina.com.cn/china/2018-03-02/doc-ifwnpcnt0724171.shtml

央行徐忠:财政政策要真正发挥逆周期宏观调控职能,https://www.guancha.cn/economy/2018_07_16_464351.shtml

第九章

收入分配的理论与实践

> 有国有家者,不患寡而患不均,不患贫而患不安。盖均无贫,和无寡,安无倾。
>
> ——孔子

> 劳动报酬优厚,是国民财富增进的必然结果,同时也是国民财富增进的自然征候。反之,贫穷劳动者生活维持费不足,是社会停滞不前的征候,而劳动者处于饥饿状态,乃是社会急速退步的征候。
>
> ——亚当·斯密

> 消费资料的任何一种分配,都不过是生产条件本身分配的结果;而生产条件的分配,则表现生产方式本身的性质。
>
> ——卡尔·马克思

从古至今,经济学理论始终包含两大基本问题:经济增长和收入分配。经济增长问题一直备受关注,始终是经济理论研究的主流。而不同学者对收入分配及其重要性的理解却存在差异。有学者认为,从工业革命到现在,几十亿人的福利有了巨大的改善,而这种改善与贫富之间直接的资源再分配没有任何关系,对于改善穷人的生活来说,对现在的产出进行再分配的潜力,根本比不上扩大产出的无限潜力。针对以上观点,有学者提出不同意见,他们认为,虽然经济增长和发展为收入分配提供了前提和基础,但收入分配又会直接影响经济增长的效率。合理的收入分配能够提升劳动者的积极性,调动经济整体的活力。收入分配出现问题,经济增长势必会受到影响。本章重点关注收入分配的相关问题,包括收入分配涉及的基本问题,初次分配与再分配,经济增长与收入分配的关系,收入差距问题,以及我国收入分配的理论和实践。

第一节 收入分配的基本问题

本节主要研究收入分配的研究对象和范畴,收入分配问题研究的理论基础,收入分配问题的基本分类。

一、收入分配的研究对象和范畴

收入分配理论,主要以收入和财富的分配为研究对象,运用经济学的规范和实证分析方法,探索收入分配和财富分配若干概念与范畴及其之间的内在关系,在此基础上形成一套有关分配问题分析与研究的经济学逻辑体系和知识框架。研究对象主要涉及收入分配和财富分配,以及与之相关的若干变量和范畴。比如收入分配的基本概念体系和方法,包括不平等、不公平等;宏观层面的收入分配,如国别收入分配、国民收入分配、规模性收入分配与功能性收入分配等;微观层面的收入分配,包括人均收入及其构成,即工资性收入、经营性收入、财产性收入、转移性收入、个人财富与资产等。此外,涉及代内分配和代际分配,收入流动与收入分配,包括相对收入流动与绝对收入流动,以及收入流动与社会流动等范畴。从收入差距和分配公平来看,涉及收入差距的结果公平、过程公平和机会公平等。另外,还涉及有关分配问题研究的度量工具收入分布意义上的概括性统计量、分配的公理化方法、不平等及其分解、洛伦兹曲线、基尼系数、泰尔指数等。此外,收入分配还研究许多具有相互影响和内在联系的概念范畴的相互关系,如公平与正义的关系、机会公平与正义的关系、收入分配与财富分配的关系、收入分配与收入流动的关系、国民收入分配与劳动者报酬的关系、收入分配与经济增长的关系、财富分配与代际流动和代际分配的关系、生产要素价格形成机制与初次分配的关系、初次分配与再分配的关系、产业结构与收入分配的关系、城市化与服务经济与分配的关系、全球化机制与收入分配的关系、分配不公与分配差距的关系、贫困与分配的关系、政府作用与分配的关系等(权衡,2017)。

二、收入分配问题研究的理论基础

收入分配问题的研究始于古典政治经济学,依托于劳动价值论,古典政治经济学家展开了对收入和财富分配问题的研究,随后新古典经济学、发展经济学、新制度经济学等主要学术流派都对收入分配问题有深入的讨论和研究。

(一)古典政治经济学与收入分配

古典政治经济学围绕劳动价值论,对收入分配理论进行了经典的分析和讨论,提出了一系列极具价值的理论观点和思想,代表人物有配第、斯密、李嘉图和马克思。李嘉图明确提出,收入分配是政治经济学的主题。马克思在古典政治经济学劳动价值论的基础上,创造性地提出了劳动二重性,进而确立了科学的劳动价值理论,并在劳动价值理论的基础上,运用历史唯物主义和唯物辩证法,对资本主义生产方式及其生产关系和交换关系进行了深入分析,得出了剩余价值理论和资本积累的一般规律等观点。马克思认为,资本主义制度下,资本家无偿占有了劳动者创造的剩余价值,而资本主义制度内在的资本主义私人占有和生产社会化的基本矛盾,导致资本主义的收入分配存在两极分化的趋势,并且会造成周期性的经济危机,资本主义制度内在矛盾导致的种种问题,最终导致其被社会主义制度所取代。马克思从生产、分配、交换和消费的关系入手,重点分析了生产的决定性作用,以及生产对分配的决定作用,收入分配对生产的反作用,为当前收入分配问题的研究提供了重要的理论基础。

(二) 新古典微观经济学与收入分配

新古典经济学用效用价值论取代劳动价值论,研究的重点也不在于价值理论,而是转向对价格机制的研究。这一阶段对收入分配问题研究的基本观点认为,收入分配问题主要指生产要素按照贡献大小进行分配。分配观的理论基础是效用价值论。基本出发点是,既然一些效用和价值是由生产要素共同创造的,那么收入分配就应该按照每个生产要素贡献大小的不同进行分配。生产商品的效用及价值是劳动、资本、土地这三个要素协同创造的。既然每个生产要素在生产过程中都有其独特的贡献,那就应获得各自的报酬,这是分配的自然规律。各个要素的报酬等于其边际贡献。这一分配理论构成当代西方经济学生产要素需求规律及分配规律的基础,并被广泛应用。马歇尔进一步运用均衡价格分析框架研究要素的均衡价格分配理论。他认为,在一个动态社会中,分配问题不仅取决于生产要素需求方面,还取决于生产要素供给方面,所以,他从均衡价格出发,认为国民收入是各个生产要素共同创造的,主要有劳动、资本、土地和企业家才能。在创造这些国民收入的过程中,各项要素属于共同合作和彼此依赖的关系。国民收入被分配至劳动、资本、土地和企业家,形成工资、利息、地租和利润四个部分。根据马歇尔的理论,只要价格机制能够发挥自发调节作用,生产要素市场和商品市场完全可以实现自动均衡。

(三) 新古典宏观经济学与收入分配

但由于现实中完全竞争市场的假设条件难以满足,存在市场失灵的情况,收入分配存在非均衡和不公平的问题。新古典宏观经济学提出政府干预收入分配的理论。按照这样的理念和原则,政府应当进入收入分配领域,即认为应当发挥政府干预的积极作用,通过财政政策、税收及转移支付等手段和方式,对收入分配进行二次调节,在保护市场效率的同时,也必须维护社会公正。这里的收入分配领域中,政府和市场的边界是非常清晰的,即一次分配按生产要素贡献大小,属于市场机制的调节领域,二次分配通过税收和转移支付,属于政府干预的领域,其目的在于通过市场机制实现一次分配和效率目标,通过政府干预实现二次分配和公正目标。

(四) 发展经济学与收入分配

发展经济学对于收入分配的研究主要围绕经济增长如何影响收入分配。该理论重点研究了经济增长与收入分配的关系,其以库兹涅茨倒 U 形曲线为逻辑起点,逐渐形成了包括以下基本要点的现代分析框架：一是经济增长的收入分配效应，二是收入分配的经济增长效应，三是收入分配与经济增长的相互关系，四是收入分配影响经济增长的作用机制和基本途径。库兹涅茨通过对英国、德国、美国的不平等指数进行长期观察发现，这些国家的不平等，实际上经历了一个先上升后下降的历史过程。产生这些现象的经济机制是，劳动要素从低生产率（中等程度的不平等）部门向高生产率（低等程度的不平等）部门流动，结果造成了部门之间的不平等程度高于部门内部的不平等程度。然而从20世纪80年代开始，一些发展经济学家通过观察发展中国家的有关资料，对这个倒U形曲线提出了公开的质疑，他们分别运用不发达国家的资料，公开展示了与公认的倒U形假说相反的关系。新剑桥学派运用数学模型比较完整地表述了经济增长中的收入分配变化趋势：经济增长是同收入分配紧密联系的，从而收入分配成为保持经济均衡增长的条件。这一分析将收入分配与经济增长结合起来，构建了资本主义私有制条件下分配-增长的分析方法和分析框架，把收入分配与经济增长有机结合起来并寻找二者之间内在的机制和关系，从理论上较为科学地说明了在资本主义私有制条件下，收入分配在增长中的作用机制和效果。

（五）新制度经济学与收入分配

20世纪80年代中期，新制度经济学兴起。新制度经济学从新古典经济学的分析方法出发，从制度的角度，认定有效率的、合理的收入分配制度可以使每个经济行为主体具备极强的激励性和约束性，能为人们提供充分的利益激励，并使人们最大限度地从事生产性活动。不合理的收入分配制度，无法有效激励和约束人的行为，无法确保经济高效率增长。从动态的、发展的角度来看，合理的收入分配制度还能够激励人们不断采用新技术，并进行技术创新。不合理的收入分配可能是绝对平均主义分配，不与劳动贡献挂钩，因而在经济系统内无法形成任何有效的激励约束机制，将压抑个体的创造精神和创新活动，导致经济增长中技术进步缓慢，经济增长效率低下。

三、收入分配问题的基本分类

经济学领域的收入分配主要涉及两个层面——微观层面和宏观层面。如果将政府、企业、劳动者、投资者等视为一个整体，则他们之间的收入分配就属于宏观层面；如果着眼于具体的个人，则其就属于微观层面。

微观收入分配主要指微观经济个体的收入分配问题，包括个人收入与个人财富。个人收入主要由工资性收入、经营性收入、财产性收入和转移性收入四个部分组成，转移性收入属于再分配领域，其他三种收入都属于初次分配领域，受市场机制影响。工资性收入指住户成员受雇于单位或个人，靠出卖劳动力而获得的收入；经营性收入是指住户以家庭为生产经营单位进行生产筹划和管理而获得的收入；财产性收入指金融资产或有形非生产性资产的所有者，向其他机构或单位提供资金或将有形非生产性资产供其支配从中获得的收入；转移性收入是住户无须付出任何对应物而获得的货物服务资金或资产所有权等，包括离退休金、价格补贴、赡养收入等。

个人财富与资产包括四种形态：实物财富、金融财富、知识财富和关系财富。实物财富包括个人拥有的实物资产如土地、房屋、地契等；金融财富包括现金、存款、债券、股票、基金等；知识财富是个人内在的财富、拥有的知识技能和运用这些知识技能的生产能力；关系财富是指各种社会关系和社会资源，其实质是一种社会资本。

宏观的收入分配，也称国民收入分配，是指一定时期内一个国家或地区对所创造的国民收入在国家、企业、居民之间进行分配和再分配的过程。国民收入分配格局主要是指一个国家或地区的政府、企业和居民三者在国民收入初次分配和再分配中的比例关系，以及与之相关的需求结构、产业结构、地区结构和城乡结构。一个国家宏观收入分配格局是否合理，会对该国的投资消费比例、内需与外需比例、产业结构合理化程度、居民收入差距程度、社会公平程度、城乡区域协调等产生重要影响。

第二节 初次分配、再分配与公共政策

收入分配根据分配次序，可以分为初次分配和再分配。初次分配又称为要素分配，是指按照各生产要素对国民收入贡献的大小进行的分配，反映出各种生产要素所有者之间的基本利益关系。初次分配主要由市场机制形成，仅仅发生在微观领域。参与分配的主体包括资本所有者、劳动力所有者、土地所有者和技术专利所有者。收入分配的形式，主要是所有者与经营者的收入、红利、股息、利息、工资、地租、租金费用等。再分配是指在国民收入初次分配的基础上，政府在收入主体之间通过各种渠道实现现金或者实物转移的一种收入分配过程，即把国民收入中的一部分拿出来，通过转移支付和社会保障体系进行重新分配，构成初次分配之后的二次分配。再分配主要通过政府调控机制起作用，政府进行必要的宏观管理和收入调节，是保持社会稳定、维护社会公平的基本机制。

一、生产要素价格理论与初次收入分配

（一）生产要素及其构成

一般而言，生产要素是指用于生产的各种物品和资源，主要包括劳动、资本、土地和企业家才能。劳动指人的劳动能力，包括脑力和体力的总和，是人类从事生产活动必不可少的要素之一。资本也称为资本品，包括机器设备、厂房、原材料等生产资料，是由劳动生产出来的产出品，又是一种为了生产而必需的投入品。土地是指一切自然资源，并不仅仅指土地，还包括土地资源、矿产资源、森林资源、江河湖泊等自然资源。企业家才能是指将其他经济资源组织起来进行生产的能力，包括组织经营、管理创新、承担风险的活动。企业家才能是从劳动要素中分离出来的一种生产要素。劳动和土地也被称为初级生产要素。

对生产要素的需求是一种引致需求。厂商对要素的需求根源于人们对产品本身的需求，是由人们对要素所产出产品的需求派生出来的。对生产要素的需求又是一种联合需求，具有相互依赖的共同性，因为任何一种产品都不是一种生产要素单独生产出来的，

而必须由许多生产要素共同合作才可以完成。

劳动、资本、土地和企业家才能,这四类生产要素在生产活动中获取的收入表现为工资、利息、租金、利润等形式,这属于生产要素的价格,由要素市场决定,是生产要素获取收入的基本依据。对收入初次分配的研究,主要是对生产要素市场价格的研究。

(二) 生产要素价格理论

生产要素价格理论,主要指边际生产力分配理论。在收益最大化的基本假设前提下,厂商根据边际成本等于边际收入的基本原则,确定生产要素的价格,体现了各种要素按贡献参与分配。这种要素价格本质上是衡量生产要素贡献大小的工具。

具体而言,假定企业生产某一种产品,在其他要素投入不变的情况下,增加一单位某种要素的投入量,企业产品增加的数量就是该要素对生产的边际贡献,也称为边际产品。在企业追求利润最大化的原则下,企业中各种要素投入的数量将达到这样的水平,即对于任何一种要素,其价格恰好等于其边际产量值。这一原则制约着要素市场上所有要素的定价行为。当市场上某种要素供给增加时,该要素的市场价格将下降,在其他要素不变的情况下,该要素的边际产量值大于其边际成本,由于各生产要素之间是可以相互替代的,因此厂商将增加对于该要素的投入。相反,如果市场上某种要素的价格上涨,其边际产量值小于边际成本,则厂商将减少对该要素的需求。可见,在一定的生产技术决定的要素组合的前提下,生产要素的供求状况直接决定要素价格,厂商根据要素价格决定要素投入的数量。这反映了生产要素的初次收入分配状况。

二、收入再分配与公共政策

收入分配的公平性一直是各国政府公共政策所关注的重要社会公共问题。作为收入分配的重要环节,收入再分配是在以市场为主导的初次分配基础上,政府以管理者的身份,通过各种渠道,在各收入主体之间所实现的现金、实物转移或公共服务可及性的改变,实质在于通过政府的非生产性转移对各要素的实际收入进行重新分配,改善已形成的初次分配格局,矫正初次分配的不公平,从而使收入分配最终的整体结果更具公平性。实现收入再分配的工具和手段主要有税收、转移支付、社会保障等。

(一) 税收的再分配效应

税收是政府作为公共权力机关,为满足社会公共需要,依据法律所规定的标准和程序,对个人或组织强制性地无偿征收实物或货币,获取财政收入加以集中使用的一种方式。税收是对政府提供公共产品和服务的补偿。从这个角度讲,税收收入是收入分配的物质基础,还是政府进行收入再分配的客观手段。税收本身的特性决定了其不但能够通过宏观税负水平直接体现一定时期政府作为监管者与企业、个人等社会纳税成员间特殊的利益分配关系,而且具体税种的选择、课税标准的确定和征税税率的划分更可以直接形成纳税主体间不同的收入调整关系。税收调节收入分配起到其他财政工具不可替代的补充作用,也因此成为市场失灵情况下政府参与收入分配最为重要而规范的形式,以及实现市场机制难以达到的收入分配公平目标的重要经济手段。

对税收分配效应的认识,真正源于亚当·斯密,他强调以效率为中心,因而税收应在收入分配调节中居于次要地位。19世纪中后期经济学家开始重视税收在调节收入分配、促进社会分配公平中的积极作用。大多数经济学家赞同累进的税收设置有助于缓解收入分配的不平等。瓦格纳认为可通过征税来调节社会财富分配不均、贫富差距扩大的现象;庇古的收入强制转移理论主张应基于公平原则,利用税收进行收入再分配,促进社会财富分配趋于公平;马歇尔和凯恩斯均强调税收的累进性,后者还特别提出调节收入分配应采用以直接税为主体的税制结构。也有学者反对通过累进税制进行收入再分配,认为比例税率更能促进社会公平分配,罗尔斯更是直接提出税收的劫富济贫论,认为应通过税收从富裕者那里获得收入以帮助穷困者;配第最早明确提出税收公平原则,认为应平等地对待纳税人,根据纳税人的不同能力,征收不同数量的税,也就是通常所说的量能征税。税收调节收入分配的关键在于通过合理税制的设计,协调好不同收入阶层尤其是高收入者和低收入者之间的利益关系。

税收参与收入分配包括两个层次。第一个层次主要通过易于转嫁税收负担的间接税,调节生产过程要素收入的初次分配,主要目的在于提升经济效率、实现社会公平。第二个层次主要通过不易转嫁税收负担的直接税进行调节的收入再分配,继续追寻非中性公平原则,使不同负担能力的纳税人能够负担与其能力相适应的合理税收,主要目的在于促进公平分配、实现社会公平。目前,西方国家的税收调控体系都以财产税、遗产税、社会保障税等直接税为主,力求充分发挥各具体税种的协同效应。

(二) 转移支付的再分配效应

转移支付是收入再分配的重要手段,可以起到调节收入不平等并实现收入流动的积极作用。与税收更多具有使富裕者收入减少的功能不同,转移支付的功能更多的是使贫穷者的收入增加。

以政府为主体的转移支付是不以商品或劳务的获取作为补偿的无偿财政拨款,既包括一国各级政府间的转移支付,又包括政府对居民、企业的转移支付。无论是以政府为对象,还是以居民、企业为对象,政府转移支付的资金均来自国民收入初次分配中政府的各种财政收入,但其流向一般仅限于贫困地区的居民和企业。富裕的地区中,居民、企业的一部分收入能够转移到贫困地区的居民、企业,直接提高后者的收入水平,相应缩小两者间的收入差距,进而改变业已形成的收入初次分配格局,使其在结构上更趋合理。改善市场主导所不可避免的收入分配不平等,是政府转移支付在收入再分配效应中的重要体现。

转移支付大体可分为一般性转移支付和专项转移支付两类。一般性转移支付又称为无条件转移支付,是支付方在拨付资金时不附加包括用途在内的任何要求的转移支付资金,接收方可根据自身经济社会发展需要和实际情况,自主灵活地支配转移支付资金的使用方向和具体数额。虽然一般性转移支付并不能直接改变地区间经济发展的不平衡,但相对于贫困地区政府基本公共服务能力的改善,一般性转移支付可以提高其辖区内公众所能享受到的基本公共服务水平，使社会资源得到更为有效的合理配置，进而逐步缩小贫困地区与富裕地区的发展差距，促进政府间财政能力分配的纵向公平、横向公平，有利于地区的均衡发展，改善地区间的公共服务，缩小其收入差距，是一般性转移支付最为重要的收入分配效应。

专项转移支付又称有条件转移支付，转移支付方根据经济社会发展的薄弱环节和重要变化，为实现某一特定目标，对拨付资金限定使用范围，附加包括配套要求等其他使用条件的转移支付，资金接收方不能自主灵活地支配转移支付资金的使用方向和具体数额，而是必须满足支付方的标准和条件，严格按照其规定使用转移支付资金，即通常所说的专款专用。作为政府宏观调控的重要手段，专项转移支付具有较强的政策性，其更多地体现支付方的政策意图，资金接收方只是通过专项资金的落实来承担与之相应的专项任务。专项转移支付也因此成为资金方引导资金接收方经济行为，使其符合自身政策意图的要求，并包含一定政治成分的经济手段。其刺激需求、扩大就业、促进稳定的效果相对较为明显，除弥补财政缺口这一相对被动的作用之外，通常以公平为政策导向，是支持资金接收方对包括教育等福利项目进行收入再分配的重要政策工具。加大专项转移支付，有利于缩小地区间特定公共服务的差距，促进公共服务的均等化和社会公平目标的实现，这也是其最为重要的收入再分配效应。

(三) 社会保障的再分配效应

作为公共政策的重要内容，以政府为主导的社会保障，既是保证人民基本生活、调节社会分配不可或缺的手段，也是收入再分配制度的关键组成部分。如果说税收侧重于"劫富"，政府转移支付侧重于"济贫"，那么社会保障就像合二为一的"劫富济贫"。社会保障主要有三种类型，即面向劳动者的社会保险、面向社会低收入者的社会救助、面向全体社会成员的社会福利。

社会保障是国家通过国民收入的初次分配和再分配，依据法律法规对公民给予特定的现金或实物补助，以保证国民基本生活、维持劳动力再生产、维护社会稳定，并逐步提高国民福利水平的公共措施及制度安排。

社会保障通过对收入分配的调节保障国民基本生活，缩小收入差距，实现社会公平。一般情况下，社会保障收入与居民收入差距呈负相关关系。社会保障有利于解决因特殊情况无力维持基本生活水平的特定人群的问题，在实现社会公平正义方面发挥着不可替代的作用。一方面，政府是社会保障的供给主体。在拨款中依据公平原则，高收入群体按照累进税制缴纳税收的较大比重。通过强制性的社会保障，富裕阶层的收入转移给需要帮助的贫困阶层，不但能够保障国民的基本生活，而且可以缩小贫富差距，缓和社会矛盾，体现出社会保障收入再分配的公平原则。另一方面，尽管对收入再分配的作用程度不同，作用机制也存在一定的差异，但无论是社会保险、社会救助，还是社会福利，都还是能够通过对社会保障对象代际、代内的收入调节，尽可能地为社会成员的起点公平、过程公平创造条件，实现收入分配的纵向、横向平衡。立足于保障公民的基本生活，适度向低收入群体为主要对象的社会救济和社会福利倾斜，保护和激励相统一，是社会保障能够有效调节收入再分配的重要条件。社会保障收入再分配效应主要受两种因素的影响：一是社会保障的覆盖范围，这是整体衡量社会保障收入再分配效应的重要标志，服务范围越大，人数越多，收入再分配效应也就越强；二是社会保障资金的规模及筹集模式，一般而言，规模越大，政府投入越多，社会保障的收入再分配效应就越强。因此，社会保障收入再分配效应的积极发挥，需要合理界定社会保障的税费标准和供应水平。

第三节 经济增长与收入分配

过去经济理论的研究更多地强调经济增长对收入分配的决定作用，对收入分配影响经济增长的问题关注不足。近年来，随着收入差距问题的日趋显现，收入分配对经济增长的影响逐渐受到更多关注。本节主要分析经济增长与收入分配的内在关系，一是经济增长对收入分配的影响，即经济增长的收入分配效应；二是收入分配对经济增长的影响，即收入分配的经济增长效应；三是应正确处理收入分配与经济增长的关系。

一、经济增长对收入分配的影响

经济增长是收入增长与收入分配的基础和条件，没有经济增长就不会有收入增长。一般而言，经济总量大，增长速度快，为改善收入分配、消除贫困、提高分配平等程度提供了必要的经济条件。

但经济增长并不必然改善收入分配状况。皮凯蒂（2014）提出，对过去300年的工资、财富状况的经济史的考察发现，长期以来，收入差距逐渐扩大，并且收入差距扩大是必然的结果，收入差距的缩小才是偶然的、不正常的现象。

经济增长引起收入分配的变动主要分为两种情况：一种情况是经济增长改善了收入分配状况，如增加低收入者收入、消除贫困、促进就业、减小收入差距；另一种情况是经济增长恶化了收入分配状况，如拉大贫富收入差距、导致两极分化、贫困人口增加。这就是经济增长的收入分配效应，具体的作用机制如下。

（一）经济增长速度影响收入分配

在经济增长的不同阶段，经济增长速度对收入分配会产生不同的影响。当经济增长处于初级阶段时，经济增长速度较慢，劳动生产率水平较低，物质财富匮乏，各个生产者可以参与分配的物质资料也比较少。此时社会各成员之间多采取类似于平均主义的分配方式，生产者之间的收入差距自然较小。随着生产力水平的不断提升，劳动者的劳动生产率水平也有了较大提高，经济增长速度加快，物质资料生产不断丰富，此时的收入差距开始出现不断拉大的情况，收入分配的不平等程度也逐渐提高。但随着生产力水平的进一步提升，经济进入中高收入阶段，经济增速放缓，生产者之间的收入差距又会逐渐缩小，收入分配的不平等程度也会有所降低。

发展经济学家库兹涅茨根据英国、德国及美国的不平等状况进行长期研究，发现经济增长会首先导致收入不平等提高，然后导致收入不平等下降，这就是著名的库兹涅茨倒 U 形曲线。该曲线背后的作用机制是,劳动要素从低生产率部门向高生产率部门流动,也就是从中等程度的不平等部门向低程度的不平等部门流动,结果造成了部门之间的不平等程度高于部门内部的不平等程度。

（二）经济增长的周期波动影响收入分配

经济增长的周期性波动影响收入分配的状况,并引起收入分配的周期性波动。经济增长的周期性波动是经济增长的一个基本规律,收入分配状况的改变与其相适应。

当经济增长从危机中复苏,逐渐转向经济扩张,并进入高峰期时,经济主体的消费需求和投资需求逐渐增加。扩张期对劳动力的需求一般将大于对劳动力的供给,工资收入水平上升,整体收入差距缩小,贫困程度降低,使全社会各阶层收入水平都有所提升,最终改善收入分配状况。

美国经济学家阿瑟·奥肯(Arthur Okun)发现了周期波动中经济增长率和失业率之间的经验关系,即当实际 GDP 增长相对于潜在 GDP 增长(美国一般将其定义为3%)下降2%时,失业率上升大约 1%;当实际 GDP 增长相对于潜在 GDP 增长上升2%时,失业率下降大约 1%,这条经验法则以其发现者的名字命名,称为奥肯定律。根据奥肯定律,经济增长可以降低失业率,进而达到改善失业者贫困状况的结果,并且从整体上提高社会各阶层的相对收入水平,改善社会收入分配状况。相反,经济衰退会通过提高失业率导致因失业而造成的贫困人口的增加,从而从整体上降低社会各阶层的相对收入水平,最终导致收入分配状况恶化。这表明经济增长的周期性波动会引起收入分配的周期性波动。

二、收入分配对经济增长的影响

经济增长影响收入分配状况,反过来,收入分配的效果也会作用于经济增长,甚至会决定经济能否保持持续稳定增长。收入分配主要从如下几个方面影响经济增长:

（一）经济增长的不同状态,需要与之相适应的收入分配政策

在经济增长处于不同状态,尤其是供求状况不均衡的情况下,需要与之相适应的收入分配政策,否则会阻碍经济增长和经济整体的均衡。

在经济增长出现供给小于需求的短缺经济的情况下,收入分配制度和政策应当更具有激励性,通过适当拉开不同劳动者的收入差距,激励多劳多得,调动劳动者劳动的积极性,从而为促进供给增加提供必要条件,扭转供小于求的短缺状况。而当经济处于供过于求的过剩经济情况下时,应当采取较为公平和平等的收入分配政策,因为适当平等的收入分配政策有利于刺激消费者的消费和扩大需求,缓解供过于求的不均衡状况。如果此时仍然采取拉大收入差距的收入分配政策,将不利于中低收入者扩大需求,因为其消费能力和可支配收入有限,而高收入者即使收入进一步增加,其消费倾向也不会有太大的提升。所以,供求不平衡,需求不足的情况会被进一步放大,影响经济增长(权衡,2004)。

（二）收入分配的激励效应

一般而言，收入分配状况将直接影响对生产要素所有者的激励，进而决定要素所有者投入要素的努力程度和积极性。根据理性人假设，要素所有者追求收入最大化，其投入生产要素生产的根本目的是获取收入报酬最大化。厂商应当设计合理的收入分配制度，激发生产要素所有者的积极性。相反，一种不合理的收入分配制度，既无法为利益主体提供有效的激励，又不能形成一定的约束条件，无法确保经济高效率的增长。

在传统计划经济体制下，生产要素配置依靠行政计划指令，要素流动性不足，要素报酬平均化，报酬激励性严重弱化，导致劳动者不能充分发挥积极性和创造性，经济增长低效。改革开放后，收入分配格局变化，差距适当拉开，有利于劳动者为获取更高的要素报酬在劳动力市场上展开竞争，通过优胜劣汰，使劳动力要素配置更加合理、有效。生产要素报酬差异程度影响要素自由流动并在加快要素流动过程中提高资源配置效率，加快经济增长，要素流动，资源不断被重新配置，并促进配置效率不断提高。

（三）收入分配的创新效应

收入分配还从利益分配与物质激励角度为创新提供了动力，经济发展的根本动力就在于实现创新，任何一种产品创新、技术创新、制度创新、市场创新等都会从根本意义上推动经济增长与发展，而收入分配则直接关系到创新的原动力问题。合理的收入分配会激励和促进创新主体从追求自我利益最大化的角度去不断进行创新，采用新技术并从创新中获得更多的收入；同时，技术水平也会不断提高。而不合理的收入分配制度，比如绝对平均主义分配制度，与劳动贡献没有任何关系，将压抑个体的创新精神和创新活动。

（四）收入分配与社会稳定

如果一个社会收入分配差距过大，出现两极分化，则很有可能带来直接或间接的社会不稳定因素，甚至出现政局动荡不安。因此，合理的收入分配，既有利于政局稳定，也有利于经济持续增长。为了经济和社会更加和谐地发展，一个国家在收入分配领域的调整既不能缺失效率原则，也不能缺失公平原则，而应更好地协调二者之间的冲突，根据发展阶段和实际情况，把二者结合起来。

三、正确处理经济增长与收入分配的关系

（一）收入分配与经济增长是对立统一的辩证关系

现实中，有些国家实行优先增长战略，牺牲收入分配，严重恶化收入分配状况，加剧社会不平等，并影响经济增长。也有些国家以收入公平分配为优先，损害经济增长效率，导致低速增长和分配的物质基础缺乏。所以，有一种观点认为，经济增长与收入分配是替代关系。在经济增长过程中，收入分配均等化与高效率增长很难有效结合在一起，要保证经济高速增长，必然会影响收入公平分配；要实现公平分配，必然影响和阻碍经济高速增长。这类观点是有缺陷的，也是片面的。

收入分配与经济增长的关系除了具有对立的一面，还具有统一的一面。公平的分配

制度有利于促进经济增长,合理的经济增长则为收入分配更加公平提供了物质基础。因此,两者具有相互影响、相互促进的关系。

(二) 正确处理收入分配与经济增长对立统一关系的措施

一是形成有利于改善收入分配状况的经济增长模式,这是正确处理两者关系、促进两者协调发展的前提。有利于收入分配改善的经济增长模式需要具备如下条件:①高效率的经济体制环境和公平竞争的环境;②合理优化的经济结构,比例结构优化并且符合演进规律的产业结构,合理的城乡结构以及区域结构;③经济保持高速增长,达到高度发达水平;④高效透明的政府体制和政策体系。

二是形成有利于推动经济高速稳定增长的收入分配模式,这是正确处理两者关系、促进两者协调发展的重要保证。适度合理的收入分配差距,有利于形成激励效应和高效率的资源配置。收入差距过大会产生社会效应和平均主义分配的消极影响,阻碍经济增长和稳定。合理的收入分配模式具体要求如下:①分配制度必须承认在分工与专业化生产和比较利益差别基础上形成的收入分配差距;②必须形成顺应市场经济发展要求的按要素分配机制;③依靠完善的收入再分配手段有效调控收入差距;④完善的社会保障制度与健全有效的法制体系和制度环境(权衡,2017)。

第四节 收入差距与分配不公

当前理论界对收入分配的关注集中于收入差距问题。收入差距过分扩大是一种分配不公的表现,将会破坏社会稳定,阻碍经济发展,产生一系列消极影响。

一、收入差距与分配不公的理论分析

收入差距与分配不公,既有联系又有区别。收入差距存在一个最优范围,合理的收入差距,有利于经济增长(Li and Zou, 2010; Forbes, 2000; Perugini and Martino, 2010)。收入差距小于或大于合理的范围,都不利于经济增长。本节将主要论述不合理的收入差距问题的消极影响。不合理的收入差距问题,可简单分为两种:一种是没有收入差距或收入差距过小,如平均主义的分配;另一种是收入差距过大,这是收入分配当前存在的主要问题。

不合理的收入差距的消极影响主要表现为如下几个方面:

第一,通过隧道效应对人的心理产生负面影响。隧道效应是指,当两条车道都发生拥堵时,处在两条车道上的人的情绪相同,但当一条车道能够通行,而另外一条车道持续拥堵时,处在拥堵车道上的人将会产生消极情绪,他们会强行挤入畅通车道,造成两条车道再次拥堵。这就是收入分配的隧道效应。收入分配差距过大,最终会影响全体劳动者的福利状况(Alesina and Perotti, 1993)。然而,如果一个社会的收入流动性高,低收入者能迅速改变自己的收入状况,甚至与高收入者互换其收入所处的位置,隧道效应就会降低,所造成的心理负面影响也会大大减少。

第二,当收入差距过大时,幸福感会因收入相对较少而下降。这一作用机制会导致即使一国经济水平提高,人们的平均幸福水平也并未随之提高,即产生"幸福-收入之谜",并且可能出现威胁社会稳定的行为(田国强和杨立岩,2006)。也有学者认为,处于社会下层的成员因无法获得事业上的成功而与社会疏离,产生紧张感,这种情绪因收入差距扩大而加剧,并很可能导致犯罪(Merton,1938)。

第三,不合理的收入差距会导致社会冲突的产生。随着经济发展和人们生活水平的提高,人们会致力于发展经济从而可以容忍一定的收入差距(Friedman,2009)。但过大的收入差距可能引起一系列社会政治冲突,降低财产的安全性(基弗等,2008)。收入差距的扩大将导致社会摩擦增多,弱势群体可能会寻求包括犯罪在内的手段来缓解因其自身的低收入所产生的被剥夺感,一些穷人将从事掠夺性行业。收入差距扩大会推动犯罪率,尤其是财产犯罪率上升。

二、收入差距扩大的影响因素:市场因素与非市场因素

在收入分配领域中,市场因素所造成的收入差距是可以被人们接受的。但如果是由于市场机制不完善所造成的收入差距,比如资本市场不健全,则应当尽量去完善市场,以此缓和其造成的收入差距。可以说在完善的市场机制下的居民收入差距是公平的,是劳动者个人能力、素质的价值差异体现,比如劳动生产率高低、人力资本的差异,都会影响收入差距。

(一)市场因素

1. 劳动生产率、人力资本与收入差距

劳动者的收入受劳动生产率高低的影响。社会经济的发展水平决定了劳动生产率的高低,并受到科技发展水平、劳动者熟练程度、与要素结合程度等影响。在完善的市场机制中,劳动者生产率越高,其收入就越高。劳动者可以通过人力资本投资,提升劳动生产率,进而增加收入。接受教育是进行人力资本投资、提升劳动生产率的重要途径之一。由于社会上不同阶层的人群受教育程度存在差别,人力资本投资的程度也存在差异,这种差异将显著影响收入差距(Gregorio and Lee,2010)。由人力资本投资不同造成的收入差距在市场上是正常的、不可避免的,这有利于激励劳动者对自身和后代进行人力资本投资(谢勇,2006)。

2. 市场机制不完善与要素价格扭曲

生产要素的价格主要通过市场机制决定,而市场机制不完善将直接导致要素价格扭曲。存在价格扭曲的要素市场不利于资源的合理配置,从而导致市场效率降低和福利损失。以劳动要素市场为例,我国城乡二元户籍制度曾形成的坚固的户籍壁垒,导致劳动力无法在城市与农村之间自由流动,劳动力市场被扭曲,供给与需求得不到客观体现,城市与农村劳动力之间的收入差距由于要素市场的壁垒被拉大,无法对劳动力形成有效激励。

(二) 非市场因素

1. 行政垄断、腐败与灰色收入

行政垄断主要是政府及其相关部门通过行政权力限制市场竞争，刻意造成垄断的行为。比如给予某些企业特许经营权，设置行政审批，来提高市场进入壁垒。在政府通过行政垄断努力获取巨额收益的过程中，形成垄断的行业或企业，还能通过受行政管制的低于市场价格的资源红利获得巨额收益。相关的管理者和劳动者就容易因此获得比其他行业或企业中的就业者高得多的工资报酬，加剧了整个社会居民收入分配的扭曲和不公。有不少行政垄断企业获得了大量财富，压缩了实体经济的利润，让很多竞争性企业只能获得非常微薄的利润，降低了竞争性企业的劳动者所能获得的收入，使资本和人才流失。

2. 不完善的社会政策与收入不平等

不完善的社会政策主要指社会保障不公和公共服务不均等。如果一个国家未对其所有的居民实施同样程度的社会保障，转移给社会保障程度低的居民的收入少，就会人为造成不公，社会保障程度低的居民在社会中的经济地位低下，支付能力有限，不利于他们去寻找更好的就业机会，提升收入。一般来说，富裕的地区社会保障程度高，造成这一现象的原因是，地方政府经济实力不平衡，转移支付金额差异较大，贫穷的地区无法提供较好的社会保障资金，需要国家层面关注全国人民的社会保障公平。基本公共服务里最基本的就是教育和医疗，二者会在较长的时间里影响人们的收入和福利。只有均等的公共服务，才能体现一国的社会公平，维持公平的竞争环境。教育是人力资本积累的重要渠道，在长期能够显著缩小收入差距。从宏观层面来看，加大教育投入有利于扩大就业。公共卫生资源的投入与教育投入所能产生的作用有相似之处。

第五节 中国特色社会主义收入分配的理论与实践

我国处在社会主义初级阶段，采取以按劳分配为主体、多种分配方式并存的分配制度。该制度与我国的基本经济制度相适应，是建立在马克思主义政治经济学基础上的分配制度。改革开放以来，我国居民的收入分配状况不断改善，人民生活水平持续提高，但也出现了财富和收入差距过分扩大的问题。

一、现阶段我国的收入分配制度及其理论基础

在社会主义初级阶段，我国实行了以公有制为主体、多种所有制经济共同发展的基本经济制度。这就要求我国的分配制度应当与基本经济制度确定的所有制结构相适应。改革开放以后，我国逐渐形成了以按劳分配为主体、多种分配方式并存的分配制度。其中的多种分配方式主要指以下两种：一种是作为主体的按劳分配方式，另一种是按生产要素所有权分配的方式。前者与我国当前的公有制经济相适应，后者与非公有制经济相

适应,主要指民营经济和外资经济。

马克思在《哥达纲领批判》中将共产主义社会区分为低级阶段和高级阶段。"在共产主义社会高级阶段,迫使个人奴隶般地服从分工的情形已经消失,从而脑力劳动和体力劳动的对立也随之消失之后;在劳动已经不仅是谋生的手段,而且本身成了生活的第一需要之后;在随着个人的全面发展,他们的生产力也增长起来,而集体财富的一切源泉都充分涌流之后——只有在那个时候,才能完全超出资产阶级权利的狭隘眼界,社会才能在自己的旗帜上写上:各尽所能,按需分配!"(马克思和恩格斯,2009)共产主义的低级阶段即社会主义阶段,与共产主义高级阶段存在明显的差别,尤其是生产力层面,社会主义阶段的社会分工与社会化程度都未达到高级阶段的水平,分配方式采取的是按劳分配。马克思所设想的社会主义阶段,生产资料归全社会成员共同占有,不存在商品经济,因此,社会主义的按劳分配主要采取消费品的实物分配,而不是借助货币采取的价值分配。但随着社会主义经济建设实践的不断深入,在初级阶段仍然存在商品的生产和交换,按劳分配还需要借助商品货币关系,采取货币价值形式实现。劳动者通过劳动领取工资,然后用工资购买商品满足需要。

需要强调的是,虽然在社会主义初级阶段的按劳分配采取的是货币价值形式,但是在实行按劳分配的公有制经济内部,劳动者都是平等的,劳动者整体成为生产资料的所有者,每一个劳动者都是生产资料的主人,没有任何人可以凭借占有生产资料而获取收入。这从根本上体现了社会主义公有制的本质属性,也反映了社会主义要实现共同富裕的最终目标。但是,按劳分配实行等量劳动相交换的基本原则,这与商品经济中的等价交换采取的是同一原则。在公有制经济内部的劳动者,在分配中实行多劳多得、少劳少得的分配方式,劳动能力和水平的强弱、高低,直接决定了其收入分配的多少。这就必然会造成劳动者之间的收入差距。适当地拉开收入差距有利于调动劳动者的积极性,促进生产力的解放。

社会主义初级阶段的非公有制经济,采取的是按生产要素所有权分配。非公有制经济主要指的是私有制经济,如民营经济和外资经济。在私有制经济中,首先按照资本的大小参与分配,是以资本所有权的分配为核心的。劳动者与资本以雇佣劳动的方式相结合,劳动者凭借其自身的劳动力价值在收入分配中获取工资。可以看出,公有制经济中的劳动者的收入分配方式与私有制经济中的收入分配方式存在根本不同。公有制经济中的劳动者作为生产资料的所有者与生产资料结合从事生产活动,实行按劳分配;私有制经济中的劳动者作为雇佣劳动与生产资料相结合,根据劳动力价值获取工资收入。

按生产要素所有权分配,只存在于各种生产要素掌握在不同所有者手中的社会经济中。"无论是公有制还是私有制,只要同一经济主体占有各种生产要素,就不存在按要素所有权分配问题。就私有制来说,个体经济自有自营,全部生产成果归自己所有,不存在按要素所有权分配关系。在奴隶制度下,奴隶主既占有生产资料,又占有奴隶,也不存在按要素所有权分配关系。就公有制来说,无论是原始社会公有制,还是社会主义和共产主义公有制,生产要素掌握在同一主体手中,分别实行平均主义分配、按劳分配和按需分配,而不实行按生产要素所有权分配。最典型的按生产要素所有权分配,就是资本主义分配方式。资本主义经济是生产高度社会化的市场经济。资本、土地、劳动力(包括雇佣工人、科技和管理人员)等生产要素分别掌握在不同人员手中,只有将这些分散的生产要素结合起来才能进行资本主义生产。"(卫兴华,2018)

二、我国收入分配领域存在的问题及对策

改革开放四十多年来,我国经济建设方面取得了巨大成就,但财富和收入差距过分扩大的问题也日益凸显。根据国家统计局公布的数据,我国的基尼系数维持在 0.46 以上,这在国际上都属于收入差距较大的情况。我国的收入差距扩大主要表现为城乡居民之间、地区之间、行业之间的收入差距。对于收入差距过分扩大的原因,学术界存在多种解释。有学者指出,改革开放以来,我国选择了社会主义市场经济的改革方向,打破了计划经济时代的平均主义,分配方面更加重视对各个生产要素的激励,适当拉开了收入差距(赵人伟和李实,1997)。还有学者指出,我国当前经济发展正处在库兹涅茨倒 U 形曲线的上升部分,市场有效配置资源的要求,以及生产者初始要素禀赋的差异都会导致收入分配失衡(周云波,2009)。有学者指出是经济体制的不健全、收入分配政策的不完善导致收入分配差距扩大,经济体制方面如城乡二元结构导致的城乡收入差距扩大,收入分配政策方面如教育制度、社会保障制度不完善等(吕炜和高飞,2013)。还有学者认为,垄断和腐败问题是造成我国当前阶段收入分配差距扩大的主要原因(武鹏,2011)。有学者指出,造成收入分配差距扩大的原因是复杂多样的,但主要可以归纳为以下几个方面:"私有制经济的快速发展和比重的大幅度提高,使得少部分人积累起巨大的财富,成为亿万富翁,是财产和收入差距扩大以至过大的最重要的原因;市场调节分配,市场竞争优胜劣汰,垄断和不正当竞争,通过炒房、炒股、炒外汇等各种炒买炒卖暴富,是财产和收入差距扩大以至过大的重要原因;实行包括按资分配在内的多种分配方式、让一部分人先富起来的收入分配政策,也是财产和收入差距扩大的重要因素;劳动力总体素质不高、充足价廉,资本严重短缺、享受各种优惠补贴、回报高,是劳动收入偏低、资本收入偏高的重要因素;经济发展方式不科学、产业结构不合理、处于世界产业价值链的低端,使得经济效益不高,主要只能赚取较低的加工费,是收入低特别是工薪收入偏低的重要原因;贪官污吏利用国企改革和发展市场经济、对外开放之机,以权谋私、权钱交易、行贿受贿、贪污国有资产、化公为私等途径谋取暴利,因此腐败也是造成贫富差距扩大特别是过大的重要原因。"(简新华,2018)还有学者从宏观层面研究了我国当前收入分配中存在的问题,他们指出,我国在政府、企业和居民部门之间没有形成合理的利益分配机制,初次分配中,政府的强势地位挤压企业和居民部门的收入。"资强劳弱"的力量对比使得价值分配更多偏向于资本。工资与劳动生产率同步增长机制还没有形成(韩文龙和陈航,2018)。

如何认识我国当前出现的收入差距扩大的问题?我国有没有出现贫富两极分化的

情况？这是值得思考和研究的。改革开放初期，为了调动各生产要素所有者的积极性，邓小平提出允许一部分人先富起来的收入分配政策，他提出，"我们允许一部分人先好起来，一部分地区先好起来，目的是更快地实现共同富裕。正因为如此，所以我们的政策是不使社会导致两极分化，就是说，不会导致富的越富，贫的越贫。坦率地说，我们不会允许产生新的资产阶级""社会主义的目的就是要全国人民共同富裕，不是两极分化。如果我们的政策导致两极分化，我们就失败了；如果产生了什么新的资产阶级，那我们就真是走了邪路了"（邓小平，1993）。客观来看，我国确实存在财富和收入差距扩大的问题，但并不能简单将此现象归结为我国出现了贫富两极分化。两极分化是指富者愈富，穷者愈穷。改革开放以来我国居民的收入水平都有所提升，并没有产生"富者愈富，穷者愈穷"的绝对两极分化，只是出现了不同人群收入增长幅度的差异，一部分人先富起来导致了收入差距的扩大。而且从整体上看，我国还存在大量的公有制经济，对国民经济发展起主导作用，劳动者整体作为公共生产资料的所有者，并不属于无产者，并没有分化成两大对立的阶级。即使是民营经济和外资经济，也是在国家的引导、鼓励和支持下发展起来的，且服务于整个国家的经济社会发展。虽然存在收入差距，但是全体人民的收入水平从总体上说有了极大的提高。

但我们必须认识到收入差距过分扩大给经济社会发展带来的危害，并积极采取措施有效解决收入差距过分扩大的问题，实现共同富裕的最终目标。邓小平 1992 年在南方谈话中指出："走社会主义道路，就是要逐步实现共同富裕。共同富裕的构想是这样提出来的：一部分地区有条件先发展起来，一部分地区发展慢点，先发展起来的地区带动后发展的地区，最终达到共同富裕。如果富的愈来愈富，穷的愈来愈穷，两极分化就会产生，而社会主义制度就应该而且能够避免两极分化。解决的办法之一，就是先富起来的地区多交点利税，支持贫困地区的发展。当然，太早这样办也不行，现在不能削弱发达地区的活力，也不能鼓励'吃大锅饭'。什么时候突出地提出和解决这个问题，在什么基础上提出和解决这个问题，要研究。可以设想，在本世纪末达到小康水平的时候，就要突出地提出和解决这个问题。"（邓小平，1993）而具体如何解决我国当前收入分配中存在的问题，可以采取如下措施：一是真正做强做优做大公有制经济，为缩小收入差距扩大、实现共同富裕提供坚实的经济基础。解决当前公有制经济发展中面临的问题，大力发展混合所有制经济，采取"管资本"的改革措施，提升公有制经济整体的效率和活力，发挥公有制经济的福利效应。二是健全市场体系、完善市场机制，加强市场监管、规范市场行为，防止垄断和不正当竞争，缓解市场失灵、竞争优胜劣汰可能带来的贫富两极分化。三是打好精准脱贫攻坚战。重点解决实现"两不愁三保障"面临的突出问题，加大"三区三州"等深度贫困地区脱贫攻坚力度，加强基础设施建设，落实对特殊贫困人口的保障措施。脱贫致富离不开产业支撑，要大力扶持贫困地区发展特色优势产业。四是加快发展社会事业，更好地保障和改善民生。发展更加公平、更有质量的教育，保障基本医疗卫生服务，完善社会保障制度和政策。

本章总结

收入分配是经济学持续关注的重要主题。本章首先分析了收入分配问题的基本概念、研究对象和范畴、理论基础。收入分配的理论基础包括古典政治经济学、新古典微观经济学、新古典宏观经济学、发展经济学、新制度经济学等理论;收入分配问题的基本分类为微观收入分配问题与宏观收入分配问题。随后,本章分别从初次分配和再分配两大视角梳理收入分配所关注的基本问题。初次分配又称为要素分配,是指按照各生产要素对国民收入贡献的大小而进行的分配,反映出各种生产要素所有者之间的基本利益关系。再分配是指在国民收入初次分配的基础上,政府在收入主体之间通过各种渠道实现现金或者实物转移的一种收入再分配过程。再分配主要通过政府调控机制起作用,政府进行必要的宏观管理和收入调节,是保持社会稳定、维护社会公正的基本机制。再分配政策主要有税收、转移支付和社会保障。然后,本章重点研究了经济增长与收入分配两者之间的对立统一关系。经济增长影响收入分配,可能产生积极的收入分配效应,也可能造成消极的收入分配结果,这取决于经济增长的模式选择。反过来,收入分配状况也会直接影响经济增长的速度和质量,合理的收入分配有利于经济增长和社会稳定,在经济发展过程中应当妥善处理好经济增长与收入分配两者的辩证关系。接着,本章区分了收入差距与分配不公两者的不同含义。收入差距并不必然导致分配不公。适当的收入差距有利于调动经济增长的活力,但收入差距过分扩大是一种分配不公的表现,将会破坏社会稳定,阻碍经济发展。最后,本章重点研究了我国的收入分配理论和实践问题,我国处在社会主义初级阶段,分配制度采取的是以按劳分配为主体、多种分配方式并存的分配制度。该制度与我国的基本经济制度相适应,是建立在马克思主义政治经济学基础上的分配制度。改革开放以来,我国居民的收入分配状况不断改善,人民生活水平持续提高,但也出现了财富和收入差距过分扩大的问题。

核心概念与术语

收入分配	Income Distribution
初次分配	Primary Distribution
收入再分配	Income Redistribution
公共政策	Public Policy
再分配效应	Redistribution Effects
转移支付	Transfer Payment
社会保障	The Social Security
经济增长	Economic Growth
收入差距	The Income Gap

两极分化	Polarization
分配不公	Unfair Distribution
收入不平等	Income Inequality
按劳分配	Distribution According to Work
按生产要素分配	Distribution According to Productive Factors

复习思考题

1. 简述收入分配问题的理论基础。
2. 收入再分配的政策手段有哪些？
3. 如何理解经济增长与收入分配的辩证关系？
4. 论述收入差距产生的原因及其与分配不公的区别。
5. 我国当前的收入分配制度是什么？如何认识改革开放以来的收入差距扩大问题？

主要参考文献

[1] 邓小平.邓小平文选(第三卷)[M].北京:人民出版社,1993.

[2] 菲利普·基弗,斯蒂芬·科纳克,王少国,等.不平等与经济增长之间的链接:两极分化、政治决策与财产权[J].经济社会体制比较,2008(3):1—9.

[3] 韩文龙,陈航.当前我国收入分配领域的主要问题及改革路径[J].当代经济研究,2018(7):24—30.

[4] 简新华.中国财富和收入差距扩大的原因、利弊和对策[J].湘潭大学学报(哲学社会科学版),2018,42(6):13—16.

[5] 卡尔·马克思,弗里德里希·恩格斯.马克思恩格斯文集(第3卷)[M].北京:人民出版社,2009.

[6] 吕炜,高飞.城镇化、市民化与城乡收入差距——双重二元结构下市民化措施的比较与选择[J].财贸经济,2013,34(12):38—46.

[7] 权衡.收入分配经济学[M].上海:上海人民出版社,2017.

[8] 权衡.收入分配——经济增长的现代分析:转型期中国经验与理论[M].上海:上海社会科学院出版社,2004.

[9] 田国强,杨立岩.对"幸福—收入之谜"的一个解答[J].经济研究,2006(11):4—15.

[10] 托马斯·皮凯蒂.21世纪资本论[M].中信出版社,2014.

[11] 卫兴华.中国特色社会主义分配理论与实践的是是非非[J].海派经济学,2018(2):1—12.

[12] 武鹏.行业垄断对中国行业收入差距的影响[J].中国工业经济,2011(10):76—86.

[13] 谢勇.人力资本与收入不平等的代际间传递[J].上海财经大学学报,2006,8(2): 49—56.

[14] 赵人伟,李实.中国居民收入差距的扩大及其原因[J].经济研究,1997(9):19—28.

[15] 周云波.城市化、城乡差距以及全国居民总体收入差距的变动——收入差距倒 U 形假说的实证检验[J].经济学(季刊),2009,8(4):1239—1256.

[16] Alesina A., and R. Perotti. Income distribution, political instability, and investment [J]. NBER Working Papers, 1993, 40(6): 1203-1228.

[17] Friedman. B M. Widening inequality combined with modest growth[J]. Challenge, 2009, 52(3): 76-91.

[18] Choe J. Income inequality and crime in the United States[J]. Economics Letters, 2008, 101(1): 31-33.

[19] Forbes K. J. A Reassessment of the relationship between inequality and growth[J]. American Economic Review, 2000, 90(4): 869-887.

[20] Gregorio J. D., and J. Lee. Education and income inequality: New evidence from cross-country data[J]. Review of Income & Wealth, 2010, 48(3): 395-416.

[21] Grossman H. I., and M. Kim. Inequality, predation and welfare[J]. NBER Working Papers, 1996.

[22] Li H., and H. F. Zou. Income inequality is not harmful for growth: Theory and evidence[J]. Review of Development Economics, 2010, 2(3): 318-334.

[23] Merton R. K. Social structure and anomie[J]. Mid-American Review of Sociology, 1938, 3(4): 91-96.

[24] Perugini C., and G. Martino. Income inequality within European regions: Determinants and effects on growth[J]. Review of Income and Wealth, 2008, 54(3): 373-406.

第十章

失业与就业政策

> 可与言而不与之言,失人;不可与言而与之言,失言。知者不失人,亦不失言。
>
> ——孔子

曼昆认为,宏观经济学着重研究经济增长、通货膨胀和失业。因而失业问题是国民经济管理的重要问题。各国的宏观需求管理政策都致力于降低失业率,实现充分就业。宏观调控的目标也在经济增长和社会稳定之间进行权衡取舍。本章从失业的定义与类型、失业理论、转轨期中国的就业失业问题、治理失业与扩大就业的政策手段等方面展开分析。

第一节 失业的定义与类型

一、失业的定义与测度

为了更为明确地区分劳动力、非劳动力以及就业和失业,我们需要对总人口进行分类,根据图 10-1 可知,成年人中有一部分人,如军人和囚犯、在校学生、残障人士等丧失劳动能力的人和对生活绝望的人不能算失业人口。失业率是指失业人口占劳动力人口(就业+失业)的比重。① 而劳动参与率是指劳动力人口占劳动年龄人口的比重。②

从图 10-2 可以看出,我国的总人口数从 1978 年的 9.63 亿上升到 2016 年的 13.83 亿。1978—2016 年间,我国的经济活动人口占总人口数的比重在 42.26% 和 58.46% 间波动,均值为 54.15%。

---

① 国家统计局的数据显示,1978—2016 年间中国的失业率在 0.48% 和 3.83% 间波动。2016 年中国的失业率为 3.83%。

② 国家统计局的数据显示,1990—2016 年间中国的劳动参与率在 78.36% 和 86.07% 间波动。2016 年中国的劳动参与率高达 80.48%。

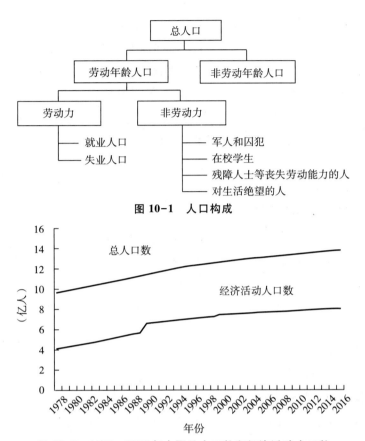

图 10-1 人口构成

图 10-2 1978—2016 年中国总人口数和经济活动人口数

资料来源：《2017年中国统计年鉴》，这里的经济活动人口就是劳动力人口。

从图 10-3 可以看出，中国的就业人口数从 1978 年的 4.02 亿上升到 2016 年的 7.76 亿。经济活动人口减去就业人口就是失业人口。按照这个口径，1978 年我国的失业人口数为 530 万，2016 年失业人口数为 3 091 万。

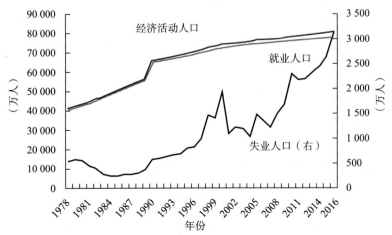

图 10-3 1978—2016 年中国就业人口数、失业人口数和经济活动人口数

资料来源：《2017年中国统计年鉴》。

虽然失业的状态似乎一目了然，但是各国对于失业的含义及标准有不同的理解。为了国际比较的方便，国际劳工组织（ILO）制定了统一的测度失业的标准。失业是指某个年龄之上，在考察期内没有工作，而又有能力工作，并且正在寻找工作的人员。从这个意义上来说，失业必须满足如下标准：①没有工作；②愿意并有能力工作；③在最近4周内积极寻找过工作。虽然世界各国在统计失业率时原则上参照 ILO 的标准，但是由于各国的劳动力制度、人口结构、工会力量、失业保险制度存在很大差异，因此各国在 ILO 标准的基础上，为统计失业率制定了具体的实施标准。例如，欧洲联盟统计办公室（EUROSTAT）在 ILO 的基础上，为欧盟各国统计失业率制定了具体的实施标准，美国和加拿大也有自己的分类标准。

中国的失业可以界定为：16 岁以上，在调查周没有工作、愿意接受最低工资标准的工资，并积极寻找工作的人员（李晓西，2011）。国家统计局对就业人员的界定是："从事一定社会劳动并取得劳动报酬或经营收入的人员，包括全部职工、再就业的离退休人员、私营业主、个体户主、私营和个体从业人员、乡镇企业从业人员、农村从业人员、其他从业人员（包括民办教师、宗教职业者、现役军人等）。"相比于失业人口的绝对数，失业人口占经济活动人口的比重（失业率）更能反映失业情况。我国自 1949 年以来就开始劳动就业方面的统计工作，主要目的是编制国民经济发展计划。由于特殊的历史背景，当时的失业统计有政策性失业的色彩。改革开放后我国主要用城镇登记失业率作为衡量失业的统计口径。根据国家统计局的定义，城镇登记失业人员是指非农业户口，在一定的劳动年龄，有劳动能力，无业而要求就业，并在当地就业服务机构进行求职登记的人员。如图 10-4 所示，我国的城镇登记失业率从 1978 年的 5.3% 下降到 2016 年的 4%。2018 年以来我国开始公布月度调查失业率数据。这两种失业统计方法都只在城镇范围内，而农业人口被视为就业。

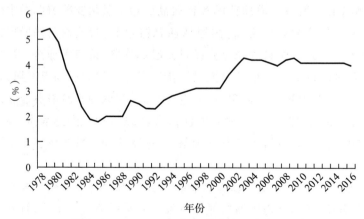

图 10-4　1978—2016 年中国城镇登记失业率

资料来源：《2017 年中国统计年鉴》。

二、失业的类型

(一) 摩擦性失业与结构性失业①

摩擦性失业是指由于工人寻找最适合自己偏好和技能的工作需要时间而引起的失业。摩擦性失业的主要原因有：关于找工作者和空缺职位的信息交流不完全；工人在不同地区不能迅速流动；工人有不同的偏好和技能，工作性质不同；劳动力的供求关系变化；失业保障政策；等等。因而在现实生活中，摩擦性失业是不可避免的，其具体数值主要由寻找工作者和空缺职位匹配的速度、效率和周转频率决定。

摩擦性失业的产生原因决定了政府可以采取以下几种公共政策：一是在劳动力市场上增大工作信息的流动，例如在政府就业机构发布工作空缺信息，以便工人和工作职位能迅速匹配；二是公共资金出资的再培训项目等。值得一提的是，新古典经济学用职业搜索理论、"保留工资"理论解释摩擦性失业的原因。这两个理论意味着，一个失业社会保障体系较为完善的社会，搜寻工作的成本会降低，寻找职位的过程中有可能会提高保留工资的水平，使得摩擦性失业增加。但是这并不意味着完善的失业保障体系是一个不好的政策。该政策减少了工人对自身收入的不确定性，敢于拒绝没有吸引力的工作机会，从而可能会使职位和工人更加匹配。经济学家也经常提议对失业保障体系进行改革，以降低摩擦性失业。

"结构性失业"是对劳动力市场失业与岗位空缺并存现象的概括性概念。对结构性失业进行理论分析和说明的首先是 Beveridge(1909)。他通过一个模型来说明存在失业的劳动力市场与存在岗位空缺的劳动力市场之间的关系，以及与劳动力市场总量的关系。该模型认为，存在失业的劳动力市场中，失业者由于受教育程度、技能、性别等原因很难转移到有职位空缺的劳动力市场就业。所以，两类市场并存的状况将会持续下去。但是，二者之间又存在某种联系：当失业率很高时，很少有人主动辞职去寻找更为满意的工作，这时职位空缺率就可能下降；同样，如果存在大量的职位空缺，失业者寻找工作毕竟有更多的机会，再就业的可能性会增加，失业率会有所下降。因此，二者之间存在此消彼长的关系。

(二) 周期性失业与长期失业

周期性失业是指由于经济的周期性波动，总需求不足，不能为寻找工作的人提供足够多的工作，又被称为需求不足失业。经济周期会经历衰退、萧条、复苏、繁荣四个阶段。周期性失业与经济活动的周期性变化密切相关，当经济从复苏走向繁荣时，由于对商品和服务的需求量增大，企业会招聘更多的工人进行生产、销售和流通。当经济从衰退走向萧条时，总需求水平下降使企业裁退多余的工人，失业率上升。一般来说，政府可以通过财政政策、货币政策调节总需求，进而减少周期性失业。

长期失业率是指持续失业时间在一年及一年以上的失业人口占全体失业人口的百

---

① 〔美〕格里高利·曼昆. 宏观经济学[M]. 第9版. 北京：中国人民大学出版社，2017，第140—158页.

分比。长期失业率是一个以失业持续时间来衡量失业的指标,即衡量了失业者在失业或者寻找工作状态中的持续时间。相对于短期失业而言,长期失业的问题更为严重,更容易引发社会性问题。

三、失业的代价

失业直接的代价是总供给的减少。经济学家关心的是失业率每增长1个百分点,经济增长会受多少影响。这一揭示了经济周期中失业和产出潜在关系的规律被称为奥肯定律。

20世纪60年代,美国著名经济学家阿瑟·奥肯发现了失业率和实际产出增长率之间的统计规律。其具体方程为:

$$u - u^* = -\alpha \frac{Y^* - Y}{Y^*} \tag{10.1}$$

其中,u为实际失业率,u^*为自然失业率,实际产出量为Y,Y^*为相应的潜在产出。$\frac{Y^* - Y}{Y^*}$为产出缺口,α为相关系数,表示失业率的变化(相对于自然失业率)与实际产出(相对于潜在产出)之间的相关关系。奥肯利用美国1947—1960年的季度数据,发现相关系数α约为-3.2。也就是说,失业率每增加1%,实际产出减少3.2个百分点(Okun,1962)。奥肯定律是一个经验法则,后经验证,奥肯定律揭示了实际失业率每超过自然失业率1个百分点,会增加2%的产出缺口。

20世纪90年代末,中国的就业压力增大,很多学者研究奥肯定律在中国的适用性问题,结果发现奥肯定律失效。方福前和孙永君(2010)对差分、缺口、动态、生产函数、不对称五个版本的奥肯定律进行检验,研究表明这一定律在中国并不适用。姜巍和刘石成(2005)认为奥肯定律在中国不适用的主要原因是中国公开的失业率指标不能替代真实的市场失业率,如果用就业量代替失业率构建扩展的奥肯模型,则该定律在一定程度上适用。总体而言,奥肯定律在中国的适用性有待进一步深入研究。

失业造成的另一个代价是对收入分配产生的不利影响(主要是由于周期性失业引起的)。它使得失业人员由于收入的减少,生活更加拮据,从而拉大了贫富差距。

第二节 失业理论

一、失业理论的简单回顾

20世纪30年代,失业作为一个重大的理论问题受到西方理论学界的重视,其中具有里程碑意义的是凯恩斯《就业、利息和货币通论》的问世。此后,不同经济学派对失业问题提出了具有代表性的理论。

(一)凯恩斯的失业理论

在20世纪30年代之前,以让·巴蒂斯特·萨伊(Jean-Baptiste Say)为代表的古典学派的代表性观点是"供给创造需求",认为不存在长期的非自愿性失业,而短期的摩擦性失业和自愿性失业可能存在。也就是说,长期来说,工资和价格具有弹性,劳动力市场能够自动达到均衡状态,实现充分就业。1929—1933年的经济危机导致了大量失业,古典学派的自动均衡论自动瓦解,凯恩斯主义的失业理论应运而生。

凯恩斯在边际消费倾向递减、资本边际效率递减、流动性偏好等三大心理规律的基础上提出了失业产生的根源在于有效需求不足。他把由于有效需求不足产生的失业称为非自愿性失业,承认存在摩擦性失业、自愿性失业和非自愿性失业等三种失业形态。凯恩斯认为非自愿性失业的产生是因为短期工资具有刚性,而不是古典学派提出的工资黏性。因而实际工资不能灵活调整至劳动力市场出清的状态。非均衡理论的创始人之一帕廷金(1996)对非自愿性失业有更为精辟的分析,即非自愿性失业是指由于经济萧条,工人被迫偏离其自身的劳动力供给曲线,企业通过解雇工人应对产品的滞销。凯恩斯提出,只要消除非自愿性失业,就可以回到充分就业状态。这就需要政府的干预,采取积极的财政政策和货币政策来扩大总需求。

总的来说,凯恩斯的失业理论是建立在工资刚性和需求不足基础上的总量性失业。一方面,缺乏对工资刚性的微观解释,另一方面,其并没有足够重视短期需求过度和需求不足并存的现象,认为失业和通货膨胀不可能同时发生。

(二)新古典综合学派的失业理论

新西兰经济学家威廉·菲利普斯(William Phillips)在一定程度上强调并补充了凯恩斯的失业理论。他对1861—1957年英国将近一个世纪的失业和货币工资的相关资料进行实证研究,发现失业和货币工资变化存在负相关关系,即当工资上升时,失业率较低;工资下降时,失业率较高。更进一步说,通货膨胀和失业率存在此消彼长的关系(Philips,1958)。1967年和1968年,米尔顿·弗里德曼(Milton Friedman)和埃德蒙德·菲尔普斯(Edmund Phelps)指出了菲利普斯曲线存在严重的理论缺陷,即雇主和工人关心的是实际工资而非名义工资。因而名义工资应该用通货膨胀预期来修正(Friedman,1968;Phelps,1968)。20世纪70年代,滞胀现象出现,菲利普斯曲线失效。

萨缪尔森、托宾等新古典综合学派的代表性人物试图通过结构性失业来解释失业和通货膨胀并存的现象,认为经济结构的变化以及劳动力的供给和需求在职业、技能、产业、地区分布等方面不协调会引起失业(冯华和张淑梅,2002)。结构性失业的产生有可能源于以下两种情况:①由于所在行业的萧条,具有劳动力的工人失去其原有的工作机会,而又无法适应新行业的技术要求,②由于地区发展不平衡,落后地区的剩余劳动力无法自由流动到发达地区。为此,新古典综合学派提出通过以下三种政策措施减少结构性失业:①对劳动力进行再培训,即对失业者和在职人员进行行业训练,使非熟练工人和技术过时的劳动者及时掌握新技术。②发展职业介绍所。职业介绍所可以及时提供劳动力市场信息,降低信息不对称性,使工人和雇主充分了解劳动力的供求。③增加劳动力的流动性。

(三) 新凯恩斯主义的失业理论[①]

20世纪80年代后期,新凯恩斯主义的失业理论构建和完善了传统凯恩斯主义的微观基础,代表了失业理论的最新发展。其关键性的假设是工资黏性,即不能随市场供求迅速调整工资。基于该假设具有代表性的理论分别是长期劳动合同理论、隐含合同理论、效率工资理论和内部人-外部人理论。

第一,长期劳动合同理论。由于工会具有垄断势力,因此工资一般是由工会和企业通过建立长期劳动合同签订的,劳动合同的有效期一般为三年。也就是说,三年内,由于长期劳动合同的存在,工资不会发生变动,存在名义工资黏性。该理论还试图说明,尽管有理性预期的存在,积极的财政政策仍能够影响实际产出。

第二,隐含合同理论。隐含合同理论以现实经济中存在不确定性为依据,阐明了工资与非自愿性失业的关系。具体是指厂商与工人之间没有正式的工资合同,但互相有将工资相对稳定的协议或默契,实际上是一个保险合同。因而该理论的一个重要研究点是风险分担。[②] 该理论认为,工人是风险厌恶者,厂商是风险中性者。双方在确定工资时会达成一种默契,实际工资保持相对稳定,不随经济波动而变化。将风险由工人工资转移给厂商利润,作为转移风险的代价,工人接受低于市场出清的工资水平。隐含合同的存在使工资具有黏性。该理论研究的另一个侧重点是,隐含合同的存在会导致非自愿性失业。而之所以导致非自愿性失业是由于在非对称信息条件下,厂商和工人都只有部分的有限信息,这就决定了均衡的合同会出现无效率的非充分就业。

第三,效率工资理论。该理论认为,工人的劳动生产率取决于企业支付的实际工资,试图解释为什么企业把工资维持在高于市场出清的水平上。高工资之所以会影响劳动生产率,是因为高工资提高了工人的生产积极性,增加了工人跳槽的机会成本,吸引了技术熟练的技能工人,形成了较为团结的企业文化等。当所有厂商都将工资维持在较高的水平上时,平均工资上升,非自愿性失业产生。该理论的重要贡献体现在两点:①解释了实际工资黏性的原因,即当出现供给波动影响边际产量时,企业倾向于减少雇员而不是降低工资来保持劳动生产率。②提出了企业自愿维持高水平工资是为了提高劳动生产率。[③]

第四,内部人-外部人理论。该理论最先由阿瑟·林德贝克(Assar Lindbeck)和D.斯诺尔(D. Snower)在20世纪80年代提出。内部人是指已经就业的工人,外部人是指劳动市场上的失业者。该理论试图解释这样的现象:为什么劳动力市场上存在大量的外部人自愿接受比现有水平更低的工资,却仍然无法找到工作?这是因为存在较大的劳动转换成本,包括强制性雇佣和诉讼成本、信息搜寻成本、选择和考核成本、培训成本等。也就

[①] 本部分参考:〔美〕格里高利·曼昆.宏观经济学[M].第9版.北京:中国人民大学出版社,2017,第143—149页。〔美〕威廉姆·M.斯卡斯.高级宏观经济学导论[M].第二版.上海:上海财经大学出版社,2006,第169—189页。

[②] 在几种经典的失业理论中重点介绍。

[③] 同上。

是说,虽然外部人能够接受较低的工资,但是由于内部人受到劳动转换成本的保护,且在工会的支持下具有讨价还价的能力,因而在就业市场上持续处于弱势地位。而且随着技术进步,劳动转换成本越来越大。这时,非自愿性失业就无可避免。由于外部人在劳动市场上长期处于不利地位,因而政府的就业政策应考虑降低劳动力的转换成本,以削减内部人控制。具体措施有:对外部人实行职业技能培训;促进雇主采纳与生产率相关的工资契约;改变失业福利体系,鼓励失业者寻找工作;降低新企业的进入壁垒(赵红,2000)。

二、经典失业模型介绍

(一) 搜寻匹配模型[①]

1. 人物及背景

由于劳动力市场存在工人和工作的异质性,因此,将工人和工作匹配起来的过程不是通过自发解决的,而是通过一个复杂的搜寻过程解决的,反映这一过程的这类模型一般被称为搜寻和匹配模型(Search and Matching Model),它可以用来解释劳动力市场中出现的失业和空岗并存的现象。

20世纪70年代以来,Phelps(1970)、Lucas and Prescott(1974)把有关职业搜寻和匹配的假说正式引入经济学,阐明了摩擦性失业的形成和解决机制;后来,经过Pissarides(1985)、Jovanovic(1979)和Howitt et al.(1988)等的努力,职业搜寻和匹配理论获得了长足的发展。

2. 关键方程和模型

搜寻和匹配模型的关键方程如下:

$$V = \left(\frac{\beta}{\alpha + \beta + 2b + 2r} A - C \right) / r \tag{10.2}$$

其中,V为单位时间工作岗位空缺所造成的收益损失的价值,α为单位时间内失业工人找到工作的比例,β为单位时间内空缺职位被人填补的比例(或者厂商找到新工人的速度),b为单位时间内工作中止的概率,r为利率,A为工人单位时间的产出,C为资本成本。显然,r和这个损失V是一个反比的关系,即r越大,损失越大。

(10.2)式反映了在单位时间里,找工作、停止工作和安排工作对单位时间产出的影响;在除去成本后,借助利率水平,就可以得到工作岗位空缺所造成的收益损失的价值。

其实,可以这样理解这个公式,它表示总产出A减去成本,从而得到一个利润(或者亏损)。但是总产出前面要乘以一个系数,这个系数包含找到工作的、没有找到工作的、停止工作的情况,因此这个系数实质上反映了搜寻的过程,并影响到潜在损失的价值。

[①] 李晓西. 宏观经济学[M]. 第2版. 北京:中国人民大学出版社,2011,第275—277页。庄子银. 高级宏观经济学. 武汉:武汉大学出版社,2004,第454—457页。袁志刚,宋铮. 高级宏观经济学[M]. 上海:复旦大学出版社,2001,第422—427页。

因此,这个公式实际上是一个损失价值公式,反映了工作的搜寻过程。

从(10.2)式可以容易地推导出以下观点:在 $\frac{\beta}{\alpha+\beta+2b+2r}$ 中,若 α 趋近于0,即单位时间内失业工人找到工作的比例很低,同时 β 趋向无穷大,即单位时间内空缺职位被人填补的比例很高(或者厂商找到新工人的速度很快), $\frac{\beta}{\alpha+\beta+2b+2r}$ 就会趋近于1,此时工作岗位空缺的价值 V 就趋近于 $\frac{(A-C)}{r}$;反之,若 α 趋向无穷大,即单位时间内失业工人找到工作的比例很高,同时 β 趋近于0,即单位时间内空缺职位被人填补的比例很低(或者厂商找到新工人的速度很慢), $\frac{\beta}{\alpha+\beta+2b+2r}$ 就会趋近于0,此时工作岗位空缺的价值 V 就趋向于 $-C/r$。

3. 关键图示及解释

搜寻和匹配过程中就业数量的决定如图10-5所示。

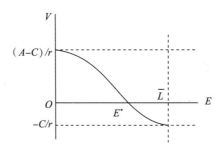

图10-5 搜寻和匹配过程中就业数量的决定

图10-5中,横轴表示就业人数 E,纵轴表示工作空缺的价值 V, α 会因为就业人数 E 的增加而增加,是就业人数 E 的增函数; β 会因为就业人数 E 的增加而减少,是就业人数 E 的减函数。根据关键方程的分析, V 的值随着 α 的增加而减少, α 又是 E 的增函数; V 的值随 β 的增加而增加, β 又是 E 的减函数,因此, V 是就业人数 E 的减函数,它们的关系可以用图10-5中的曲线表示。该曲线与纵轴的交点的纵坐标是 $(A-C)/r$,是 V 的最大值; V 的最小值是 $-C/r$。点 E^* 表示均衡就业状态,它是由曲线和横轴 $V=0$ 共同决定的。显然,这个 E^* 很重要,通过它我们可以把均衡概念引入模型, $V=0$ 表示工作岗位空缺价值为零,即新工作岗位无论增加还是填补空缺均无成本,这意味着工人可以自由进入某一岗位。达到 E^* 点时,搜寻和匹配过程就结束了。

4. 特征归纳

搜寻和匹配模型具有三个主要特征:

第一,围绕工作岗位空缺价值这一创新概念,并巧妙地借助利率和成本概念,把工人找工作、厂商给工人安排工作或者停止工作等搜寻和匹配的活动联系起来,构建了搜寻和匹配模型。

第二,该模型认为,若处于失业状态的预期效用大于保留原有工作的预期效用,工人就愿意选择等待,此时的摩擦性失业可能就是一种自愿性的失业,因此,这个模型奠定了自然失业率的基础,它是对新古典主义失业理论的一个重要补充。

第三,该模型把失业和就业的活动放在一种"过程论"的框架中进行分析,而不是不考虑时间因素的纯理论分析,因此更接近现实。所以该模型对于我们理解经济转轨中的失业问题和就业指导有一定的启示。

5. 总结和应用前景评价

搜寻和匹配模型对劳动力市场的各种现象具有很高的洞察力,对解释失业现象有很强的说服力,也启发了经济学家对于失业问题的思考方式。最重要的是,该模型对于我们理解经济转轨中的失业问题具有一些启示,具体表现在:①在经济转型中,社会往往会出现大量的失业情况,而该模型对于稳定失业人员情绪、指导他们再就业有一定的参考价值。②该模型中提出的工作岗位空缺价值的理念,对于鼓励企业和机构积极吸收劳动力有促进作用。③该模型涉及自愿失业的情况,有助于我们理解和鼓励失业人员实现更好的就业匹配,而且对于我们做好非正式就业和灵活就业工作有一定的参考价值。

(二)效率工资模型[①]

1. 假设

效率工资模型强调的是劳动生产率的易变性而非风险分担。因为市场失灵,模型中的失业可以看成非自愿的。

第一,只有在工资较高时工人才有兴趣在工作上付出额外的努力。这样的假设使得真实工资成了生产函数的一个变量。

第二,厂商不能区分在工作中提高努力程度的工人与那些偷懒懈怠的工人。而通过涨工资的方式消除怠工是一种非理性的行为。

2. 模型方程

厂商最大化利润 $F(E) - wN$,N 是所雇用的劳动的数量,E 是厂商实际获得的有效劳动的数量。约束条件:$E = b(w)N$。该条件规定了实际的有效劳动与厂商的工人数目成正比,比率 b 与真实工资同方向变动。因而,F' 与 b' 均为正。

无怠工约束来自三个假设:①如果实际支付的工资小于某个临界值,工人将会怠工。②临界的工资值取决于遭临时解雇的工人再就业的可能性。③再就业的可能性与失业率成反比。因为劳动需求反向取决于工资率,工资率越高,工人的怠工越少。

3. 图形与解释

图 10-6 描述了三个关系。第一条曲线是劳动的供给,我们假设它是完全无弹性的。第二条曲线是劳动的需求函数。通常情况下,我们忽略工作努力程度的变化(令

[①] 本部分参考:〔美〕威廉姆 M. 斯卡斯. 高级宏观经济学导论[M]. 第二版. 王小明等译, 王小明校. 上海:上海财经大学出版社,2006,第 173 页。

$b=1$),并且工资是伸缩性的,两条曲线的交点 A 给出结果,没有失业。但是允许工作努力程度可变的情形,b 就会小于 1。第三条曲线是无怠工约束,可以认为是工作努力的供给曲线,由于在个人劳动供给曲线的左侧,均衡将出现在如 B 之类的点,因此此时存在失业。

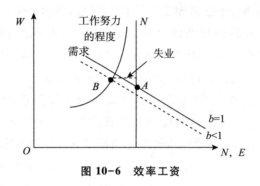

图 10-6 效率工资

4. 结论及拓展

厂商借助令 $F(b(w)N)-wN$ 对 N 和 w 求导的导数等于零选择就业和真实工资水平,得到 $F'b=w$ 与 $F'b'=1$,因而 $wb'(w)/b(w)=1$,只要 $b''\neq 0$,上述条件的全微分表明真实工资必定是常数。因而,效率工资模型既预言非最优的失业水平,也预言刚性的真实(非名义)工资。

在效率工资模型中,只有一个价格 w,但 w 的调整同时要设法出清两个"市场"(工人的就业市场与个人的努力市场),就此而论,效率工资模型涉及不完全市场问题。在复杂的效率工资模型中,可以考察厂商赠与工人股票的情形,此时就会出现一种新的价格。如果厂商发现工人消极怠工,工人就会失去股票,这样的威胁可以取代解雇的威胁。此类分析可以参考 Shapiro and Stiglitz(1984)的研究,他们认为效率工资模型包括非自愿失业。

(三)风险分担与隐含合同①

1. 背景

经济周期涉及劳动需求的增加或减少。一方面,如果工人是风险厌恶者,他们就会努力把自己的真实收入与劳动需求的波动隔离开来,规定真实工资保持不变以及保障完全就业的劳动合同可以满足这样的要求。如果工人除了劳动收入没有其他的选择(即保留工资为零),厂商可以将他们的工资成本降到足以消化其工人因经济周期所面对的全部风险。另一方面,如果工人的保留工资是正的,厂商可能无法将工资率降到这样的水平,在此基础上保证其工人完全就业对厂商是有利的。因此,即使工人与厂商之间有着明确或者隐含的合同安排,该合同用事先规定的工资率将经济周期的风险从工人转移到

---

① 本部分参考:〔美〕威廉姆·M. 斯卡斯. 高级宏观经济学导论[M]. 第二版. 王小明等译,王小明校. 上海:上海财经大学出版社,2006,第 173、169—172 页。

厂商,临时性的解雇也可能发生。

在形式最简单的合同理论中,没有劳动供给决策,工人要么工作固定数量的时间,要么失业。L_1 代表工人在就业状态下可得到的闲暇数量,L_2 代表工人失业时可得的闲暇数量($L_2 > L_1$)。w 代表真实工资。R 代表工人失业之后获得的超额闲暇的货币等价物的真实价值。我们可以得出,就业时工人的效用是 $U(w, L_1)$,失业状态下获得的效用为 $U(0, L_2) = U(R, L_1)$,这里 R 可以代表保留工资的水平(可以等于失业保险金)。

2. 模型方程

关于风险分担。在模型中,不确定性采取的形式是厂商产品价格中的随机因素。令 P 代表以真实单位表示的厂商产品价格,即相对于一般价格指数的价格。对于此相对价格,我们考察两个值:高需求时期的 P_1 与低需求时期的 P_2,它们出现的概率都是 0.5。厂商的合同规定高需求时期与低需求时期的工资水平及在两个时期的雇佣水平 N。定义 N_1 为完全就业的水平,假设合同没有要求厂商在解聘工人时予以补偿,即没有资遣费。

厂商约束条件:一是生产函数 $Y = F(N)$,二是产品不能储藏,三是厂商给工人提供的报酬至少不少于他们在其他地方工作所能获得的工资,我们用效用水平 $\overline{U}$ 来定义工人其他可能的选择。在约束条件下,厂商最大化预期的利润。我们要求解的合同的参数分别为 w_1、N_1、w_2、N_2。

建立拉格朗日方程:

$$L = 0.5[P_1 F(N_1) - w_1 N_1 + P_2 F(N_2) - w_2 N_2] + \lambda(U - \overline{U}) \tag{10.3}$$

最大化预期利润时,令(10.3)式关于 w_1、N_1、w_2、N_2 的导数等于 0。

工人的预期效用 U 定义为:

$$0.5\left[U(w_1) + \frac{N_2}{N_1} U(w_2) + \left(\frac{N_1 - N_2}{N_1}\right) U(R)\right] \tag{10.4}$$

其中,N_2/N_1 和 $(N_1 - N_2)/N_1$ 分别是低需求时期就业与失业的概率。出现这两个概率是因为所有的工人都随机地在低需求时期面对临时性解雇。

从分别对 w_1 和 w_2 求导之后得出的两个一阶条件中消去 λ,结果可得:

$$U'(w_1) = U'(w_2) \tag{10.5}$$

因为 $U'' < 0$,那么只有在 $w_1 = w_2$ 时(10.5)式才成立,因此经济主体对不确定的反应是事先安排刚性的工资。

另一个问题是该模型中的失业应该解释为自愿失业还是非自愿失业。此时假设在临时解雇期获得的新增闲暇没有效用或者没有失业保险金,因此 $R = 0$。此时不用推导关于 N_1 和 N_2 的导数,只要比较两个刚性工资合同就可以:一个合同有临时性解雇,由 $\hat{w}$、N_1、$\hat{w}$、N_2 表示;另一个合同则没有临时性解雇,由 $\overline{w}$、N_1、$\overline{w}$、N_1 表示。当两个合同有着相同工资支付的情形时,$2\hat{w}N_1 = \overline{w}(N_1 + N_2)$。

在这些假设下,规定临时性解雇条款的合同与不含临时性解雇条款的合同给工人带来相同的收入,由于签署第二种合同的工人不会承担任何风险,所以他们还是偏爱后者。厂商对两

种合同的态度与工人一样,为了说明这一点,我们只需计算一下两种合同下他们获得的利润:

$$0.5[P_1F(N_1)-\hat{w}N_1+P_2F(N_1)-\hat{w}N_1]-0.5[P_1F(N_1)-\overline{w}N_1+P_2F(N_2)-\overline{w}N_2] \quad (10.6)$$

(10.6)式可以简化为 $0.5P_2[F(N_1)-F(N_2)]$,因为 $2\hat{w}N_1=\overline{w}(N_1+N_2)$。由于 $N_1>N_2$,表达式就是正的,因此厂商也偏好没有临时性解雇条款的合同。

3. 图形与解释

图10-7中,(a)图是劳动市场,(b)图是工人工资收入的效用函数。如果劳动市场像拍卖市场那样运行,在高需求时期与低需求时期,工资会在 W_1 和 W_2 之间跳跃。工人则在效用函数上的 A 点和 C 点之间跳跃,平均的效用水平则在 D 点。但是,如果在不存在不确定性的情况下可以获得同样的工资,那么此时可以达到一个更高的效用水平(如 B 点),因此,在保留工资 $R=0$ 时,经济主体更为偏爱固定的工资 $\hat{W}$ 与完全的就业。但是,如果保留工资是(b)图中的距离 OR,经济主体将选择承担低需求时期被解雇的风险。此时,它是在 A 点与 F 点之间跳跃,所得的平均效用水平由线段 AF 上的 E 点表示。因为 E 点可以在 B 点的右侧,因此经济主体可以选择接受被解雇的风险而获得较高的效用。

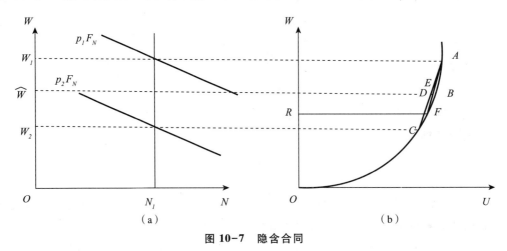

图10-7 隐含合同

注:E 为 AF 中点,D 为 AC 中点。

4. 结论及拓展

建立上述模型是因为我们想为宏观经济模型建立明确的微观经济依据,在这样的模型中存在黏性的货币工资且失业在某种程度上是非自愿的。但是上述模型导出的是刚性真实工资,而且只有在 $R>0$ 时才出现临时性解雇,但在这种情况下,居民愿意接受被解雇的可能性,以换取就业期间更高的平均工资,此时,失业应被视为自愿的。因此,模型无法为政府减少失业的政策提供任何基础。

简单的模型表明,如果不能清楚地说明市场失灵的原因,隐含合同模型就不能为稳定化政策提供任何微观的论证。

在更为复杂的隐含合同模型中,出现的失业可被视为是非自愿性的。对原始模型最常见的扩展是引入非对称信息,即工人与厂商拥有不同的信息集。通常假设只有厂商才知道各时期究竟是处于高需求状态还是低需求状态。此时,厂商虚报所处的状态对它是有利的。这一现象导致无效率的市场结果。

(四)刘易斯二元经济结构理论

1. 人物及背景

20世纪50—60年代,许多发展经济学家纷纷探究发展中国家的经济发展问题。其中,很多经济学家侧重于"二元经济"结构研究,1953年,荷兰经济学家伯克(Booke)提出"二元经济"概念的雏形。1954年,威廉·阿瑟·刘易斯(William Arthur Lewis)在英国曼彻斯特大学学报上发表了一篇具有里程碑意义的论文——《劳动无限供给条件下的经济发展》,首次提出了解释发展中国家经济问题的完整的二元经济结构模型。刘易斯认为由于工、农业部门间存在巨大的劳动生产率差异,解决"二元经济"结构问题的关键在于城市经济的发展。二元经济结构模型在经济学界引起广泛争论,也具有很强的现实意义。60年代,刘易斯的二元经济结构模型经过古斯塔夫·拉尼斯(Gustav Ranis)和费景汉(John C. H. Fei)等人的补充和改进,成为一个涵盖面更广的经济发展理论体系,即刘易斯-拉尼斯-费景汉模型。再后来,乔根森(Jorgenson)、托达罗(Todaro)对刘易斯-拉尼斯-费景汉模型做了修改,分别提出了乔根森模型、托达罗人口流动模型。

2. 刘易斯模型假设

刘易斯模型假设如下:

第一,国家存在两个部门:一个是以传统生产方法进行生产、劳动生产率很低、劳动报酬低的传统农业部门;另一个是以现代化方法进行生产、劳动生产率很高、工资水平超过传统部门的现代工业部门。

第二,传统部门存在大量的剩余劳动力,劳动的供给弹性是无限的。这样,工业部门只需要支付略高于农业部门的工资,就会获得无限的劳动力供应,即劳动供给总是大于劳动需求的。

第三,所有农业劳动力的产出能力是均等的,从而农业劳动力的工资并不取决于劳动力的边际产量,而是由平均产量决定的。而且,工业部门工资略高于农业部门工资,且保持不变。

3. 刘易斯模型图示及解释

在图10-8中,(a)图表示传统农业部门。其中,上半部分为农业劳动力的总产量曲线 TP_A,横轴表示农业劳动力数量,纵轴表示农业总产量。下半部分为农业劳动力的边际产量 MP_A 和平均产量 AP_A 曲线,横轴表示农业劳动力数量,纵轴表示农业部门边际(平均)产出和工资。MP_A 与横轴的交点为 L_A 点,当劳动投入等于 L_A 时,劳动的边际产量为零,根据刘易斯的观点,超过 L_A 的劳动力皆为农业过剩劳动力,平均产量 W_A 代表农业劳动力的收入水平。

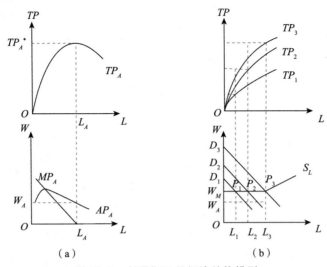

图 10-8　刘易斯二元经济结构模型

(b) 图表示现代工业部门。其中，上半部分为工业部门的总产量曲线，横轴表示现代部门的劳动力数量，纵轴表示工业总产量。三条总产量曲线 TP_1、TP_2、TP_3 表示随着资本投入量的增加，总产量曲线向上方移动。下半部分横轴表示现代部门的劳动力数量，纵轴表示现代部门的边际产出和工资水平。其中，W_A 为农业劳动力的收入水平，W_M 为现代部门工资水平。当 $W_M > W_A$ 时，只要存在农业过剩劳动力，工业部门的劳动供给就具有完全弹性，供给曲线为水平直线。

劳动力转移过程：假设最初工业部门的资本量为 K_1，相应的，劳动的边际产量曲线为 D_1P_1。根据利润最大化原则——要素的边际生产力等于要素的边际成本，P_1 为初始均衡点。由于存在大量剩余劳动力(来自传统部门)，现代部门将不断扩大资本规模 K(来自上期的利润)，吸收传统部门的剩余劳动力，这样会使得劳动的边际产量曲线不断右移。这会使得传统部门的劳动力向现代部门不断迁移。这个过程一直要持续到剩余劳动力消失为止。在图 10-8 的(b)图中，剩余劳动力消失的点是 P_3，过了这一点，劳动变为稀缺的生产要素，工资水平开始上升，其供给曲线不再完全具有弹性。

4. 刘易斯模型特征归纳

刘易斯二元经济结构模型主要具有以下几个特征：

第一，从生产要素角度看，传统部门主要使用非可再生的土地资源，现代部门主要使用可再生的资本。

第二，从市场化程度看，传统部门市场化程度低，处于前工业化时期，部分经济没有商业化；而现代部门市场化程度高，商业化程度高。

第三，从工资决定因素看，传统农业部门的工资主要由劳动者平均收入决定，而不是由边际报酬决定；现代工业部门的工资由劳动的边际报酬决定。

第四，从生产率看，现代部门的生产率远远高于传统部门。

第五，从劳动供给看，传统部门存在大量的剩余劳动力，在一定的工资率下，传统部门的劳动供给是无限弹性的;而现代部门是劳动力资源稀缺,需要更多的劳动力投入(第一阶段)(李晓澜和宋继清,2004)。

5. 模型总结和应用前景评价

刘易斯二元经济模型把发展中国家的经济发展过程分为两个阶段:第一阶段,资本稀缺,劳动力过剩。农业部门存在大量的过剩劳动力,工业部门按现行工资可以获得无限的劳动供给,农业部门的过剩劳动力不断向工业部门转移。第二阶段,资本和劳动力都成为稀缺的生产要素,工资不再是固定的,而是取决于劳动的边际生产力。蔡昉(2015)对于刘易斯二元经济模型的研究十分深入,他认为,刘易斯模型的关键是传统部门存在过剩劳动力,从而一国可以通过两部门之间的转换,以劳动力无限供给为条件实现经济发展。刘易斯似乎发现了人口转变与二元经济结构之间的关系,并且这种关系可以从当代许多发展中国家的现实得到验证。

刘易斯针对发展中国家的传统部门劳动力过剩问题,提出了二元经济结构模型,建立了研究发展中国家经济发展的基本框架。由于具有类似的经济背景和社会状况,很多发展中国家均会在发展的过程中遭遇二元经济结构问题,经济结构的"二元性"是发展中国家普遍存在的共同特征。因此,二元经济结构理论逐渐成为发展经济学的重要理论,其对发展中国家的经济社会发展发挥了重要的指导作用。

其实,刘易斯二元经济模型也是对发展中国家农村隐性失业问题的分析。根据这一模型的第一阶段理论,发展中国家农村存在大量失业的原因很大程度上可以归结为经济结构的"二元性",农村以传统的低生产率的农业为主,城市以现代的高生产率的工业为主,但是农业中的劳动力相对于资本和土地是过剩的,而农村的资本投入较低、土地投入相对稳定,这样使得农村出现大量剩余劳动力,在这些剩余劳动力没有成功转向现代部门时,农村的失业将十分严重。而现代部门生产效率高,资本规模也不断扩大,其对劳动力的需求呈现增加趋势。如果劳动力的转移道路不通畅,传统部门的失业问题和现代部门的劳动力稀缺问题将得不到解决。

因此,刘易斯二元经济结构模型对于解决发展中国家的失业问题具有很高的价值。要解决发展中国家的失业问题,很重要的一点是要解决"二元性"的问题,这要求消除两个劳动力市场之间流动的障碍,促进劳动力自由流动,使得传统部门的剩余劳动力成功转移到现代部门。例如,蔡昉(2000)曾指出,尽管中国自改革开放以来人口流动已经不像以前那样受到严格控制,但农村劳动力到城市就业仍然受到各种制约,中国城乡劳动力市场仍然处于被分割的状态。因此,他主张消除导致劳动力市场分割和扭曲的制度根源,建立劳动力市场发育的成本补偿机制。

第三节 转型期中国的就业与失业问题

一、转型期中国就业和失业的特点

转型期中国就业和失业问题呈现出以下几方面的特点:

(一)供求总量失衡有所缓解,结构性矛盾日益突出①

新常态下中国的就业问题,不仅应该关注供求总量的关系,更应该关注日益突出的结构性矛盾。如图10-9所示,供求关系的变化可以划分为两个阶段。第一阶段为2001—2009年。劳动力的供给量不断提高,需求量总体上也有上升的趋势,求人倍率②从2001年第一季度的0.65提高到2009年第四季度的0.91,这说明劳动力的供求失衡在逐渐缓解。第二阶段为2010年至今。求人倍率大于1,这说明一方面随着经济的发展,社会提供的岗位逐渐增加,另一方面激增的大学毕业生人数、农村劳动力进城等劳动力的供给数量也在增加。但是求人倍率只是在一定程度上反映了劳动关系的变化。从表面上来看,劳动力的供求总量失衡问题有所缓解,但是民工荒、高级技能工人短缺、大学生就业难、困难群体就业难等新现象的出现,意味着我国劳动力市场上的结构性矛盾日益突出。因此,在研究我国劳动力市场的供求关系时,不仅要从供求失衡的总量上入手,还应该关注结构性矛盾,这样才能真正缓解供给不足和失业并存的难题。

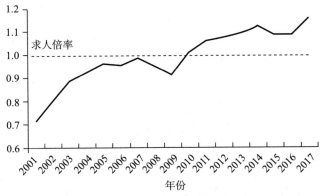

图10-9 2001—2017年中国劳动力市场供求关系变化

资料来源:中华人民共和国劳动和社会保障部统计资料,2001—2017。

关于中国是否已经出现劳动力的全面短缺,刘易斯拐点或者准刘易斯拐点是否已经来临是目前争议的焦点。所谓的刘易斯拐点是指,在工业化进程中,随着农村劳动力逐步向非农产业转移,农村富余劳动力逐渐减少。中国社会科学研究院的研究报告表明,中国农村剩余劳动力没有想象得那么多,刘易斯拐点的到来无可避免,中国经济转型过程中必须警惕与"人口红利"③相伴的"人口诅咒"④。潘璠(2007)认为,虽然人口红利不可无限期延续,但是刘易斯拐点将至的说法有待商榷。原因在于:①刘易斯拐点只是一个理论假说,发展中国家人口从农村转向城市的进程从未停止。②中国的工业化进程

---

① 关于结构性矛盾,在本节下半部分重点介绍。
② 求人倍率是指劳动力需求人数与供给人数的比例。
③ 人口红利指社会出生率从高向低转变的过程中,少儿比例降低,劳动人口比例上升,老龄化还未达到较高水平时,劳动力资源丰富,社会抚养负担较轻,从而可以为促进经济增长贡献人口红利。
④ 人口诅咒指过分依赖廉价劳动力优势,久而久之会失去创新的能力,在人口红利枯竭时处于不可持续发展的境地。

任重而道远,第一产业劳动生产率仍然很低,劳动力相对过剩。③民工荒现象出现的根源是信息不对称以及农民工报酬标准、福利待遇被过度压缩,农民工市场并非完全买方市场。④在各大城市,城镇登记失业率和调查失业率的变化趋势不降反升(李晓西,2011)。但是蔡昉(2007)认为,伴随经济发展和人口结构的转变,城镇劳动力就业会逐渐好转,农村剩余劳动力会大大减少。目前中国所出现的劳动力短缺不是暂时现象,而是刘易斯拐点到来的征兆。实际上,中国已经进入刘易斯转折区间。王诚(2005)也认为,对于中国经济而言,内部面临劳动力短缺,从外部环境来看,中国加入WTO后,农业补贴逐渐提高,农民外出务工成本提高,在众多因素的共同作用下,刘易斯拐点或将提前到来。

刘易斯认为,只要农村存在大量剩余劳动力,城市劳动力就有无限供给的可能。而在中国农村存在大量剩余劳动力的前提下,仍有可能出现劳动力短缺的现象。这与刘易斯二元经济结构模型揭示的规律相悖。作者认为,证明"刘易斯拐点"是否到来或提前到来的论据不够充分。原因在于:①从劳动供给方的务工意愿来看,新生代农民工法制观念增强,更看重个人职业发展前景。②从劳动需求方来看,农村劳动力的报酬标准、社会福利待遇等被严重压缩,对农民工专业技能的要求不断提高。③从制度方面来看,国家对农业的优惠补贴政策增大了农民工的进城务工成本。总体来看,中国的农民工短缺并不意味着劳动力总量的减少,结构性短缺是中国劳动力市场上面临的最紧要的问题。

(二)服务业吸纳劳动力成主流,就业结构仍滞后于产业结构

配第-克拉克定律揭示了就业结构与产业结构之间的关系,认为不同国家在不同的经济发展阶段就业结构会有所偏差。但是总体来看,劳动力从第一产业向第二、第三产业转移。随着经济的发展,劳动力又会从第二产业转移至第三产业。如图10-10所示,第一产业的就业比重呈下降趋势,而第二产业和第三产业的就业比重逐年上升。1994年,第三产业的就业比重(23%)超过第二产业(22.7%)。2011年,第三产业的就业比重(35.7%)超过第一产业(34.8%),成为吸纳劳动力的主要部门。2016年,第三产业的就业比重高达43.5%。

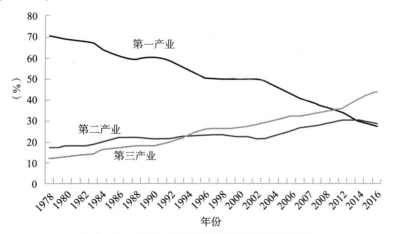

图10-10　1978—2016年三次产业的就业比重

资料来源:《2017年中国统计年鉴》。

我国第三产业的就业比重逐渐超越第二产业和第一产业,成为吸纳劳动力的主要部门,是符合产业结构演进规律的。但是我国的就业结构仍然滞后于产业结构,存在结构性偏差。我们通过定义结构偏差系数来反映就业结构和产业结构的均衡状态。结构偏差系数 $E=a/A-1$。其中,a 表示 GDP 的部门结构,其数值等于某一部门产值与 GDP 的比值;A 表示就业部门结构,其数值等于某部门就业人数与全部就业人数的比值。$E=0$ 说明就业结构和产业结构处于均衡状态。

如图 10-11 所示,从历史趋势上来看,我国第三产业和第二产业的就业结构偏差越来越小,而第一产业的就业结构偏差仍然在较高水平上。但是,从国际比较上来看,我国的就业结构滞后于产业结构。根据多国模型的估计,在人均收入达到 1 000 美元时(中国2002 年),世界三次产业的平均就业结构偏差分别为 0.31、0.06、0.07。而中国的三次产业就业结构的偏差分别为 -0.71、1.42、0.18(何道峰和高筱苏,1990)。这说明我国的劳动力资源配置上存在劳动力从第一产业向第二、第三产业流动速度过慢的问题。

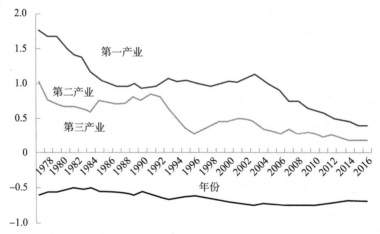

图 10-11 1978—2016 年我国三次产业的产业-就业结构偏差

资料来源:根据历年中国统计年鉴计算所得。

虽然我国第三产业的就业比重在 2016 年高达 43.6%,结构偏差系数为 0.19,但是其吸纳劳动力的潜力仍未被极大地释放出来。从就业弹性[①]来看,三次产业吸纳就业的能力不同(见表 10-1)。1979—2016 年,第一产业就业弹性的均值为 -0.29,第二产业就业弹性的均值为 0.26,第三产业就业弹性的均值为 0.46。这说明第一产业经济增长对就业的拉动作用最小,第三产业经济增长对就业的拉动作用最大。虽然第二产业的就业弹性(0.26)高于总弹性(0.15),但是从发展趋势上来看,第二产业的就业弹性呈现下降趋势,从 1979 年的 0.47 下降到 2016 年的 -0.25。而第三产业的就业弹性(2016 年为 0.36)不仅

---

① 就业弹性是指一个百分点的产值变化所带来的就业变化率。根据这个定义,人们可以直接用考察期内的就业变化率除以产值变化率来计算就业弹性。根据考察期的不同,这种方法又可以细分为两种:一种是计算某一具体年份内就业变化率对产值变化率的比率,另一种是计算连续多年内二者的平均比率。前者常被称作点弹性或算术计算方法,后者则常被称作弧弹性或几何平均方法(Kumar,1982)。由于简便易行,这些方法曾得到广泛的应用。

显著高于第一产业(2016年为-0.58)和第二产业(2016年为-0.25),而且从发展趋势上来看,自2006年①之后仍然呈现逐年上升的发展态势,从2006年的0.21上升到2016年的0.36。而第二产业的就业弹性从2006年的0.47下降为-0.25。因而第三产业经济增长对就业的拉动作用较大,且尚有较大潜力。

表10-1 1979—2016年我国三次产业就业弹性的变化

年份	第一产业	第二产业	第三产业	总弹性	总弹性的三年移动平均
1979	0.18	0.47	0.75	0.29	—
1980	-1.14	0.51	1.12	0.42	—
1981	0.32	2.02	0.78	0.63	0.44
1982	0.32	0.77	0.19	0.40	0.48
1983	0.11	0.38	0.58	0.23	0.42
1984	-0.07	0.73	0.88	0.25	0.29
1985	0.47	0.45	0.44	0.26	0.25
1986	0.12	0.79	0.44	0.32	0.28
1987	0.28	0.33	0.45	0.25	0.28
1988	0.74	0.25	0.43	0.26	0.28
1989	0.98	-0.39	0.34	0.44	0.32
1990	—	—	—	—	—
1991	0.20	0.08	0.36	0.12	—
1992	-0.22	0.12	0.46	0.07	—
1993	-0.57	0.22	0.67	0.07	0.09
1994	-0.72	0.13	0.84	0.07	0.07
1995	-0.61	0.16	0.87	0.08	0.08
1996	-0.40	0.29	0.67	0.13	0.10
1997	0.02	0.20	0.27	0.14	0.12
1998	0.28	0.04	0.28	0.15	0.14
1999	0.62	-0.13	0.20	0.14	0.14
2000	0.33	-0.13	0.33	0.11	0.13
2001	0.38	0.01	0.17	0.12	0.12
2002	0.25	-0.34	0.37	0.07	0.10

---

① 之所以选用2006年,是因为有研究表明中国劳动力市场的结构性矛盾自"十一五"期间集中爆发。

(续表)

年份	第一产业	第二产业	第三产业	总弹性	总弹性的三年移动平均
2003	-0.50	0.12	0.32	0.06	0.08
2004	-0.62	0.44	0.51	0.07	0.07
2005	-0.78	0.52	0.25	0.05	0.06
2006	-0.94	0.47	0.21	0.03	0.05
2007	-1.08	0.45	0.07	0.03	0.04
2008	-0.51	0.19	0.27	0.03	0.03
2009	-0.86	0.25	0.32	0.04	0.03
2010	-0.77	0.28	0.19	0.03	0.03
2011	-1.14	0.30	0.38	0.04	0.04
2012	-0.69	0.37	0.19	0.05	0.04
2013	-1.64	-0.04	0.85	0.05	0.05
2014	-1.39	-0.04	0.75	0.05	0.05
2015	-0.98	-0.28	0.57	0.04	0.04
2016	-0.58	-0.25	0.36	0.03	0.04
平均值	-0.29	0.26	0.46	0.15	0.14

资料来源：根据《2017年中国统计年鉴》计算所得。

注：由于1990年就业弹性波动较大，因而作为异常值去除该年数据，以免对均值产生较大影响。

第一产业的就业弹性从1979年的0.18下降为2016年的-0.58，总体来看呈下降的趋势且波动较大。这一方面是由于，随着农业现代化和劳动生产率的提高，对农村劳动力的需求量减少。另一方面，也是更重要的原因是第一产业往往是剩余劳动力的蓄水池，即第一产业的就业弹性数值更能够说明第二、第三产业吸纳劳动力的能力。当第二、第三产业吸纳劳动力的能力提高时，第一产业的就业弹性下降甚至为负。当第二、第三产业吸纳劳动力的能力下降时，第一产业的就业弹性提高，大批城市流动劳动力被挤回农村。

第二产业的就业弹性呈下降的趋势，1998—2016年间，有7年的就业弹性为负值。这说明1998年国有企业改革取得了减员增效的成果，企业劳动生产率大大提高。总体来看，第二产业的就业弹性仍为正值。由于我国处于工业化中后期阶段，因此可以预期第二产业仍有较强的就业吸纳能力。

中国目前就业的增加主要靠第三产业来拉动，且存在较大潜力。尽管第三产业的就业弹性也存在总体下降趋势，但是相比于第一产业和第二产业，下降幅度要小得多。而且第三产业的就业弹性仍然维持在一个较高的水平上。一般来说，第三产业是劳动相对密集的产业，其就业弹性本来就较高。该产业就业弹性之所以也存在下降趋势，主要与其内部结构的变化有关。第三产业既包括如零售业、餐饮业和生活服务业这样的传统部门,也包括房地产业、金融保险业、咨询业等在内的新兴部门。前一类部门的劳动密集程度高,后一类部门的资本密集程度高。由于相对于传统的第三产业来说,新兴服务行业的经济增长相对较快,是第三产业就业弹性呈现下降趋势的重要原因(张车伟和蔡昉,2002),因而,可以预见随着就业结构与产业结构协同效应的提高,第三产业的发展会进一步拉动劳动力就业。

(三) 经济增长对就业的拉动作用减弱,经济增长和失业扩大并存

经济增长对就业的影响分为两种:一种是挤出效应,这种效应来自经济增长为正而就业减少,此时就业弹性的绝对值越大,对就业的挤出效应越大,就业弹性的绝对值越小,对就业的挤出效应越小。另一种是吸入效应,这种效应是经济负增长而就业增长。就业弹性的绝对值越大,对就业的吸入效应越大,就业弹性的绝对值越小,对就业的吸入效应越小。而吸入效应不是一种正常的经济现象,这种现象有悖于经济发展的一般规律,比如典型的农村经济对劳动力的蓄水池作用。就业弹性为0,说明经济增长对就业没有拉动作用;经济增长率为0,则就业弹性不存在。

一般来说,在经济不断趋向成熟的过程中,就业弹性会出现逐渐减小的趋势。现在世界上大多数发达国家的就业弹性都很低。如在日本,这一弹性为0.08;在德国、法国和意大利,这一弹性只有0.06;而英国的这一弹性甚至为-0.05。我国经济长期、持续的增长为劳动力提供了大量的就业机会。改革开放初期的1979—1981年,我国的就业弹性平均为0.44,即经济增长每增加1个百分点,就业会增长0.44个百分点。但是随着经济的发展,经济增长对就业的拉动作用变小。从图10-12可以看出,在1978—2011年近34年间,我国经济增长速度较快,年均增速达10%。但是就业增长率的变化趋势呈现出稳定下降的趋势,从20世纪80年代初期的3%左右下降到2011年的0.4%。就业弹性和就业增长率的变化趋势趋同。这说明经济增长对就业的拉动作用减弱了。但是就业弹性不断减小说明每创造一个增量的价值所需要的劳动增量变小了。这实际上意味着劳动生产率的提高。而劳动生产率的提高不外乎靠两种途径:一是技术的进步,二是与经济结构相对应的就业结构的变化。在第一种情况下,过去两个人的工作现在一个人即可完成,就业弹性当然会减小。在第二种情况下,如果资本相对密集的产业和行业的经济增长高于劳动相对密集的产业或行业,就业弹性也会变小。

古典增长理论模型中,经济增长和就业率存在一致性。哈罗德-多马模型提出,经济增长与就业率呈正相关,一定的经济增长率需要以一定数量的劳动投入为依托。假设希克斯中性,对新古典增长理论进行比较静态分析也说明,就业增长率与经济增长率在理论上呈正相关。但是从中国的实际来看,并未体现出如下规律。如图10-12所示,经济增长率与就业弹性的波动不一致。经济繁荣时,就业弹性下降;经济衰退时,就业弹性反而上升。经济增长与失业扩大并存。这种异象的产生可能是以下几个方面的原因:第一,技术进步和就业结构滞后于产业结构;第二,就业的数据只反映了总量,而未反映出

背后的结构性问题。名义就业人数只是一个总量方面的概念,而忽略了农民工的增加、困难群体的就业、非正规就业①和隐性失业人员的扩张等就业结构的变化。

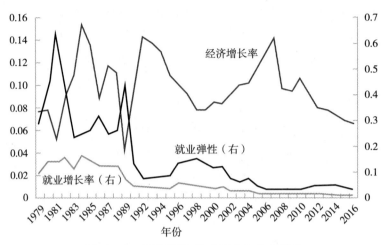

图 10-12 经济增长、就业增长和就业弹性

资料来源:根据历年中国统计年鉴数据计算所得。

(四)人工智能和技术进步对就业产生双重影响,数字经济带动灵活就业

人们对于技术进步会产生技术性失业的担忧并不是一个新问题。从 18 世纪后期工业化革命开始后即产生相关争论,之后经济学家致力于探讨技术进步会增加还是减少就业。从国内外既有文献看,大致分为负向的抑制效应和正向的创造效应。一方面,技术进步提高了劳动生产率,机器替代劳动,从而减少就业。王君等(2017)认为该抑制效应取决于以下几种机制:劳动手段替代机制、管理效率破坏机制、产品生命周期破坏机制、经济波动破坏机制和劳动市场需求破坏机制。Schumpeter(1911)提出,技术创新和生产率的提高将引起对生产新产品所用的主要要素需求的短暂提升,但工艺创新的节约效果将导致劳动力需求的下降,从而引起更高的失业(曹静和周亚林,2018)。另一方面,技术进步会创造新的就业机会,促进就业。王君等(2017)认为该正向促进作用取决于以下几种机制:宏观层面包括收入效应补偿机制、技术乘数效应补偿机制、劳动市场供给效应补偿机制、全球化效应机制,微观层面主要包括技术进步引发企业产品和工艺创新产生的利润效应补偿机制。Pissarides(2000)认为资本化带来的就业机会的成本在最初已经支付,技术进步越快,意味着未来收益的有效贴现率越低,利润的现值越高。技术进步对就业的影响取决于两种效应之间的动态变化。虽然短期技术进步对失业产生了一定的影响,但是从长期来看,总体来说改善了就业状况,提高了就业质量。德勤公司通过对 1871 年以来英国技术进步和就业数据的分析表明,技术进步对就业的创造效应明显。这是因

---

① 国际劳工组织认为,非正规就业有如下特征:(1)容易进入;(2)主要依赖本地资源;(3)家庭所有制或自我雇佣;(4)经营规模较小;(5)劳动密集型的适用性技术;(6)劳动技能不需要在正规学校获得;(7)较少管制或竞争较充分。

为技术进步降低了生产成本,增加了消费者需求,有利于推动产业结构升级,从而创造了更多的就业岗位(Deloitte LLP,2015)。

人工智能不同于一般性的技术进步之处在于,其变革速度之快、影响规模之大和影响深度之广远远超过历史上任何一次技术进步。机器学习的本质在于使机器拓展人类的学习能力,并以全新的方式拓展人类劳动。这将导致就业门槛越来越高,技能不匹配的风险加大。机器替代人不仅影响劳动密集型的制造业,也对金融、教育、医疗等高技能服务业产生了冲击。2017年麦肯锡在《未来的工作——自动化、就业和生产力》(*A Future That Works: Automation, Employment, and Productivity*)研究报告中指出,美国、日本、中国和印度将有2/3的雇员被机器替代。技术的可行性、开发和部署相关方案的成本、劳动力的市场动态、经济效益、政府监管和社会接受度这五个方面都会影响机器替代人的速度。人工智能的普及会逐渐淘汰低端落后的就业岗位。但同时人工智能的出现也创造出了新的就业岗位,尤其是在数据分析、软件研发、智能机器和机器人生产等领域。中国信息通信研究院的测算表明,2017年我国数字经济领域就业人数高达1.71亿,同比上升2.5%,占当年总就业人数的22.1%。以人工智能、大数据和云计算为核心的数字经济的到来也提供了更多灵活就业的机会。这使得就业场所可能不再是企业和厂商等固定场所,而是在虚拟的网络组织中。就业形式也不局限于合伙人制、项目制等,而是以自由职业的形式使人的个人价值被最大限度地激发、利用和共享。

当然,机器替代人也不是没有局限性的。卡耐基梅隆大学机器人研究所教授汉斯·莫拉维克(Hans Moravec)指出:"让计算机在智力测试或者下棋中展现出一个成年人的水平是相对容易的,但是要让计算机有如一岁小孩般的感知和行动能力却是相当困难,甚至是不可能的。"这在人工智能领域被称为莫拉维克悖论(Moravec's Paradox)(闫德利和戴建军,2018)。莫拉维克悖论指出,对于计算机而言,进行逻辑推理模拟人类较高层次的智慧是相对简单的,而进行感知、运动和训练所谓的直觉却非常困难。也就是说,在未来实现机器完全替代人类的可能性不大,更多的是实现人机协作。

二、"新常态"下就业结构性矛盾有哪些方面

长期以来,我国学术界的研究重点更多地集中在劳动力市场总量失衡方面。近年来,随着我国经济增速放缓,劳动力市场的主要问题从总量失衡转向结构性矛盾突出,从劳动力供给侧来看,主要是大学生就业难和困难群体就业难的"两难问题";从劳动力需求侧来看,主要是民工荒和技能型人才短缺的"两荒问题"。

(一)从"民工潮"到"民工荒"

所谓的"民工"是指改革开放以来劳动力市场上出现的一种新型劳动力,在人口统计上算农民,是第一产业的劳动者,但其大部分时间是在城市度过的,主要工作领域是第二、第三产业。每年春节,从城市工作的民工返回农村居住地,形成中国劳动力市场上的民工潮。

一个典型事实是,2004年之前的十几年,广东农民工的工资只上涨了68元。一线工人主要是农民工,而其工资在1985—2002年的18年中只上涨了90元。扣除通货膨胀,广东农民工的实际工资是下降的。表10-2的数据也能说明这一点。这些现象表明,2004年的农村劳动力供给符合劳动力无限供给和工资长期不变的特征,但是这一现象在2004年发生了转折。中国劳动力市场信息网监测中心公布的《江苏、浙江、福建、广东等劳动力市场呈现出缺工现象》的统计报告指出,2004年第二季度,江苏、浙江、福建、广东等12个省市,只有70.4万人进入劳动力市场,招工人数高达108.7万人,有38.3万人的人口短缺。2004年9月,劳动和社会保障部发布的《关于劳动力短缺的调查报告》指出,东莞民工短缺70多万人,沿海城市民工的求人倍率为8.7∶10(包小忠,2005)。这一现象从深圳、东莞等较为发达的"珠三角"地区开始,向闽东南蔓延,发展到浙东南和整个"长三角"地区,再发展到京、津、沪(缺保姆)和湖南、江西等内地省份(企业缺工),最终形成波及全国的民工荒现象。

表 10-2　广东企业的月平均工资变化　　　　　　　　　　（单位:元）

年份	销售人员的工资	一线工人的工资
1985	920	450
1990	1 200	480
1995	2 000	500
2000	3 200	530
2002	4 800	540

资料来源:包小忠(2005)。

关于民工荒出现的原因,学术界至今未有统一定论。邓宇鹏和王涛生(2005)认为,民工荒的出现主要取决于制度性因素。二元户籍制度使农民工很难真正融入城市;双重生产要素配置加大了农民务工的不确定性;初次分配制度不规范;社会保障制度不健全使农民缺乏在城市生活的安全感;企业与民工之间缺乏契约精神;等等。因而解决民工荒问题的根本在于制度创新。有学者认为,民工荒的出现取决于劳动力市场的结构性矛盾。钟庆才(2005)指出,2004年37%的技工和30%的普工离开广东,造成技工和普工同时短缺,后者的短缺比例高达1/3。鞠志萍(2006)认为,不只是农民工的工种结构不平衡,民工荒从局部性问题发展到了波及劳务输出大省的全国性问题。还有一些学者认为,出现民工荒的主要原因在于务工比较利益的下降(姚上海,2005)。也就是说,长期来看,农民工工资一直维持在较低的水平上,而2004年左右国家支农政策[①]的推出,进一步减少了城市农民工的供给。

---

① 2004年中央开始实行对于农村的"两减免、三补贴"(即减免农业税和除烟叶税以外的农业特产税,实行种粮直接补贴、购买农机具补贴和良种补贴)政策。

（二）高级技术人才短缺

中国目前的工人技术等级分为初级工、中级工、高级工、技师和高级技师。而高级工、技师和高级技师被称为高级技术工人，简称"高级技工"。根据人力资源和社会保障部的统计，2017年第四季度，市场对具有技术等级和专业技术职称的技能人才的需求均大于供给，与2016年同期相比，对高级工、高级技师的用人需求有较大幅度的增长。从供求对比看，各技术等级或专业技术职称的岗位空缺与求职人数的比率均大于1。其中，高级技能人员、高级工、高级技师岗位空缺与求职人数的比率较大，分别为2.18、1.97、1.93，同比变化分别为+0.16、-0.3、-0.02，环比变化分别为+0.9、-0.11、+0.01。统计数据显示，中国的技术工人约为7 000万人，其中初级工占比高达60%，中级工占35%，高级工仅占5%。而发达国家的初级工、中级工、高级工占比分别为35%、50%、15%。与我国的占比结构差异明显（曾湘泉和汪雯，2002）。高级技术工人的短缺不仅体现在供求关系上，而且体现在年龄结构上。我国的高级工不仅占比较低，而且老龄化的趋势加快。根据上海统计局统计支队的调查结果显示，36岁以下的高级工占比为4.9%，初级工占54.7%，高级技师一个也没有。这一现象并不是偶然出现的，2006—2011年，高级工、技师、高级技师的求人倍率一直高居不下（见表10-3）。这说明中国高级技术人才短缺的情况已持续多年且未有缓解。

表10-3　2006—2011年全国部分城市劳动力市场各级技术工人求人倍率

	2006年	2007年	2008年	2009年	2010年	2011年
初级工	1.37	1.44	1.38	1.38	1.47	1.45
中级工	1.55	1.51	1.39	1.39	1.48	1.54
高级工	1.76	1.73	1.68	1.57	1.62	1.71
技师	1.96	2.30	2.01	1.84	1.87	1.88
高级技师	2.03	2.55	1.93	1.86	1.89	1.76

资料来源：中华人民共和国人力资源和社会保障部统计数据。

高级技术人才与高学历失业并存，是我国典型的结构性失业现象之一。究其原因，主要有以下几种观点：一是重文凭论。青年人普遍重文凭而轻技能，这是导致高级技术工人断层的主要原因。二是劳动报酬低下，职业发展空间受限，即高技能工人叫好不叫座，在劳动报酬、晋升渠道、社会地位等方面区别于传统意义上的知识分子。三是人力资本投资不足，我国人力资本投资占比较低，企业缺乏对技能工人的再培训、再教育。

（三）大学生就业难

从计划经济时期到世纪之交不存在大学生就业难的问题，1999年，为了满足民众上大学的意愿和扩大内需的需要，我国开始实行大学生扩招。自此以后，我国的高等教育从精英教育很快过渡为大众教育。大学扩招三四年后,毕业生迅速增加,因而在2002年后才出现所谓的大学生就业难问题。据统计,2002年的高校毕业生为145万人,毕业生增加28万人,是2001年的2.8倍,毕业生增加率为23.9%(见表10-4)。自此之后,大学生就业难基本定调,"一些地方高校毕业生就业出现困难",属于"结构性问题"[①]。

表10-4 2000—2003年大学生就业状况

年份	毕业生总人数(万人)	毕业生增加数(万人)	毕业生增加率(%)	已就业人数(万人)	一次就业率(%)	未就业人数(万人)	未就业增长数(万人)
2000	107	—	—	77.0	72.0	30.0	—
2001	117	10	9.3	80.5	70.0	34.5	4.5
2002	145	28	23.9	108.1	74.6	36.9	2.4

资料来源:姚裕群(2008)。

我国的大学生就业总量增长的同时,大学生的供求缺口之大令人担忧。2006年全国普通高校毕业生为413万人,同比增长22%;而全国对高校毕业生的需求量约为166.5万人,同比减少22%。供求缺口高达250万人,并且这一缺口有逐渐扩大的趋势。从2010—2016年大学生毕业总数来看(见表10-5),这一数据逐年增加,2016年毕业生总数增加34万人,增长率高达4.69%。一个被广泛使用的数据是,2010年我国每年新增长的劳动力大约为1 700万人(姚裕群,2008)。按我国现行城乡就业比例4∶6计算,城镇劳动力供给约为680万人,而2010年高校毕业生为619万人,为城镇劳动力供给量的91%。由此可见,与经济社会的发展对大学生的需求量相比,我国的大学生就业压力非常大。

表10-5 2010—2016年大学毕业生数量总况

年份	高校毕业生人数(万人)	毕业生增加数(万人)	毕业生增加率(%)
2010	619	32	5.39
2011	636	17	2.75
2012	652	16	2.46
2013	674	22	3.37
2014	700	26	3.88
2015	725	26	3.65
2016	760	34	4.69

资料来源:根据教育部2010—2016年教育统计数据估算得出。
注:这里的毕业生主要包括本、专科毕业生,不包含研究生。

---

① 国务院办公厅〔2002〕19号文件,转发教育部、公安部、人事部、劳动保障部《关于进一步深化普通高等学校毕业生就业制度改革有关问题的意见》。

分析大学生就业难的原因是解决该问题的前提。仅仅把大学生就业难归因于高校扩张的制度性因素是不科学、不严谨的。国内外大多数研究从需求、供给和供求匹配三个方面分析(Higgins, 2002)。从需求侧来看,工作岗位的数量和结构都存在问题。从就业数量来看,大学生属于新增就业,且年均增速维持在4%左右,而工作岗位数量增速较慢,有些年份略有减少,成为企业应对外部冲击的调节器。从就业结构来看,既有大学生能力不能胜任的岗位,也有大学生不想从事的工作。从供给侧来看,主要问题是大学生就业能力不足。就业能力取决于大学生所拥有的知识、技能、态度等资本,以及他们使用这些资本的能力和特定的市场环境(Hillage and Pollard, 1998)。从供求关系来看,中国的制度性因素造成的劳动力市场分割是影响劳动者和用人单位搜寻匹配的重要原因(赖德胜,2001)。在某些大城市存在劳动力过剩,而在广大农村地区,大学生劳动供给严重不足。因而解决中国大学生就业难问题要从供求关系、劳动力市场环境、制度性因素等多个方面进行深入探讨。

(四) 困难群体就业难

就业困难群体是指市场经济条件下,受到劳动力市场排斥,就业或再就业相对困难的群体(李强和林勇,2003)。但在不同的经济发展阶段,不同国家对就业困难群体的具体界定不同。[①] 目前西方国家将因经济结构调整、企业破产或其他原因失业,再就业困难的群体视为就业困难群体。而对于中国而言,除了经济体制改革造成的下岗人员、周期性因素引起的失业,还包括初次进入劳动力市场的非大学生的青年、残障人士、年龄大技能低的失业人员等。

以下岗工人为例,就业困难群体的出现是市场经济中竞争机制调节的后果,也是经济结构调整过程中工人技能和工作需求不匹配引致的。关于就业困难群体的研究最早可以追溯到20世纪90年代,张研和张翼(1997)认为,就业困难群体的文化程度低,缺乏专业素养,跨行业流动性差,解决下岗工人的再就业问题应该从个人、企业、国家和社会几个方面综合考虑。李强和林勇(2003)提出目前我国劳动力市场发育还不健全,就业服务体系不完善,因而我国应采用消极的劳动力市场政策与积极的劳动力市场政策并重的方式。一方面通过失业保险保障他们的生活来源,另一方面通过就业服务、培训和创造就业机会帮助其就业。王阳(2017)提出新常态下就业困难群体具有长期失业加重、失业转就业难度增大、短期失业淤积等特征,应以就业困难群体充分就业为主要目标,一方面,多渠道开发就业岗位,进一步简政放权;另一方面,完善城乡统一的就业创业扶持政策,持续加强就业服务能力建设,积极化解结构性风险。

[①] 比如,欧盟国家把年轻人、长期失业者等视为就业困难群体;美国将困难群体界定为五类:(1)从事非全日制、季节性工作被解雇,技能落后,没有就业机会,也不可能再从事同一职业的人或由于工厂永久性关闭而被解雇的人;(2)企业已宣布将于一年内关闭,由于设备停用而被解雇的人及未被调动或安排其他工作的人;(3)长期失业者,被以前企业或同行业雇主雇用的可能性不大的人;(4)从事个体经营,由于经济状况和自然灾害等原因而失业的人;(5)受国际贸易协定影响而失业的人。

第四节　治理失业与扩大就业

一、政府就业政策的支持是扩大就业的重要前提

凯恩斯最早提出了政府有责任促进充分就业的观点。第二次世界大战后很多资本主义国家将充分就业作为经济发展的主要目标。美国通过《1946年就业法》(Employment Act of 1946)明确了政府有责任促进充分就业,随后提出经济增长的总目标是保障最大的产出、就业和购买力。英国也公开表明要维持较高的就业水平。2001年国际劳工组织在《全球就业议程》中指出,经济增长和社会繁荣得以持续的基本条件是,充分的、生产性的、自由灵活的就业成为国家宏观经济战略的总目标。从中国劳动力市场来看,供求总量失衡有所缓解,结构性失业问题突出。数字时代到来的背景下,人工智能对劳动力市场的总量和结构问题提出新的挑战。因而加大劳动力市场的政策支持是扩大就业的重要前提。

第一,从供求总量失衡来看,通过稳增长、调结构开拓就业新空间。政府应始终将稳就业、促就业作为经济社会发展的优先目标,不断创新和优化宏观调控手段与方式。根据就业形势的新变化,及时调整宏观调控的手段和目标,加大货币、财政、税收、投资的政策与就业政策的衔接程度。提速重大工程、重大项目、重大政策的落地,调整投资方向,逐渐转向公共投资和基础设施建设等领域,推动投资对就业的拉动作用。进一步提高第三产业对就业的吸纳作用,鼓励发展民营企业。将创新驱动引入深入,为新产业、新业态、新模式创造良好的发展环境。加快"一带一路"建设,鼓励国内劳动者走出国门,赴国际市场就业。

第二,从供求结构失衡来看,通过就业支持政策保障大学生、农民工、高级技术人才、困难群体的就业问题。针对结构性失业的问题,政府应该加强就业服务能力建设,鼓励灵活就业。就业服务应包含以下几方面的内容:①加强街道就业和社会保障服务设施项目建设,在完善职业介绍、职业指导、职业培训、创业指导、就业实习等公共就业服务内容的同时,尽快实现就业与社会保障信息系统互联互通。②改善就业援助的服务条件,对就业困难人员特别是长期失业人员提供综合而精准的服务,有针对性地解决失业问题。③加强绩效考核,综合评定就业服务工作量和工作成果,并以此作为核发补贴资金的重要依据,促进服务质量提升。随着互联网经济和数字经济时代的到来,新型灵活就业将成为未来就业形式的主要形态。新型灵活就业形式包括自我雇佣、众包、自由职业者、共享经济等。以自我雇佣为例,2012年我国13.3%的就业人员选择自我雇佣,其中城镇就业人员自我雇佣的比例为17.6%,农村的比例为10.2%,城镇自我雇佣的比例显著高于农村。这些新的就业形态的出现反映了劳动就业市场的灵活性,政府在缓解结构性失业的同时应充分鼓励灵活就业。

二、完善劳动力市场机制是扩大就业的根本保障

第一,加强劳动力的自由流动。改革开放以来我国劳动力自由流动情况如表10-6所示。我国劳动力市场长期处于分割状态,建立统一的、自由流动的劳动力市场能为扩大就业提供良好的市场环境。促进劳动力的自由流动,归根到底是消除劳动力自由流动的制度壁垒。这就要求政府逐渐放宽户籍制度,加大户籍制度的改革力度;改善劳动力市场分割的现状,加快建立统一的劳动力市场;确保农民工的基本权利,抵制针对农民工的歧视政策,取消限制农民工进城务工的条款,给予农民工的孩子平等的受教育机会;给予农民工等就业困难群体在就业、养老、医疗、培训等方面必要的政策支持等。

表10-6　1978年至今中国劳动力流动情况

时间	劳动力流动情况
1978—1983	劳动力流动政策严格,国家保障城镇人口的就业,农村劳动力无法在城市就业
1984—1988	劳动力流动政策放松,允许农民自筹资金、自理口粮进务工。但是户籍制度的存在使农民工子弟无法接受平等的教育,农民工无法获得正式工作
1989—1991	农村劳动力流动的空间变小。"民工潮"出现引发了大量的社会问题,例如交通拥堵、社会秩序紊乱等
1992—2000	合理引导劳动力流动。一方面,下岗职工对新单位的工资、福利要求较高,再就业难;另一方面,一些危险性大、待遇差的工作无人从事。高失业和空缺职位并存
2000年至今	积极引导劳动力合理有序流动,推行城乡劳动力一体化政策,但是劳动力的二元市场尚未消失,农民工仍然只能接受非正式就业

资料来源:杨河清(2010)。

第二,有序推进工资决定的长效机制。改革开放以来,我国的劳动力市场决定机制取决于两种力量,即体制内的工资制度改革和体制外的市场调节。总体来看,我国的劳动力价格决定机制是符合市场化进程的。这主要体现在各产业劳动力价格弹性的变化上。在劳动力价格决定机制方面,单纯依靠供求决定价格是存在问题的,特别是在简单劳动力市场。在供给相对过剩的前提下,劳动力总会处于不利地位。这是政府在对劳动力市场进行干预,也是工会组织形成的重要原因。在我国现阶段,集体协商谈判制度尚处于起步阶段,因而政府干预成为保障贫困阶层利益的重要手段,其中市场经济国家普遍采用的是最低工资。所谓的最低工资是指劳动者在法定工作时间内提供正常劳动的前提下,用人单位支付的足以维持劳动者及其供养人口基本生活需要的最低限度的工资。世界各国的经验表明,最低工资法在一定程度上制约了收入分配差距过大。但是,就劳动力价格决定的长效机制而言,最低工资法未必达到了预期目的。这主要体现在:①最低工资法解决了就业者的收入分配问题,而不是就业问题;②最低工资法对劳动力价格决定机制的修正,可能使最低工资标准高于劳动力市场出清的均衡价格;③最低工

资法保护了就业者的基本收入,未必能够达到社会公正的目的;④最低工资制未必能够真正保护就业者的实际收入;⑤最低工资制未必能够切实促进劳动者素质的提高。因而建立劳动力价格决定的长效机制一方面应发挥市场机制的作用,有效配置劳动力资源;另一方面,应推进工资的集体协商谈判制度,通过最低工资、工资指导价位和工资指导线制度进行多方位调节。

本章总结

本章系统地介绍了就业与失业的相关理论,并且结合当下实际探讨了我国的就业与失业问题。第一节主要介绍失业的定义与测度方法,对失业类型进行划分,然后介绍失业的代价——奥肯定律,并简要讨论其在我国的适用性。第二节主要介绍经典的失业理论与模型。第三节首先总结我国转型期就业与失业的特点,并详细从"民工潮"到"民工荒"、高级技术人才短缺、大学生就业难和困难群体就业难四个方面分析"新常态"下我国的就业结构性矛盾。最后,在第四节提出治理失业和扩大就业的政策建议。

核心概念与术语

失业率	Unemployment Rate
摩擦性失业	Frictional Unemployment
结构性失业	Structural Unemployment
劳动参与率	Labor-force Participation Rate
周期性失业	Cyclical Unemployment
丧失信心的工人	Discouraged Workers
人力资本	Human Capital
劳动力	Labor Force
自然失业率假说	Natural-rate Hypothesis
奥肯定律	Okun's Law
失业保障	Unemployment Insurance
工资刚性	Wage Rigidity
效率工资理论	Efficiency-wage Theories

复习思考题

1. 试比较不同学派的失业理论。
2. 什么是奥肯定律?失业的代价有哪些?
3. 我国的结构性失业主要有哪几种类型?

4. 转型期我国的就业失业问题有怎样的新特点?
5. 人工智能会导致技术性失业吗?请谈谈你的看法。
6. 结合我国国情谈谈扩大就业的政策措施。

主要参考文献

[1] 包小忠.刘易斯模型与"民工荒"[J].经济学家,2005,4(4):55—60.
[2] 蔡昉.二元经济作为一个发展阶段的形成过程[J].经济研究,2015,50(7):4—15.
[3] 蔡昉.认识中国劳动力市场及其变化趋势[M].北京:中信出版社,2007.
[4] 蔡昉.中国二元经济与劳动力配置的跨世纪调整——制度、结构与政治经济学的考察[J].浙江社会科学,2000(5):19—23.
[5] 曹静,周亚林.人工智能对经济的影响研究进展[J].经济学动态,2018(1):103—115.
[6] 邓宇鹏,王涛生.中国民工短缺的制度分析[J].经济学动态,2005(5):68—72.
[7] 方福前,孙永君.奥肯定律在我国的适用性检验[J].经济学动态,2010(12):20—25.
[8] 方莉.中国劳动力供求关系与人口红利的变化[M].北京:中国经济出版社,2013.
[9] 冯华,张淑梅.西方失业理论的回顾与我国就业政策的反思[J].学术论坛,2002(6):38—41.
[10] 何道峰,高筱苏.就业、增长、现代化——中国劳动力转移的历史与未来研究[M].北京:中国华侨出版社,1990.
[11] 姜巍,刘石成.奥肯模型与中国实证(1978—2004)[J].统计与决策,2005(24):7—9.
[12] 鞠志萍.城市企业招工难的成因:民工荒实证考虑[J].现代财经:天津财经学院学报,2006 26(8):56—60.
[13] 赖德胜等.2017中国劳动力市场发展报告——迈向制造强国进程中的劳动力市场挑战[M].北京:北京师范大学出版社,2017.
[14] 赖德胜.劳动力市场分割与大学毕业生失业[J].北京师范大学学报(社会科学版),2001(4):69—76.
[15] 李强,林勇.西方国家解决困难群体就业的经验与启示[J].经济学动态,2003(5):90—93.
[16] 李晓澜,宋继清.二元经济理论模型评述[J].山西财经大学学报,2004(1):14—19.
[17] 李晓西.宏观经济学.[M].第2版.北京:中国人民大学出版社,2011.
[18] 帕廷金.货币利息与价格[M].北京:中国社会科学出版社,1996.
[19] 潘璠.我国是否将出现"刘易斯拐点"[N].光明日报,2007-06-26.
[20] 王诚.劳动力供求"拐点"与中国二元经济转型[J].中国人口科学,2005(6):2—10.
[21] 王君,张于喆,张义博,等.人工智能等新技术进步影响就业的机理与对策[J].宏观经济研究,2017(10):169—181.
[22] 王阳.经济新常态下就业困难群体失业趋势研究[J].经济理论与经济管理,2017

36(4):5—18.

[23] 闫德利,戴建军.数字技术如何影响就业？[J].新经济导刊,2018(9):48—50.

[24] 杨河清.中国劳动经济蓝皮书[M].北京:中国劳动社会保障出版社,2010.

[25] 姚上海.从"民工潮"到"民工荒"——农民工劳动力要素价格扭曲现象剖析[J].中南民族大学学报(人文社会科学版),2005,25(5):112—115.

[26] 姚裕群.我国大学生就业难问题演变与近期发展趋势[J].人口学刊,2008(1):10—14.

[27] 袁志刚,宋铮.高级宏观经济学[M].上海:复旦大学出版社,2001.

[28] 曾湘泉,汪雯.入世后中国技术工人面临的问题与对策[J].经济理论与经济管理,2002(12):46—50.

[29] 张车伟,蔡昉.就业弹性的变化趋势研究[J].中国工业经济,2002(5):22—30.

[30] 张研,张翼.下岗人员再就业的困难与希望[J].21世纪,1997,4:7—9.

[31] 赵红.西方失业理论及其就业对策[J].云南财经大学学报,2000(5):8—12.

[32] 钟庆才.利,还是弊:广东农民工短缺现象的分析与思考[J].人口研究,2005 29(6):14—22.

[33] 庄子银.高级宏观经济学[M].武汉:武汉大学出版社,2004.

[34] Beveridge W. H., N. B. Dearle, and A. B. Wolfe. Unemployment: A problem in industry[J]. Journal of Political Economy, 1909, 17(7): 476-478.

[35] Friedman M. The role of monetary policy[J]. American Economic Review, 1968, 58(1): 1-17.

[36] Hillage J., and E. Pollard. Employability: Developing a framework for policy analysis[R]. London: DfEE Research Report, 1998.

[37] Howitt S., M. Day, A. David, F. Scott Kieran, et al. Mutants of bradyrhizobium (parasponia) sp. anu 289 affected in assimilatory nitrate reduction also show lowered symbiotic effectiveness[J]. Journal of Plant Physiology, 1988, 132(1): 5-9.

[38] Jovanovic B. Job matching and the theory of turnover[J]. Journal of Political Economy, 1979, 87(5, Part 1): 972-990.

[39] Kennedy P. B., and S C. Dinsmore. Digestion experiments on the range[J]. 1909.

[40] Llp D. Technology and people: The great job-creating machine[R]. Deloitte LLP Report, 2015, 4.

[41] O'Higgins S. N. Youth unemployment and employment policy: A global perspective[R]. International Labour Office Publications Center, 2002.

[42] Okun A. M. Potential GNP: Its measurement and significance. in Proceedings of the Business and Economics Statistics Section (Washington, DC, American Statistical Association), 1962.

[43] Phelps E. S. Money-wage dynamics and labor-market equilibrium[J]. Journal of Political

Economy, 1968, 76(4): 678-711.

[44] Phillips A. W. The Relation between unemployment and the rate of change of money wage rates in the United Kingdom, 1861-1957[J]. Economica, 1958, 25(100): 283-299.

[45] Pissarides C. A. Equilibrium Unemployment Theory[M]. MIT Press, 2000.

[46] Pissarides C. A. Short-run equilibrium dynamics of unemployment vacancies, and real wages[J]. American Economic Review, 1985, 75(4): 676-690.

[47] Lucas R. E. Jr., and Edward C. Prescott. Equilibrium search and unemployment[J]. Journal of Economic Theory, 1974, 7(2): 188-209.

[48] Schumpeter J. A. Theory of Economic Development[M]. Harvard University Press, 1911.

[49] Shapiro C., and J. E. Stiglitz. Equilibrium unemployment as a worker discipline device [J]. American Economic Review, 1984, 74(3): 433-444.

第十一章

产业结构与产业政策

> 政府的当务之急,不是要去做那些人们已经在做的事,无论结果是好一点还是坏一点;而是要去做那些迄今为止还根本不曾让人们付诸行动的事情。
>
> ——约翰·梅纳德·凯恩斯

本章主要概述产业结构与产业政策的基本内容,共分三节。第一节阐述产业结构理论的主要内容及其发展;第二节概述中国产业结构变动情况及其优化升级路径;第三节阐明产业政策构成及中国产业政策的演进轨迹。

第一节 产业结构理论的主要内容及其发展

一、产业结构范畴界定

产业是社会分工现象,作为经济单位,它介于宏观经济与微观经济之间,是属于所谓"中观"的范畴。它既是国民经济的组成部分,又是同类企业的集合。

产业结构这一概念产生于20世纪初期,起初人们对这个概念的定义较为模糊,后来随着产业的不断发展,产业结构的范畴也逐渐得以明确。一般认为,产业结构是指在社会再生产过程中,一个国家或地区的产业组成即资源在产业间的配置状态。产业发展水平即各产业所占的比重,产业间的技术经济联系即产业间相互依存、相互作用的方式。现实中的产业结构一般是指农业、工业和服务业在一国经济结构中所占的比重。

二、产业结构理论的主要内容

产业结构的变化呈现出由低级向高级发展、由一般向纵深发展的演进态势,对产业结构演进一般规律的探讨,形成了产业结构理论的主要内容。

产业结构的理论渊源可追溯到威廉·配第,他最早注意到产业结构的演变趋势,揭示了产业结构演变和经济发展的基本方向。产业结构理论的形成时期是20世纪三四十年代,其代表人物有费雪、克拉克、赤松要等人。之后产业结构理论得以快速发展,其代表人物包括库兹涅茨、霍夫曼、里昂惕夫、刘易斯、赫希曼、罗斯托、筱原三代平、钱纳里等,由此构成了代表性的产业结构理论。

(一)配第-克拉克定理

威廉·配第在其著作《政治算术》(Political Arithmetick)一书中,提出了三次产业之间存在明显的收入差异,他认为经济发展过程中必然出现农业、制造业和商业劳动收入逐渐递增的趋势。此后,科林·克拉克整理了若干国家劳动力在产业之间的转移数据,得出结论:随着经济的不断发展,人均国民收入不断提高,劳动力会由第一产业向第二产业转移;随后,当国民收入进一步提高时,劳动力又会向第三产业转移。这一理论结合配第的观点,被称为"配第-克拉克定理"。

(二)库兹涅茨法则

美国经济学家库兹涅茨基于费希尔、配第和克拉克等人的研究基础,通过对各国的历史数据进行统计分析,首先验证了配第-克拉克提出的三次产业劳动力转移的规律。其次,库兹涅茨对西方国家经济变化的长期趋势进行了分析,进一步提出了比较劳动生产率的概念原理。他把第一、第二、第三产业分别定义为农业部门、工业部门和服务业部门,并指出,随着GNP的提升,第一产业相对第二、第三产业的劳动生产率会呈现出下降趋势,而第二、第三产业的劳动生产率则会逐渐上升。在此基础上,他揭示了各产业在GNP中的比重随着人均GNP的提高而发生结构性变化的一般规律,即随着经济的发展,第一产业所创造的收入在整个国民收入中的占比会不断下降;第二产业的收入呈现上升趋势,第三产业即服务业会逐渐成为占比最大的产业类型,并且成为吸收劳动力就业规模最大的产业。

(三)霍夫曼定理

德国经济学家霍夫曼在其所著的《工业化阶段和类型》(Stages and Types of Industrialization)一书中,提出了著名的霍夫曼定理。他研究了工业化进程中工业内部结构的变动,揭示了资本资料工业和消费资料工业此消彼长的规律。霍夫曼利用多个国家的数据,对工业化进程中的消费资料与资本资料相关关系进行了实证研究。他指出,资本资料工业在制造业中所占比重会随着工业化进程的推进而不断上升,并超过消费资料工业所占的比重。也就是说,通过设定霍夫曼比例或霍夫曼系数,就会发现各国工业化无论开始于何时,一般都具有相同的趋势,即随着一国工业化的推进,消费品部门与资本品部门的净产值之比逐渐趋于下降,霍夫曼比例呈现出不断下降的趋势,这就是著名的"霍夫曼定理"。霍夫曼比例也成为研究工业产业结构联系的重要指标。

(四)里昂惕夫投入产出分析法

里昂惕夫开创的投入产出分析法,将封闭型产业结构理论定量化,并发展到完美的程度。投入产出分析法分析国民经济各部门之间的投入与产出的数量关系,利用投入产出系数推断某一部门经济活动的变化对其他部门的影响,计算为满足社会的最终需求生产的各种产品总量,并分析国民经济发展和结构变化的前景。投入产出分析法成为产业结构分析的一种重要工具。

（五）筱原三代平动态比较成本说

筱原三代平发展了李嘉图的静态比较成本说,提出了著名的动态比较成本说。该理论认为,产品的比较成本可以转化,从某一时点看在国际贸易中处于劣势,从发展的眼光看却有可能转化为处于优势。因此,对那些潜力巨大且对国民经济有重要意义的产业,不但不应放弃它们,而且要扶持它们的发展,使之成为强有力的出口产业。日本政府依据动态比较成本说制定了扶持若干幼小产业的政策并在实践中取得巨大成功,最典型的例子是汽车工业。在扶持幼小产业政策的保护下,经过短短二十几年的发展,日本汽车产量从 1955 年的 6.5 万辆提高到 1980 年的 1 140 万辆,并成为日本第一大出口产业。

（六）钱纳里"发展型式"理论

钱纳里将开放型产业结构理论规范化和数学化,提出了著名的"发展型式"理论。他在一些基本假设的基础上,从大量观察值中选择了 10 个基本经济过程来描述几乎所有国家发展的基本特征,并用 27 个变量规定了这 10 个基本经济过程,然后把收入水平和人口数据作为外生变量对所有这些过程进行一致的统计分析,构造了反映结构转换的主要变量典型性关系的"发展型式"。为使分析的结果更广泛地适用于各国和各种经济过程,钱纳里进一步使用了几个基本的回归方程对"发展型式"理论复合回归,得出了一个具有一般意义的"标准结构"。根据"发展型式"理论,结构变化的 75%—80% 发生在人均 GNP 100—1 000 美元的发展区间,其中最重要的积累过程和资源配置都将发生显著、深刻的变化。钱纳里的标准结构揭示了人均 GNP 与结构变动的关系。

三、产业结构理论在中国的发展

（一）产业结构转型升级理论

产业结构理论及产业经济学自 20 世纪 80 年代开始引入中国。随着中国产业理论研究的深入和产业实践的进一步发展,中国特色的产业结构理论不断得以丰富和拓展。目前具有代表性的产业结构理论主要是中国的产业结构转型升级理论,包括技术升级、市场升级、管理升级等。技术升级是从技术层面,通过广泛应用高新技术和先进适用技术改造提升传统优势产业,从政策上、资金上、人才上给予扶持,为传统产业转型升级注入生机和活力;市场升级是从市场的角度,始终把市场建设摆在经济工作的核心位置来抓,努力形成产业集群,优化产业布局,壮大产业发展实力,提升发展质量和效益。管理升级则是要创造宽松的政策环境,营造高效的服务环境,培育方便的金融环境,营造良好的人才环境,全方位助力产业结构转型升级。

（二）淘汰过剩产能理论

中国经济发展面临结构性的矛盾,供给侧和需求侧都有,其中重要的方面就是要在供给侧淘汰严重过剩的产能。产能过剩是指企业参与生产的全部固定资产,在既定的组织技术条件下,所能生产的产品和能够处理的原材料数量过多,超过市场标准,从而对市场造成负面影响。其直接原因是由于投资持续过快增长,一些行业如房地产、钢铁投资明显过热,导致产能扩张的速度远远超过需求扩张的速度。而其中根本的原因,是经济增长方式的不合理。因此,对当前存在的产能过剩问题,解决的思路应是尊重规律、分业施策、多管齐下、标本兼治。

(三) 发展新兴战略性产业理论和建立产业新体系理论

战略性新兴产业是以重大技术突破和重大发展需求为基础,代表未来科技和产业发展新方向,知识技术密集、物质资源消耗少、成长潜力大、综合效益好的产业。加快培育和发展战略性新兴产业,对于推进产业结构升级和经济发展方式转变具有重要意义。同时,应注重构建产业新体系,以提升我国产业自主发展能力和产业国际竞争力。

(四) 绿色环保节能产业发展理论

注重环境保护、资源节约型产业的发展,坚持可持续产业发展,主要包括节能技术和装备、高效节能产品、节能服务产业、先进环保技术和装备、环保产品与环保服务六大领域,节能环保产业重点发展高效节能、先进环保、关键技术装备、产品和服务。

(五) 产业安全理论

产业安全理论主要包括产业控制、产业竞争、产业发展和产业保护等。研究产业安全理论对于包括中国在内的发展中国家进行产业经济活动、参与国际竞争具有重要的现实意义。只有产业安全得到保障,产业发展的规模水平对增强国家经济实力、提高国家经济地位的影响力才能得到充分发挥和体现,尤其对于像我国这样的发展中大国来说,确保产业安全尤为重要。

四、当前产业结构领域研究的重点和热点问题

当前我国产业结构领域中的研究重点和热点问题主要有以下四个:

(一) 如何实现产业结构转型升级

我国的产业结构转型升级备受世界各国的关注,其本身也是一个产业结构理论研究的新问题。当前,我国经济发展进入"三期叠加"①阶段,实现"双中高"②目标是在"五大发展理念"③指引下的重要目标,也是提质增效的经济保障,而供给侧结构性改革的核心即产业升级与结构转型则是解决矛盾的必要手段。我国产业结构转型的突出矛盾已经由需求侧转向供给侧发展,具体表现在三个方面:一是高端产能的匮乏和低端产能的过剩。二是缺乏技术手段的创新。三是效益低下,特别是能源效益十分有限。目前,在我

---

① 三期叠加指:(1)增长速度换挡期,是由经济发展的客观规律所决定的;(2)结构调整阵痛期,是加快经济发展方式转变的主动选择;(3)前期刺激政策消化期,是化解多年来积累的深层次矛盾的必经阶段。
② 双中高是指我国经济长期保持中高速增长,达到中高端水平。
③ 五大发展理念是指中国共产党第十八届中央委员会第五次全体会议通过的必须牢固树立并切实贯彻创新、协调、绿色、开放、共享的发展理念。

国面临"整体脱贫、全面小康"的关键阶段,需求侧改革有广阔的发展空间。通过"三去一降一补"①,以新的有效供给带动新需求,促使产业间要素配置结构趋向合理。

(二)如何在新的国际分工条件下实现产业转移

经济全球化加速了产业结构的大融合、大变迁,尤其我国在加入WTO、人民币加入SDR②之后,我国的产业结构正受到国际分工新格局的冲击,而且引发了国际产业结构同质化带来的国际贸易摩擦。所以对于未来我国的产业结构升级优化,需要从全球范围去把握其发展趋势,以全球化为背景,充分利用国际分工和产业转移效应,在全球分工中找准适合自身产业发展的切入点。

(三)如何发展战略性新兴产业

《"十三五"国家战略性新兴产业发展规划》着重强调产业结构进一步优化,鼓励新能源、新技术、新业态的出现和发展。当前新兴产业市场、移动互联网、新能源汽车、高端装备制造等战略性新兴产业快速发展,物流快递、"互联网+"等新业态异军突起,成为新的经济增长点。"十二五"时期,战略性新兴产业实现了跨越式发展,产业增加值增速是同期GDP增速的2倍以上,占GDP的比重达到8%左右,轨道交通装备核心技术部分产品已达世界领先水平,助推新的投资、消费热点不断涌现,对稳增长、调结构发挥了重要作用。"十三五"及未来一段时期,培育和发展战略性新兴产业,是产业结构转型的主攻方向,直接关系到供给侧改革的成败。

(四)如何促进绿色环保节能产业发展

高耗能、高污染的传统重工业对生态和经济的可持续发展造成了严重的威胁,环境保护和生态建设愈发显得重要。绿色经济、低碳经济也成为产业结构的研究重点,为此,对于碳排放影响力较强的产业,应实行结构调整乃至淘汰;而对于新兴环保产业、绿色节能产业等则应大力扶持。

专题 11-1

现有产业结构理论的不足及其改进

目前,产业结构理论在中国的发展还存在许多不足,主要体现在:一是研究方法上,虽然开始采用应用学科通行的实证研究、计量研究方法,但运用案例研究、博弈论等方法深入研究中国产业实践中的独特现象和最新问题还不够;二是研究内容上,对中国产业经济现实中的重大问题、热点问题、焦点问题、盲点问题及未来发展态势等的跟进研究和

---

① "三去一降一补"是指2015年12月18—21日在北京举行的中央经济工作会议中提出的,2016年经济社会发展特别是结构性改革任务十分繁重,战略上要坚持稳中求进、把握好节奏和力度,战术上要抓住关键点,主要是抓好去产能、去库存、去杠杆、降成本、补短板五大任务。

② SDR是指特别提款权(Special Drawing Right),亦称"纸黄金"(Paper Gold),最早发行于1969年,是国际货币基金组织(IMF)根据会员国认缴的份额分配的,可用于偿还IMF的债务、弥补会员国政府之间国际收支逆差的一种账面资产。

深入研究还不够,而且对现有大量考察实例及经验数据进行分析研究并上升到理论层面进行总结提炼还不够,也还没有形成独特的且符合逻辑的分析范式;三是研究水平上,包括范畴界定、选题确定、理论深度及理论体系等方面还有待提升和完善。

随着中国经济体制改革的不断深入和经济发展进入新阶段,随着中国经济学家不断深入的理论探索,包括产业结构理论在内的中国产业经济学理论不断发展和完善:一是在定性分析、规范分析的基础上注重实证分析、计量分析、案例研究、博弈论等研究方法的提升;二是继续保持并增强产业结构理论研究中的中国特色,理论是否适用取决于理论的前提和条件,来自西方发达国家的产业结构理论必然以其发展阶段及经济社会制度为前提,因此,中国的产业结构理论研究必须以中国的现实情况及发展阶段和制度条件作为研究背景,探索并提出新的理论,从而提高产业经济理论对中国现实问题的解释能力和解决能力;三是进一步融入国际主流产业经济学研究之中,形成更多的高水平的国际化的研究成果,在国际产业经济学研究领域为产业经济学理论的发展贡献中国智慧和中国经验。

第二节 中国产业结构变动情况及其优化升级路径

一、改革开放以来我国产业结构变动情况

改革开放以来,我国经济状况经历了翻天覆地的变化,产业结构也随之不断发展变化。与产业结构理论相符,我国产业结构随着经济的高速增长,出现了从第一产业为主的结构模式逐渐向第二、第三产业为主的结构模式发展的过程。改革开放四十多年来,我国产业结构历史沿革大致可分为四个阶段,即改革开放初期(1978—1991)、全面改革时期(1992—2001)、深化改革时期(2002—2011)和全面深化改革时期(2012年至今)(张小筠和刘戒骄,2018)。

第一阶段:改革开放初期(1978—1991)。这一阶段是第二产业占主导地位的阶段。此时改革开放刚刚实行,国内产业结构严重失调。这一阶段采取的经济策略主要是调整失衡的经济形势,缓和产业间的比例。改革开放初期我国实施了两次产业结构调整,分别是20世纪70年代末80年代初加快轻工业发展,以及80年代末90年代初加快基础工业发展。经过几年的政策扶持和结构调整,轻工业发展长期落后的状况得以根本扭转,到1990年轻工业与重工业的比例已调整为49.4∶50.6,轻重工业比例严重失衡矛盾基本解决。然而,以轻纺工业为主的一般加工工业虽得到了快速发展,但交通运输、邮电通信、能源、原材料等基础工业和基础设施的供应能力有限,致使我国80年代后期又出现了基础产业与一般加工工业比例严重失调的问题。

第二阶段:全面改革时期(1992—2001)。从20世纪90年代开始,我国经济进入高速增长阶段,改革开始向各领域全面推进。经过十几年的改革,农业、轻工业有了较快增

长,轻重工业比例失调问题得到了较好的解决,但基础设施和基础工业仍然是制约经济增长的瓶颈产业,产业结构失衡问题依然存在并表现出新的特征:一是三次产业之间的失衡,表现为第二产业高速发展却没有带动第一、第三产业的同步发展;二是加工工业和基础产业之间的失衡,表现为加工工业盲目扩张而薄弱的基础产业跟不上需求;三是加工工业内部的失衡,表现为低水平加工能力过度扩张而高水平加工能力严重不足,致使我国产业结构长期处于低层次。经过这一时期的政策实施,我国产业结构得到了进一步调整和优化,主要表现在:从数量比例关系看,三次产业比例趋于协调,第二、第三产业占 GDP 的比重逐年上升;从结构关系看,基础产业和基础设施"瓶颈"制约得到较大改善,加工工业中技术密集产业比重有所上升,特别是代表高技术产业的电子及通信设备制造业、电气机械及器材制造业快速发展,家电产业成长为具有国际竞争力的行业。然而,也有部分政策的实施效果并未达到预期,如加工工业生产能力过剩、低水平重复建设问题依然突出,第三产业发展动力不强、质量不高等。

第三阶段:深化改革时期(2002—2011)。这一时期以 2008 年金融危机为分界点,前后阶段的经济形势发生了很大变化。该时期,第二产业略有起伏,但是总体比较稳定;第三产业迅猛发展,使中国经济真正进入二元驱动发展时期。粗放型的发展方式不能适应时代的要求,如何转型成为这一时期产业政策的关键着力点。经过这一时期的政策实施,我国的产业结构得到进一步优化升级。制造业规模迅速扩大并于 2010 年超越美国,我国成为世界第一制造业大国;在制造业内部,机械、电子、交通运输设备制造等高加工度行业和高技术产业发展迅速,产业技术水平有一定程度的提高。然而,与发达国家相比,我国产业技术仍然处于低端水平,在引进外资过程中没能通过自主研发有效提升技术水平,使我国核心技术和关键零部件的供给严重依赖发达国家。而我国制造业也是大而不强,且处于全球产业价值链中低附加值的底部,只是以各种"代工厂"模式生存,依靠低廉的劳动成本、大量的资源消耗和严重的环境破坏获取较少的利润。

第四阶段:全面深化改革时期(2012 年至今)。这一时期,我国进入工业化后期,三次产业之间的协调性不断提高,三次产业内部结构基本合理,并且经济进入"新常态",这意味着转变经济发展模式,经济增速放缓,产业结构继续调整升级。经过这一时期的政策实施,我国产业层次有了较快提升,高新技术产业和战略新兴产业发展十分迅速。在高铁、核电、4G 移动通信、电商、特高压输变电等领域,我国已处于和发达国家"并跑"的地位。

二、目前产业结构的特征及存在的问题

改革开放四十多年的工业化进程具有平推式增长特征,使我国在短时间内就走完了其他发达国家需要上百年才能走完的工业化之路。但这种发展模式也带来了很大的局限性,即经济发展失衡、技术水平较低、创新能力不足等,在产业结构方面也存在许多问题。

（一）产业结构存在区域间不均衡

我国地域广阔，区域间经济发展存在较大差异，这种差异在产业结构上也得到了体现。北京、上海、天津属于经济水平最高的地区，这些地区"三、二、一"产业格局比较稳固。属于二类地区的省份如广东、江苏和浙江等。这些地区的经济发展比较平衡，产业结构也相对合理，基本属于第二产业占比高、第三产业其次、第一产业较低的情况。河北、四川、湖南、安徽、云南、湖北等省份属于三类地区，其经济水平处于中游位置，产业结构也是属于第二产业占比高、第三产业其次、第一产业占比较低的情况，但占比较为不合理。而四类地区包括吉林、西藏、福建、陕西、辽宁、重庆、甘肃、黑龙江、宁夏、贵州等，这些地区各个经济指标均处于低水平。

产业结构差异是我国区域发展差异的直接结果。我国区域经济发展的不平衡决定了区域产业结构差异的巨大鸿沟，这其中有历史政策和国家定位的原因，也有资源禀赋先天条件的原因。沿海大部分地区的产业结构已经处在高级化的位置，第三产业比重超越并逐渐拉开了与第二产业和第一产业的差距。其他地区仍处于演变进程的不同阶段。人力资本和技术水平的差异是中国产业结构差异的根本原因。如果说我国区域发展差异是产业结构差异的直接原因，那么具体到同一个区的不同城市，其产业结构差异更多源于人力资本和技术水平的差异性。对外开放程度的差异是导致产业结构差异的重要因素。中国沿海地区相对于内陆地区长久以来的发展优势，除了自身资源禀赋和国家政策定位的原因，外向型经济和对外开放程度差异也有重要影响。

（二）产业内部结构发展不合理

1. 第一产业发展模式粗放

首先，由于受到土地资源、水资源的约束，农产品在产量上受到极大限制，农产品供给逐渐无法满足工业化的高需求；同时，由于我国农业生产依然是以家庭为单位、靠天收成的生产模式，科技和机械化水平不高，经营方式较为粗放。这种生产模式已经不符合当前的发展趋势，农产品在国际竞争上不具备优势，农民增收极为困难。其次，农产品加工业并未完善，初级加工比重较大，缺乏对农产品的深加工，导致农产品制成品在国际上缺乏竞争力，只靠单一的农产品原料出口模式难以发挥比较优势，利润较低。最后，人口老龄化加剧，多数农村只有留守老人在从事农业生产，农业生产者素质较低，制约了科技农业、现代农业的发展，农业转型升级难度较大。

2. 第二产业大而不强

总体来看，工业特别是制造业缺乏核心技术，产品附加值低，缺乏市场竞争力，导致一些重要领域和产品处于全球价值链分工中的低端位置。如今科技发展日新月异，一些发达国家的生产制造业已经步入"工业4.0"时代，而我国的一些领域还在从"工业2.0"向"工业3.0"迈进。同时，我国重工行业的国际化企业多集中在初级的资源开采领域，主要以廉价的劳动力资源以及自然资源的获取优势作为竞争优势的主要来源。面对国外品牌高技术、高附加值带来的竞争压力，我国的一些企业只能从事低附加值的制造环节。

同时,在抢占未来科技制高点方面,我国也存在很大差距,比如,在代表人类未来的量子通信、大数据和云计算领域,我国虽然已有一些发展与突破,但也存在短板;半导体的加工制造基本被日本、美国抢占,同时超高精度机床技术也被日本、德国垄断;工业机器人是未来50年全球大力发展的产业,目前技术也基本掌握在日本手中;等等。

3. 第三产业结构仍需优化

与发达国家相比,我国商业餐饮、交通运输等传统消费性服务业在第三产业当中占比较大,但是代表新兴服务业的信息、咨询、科技、金融等领域发展明显不足,缺乏国际竞争力。而且我国服务业创新水平不高,服务质量和产品科技水平不足,难以满足更高和更多样化的需求。不仅如此,我国服务贸易逆差较大,制约服务业国际化发展,较大的贸易逆差使我国在服务贸易竞争中处于不利地位。

(三)产业间劳动力配置存在扭曲

虽然我国的劳动力市场化改革已经推进多年,但目前产业间劳动生产率依然存在较大差距,并且有扩大趋势。随着劳动力由第一产业向效率更高的第二、第三产业转移,产业间劳动力的边际生产率应趋于相同,但目前我国并没有出现这种情况。这说明,第一产业劳动力流转依然存在较高的壁垒和摩擦成本,无法满足第二、第三产业日益增加的劳动力需求,造成了产业间劳动力配置效率的扭曲,降低了我国TFP水平,制约了经济向高质量增长的转型。

(四)高耗能产业比重较大且能源效益差

我国经济高速增长是有目共睹的,称得上是"中国奇迹",然而我国的经济高速增长是建立在更高的能源消耗基础之上的,尤其我国城镇化进展加快,钢铁、冶金、水泥等高耗能产业迅速扩张,重工业投资加速,高耗能部门在GNP中所占比例越来越大。这种高耗能产品的大幅增长,拉动了能源需求,造成能源供需不平衡的矛盾日渐突出,而且能源效益低下,不仅造成不可再生能源的浪费,更加深了环境污染的程度。

三、实现产业结构优化升级的路径

解决我国产业结构所存在的诸多问题,需进行产业结构的优化升级,而产业结构优化升级主要体现为产业结构高级化和产业结构合理化,而要实现产业结构高级化和产业结构合理化,必须采取相应的政策措施。

(一)产业结构高级化和产业结构合理化

1. 产业结构高级化

产业结构高级化是一国国民经济的产业结构由以劳动密集型产业为主的低级结构,向以知识、技术密集型产业为主的高级结构调整和转变的过程及趋势。从发达国家或地区的发展经验看,产业结构高级化是推动经济转型和高质量发展的重要途径。产业结构高级化是产业结构重心由第一产业向第二、第三产业逐次转移的过程,意味着产业高附加值化、高技术化、高集约化、高加工度化。具体来说,在结构变化上,由第一产业占优势比重向第二、第三产业占优势比重的方向发展,由劳动、资源密集型向技术、知识密集型产业发展,由初级制造业向中高级终端制造业发展;在产业素质上,新兴技术得到广泛运用,劳动者素质和管理者管理水平逐步上升,各企业产出能力不断提高,产业能够适应经济发展的需要更新换代;在竞争手段上,由分散的、小规模竞争转向集团式大规模竞争;在国际合作上,产业开放程度不断提高,通过国际投资、技术引进等国际交流方式,实现更高层面的国际产业协调发展。

2. 产业结构合理化

产业结构合理化是指遵循再生产过程对比例性的要求,实现产业规模适度、比例协调、增长均衡。产业结构合理化要求产业结构具有完整性,能够满足国民经济各部门的发展需求,能够满足社会消费产品的充分需要;产业结构合理化要求产业分工明确,各产业之间的技术经济关联紧密,产业链衔接通畅,产业间供需基本均衡;产业结构合理化要求产业发展速度均衡,在不同的发展时期适用不同的发展速度,形成各产业有序的排列组合,各产业均衡发展,不存在强烈的技术断层和劳动生产率的反差;产业结构合理化还要求产业间具有技术上的协调性,如果产业间存在技术水平的断层,则会在产业间产生较大的摩擦,致使发展不协调。

(二)实现产业结构高级化和合理化的政策措施

第一,推进全面深化改革和开放,实现市场在资源配置中的决定性作用。市场决定资源配置是企业公平竞争、实现弯道超越的保障。完善市场机制,防止政策上的过度干预,以市场机制作为产业结构高级化和合理化的基础机制。为企业创造公平环境的同时,提供产业发展的公共服务和政策引导。

第二,推进创新发展,转换发展动能。创新是引领发展的第一动力,是建设现代化产业体系的战略支撑。我国产业发展已由以要素投入为发展动力转换为以科技创新为动力,因此,应增加创新投入,提升自主创新能力,支持科技产业发展。与此同时,应全面扩展创新领域,瞄准世界科技前沿,强化基础研究,实现前瞻性基础研究、引领性原创成果重大突破。加强应用基础研究,积极参与国家重大科技项目实施。

第三,促进消费升级,提升内生增长动力。消费对我国经济增长和产业发展的贡献率稳步提升,充分发挥了"稳定器"和"压舱石"的作用。社会消费在产业结构高级化发展中显得尤为重要,需求变化导致供给变化,供给变化则产生了产业结构的改变。随着时代的发展,创造新的需求点、培育新的经济增长点将成为经济增长新的重要方式。中高端消费等将成为着力培育的新增长点,要鼓励品牌消费、信息消费、服务消费,同时,在创新引领、绿色低碳、共享经济、现代供应链、人力资本服务等领域培育新增长点、形成新动能。

第四,加快金融发展,提高产业发展的质量效益。金融对于产业发展具有重要作用,要提高产业结构水平,必须加大金融发展步伐,加大金融发展对实体经济的支持力度,发挥金融的杠杆作用,把更多金融资源配置到产业发展的重点领域和薄弱环节,大力发展普惠金融、绿色金融,加大对新兴产业、绿色产业的支持力度。

专题 11-2

目前我国产业结构优化升级的主要障碍及其解决途径

目前我国产业结构优化升级的主要障碍有以下几个方面:

第一,政府对产业和市场的过度干预。由于我国市场机制并不完善,在很多领域,特别是资源密集型产业,煤炭、石油、水、电、天然气等资源型产品主要还是由政府进行管控,尚未实现有效的市场化。政府通过对资源进行管控、压低资源价格实施优先发展战略,可以快速扶持起一些产业及企业,但是同样也会导致一些产业及企业的过度发展,竞争环境丧失,造成产能过剩与资源的浪费。同时,政府对微观经济存在过多的干预,各种行政许可和行政审批对产业各个环节进行约束,导致市场准入条件极其严苛,很容易造成行业垄断。同时,由于政府在利益激励、风险约束以及信息机制等方面的缺乏,政府选择的产业方向与投资项目往往是错误和没有效率的,从而导致资源错配、产业结构不合理。

第二,实体经济部门"脱实入虚"有产业空心化趋向。我国虚拟经济近年来迅速膨胀,实体经济、实体产业发展仍然面临许多困境,主要表现在不少实体行业的民营企业乃至国有企业偏离自身的主营业务、大规模进行多元化的投资经营,将留存资金乃至流动资金投入到与主营业务和企业核心竞争力相关性较小的短期化、投机型的投资项目之中,而非投资到以企业主营业务的质量、品牌、自主创新能力及劳动生产率提升为核心的市场竞争力强化方面,这种状况对我国实体经济尤其是制造业的转型升级产生了严重的抑制效应。

第三,产业及产品技术含量低,缺乏核心竞争力。面对国外品牌高技术、高附加值带来的竞争压力,我国的一些企业只能从事低附加值的制造环节。比如,苹果手机年销售量超过2亿部,但是处于制造环节的我国企业却仅仅获得价值链上每部手机6.5美元的收入。再如,我国的能源企业,主要以廉价的劳动力资源和自然资源的获取优势作为竞争优势的主要来源。由于技术能力较低,我国产业及企业的国际化进程屡屡受限,一旦资源变得稀缺,或者遇到东道国的政策调整,劳动力和原材料变得昂贵,我国产业及企业这方面的优势将荡然无存。

破除我国产业结构转型升级障碍的现实路径主要有:

第一,进一步深化经济体制改革,真正实现市场在产业资源配置中的重要作用。

第二,坚持和实施发展制造业尤其是高端制造业战略,树立制造业是立国之本、兴国之器、强国之基的理念,做大、做强我国制造业尤其是高端制造业。

第三,积极适应全球产业发展新变化、新挑战,大力实施创新驱动战略,加快培育竞争新优势,不断增强我国产业和产品的国际竞争力。

第三节 产业政策构成及中国产业政策的演进轨迹

一、产业政策的含义及其产生的历史背景

（一）产业政策的含义

产业政策有广义和狭义之分。广义的产业政策是指政府为了实现经济增长、结构优化、竞争力提升、资源配置效率改进及可持续发展等目标，而对产业、企业、要素等实施干预的各种政策的总和。其观点的代表性人物有下河边淳、阿格拉、菅家茂等。

狭义的产业政策是指政府针对特定产业，为实现更有效率的整体经济目标而制定的相关政策，通过扭曲价格以及政府直接配置资源的方式来扶持某一个产业，包含选择性地控制行业进入、建立超出市场机制之外的协调机制、加强政府监管、约束或补充利润动机等。这是传统意义上的产业政策，其观点的代表性人物有小宫隆太郎、张夏准等。

我国学界有关产业政策的表述是，国家为了促进市场机制的发育，纠正市场机制缺陷，对特色产业加以引导和干预，从而促进国民经济快速、协调发展，具有宏观性和中长期性特点的政策。产业政策作为政府行为，在很大程度上具有政策导向性的作用。

产业政策的基本功能是，通过优惠资源配置加速产业的演进和发展，利用政府这只"看得见的手"有效支持新兴产业和支柱型产业的发展，帮助后进国家发挥后发优势，实现经济赶超。同时，产业政策可以充分发挥市场监管作用，有效弥补"市场失灵"造成的垄断、环境污染、资源浪费等一系列问题，可以更好地趋利避害以保障国家经济安全。

产业政策的实质是政府对宏观经济的干预，政府为了促进产业结构协调化、合理化、高级化，以及为在国际竞争中增强本国产业国际竞争力，或为了对本国重要产业进行必要的保护，而对产业结构变动、产业组织、产业布局等进行干预。

（二）产业政策产生的历史背景

产业政策具有悠久的历史渊源，它最初与政府集中配置资源、促进本国经济发展、增强本国经济国际竞争力相关。

16世纪末到17世纪，英国重商主义曾提出政府必须扶植和保护本国工业的政策。18世纪末和19世纪初，德国的历史学派提出政府要扶植和保护国内工业，李斯特的保护幼稚产业学说对后进资本主义国家的经济发展产生过较大的影响。德国、日本等都是依靠国家对工业的扶植和保护才得以迅速发展的。

完全自由竞争曾经创造过辉煌的经济成就。现代经济学的开山鼻祖亚当·斯密认为，经济有效运行应该充分发挥市场机制的自动调节作用，政府只是担任"守夜人"的角色。李嘉图从动态比较优势角度进一步阐述了国际贸易领域也应充分按照自由市场原则进行。俄林的要素禀赋分工理论也以自由经济思想理论一以贯之，直到萨伊、马歇尔等人都崇尚自由经济理念。

自由竞争走向垄断，进而出现总量失衡。传统古典经济理论认为，市场机制这只"看

不见的手"能够自行对资源进行最优配置,但自由竞争必然使生产走向集中和垄断,而这往往会带来效率损失。1929年爆发的大危机使人们对自由经济理论的信心产生了动摇,"供给自动创造需求"的萨伊定律破产,市场机制有其自身难以克服的缺陷,解决微观经济运行的矛盾必须跳出微观分析领域。

总量管理导致市场机制有其自身难以克服的缺陷,解决微观经济运行问题的凯恩斯及其追随者将经济分析的眼光投向国民经济宏观层次即总量分析上,他们认为经济波动源于有效需求不足,市场机制无法使总需求与总供给相等,由此产生萧条和失业。此时,国家有必要通过财政政策和货币政策的不同组合使总需求与总供给达到均衡。凯恩斯革命使经济分析从微观跨越到宏观层次,并带来了第二次世界大战后一段时期的经济繁荣。

在凯恩斯理论指导下的政府干预使经济一度获得成功,但因实施积极的财政政策使得赤字增加,从而引起通货膨胀不断上升。加上20世纪70年代初两次石油危机的打击,西方不少国家出现经济停止增长与物价上涨并存的滞胀现象。滞胀现象表明,政府总量调控机制并非万能。

20世纪60年代结构主义从结构分析的角度寻求解决经济失衡的办法。凯恩斯主义政策的失灵使经济学家面临两难困境:回到自由竞争,实践证明行不通;实施凯恩斯主义政策,财政赤字增加、通货膨胀居高不下。于是,经济学家们进入产业层次,进行结构分析,深入各部门的"结构"层次来寻求总量失衡的具体原因,从中寻找发挥市场机制作用与弥补市场缺陷的具体条件和途径,产业政策理论、产业结构理论及产业组织理论等因此相继问世。比例是结构的数量表现,"结构"相对于"比例"而言,内涵更深刻、更丰富,结构作为数量表现出来就是比例,比例是平面的,结构是立体的。

各国在不断强化国家宏观经济管理职能的同时,不约而同地把政策对象指向产业结构以及产业组织结构上,期望通过有意识的政策引导,解决深层次的结构矛盾问题,从而实现经济快速协调发展。现代意义上的产业政策正是在这个背景下逐步形成的。

直到20世纪60年代以前,产业政策的具体内容都体现在相关财政政策、货币政策、收入分配政策、国际贸易政策、反垄断政策、农业政策、劳动政策等具体的经济政策之中。在当时的一些经济政策权威论著中,还找不到"产业政策"这个词汇。首先使用"产业政策"这一概念的是日本,日本政府制定并实施了一系列产业政策,创造了"日本奇迹"。随着日本运用产业政策调节经济获得成功,产业政策越来越多地受到各国关注。1985年,东南亚各国、大洋洲国家及美洲国家的50多位学者,汇集在东京召开了第15届太平洋贸易开发会议,会议议题是"环太平洋区域经济成长及产业政策问题"。这次会议标志着"产业政策"这一概念正式走向世界。

二、产业政策的构成

产业政策主要由产业结构政策、产业组织政策、产业区域布局政策、产业环境保护政策、产业技术政策和产业国际竞争力政策等构成。

产业结构政策，是根据一定时期内生产结构的变化趋势及过程，按照生产结构的发展规律确定各产业部门在社会经济发展中的地位和作用，同时提出协调生产结构内部比例关系及保证生产结构顺利发展的政策措施。产业结构政策是产业政策的核心。产业结构政策是一个政策系统，包括：①产业结构长期构想，即根据产业发展演变的规律，提出在较长一段时期内产业发展的目标和方向；②对战略产业的保护和扶植，保护方面包括限制所保护的本国产品同类国外产品的进口，限制国外私人直接投资等，扶植政策的主要形式有财政投资、金融倾斜、税收优惠及必要的行政性干预等；③对衰退产业的调整、援助政策等。产业结构政策的核心是促进产业结构合理化，提高产业结构的转换能力，从推动产业结构合乎规律的转换中求速度、求效益。产业结构政策包括产业计划、经济立法、税收结构、预算分配结构以及价格政策、信贷政策在内的调节系统。

产业组织政策，是国家根据国民经济运行规律调整产业组织形式和结构，从而提高供给总量的增长速度，使供给总量适应需求总量要求的所有政策措施及手段的总和。产业组织政策的任务是协调生产者之间的关系及组织结构、规模结构，使之合理化和高效化，促进资源的有效分配和产业效率的提高，最终促进供给的增加。产业组织政策的主要内容是通过利用规模经济、组织适度竞争秩序、提高产业技术等途径，实现产业组织的高效化和合理化。

产业区域布局政策，即产业空间配置格局的政策，主要解决如何利用生产的相对集中所引起的"集聚效应"，尽可能缩小由于各区域间经济活动的密度和产业结构的不同所引起的各区域间经济发展水平的差距。

产业环境保护政策，主要是政府对产业可持续发展战略在环境指向方面的政策，具体包括有关产业发展的环境保护政策和对环境保护产业的支持政策。

产业技术政策，即有关引导和促进产业技术进步的政策，包括两个方面：一是产业技术结构的选择和技术发展政策，主要涉及制定具体的技术标准，确定技术发展方向，鼓励采用先进技术等；二是促进资源向技术开发领域投入的政策，主要包括技术引进政策、技术开发政策，以及基础技术研究的资助与组织政策等。

产业国际竞争力政策，主要是政府为提高或保护本国产业国际竞争力而推行的政策，具体包括进口保护政策、出口鼓励政策、产业扶植政策等。

三、中国产业政策的演进轨迹

我国是从20世纪80年代开始正式制定并实施产业政策的。根据各个时期不同的经济情况和不同的发展重点，我国的产业政策在不同时期呈现出不同的特点。

1978年改革开放后，我国虽然没有提出明确的产业政策，但是由于计划经济体制所导致的产业结构扭曲制约了经济发展，所以直到20世纪80年代后期，政府的工作重心还是调整产业结构。计划经济过分强调重工业的发展，导致当时的产业结构失衡、头重脚轻。第一产业遭到极大破坏，粮食产量较低，农业严重落后于工业，阻碍了国民经济的迅速发展；轻工业落后，无法满足由于城乡人民生活水平的提高所日益增长的需求；重工业脱离实际,背离其他产业而盲目片面发展;交通运输业落后,第三产业十分薄弱,商业、服务业与国民经济发展不相适应,非生产建设发展过慢,城市住房严重短缺。1978—1988年,政府决定将经济发展的工作重心转移到产业结构调整上来。党的十一届三中全会指出了全党必须集中精力把农业搞上去,1979年召开的五届人大二次会议提出了按照农、轻、重次序安排计划,促进整个国民经济协调发展,1980年12月中央工作会议又进一步明确了把农业发展放在首位,加快轻工业发展速度,对重工业实施内部改造的战略方针。经过几年的努力,产业结构失衡问题得到很大的改善,三大产业比例关系有所协调。

1992—2000年是政府逐步发挥产业政策作用、推动产业发展与促进经济发展重要作用的时期。这个时期政府一方面努力体现产业政策的总体宏观政策的指导作用,另一方面针对亟须发展的个别产业进行有针对性的规划,制定具体行业的具体产业政策。这一时期的产业政策主要是从宏观层面来对产业进行引导,虽然产业政策的作用较为有限,但是基本不存在对微观主体的行政干预。1994年颁布的《90年代国家产业政策纲要》是确立社会主义市场经济体制改革目标后第一个正式的产业政策。为进一步发挥产业政策推进产业发展的作用,在产业政策纲要的基础上,针对部分亟待发展的行业制定了针对具体行业的产业政策,成为指导具体产业行为和发展的专项产业政策,此后专项产业政策在产业政策中发挥着越来越重要的作用。到了20世纪90年代后半期,产能过剩的状况愈加明显,针对出现的产能过剩,国家颁布通过了《当前国家重点鼓励发展的产业、产品和技术目录》等产业政策,引导产业正常合理发展,约束规范产业行为,对产能过剩起到了治理与调整的作用。

2000年以后,经济高速发展,而国际环境也日渐复杂,市场决定资源配置的空间逐渐扩大,这也对我国经济平稳安全发展提出了更高的要求。所以,随着经济体制改革的深入,健全宏观调控体系、完善产业内部监管制度就显得尤为重要。产业政策作为常态的宏观调控措施,对于优化资源配置、调节产能过剩、抑制市场失灵都可以起到很好的作用。我国政府在21世纪初就决定通过同时采取产业政策、货币政策与财政政策三种宏观调控手段对市场实施调整与监管,并努力发挥产业政策对产能升级的作用,大力优化产业结构,积极引导产业健康发展。2005年,国务院关于发布实施《促进产业结构调整暂行规定》的决定,分别对国家鼓励类、限制类、淘汰类产业目录提出明确要求,并确定综合利用行政、财税、价格、信贷、环保审批等多种手段进行宏观调控,提出鼓励、限制和淘汰三类目录的原则和具体的配套政策措施,希望通过产业政策促进支柱产业发展,并调控某些行业的产能过剩问题。

2013年之后,我国经济步入新常态,产业结构转型面临的突出矛盾正在由需求侧转向供给侧。此时,经济发展强调的不是增长速度,而是通过"调结构"达到提质增效的目的。我国这一阶段的产业政策,主要是突破了过去单纯强调需求侧改革的思想禁锢,将结构性改革的重心转向供给侧,扩大有效和中高端供给,缩小无效和中低端供给,解决结构性矛盾,增强发展的协调性。受益于丝路基金的刺激和"一带一路"倡议的实施,外贸转型有了新气象,为产业结构转型带来了新机遇,我国产业政策正向更加合理化的方向发展。

改革开放四十多年,我国产业结构政策的演变分为四个阶段,相应地不同阶段其面临的产业结构问题、产业结构政策的目标取向、政策侧重点也有所不同(见表11-1)(张小筠和刘戒骄,2018)。

(一)改革开放初期(1978—1991):着力解决结构失衡问题

改革开放之初,在长期优先支持重工业发展的政策导向下,我国国民经济失衡问题较为严重,具体表现为工业与农业、轻工业与重工业比例的失衡。据统计,1978年我国轻重工业比例为42.7∶57.3,轻工产品供应长期紧张,难以满足人民群众的基本生活需要。因此,改革开放后政府的重要工作就是着手对经济结构进行调整。1979年4月,中央工作会议提出了"调整、改革、整顿、提高"的八字指导方针。将"调整"放在第一位,意味着改革初期我国经济发展的主要任务正是调整经济结构比例关系的严重失调。1979年《政府工作报告》提出,要使粮食和其他农副产品的生产同人口增长和工业发展相适应,使轻纺工业的增长速度与重工业增长速度持平或更高,轻纺产品的供应要与国内需求相适应,并增加其出口能力。这一时期国家重点扶持轻纺工业等劳动密集型产业发展,充分利用我国劳动力比较优势,符合工业化初期阶段的发展特征。经过几年的政策扶持和结构调整,轻工业长期落后的状况得以根本扭转,到1990年轻工业与重工业的比例已调整为49.4∶50.6,轻工业与重工业比例严重失衡矛盾基本解决。

表11-1 改革开放以来我国产业结构政策的阶段划分及其不同特点

历史阶段	产业结构存在的问题	政策目标	政策要点	政策成效
改革开放初期(1978—1991)	1986年之前:工业与农业、轻工业与重工业比例失衡	调整经济结构重大比例关系的严重失调	优先发展农业;重点扶持轻纺工业发展	轻工业与重工业比例失调得到较大改善;轻纺工业成为传统优势产业
	1986年之后:基础工业与一般加工工业比例失衡		优先发展基础产业;控制轻纺工业过快扩张	
全面改革时期(1992—2001)	三次产业之间比例失衡;加工工业和基础产业之间比例失衡;加工工业内部低水平加工能力过度扩张,而高水平加工能力不足	重点加强产业结构调整,同时促进产业结构优化升级	加快发展农业、基础产业和第三产业;扶持发展机械电子、石油化工、汽车制造和建筑业四大支柱产业;发展高技术产业	第二、第三产业占比上升;基础工业和基础设施瓶颈制约得到较大改善;电子及通信设备、电气机械及器材制造业快速发展,家电产业具备国际竞争力

(续表)

历史阶段	产业结构存在的问题	政策目标	政策要点	政策成效
深化改革时期（2002—2011）	第三产业尤其是服务业占比低；第二产业中重化工业占比过高而高技术和高加工工业占比过低	2008年之前：转变经济增长方式和促进工业技术升级	优先发展信息产业；发展高技术产业并改造提升传统产业；发展先进制造业和装备制造业；发展现代服务业；发展节能环保和循环经济产业；重点调控重化工业规模扩张，化解过剩产能	第三产业超越第二产业成为国民经济增长的主要动力；制造业规模迅速扩大，我国成为世界第一制造业大国；高技术和高加工工业发展迅速
		2008年之后：保增长、扩内需、调结构	十大重点产业调整振兴；基础设施建设投资；扶持战略性新兴产业发展	
全面深化改革时期（2012年至今）	发展方式粗放引发的产业发展层次和质量低下，能源消耗与环境污染严重	建立结构优化、技术先进、清洁安全、附加值高、吸纳就业能力强的现代产业新体系	发展现代信息技术产业体系；发展生产性服务业和现代服务业；发展战略性新兴产业；推进产业发展向绿色低碳和循环利用方向转变；化解过剩产能	高新技术产业和战略新兴产业发展迅速，高铁、核电、4G移动通信、电商、特高压输变电等领域已处于"并跑""领跑"地位

资料来源：张小筠和刘戒骄（2018）。

然而，以轻纺工业为主的一般加工工业虽得到了快速发展，但交通运输、邮电通信、能源、原材料等基础产业和基础设施的供应能力有限，致使我国在20世纪80年代后期又出现了基础产业与一般加工工业比例严重失调的问题。据估计，受当时基础产业和基础设施供应制约，全国加工业有30%左右的生产能力无法发挥。这一时期我国对固定资产投资实行了"三保三压"方针，其目的主要是对国民经济薄弱的能源、交通、通信和原材料工业加大投资规模，压缩一般加工工业投资规模。"七五"时期，财政向工业交通部门减税让利约1 900亿元，其中60%以上用于支持能源、交通部门发展；同时，对大规模重复建设的轻纺工业实施了计划定点和目录管理办法，限制计划之外的企业发展。

总的来看，改革开放初期我国实施了两次产业结构调整，分别是20世纪70年代末80年代初加快轻工业发展，以及80年代末90年代初加快基础工业发展。政策主要着眼于近期目标，出于纠正当时农、轻、重比例失调的需要，通过政府计划安排和严格管制实现对短缺产品的供给和过量产品的限制，可以说是一种"补短截长"的政策。经过这一时期的政策实施，我国轻、重工业比例失调问题得到了较大改善，尤其是对轻纺工业实施的各项倾斜政策都较为成功，轻纺工业得到充分发展，以轻纺工业为主导的工业化第一阶段初步完成。然而,国家对基础工业实施的倾斜政策效果不够明显,基础工业供应不足与一般加工工业发展过快的矛盾依然突出,而国家限制发展的一般加工工业的生产能力仍在快速扩张。

（二）全面改革时期（1992—2001）：推动基础产业发展与培育支柱产业

从20世纪90年代开始,我国经济进入高速增长阶段,改革开始向各领域全面推进。经过十几年的改革,我国的农业、轻工业有了较快增长,轻、重工业比例失调问题得到了较好的解决,但基础设施和基础产业仍然是制约经济增长的瓶颈产业,产业结构失衡问题依然存在并呈现出新的特征：一是三次产业之间的失衡,表现为第二产业高速发展却没有带动第一、第三产业的同步发展；二是加工工业和基础产业之间的失衡,表现为加工工业盲目扩张而薄弱的基础产业跟不上其需求；三是加工工业内部的失衡,表现为低水平加工能力过度扩张而高水平加工能力严重不足,致使我国产业结构长期处于低端层次。

为缓解上述结构性矛盾,这一时期国家在重点关注产业结构调整的同时,逐渐转向产业结构的优化升级。党的十四大报告、十五大报告为当时我国调整和优化产业结构确定了重要方向,不仅提出了要加快发展农业、基础设施、基础工业和第三产业以实现结构调整目标,而且将机械电子、石油化工、汽车制造和建筑业列为带动我国经济增长和结构优化升级的支柱产业,予以重点发展,此外还强调了要发展高技术产业,利用高新技术改造和提升传统产业以促进产业结构向高端迈进。按照这一产业发展思路,1994年国务院颁布了《90年代国家产业政策纲要》（以下简称《纲要》）。作为我国第一部正式的产业政策,《纲要》明确指出要加快支柱产业发展,并将支柱产业的部分产品作为幼稚工业品予以保护。依据《纲要》,这一时期国家还先后编制了《汽车工业产业政策》《电子工业产业政策》《建筑工业产业政策》《水利产业政策》《中国能源产业政策》等,这是我国首次针对某个特定产业制定专项政策,为这些产业的发展提供了具体指导。与此同时,国家还加大了对第三产业发展的鼓励和引导,政策涵盖了商业、金融、保险、旅游、信息、法律和会计审计咨询、居民服务等诸多领域。例如1992年《中共中央、国务院作出关于加快发展第三产业的决定》（中发〔1992〕5号）正式将发展第三产业作为我国产业结构调整优化的重要方向之一,提出要让第三产业增长速度快于第一、第二产业,第三产业增加值占GNP比重和就业人数占社会劳动者总人数比重达到或接近发展中国家平均水平的发展目标；2001年颁布的《关于"十五"期间加快发展服务业若干政策措施的意见》（国办发〔2001〕98号）提出了优化服务行业结构、扩大服务业就业规模和放宽服务业市场准入等具体政策措施。在发展高技术产业方面,国家也制定了相关政策,例如2000年发布的《国务院关于印发鼓励软件产业和集成电路产业发展若干政策的通知》（国发〔2000〕18号）提出通过税收优惠、信贷支持等方式引导国内外资金、人才等资源投向软件产业和集成电路产业并为其上市融资创造政策条件,促进信息产业发展并带动传统产业改造和产品升级换代。

总的来看,这一时期的政策不仅有结构调整的短期目标,而且有分重点、分步骤地振兴支柱产业、发展高技术产业实现结构升级的长期目标。经过这一时期的政策实施,我国产业结构得到了进一步调整和优化,主要表现在:从数量比例关系看,三次产业比例趋于协调,第二、第三产业占 GDP 比重逐年上升;从结构关系看,基础产业和基础设施"瓶颈"制约得到较大改善,加工工业中技术密集产业比重有所上升,特别是代表高技术产业的电子及通信设备制造业、电气机械及器材制造业快速发展,家电产业成长为具有国际竞争力的行业。然而,也有部分政策的实施效果并未达到预期,如加工工业生产能力过剩、低水平重复建设问题依然突出,第三产业发展动力不强、质量不高等。

(三)深化改革时期(2002—2011):改造提升传统产业与发展技术密集型产业

这一时期以 2008 年金融危机为分界点,前后阶段的经济形势发生了很大变化,产业结构政策的目标、内容也有较大差异。进入 21 世纪,我国改革向更深层次推进,在工业化、城镇化加速发展的带动下,重工业获得快速增长。据统计,1999 年我国重工业增速开始超过轻工业,2003—2007 年重工业增速大幅超越轻工业,最大差距达到 4.1%。与此同时,第三产业尤其是服务业发展滞后,2001 年我国服务业产出占 GDP 比重为 34%,与同等收入水平国家的平均水平相比要低 19 个百分点,许多服务产品的供给数量和质量都无法满足国内需求。可见,这一时期我国产业结构的主要矛盾表现为第三产业尤其是服务业占比过低,第二产业中重化工业占比过高,而高技术和高加工等技术密集型产业的比重过低。重化工业的快速发展虽在短时期能够带来经济的高速增长,但这种粗放型发展方式以大量资源消耗为代价,对环境造成严重破坏,从长期来看是不可持续的,必将阻碍我国产业的健康发展和产业结构的优化升级。

因此,党的十六大报告、十七大报告均强调"要坚持以信息化带动工业化、以工业化促进信息化,走出一条科技含量高、经济效益好、资源消耗低、环境污染少、人力资源优势得到充分发挥的新型工业化路子"。按照这一思路,国家先后出台了一系列政策文件,历年中央《政府工作报告》和中央经济工作会议也提出了很多发展举措。

这一时期的政策要点主要包含以下内容:大力发展信息、生物、新材料、航空航天、海洋等产业,特别是优先发展信息产业;加快发展先进制造业,努力振兴装备制造业,提升高技术产业并采用高新技术和先进适用技术改造及提升传统产业;大力发展第三产业特别是现代服务业,加快发展金融保险、信息咨询、现代物流、法律服务、旅游、文化创意等产业;积极发展节能环保和循环经济产业,突出抓好工业、建筑、交通三大领域节能,积极发展核电、风电、水电、太阳能发电等清洁能源;重点调控能源、资源密集型重化工业的规模扩张,化解部分行业的过剩产能。

2008 年,全球金融危机爆发使我国经济遭受了一定冲击并面临严峻挑战。一方面,外部经济形势严峻,国际市场需求严重萎缩;另一方面,国内经济下行压力加大,产业发展不平衡、不协调、不可持续问题亟待解决。为减缓金融危机的冲击,2008 年之后我国相关政策做出了一些调整,主要以应对金融危机的短期目标为主,提出了"保增长、扩内需、调结构"的政策目标。为"调结构",2009 年国家将钢铁、汽车、船舶、石化、纺织、轻工、有色金属、装备制造业、电子信息、物流业作为十大重点产业,实施了为期三年的产业调整振兴规划,并就不同领域制定了专门的实施细则。为"保增长",国家将稳定外需、拓展国际市场作为重要途径,针对十大调整振兴产业采取了降低部分产品出口税率、增加出口买方信贷资金投放等支持措施。为"扩内需",国家在保障性安居工程,农村基础设施建设,铁路、公路、机场等重大基础设施建设,医疗卫生,文化教育,生态文明建设等10个领域实施了2年共4万亿元的投资计划。与此同时,我国开始重视战略性新兴产业发展,于2010年发布《国务院关于加快培育和发展战略性新兴产业的决定》(国发〔2010〕32号),将节能环保、生物、高端装备制造、新能源、新材料、新能源汽车作为国家战略性新兴产业予以重点扶持保护,以促进我国产业结构迈向高端。

总的来看,这一时期的政策可分为两个阶段:2008年之前的政策较为关注转变经济增长方式和促进工业技术升级;2008年之后的政策受金融危机影响,较为关注稳定国内经济的短期目标。经过这一时期的政策实施,我国产业结构得到进一步优化升级。制造业规模迅速扩大,我国在2010年超越美国成为世界第一制造业大国;在制造业内部,机械、电子、交通运输设备制造等高加工度行业和高技术产业发展迅速,产业技术水平有了一定程度的提高。然而,与发达国家相比,我国产业技术仍然处于低端水平,在引进外资过程中没能通过自主研发有效提升技术水平,使我国核心技术和关键零部件的供给严重依赖发达国家。而我国制造业也只是大而不强,且处于全球产业价值链中低附加值的底部,只是以各种"代工厂"模式生存,依靠低廉的劳动成本、大量资源消耗和严重的环境破坏获取较少的利润。

(四)全面深化改革时期(2012年至今):建立现代产业新体系

这一时期,我国进入工业化后期,三次产业之间的协调性不断提高,三次产业内部结构基本合理,产业结构的主要矛盾已不再是产业之间和产业内部的比例关系高低,而是由粗放的发展方式引发的产业整体发展层次和质量低下问题,主要表现为高端领域供给不足而低端产能普遍过剩,尤其是钢铁、煤炭、有色金属等原材料工业产能严重过剩,大量占用资源,致使资源向新兴产业流动受阻。

这一时期的政策目标更加强调建立结构优化、技术先进、清洁安全、附加值高、吸纳就业能力强的现代产业新体系。党的十八大报告提出,"构建现代产业发展新体系要更多依靠现代服务业和战略性新兴产业带动,更多依靠科技进步、管理创新驱动,更多依靠节约资源和循环经济推动"。具体来看,主要从以下几个方面着手:发展现代信息技术产业体系,建设新一代信息基础设施;加快发展生产性服务业和文化创意、设计、保险、商务、科技等现代服务业;大力发展高端装备、信息网络、集成电路、新能源、新材料、生物医药、航空发动机、燃气轮机等战略性新兴产业,把一些新兴产业培育成主导产业;着力推进产业发展向绿色低碳和循环利用方向转变,创新手段化解过剩产能。与此同时,国家还制定了多项产业规划,其中以2012年发布的《"十二五"国家战略性新兴产业发展规划》(国发〔2012〕28号)最具代表性。

《"十二五"国家战略性新兴产业发展规划》将节能环保、新兴信息产业、生物产业、新能源、新能源汽车、高端装备制造业和新材料产业作为我国七大战略性新兴产业予以重点发展。

总的来看,这一时期的政策更加强调产业发展的科技含量,更加注重经济发展和环境保护的相互协调,更加立足长远目标,通过积极培育发展潜力大、带动能力强、综合效益高的战略性新兴产业,提升我国产业发展质量。经过这一时期的政策实施,我国产业层次有了较快提升,高新技术产业和战略新兴产业发展十分迅速。在高铁、核电、4G移动通信、电商、特高压输变电等领域,我国已处于和发达国家"并跑"甚至"领跑"的地位。然而也存在一些问题有待进一步解决,比如:粗放的产业发展方式仍未得到根本改观,现代生产性服务业仍为经济发展的短板;核心基础零部件、先进基础工艺、基础软件、产业技术基础等方面仍未摆脱从国外进口的局面;产能过剩矛盾仍未缓解,同时在一些新兴产业领域也出现了重复建设和产能过剩问题。

四、我国产业政策的不足与完善

我国产业政策自实施以来,根据不同阶段的国情,分别制定了针对不同经济条件的总体政策纲要和针对不同产业发展现状的具体的产业政策,这些政策纲要对于推动我国产业发展、加速经济增长、改善产业结构都起到了一定的积极作用。但是,纵观全球产业政策的发展史不难发现,没有一个放之四海而皆准的政策,也没有一个能够长期执行而不做修改的政策。所有的产业政策都处在一个不断发展、不断完善的过程之中,并且有些政策的执行还会带来一定的负面效应。从目前来看,我国产业政策还存在三个方面的不足:

首先是在政策类别方面,2000年以后,我国产业政策逐渐向具体化、精细化的方向发展,对微观经济存在大量的直接干预,这与我国投资、外需拉动经济增长的方式有直接关系。在2000年之后的市场经济改革中,由于经济快速发展而出现了一系列产能过剩和经济过热的情况,这要求国家对经济实施更大程度的调控,常规所采取的经济手段调控已经无法达到有效遏制产能过剩和经济过热的要求,国家此时便会更多地使用行政手段进行干预,而行政手段主要通过制定产业政策来实现。这样,产业政策就越来越多地出现在了各种产业形态之中,并且越来越精细化,政策也越来越繁杂琐碎。例如国家发展改革委发布的《产业结构调整指导目录》,涉及20多个行业,其中鼓励类539条,限制类190条,淘汰类399条,项目繁多、种类复杂,涉及国内大部分主流行业,规定了产品技术路线、设备制造、要支持和扶持的产品,并且作为项目审批的基本依据,会影响到其他方面的政策,比如土地供应、税收优惠、银行贷款政策等。这样繁杂的政策措施卡死了市场准入条件,严守投资审批核准,看似是为了防止产能过剩,实则干预了微观市场主体经济的运行,严重影响了公平公正的市场环境。

其次是在决策方法方面,我国的产业政策是以政府部门的判断和选择来代替市场机制,而这样做难免会出现判断失误的隐患。由于有限理性和不完全信息的存在,倾向于自身利益最大化的政府会通过扩大自身权力来更多地进行经济上的调控,而一般政府采取的长期视野的决策并一定能符合市场运行规律,有时甚至会对产业发展起到相反的作用。自2000年以来我国产业政策对经济的干预,主要目的是抑制产能过剩、调整产业结构,但是纵观国内经济形势,一部分产业产能过剩问题不仅没有得到缓解,甚至还变得更加严重,导致产业内部结构失衡进一步加剧,技术水平停滞不前。比如我国的钢铁产业,政府一直十分重视钢铁企业内部的产能过剩问题,并且制定了多项产业政策,但是钢铁产业产能过剩问题不但没有缓解,反倒不断加剧,钢铁行业亏损严重,尤其是受国际金融危机的影响,2012年以来钢铁产业大面积亏损。上述问题的出现虽然并非完全是产业政策的原因,但也充分说明产业政策发挥的作用有限,政府主观决策上可能有失偏颇。

最后是在市场公平方面,我国的产业政策,特别是针对资本密集型行业和重化工业的产业政策,均扶持大企业发展、限制小企业发展,这样会严重干扰到市场公平竞争,对市场效率产生严重的负面影响。

针对以上不足,为充分发挥产业政策的作用,需进行以下方面的改进与完善:

第一,以市场化和公平竞争的机制来制定产业政策。对于一些特定企业的扶持和促进,政府通过制定产业政策来倾斜资源配置,也有一定的合理性。但是当今面对国际市场如此复杂的环境,政策导向所能发挥的作用已经无法代替市场在产业技术领域和国际综合实力提升等方面所发挥的关键性作用。一味地通过政府补贴和政策倾斜来支持产业的发展,不仅会伤害其他产业在市场上的公平竞争、破坏市场环境,还会导致被支持的产业发育不良,在脱离了产业政策的帮助后无法适应更加激烈的国际竞争,导致企业无法迈出国门、发展壮大。所以,需顺应以市场化改革为主体的经济体制改革的需要,更有效地发挥市场和公平竞争在产业政策中的作用,防止产业政策对于微观经济的过度干预,维护和公平合理的竞争环境,帮助企业高效发展。

第二,确保政府在产业政策制定过程中高效精准。为防止政府的决策失误所导致的产业内部结构失衡、技术水平停滞不前,政府需要仔细观察市场走向,多制定具有科学性和前瞻性的政策措施,既符合市场的需求,又符合未来发展的需要;通过研究国外产业政策的实施历程,吸取国外经验,取其精华去其糟粕,完善产业政策的理论性和实践性;防止在产业政策实施过程中的为政府创设寻租的空间,防止企业与政府合谋骗取政府支持资金等不法行为。

第三,完善产业风险防范机制。设立产业预警系统,对于一些重工业产业,例如煤炭、钢铁产业,应加速进行企业合并和产业转型,加大力度预防因为市场失衡和恶意竞争造成的对该产业的冲击,防止产业因转型失败而造成的人员失业与工程停滞问题。对于一些高技术产业,大力支持创新驱动的发展模式,鼓励企业研发制造核心技术,对于产业排头兵和"第一个吃螃蟹"的企业提供风险援助,帮助企业更高效快速地提高产品竞争力,加速该产业发展出一批具有规模效应和产业集群的链条,为产业大步迈进铺平道路。

专题 11-3

有关产业政策有效性之争

2016年11月9日,著名经济学家林毅夫、张维迎在北京大学围绕产业政策展开面对面的辩论。此次辩论的焦点在于"产业政策的存废"之争,实质上仍是市场与政府的关系之争,根源则是两种经济学思想在中国的学术交锋。这次辩论影响巨大,被人称为"一场产业政策的世纪之辩"。

综观辩论理论基础,林毅夫强调的是新古典经济学,并在此基础上提出新结构经济学。张维迎强调的是米塞斯、哈耶克范式(奥地利学派)。而争论的焦点集中于政府与市场在经济发展过程中所起的作用。

林毅夫主张,既需要充分竞争的有效市场,也需要有为的政府。处于追赶阶段的国家需要产业政策,发达国家要保持领先也需要产业政策。产业政策有失败的教训,但不是必然失败。否则,如何解释中国过去能保持长期高速增长。

张维迎更看重发挥企业家的作用。他认为,新古典经济学家所谓的"市场失灵",是市场理论的失灵,而不是市场本身的失灵。产业政策是穿着马甲的计划经济,将社会资源集中投入到政府选定的目标上,这是一种豪赌。创新的不可预见性意味着产业政策一定会出现失误。

两位学者在以下四个方面有着不同观点:

1. 什么是产业政策

林毅夫认为,产业政策是指中央或地方政府为促进某种产业在该国或该地区发展而有意识地采取的政策措施,包括关税和贸易保护政策、税收优惠、工业园和出口加工区、研发工作中的科研补贴、垄断和特许、政府采购及强制规定等。他强调产品的创新最后是靠政府的支持和产业政策的鼓励。张维迎认为,产业政策是指政府出于经济发展或其他目的,对私人产品生产领域进行的选择性干预和歧视性对待,其手段包括市场准入限制、投资规模控制、信贷资金配给、税收优惠、财政补贴、进出口关税和非关税壁垒、土地价格优惠等,强调政府在公共产品上的投资不属于产业政策,普遍性的政策也不属于产业政策。

2. 谁是市场的主角

林毅夫认为,经济发展既要有市场,也要有政府。经济不断发展需要一个因势利导的有为政府帮助企业家解决技术上和软硬条件上的问题。张维迎认为,企业家才是市场的主角,发现和创造交易机会是企业家的基本功能。中国经济过去30年的成功,比较优势是由企业家创造的,自由市场加上企业家就足够,利用比较优势不需要什么国家战略。

3. 是否应该补贴"第一个吃螃蟹的人"

林毅夫认为,政府应该为了鼓励创新和风险资本的出现,而帮助企业解决基础问题和劳动力供给上的限制,换句话说,政府应该为"第一个吃螃蟹的人"提供补贴。张维迎认为,政府既不应阻止任何人"吃螃蟹",也没必要为"吃螃蟹"买单,因为那会诱使许多人假装"吃螃蟹",但实际上不过是拿出"吃螃蟹"的架势"啃馒头"。

4. 如何发挥比较优势

林毅夫表示,经济发展既要利用比较优势,也要强调充分发挥政府的作用。每个国家在不同的发展阶段都有拥有潜在比较优势的产业,政府理应帮助已经进入这些产业的企业解决一些问题,比如交通设施落后、电力供应不足等。张维迎认为,市场是最有效发挥比较优势的制度。所有的市场交易都是基于比较优势的,企业家更是发现比较优势的天才。

综合来看,林毅夫认为政府适当干预才能引导经济向正确的方向发展,张维迎主张政府应尽量减少对市场的干预,将政府职能限制在其他方面。这一思想的激烈碰撞会对中国的学术以及产业政策的制定产生积极影响,两位经济学家在阐述理论范式中做出了积极的学术贡献,这场争论也有明显的社会效应和实践意义。政府在宏观层面对产业的适度干预,能够有效解决市场失灵问题,并成为经济增长的重要动力。但如果政府对产业发展和企业微观经济活动过度干预,则会破坏市场机制的正常运行,还会衍生出效率损失、权力腐败、管制成本高企等问题。所以,适度合理的产业政策是必需的,产业政策有效性之争的关键不在于存与废,而在于改进与完善。

本章总结

本章从三个方面分三节概述了产业结构与产业政策的基本内容。

第一,阐述了产业结构理论的主要内容及其发展。概述了产业结构理论的渊源及形成,重点介绍了其代表性的理论,包括配第-克拉克定理、库兹涅茨法则、霍夫曼定理、里昂惕夫投入产出分析法、筱原三代平动态比较成本说、钱纳里"发展型式"理论等;阐述了产业结构理论在中国的发展的理论成果以及当前产业结构领域研究的重点和热点问题;专题讨论了如何完善中国特色产业结构理论的问题。

第二,概述了中国产业结构变动情况及其优化升级的路径。分析了中国产业结构的特征及存在的问题;提出了实现中国产业结构优化升级的政策措施;专题讨论了目前中国产业结构优化升级的主要障碍。

第三,阐明了产业政策构成及中国产业政策的演变轨迹。阐明了产业政策的含义、功能、实质及其组成部分;概述了中国产业政策的演进轨迹;专题讨论了有关产业政策有效性之争问题。

核心概念与术语

产业	Industry
产业结构	The Industrial Structure
配第-克拉克定理	Petty-Clark Theorem
库兹涅茨法则	Kuznets Law
霍夫曼定理	Hoffmann Theorem
里昂惕夫投入产出分析法	Leontief Input-Output Analysis
筱原三代平动态比较成本说	Dynamic Cost Comparison Theory
钱纳里"发展型式"理论	Chenery Development Model
产业政策	Industrial Policy
产业结构政策	Industrial Structure Policy
产业组织政策	Industrial Organization Policy
产业区域布局政策	Industrial Region Layout Policy
产业环境保护政策	Industrial Environmental Protection Policy
产业技术政策	Industrial Technology Policy

复习思考题

1. 产业结构理论的主要内容是什么？其代表性人物是谁？
2. 当前产业结构领域研究的重点和热点问题有哪些？你是如何看待这些问题的？
3. 产业结构理论在中国有哪些方面的发展？如何完善中国特色的产业结构理论？
4. 目前中国产业结构存在什么问题？如何实现产业结构的优化升级？
5. 产业政策由哪几部分构成？其功能和实质是什么？
6. 谈谈你对产业政策有效性之争的看法。

主要参考文献

[1] 安虎森,郑文光,Muhammad Imran.改革开放后我国产业方向转移实证研究[J].贵州社会科学,2017(6):93—104.

[2] 杜朝晖.现代产业组织学:理论与政策[M].北京:高等教育出版社,2005.

[3] 干春晖.新常态下中国经济转型与产业升级[J].南京财经大学学报,2016(2):1—10.

[4] 高志刚.产业经济学[M].北京:中国人民大学出版社,2016.

[5] 何德旭,姚战琪.中国产业结构调整的效应、优化升级目标和政策措施[J].中国工业经济,2008(5):46—56.

[6] 黄群慧.工业化后期的中国工业经济[M].北京:经济管理出版社,2018.
[7] 黄群慧.中国产业政策的根本特征与未来走向[J].探索与争鸣,2017(1):38—41.
[8] 李铄.需求结构对产业结构演进的影响研究[M].北京:北京大学出版社,2017.
[9] 林毅夫.朗润园观点[M].北京:机械工业出版社,2016.
[10] 刘伟,张辉.中国经济增长中的产业结构变迁和技术进步[J].经济研究,2008(11):4—15.
[11] 马晓河.中国产业结构变动与产业政策演变[M].北京:中国计划出版社,2008.
[12] 齐兰.市场国际化与市场结构优化问题研究[M].北京:中国经济出版社,1999.
[13] 斯蒂芬·马丁.高级产业经济学[M].第2版.上海:上海财经大学出版社,2003.
[14] 王俊豪.产业经济学[M].第3版.北京:高等教育出版社,2015.
[15] 严成樑.产业结构变迁、经济增长与区域发展差距[J].经济社会体制比较,2016(4):40—53.
[16] 杨公朴,夏大尉.现代产业经济学教程[M].第2版.上海:上海财经大学出版社,2005.
[17] 张小筠,刘戒骄.改革开放40年产业结构政策回顾与展望[J].改革,2018(12):42—54.
[18] 赵凯.产业结构与产业政策调整理论研究[M].北京:清华大学出版社,2016.
[19] 中国社会科学院工业经济研究所:中国产业发展和产业政策研究报告2011[M].北京:中信出版社,2011.

扩展阅读文献来源信息

历年中国统计年鉴

历年《中国工业发展报告》

中国经济社会大数据研究平台,http://data.cnki.net/

中国产业数据网,http://sj.wefore.com/

中国产业政策网,http://zc.wefore.com/

芝加哥大学经济系推荐的网上经济学资源,http://economics.uchicago.edu/researchlinks.html

主要经济学期刊,http://www.helsinki.fi/WebEc/journal2.html